KB128084

불확실한 걸 못 견디는 사람들

UNCERTAIN

Copyright © Arie Kruglanski, 2023
First published as Uncertain in 2023 by Michael Joseph.
Michael Joseph is part of the Penguin Random House group of companies.

Korean translation copyright © 2024 by RH Korea Co., Ltd
Korean translation rights arranged with PENGUIN BOOKS LTD
through EYA Co.,Ltd.

이 책의 한국어판 저작권은 EYA Co.,Ltd를 통한
PENGUIN BOOKS LTD사와의 독점계약으로 ㈜알에이치코리아가 소유합니다.
저작권법에 의하여 한국 내에서 보호를 받는 저작물이므로
무단 전재 및 복제를 금합니다.

불확실한 걸 못 견디는 사람들

사람들

가장 큰 두려움을 **가장 큰 힘으로 바꾸는 법**

아리 크루글란스키 지음
정미나 옮김

알에이치코리아

———

**나의 가장 안전한 피난처이자
가장 안정적인 기반인 한나에게 이 책을 바친다.**

덧붙이는 말 : 이 책을 위한 자료 조사에 도움을 준
몰리 엘렌버그와 노암 야니에게 크게 신세진 마음이다.

우리는 현재 예측 불가능의 파도가 거칠게 밀려드는 시대를 살고 있다. 우리가 마음의 준비를 할 새도 없이 빠른 속도로 변화가 밀어닥치고 있다. 아리 크루글란스키의 이 획기적인 책에서 불확실성을 포용해 이 파도가 주는 스트레스를 성장과 이로움의 동력으로 전환할 방법을 발견해야 할 때다.

마틴 셀리그먼Martin Seligman,《마틴 셀리그먼의 긍정심리학Authentic Happiness》저자

세계적으로 큰 인기를 얻고 있는 심리학자가 아주 시의적절하면서도 시대를 초월한 '불확실성'이라는 주제를 다루고 있다. 아리 크루글란스키는 40년간의 연구와 고찰을 바탕으로 불확실성은 불가피하지만 우리가 불확실성에 대응하는 방식은 그렇지 않다는 사실을 근거를 들어 잘 보여준다.

앤절라 더크워스Angela Duckworth,《그릿Grit》저자

우리가 기다려 왔던 책이다. 크루글란스키가 뛰어난 정신력과 재치, 지식, 지혜로 우리가 살고 있는 불확실한 세계를 이해하고 헤쳐나가는 데 도움이 되어줄 책을 내놓았다. 과학에 기반하면서도 동시에 인간애로 충만해, 깊은 연민과 인정 많은 지침으로 채워져 있다. 우리 시대에 꼭 맞는 책이다.

캐럴 드웩Carol Dweck, 스탠퍼드대 심리학 교수·《마인드셋Mindset》저자

이 책이 필요한지 확신이 서지 않는다면 필요한 것이다. 불확실성의 심리학 분야의 세계적인 권위자가 쓴 이 책은 독창적이고 통찰력 돋보이며 생각할 거리를 던져준다. 위기일발의 상황에 놓인 우리 삶에 필요한 과학적 사실들이 담겼다.

대니얼 길버트Daniel Gilbert, 하버드대 심리학 교수ㆍ
《행복에 걸려 비틀거리다Stumbling on Happiness》저자

이 책을 적극 추천한다. 현대 심리학에서 가장 활발히 저술 활동을 펼치는 학자인 아리 크루글란스키가 우리가 인간으로서 불확실성과 갖고 있는 관계를 탐색하며, 종결 욕구에 관련된 자신의 흥미로운 연구를 소개한다. 깊이 있고 유머 넘치는 글로, 확실성을 너무 찾아서 (혹은, 때때로 너무 안 찾아서) 탈인 사람들에 대한 아주 유용한 이야기들을 들려준다. 뿐만 아니라 종결 욕구에 대한 자기 통찰을 길러 삶에서 더 나은 결정을 내리는 데 도움이 되는 지침도 가르쳐준다. 내가 확신하는 것이 있다면, 독자들이 이 책을 좋아하게 될 것이라는 사실이다.

아옐릿 피시배크Ayelet Fishbach, 《반드시 끝내는 힘Get It Done》저자

삶의 불확실성을 이해하고, 지혜롭게 다루는 법

내가 불확실성을 주제로 이 책을 쓰기 시작했을 때는 마침 코로나19 바이러스가 확산되면서 전 세계인이 백신을 접종받는 시기였다. 사람들은 '감염병의 대유행'이라는 낯선 상황에 혼란스러워했고, 거의 모든 이들의 계획과 일과가 뒤죽박죽 엉켰다. 이쯤에서 확실히 밝혀두자면 내가 불확실성을 다루려고 마음먹은 것은 팬데믹 때문이 아니었다. 팬데믹이 발생하기 오래전부터 나는 이 책의 집필을 준비하고 있었다. 일상적인 걱정, 즐거움, 난관들과 함께 삶이 평범하게 흘러가던 중 팬데믹이 모든 것을 바꿔놓더니, 집필을 시작했을 무렵엔 모든 사람의 일상에서 '불확실성'이 결정적 비중을 차지하고 말았다. 나에게는 이 기간이 불확실성의 그늘 속에서 살아가며 그 본질을 고찰하고, 이전까지 고려한 적 없었던 '불확실성의 여러 측면'을 들여다보는 계기가 되었다. 이 새로운 현실은 불확실성에 대한 내 사고방식마저 바꿔놓았다. 이전까지 지지했던 '불확실성에 대한 보편적 관점'에 의문이 생기기 시작했다. 이렇게 해서 얻은 새로운 통찰은, 이런 통찰이 없었다면 더 힘들고 자유롭지 못한 시간을 보냈을 나에게 한 줄기 희망의 빛이 되어주었다.

이 책은 단지 지난 몇 년간이 아닌 평생에 걸친 조사와 연구를 통해 불확실성에 관해 터득한 모든 것을 집약한 결과물이다. 불확실성을 바라보는 관점이 진전될수록 불확실성에 대한 관심도 더욱 커졌다. 1980년대 초부터 현재까지 '메릴랜드 주립대 동기부여 인지 연구소'의 소장을 맡아오는 동안 불확실성은 개인적으로나 직업적으로나 늘 흥미를 자극하는 주제였다. 1980년대와 1990년대에 탈리 프루인드Tali Freund, 도나 웹스터Donna Webster, 아데나 클렘Adena Klem과 함께 수행한 '인간의 종결 욕구need for closure(아리 크루글란스키가 제안한 개념으로, 인간이 어떤 정보를 접할 때 반증할 여지가 없는 최종 결론을 얻고자 하는 욕구를 뜻함-옮긴이)'에 대한 연구는 불확실성을 심리 연구의 주류로 편입시키는 계기가 되기도 했다.

이후에 우리는 인간과 불확실성의 관계에 대한 본질을 파헤치기 위해 전 세계적으로 수백 건의 연구를 진행했다. 확실성 및 종결에 대한 사람들의 욕구를 측정하기 위해 우리가 개발한 측정 도구는 지금까지 약 20개의 언어로 번역되어 유럽 전역과 미국, 아시아, 중동, 아프리카에서 활용되고 있다. 그렇다면 우리가 개발한 기준이 왜 이렇게까지 큰 관심을 끌고 있는 걸까? 두 가지 이유가 있다. 불확실성이 우리가 하는 거의 모든 일에 영향을 미칠 뿐만 아니라, 불확실성에 대한 우리의 반응 역시 인간관계에서부터 정치와 그 너머까지 광범위한 영향을 미치기 때문이다.

불확실한 걸 못 견디는 사람들

이 책에서 나는 독자들이 우리의 삶을 특징짓는 불확실성뿐만 아니라 불확실성과 얽혀 있는 다양한 상황과 관계의 역학에 대해서도 더 잘 이해할 수 있기를 바라는 마음으로, 그동안 내가 터득한 모든 것을 알려주려 한다. 차차 알게 되겠지만, 불확실성에 반응하는 방식은 사람마다 달라도 이것을 해결하는 방식에서 누구나 똑같은 능력을 발휘할 수 있다. 누구나 불확실성이 선사하는 신기한 선물을 이용할 수 있고, 불확실성이 일으키는 최악의 두려움을 제압할 수도 있다.

미지의 세계에 대한 두려움

대다수 사람은 불확실성에는 부정적인 의미만 내포되어 있다거나, 사람들이 확실성만을 추구한다고 생각하면서 이런 생각을 명백한 사실로 여긴다. 이런 믿음이 일반인들뿐만 아니라 과학자들 사이에서도 워낙 흔하게 퍼져 있다 보니 잠깐이라도 의문을 가져보는 일은 드물다. 사실 이런 식의 믿음은 우리 문화의 기반에 깔려 있는 흔한 수사修辭이기도 하다. 『해리 포터』 시리즈에 등장하는 호그와트 마법 학교 교장 알버스 덤블도어의 "우리가 죽음과 어둠을 두려워하는 이유는 그것이 미지의 영역에 속해서일 뿐, 다른 이유는 없다."는 현명한 조언 속에도 바로 이런 수사가 담겨 있다. 심리학자 N.R. 칼레튼Carleton도 "미지의 세계에 대한 두려움은 본질적인 두려움일 수도 있다."[1]라고 주장한 바 있고, 일본의 만화가 쿠보 타이토久保宣章는 "우리는 볼 수 없는 것을 가장 두려워한다."라고 말했는가 하면,[2] 작가 H.P. 러브크래프트Lovecraft도 "가장 뿌리 깊고 지독한

두려움은 '미지의 세계에 대한 두려움'이다."라고 말했다.[3]

코로나 팬데믹 기간에 사람들이 대부분 불안감을 겪으면서 불확실성을 무섭고 두렵게 여기는 관점이 더욱 힘을 얻은 듯하다. 「워싱턴 포스트 Washington Post」의 칼럼니스트 캐슬린 파커Kathleen Parker가 2020년 11월 13일자 칼럼에서 지적했듯이 전 세계적으로 음주가 점점 늘어나는 추세를 보이고, 흡연율도 다시 증가하고 있다. 지난주 구글에서는 '불안감'이란 단어의 검색량이 16년 만에 정점을 찍었다. 코로나19 바이러스의 위세가 차츰 힘을 더하면서 전 세계 수백만 명의 사람들이 이런 전례 없는 상황 속에 놓인 것에 심한 불안감을 느끼기 시작했다. 세계 곳곳에서 취합한 자료로 입증할 수 있다시피 코로나 팬데믹과 연관된 스트레스를 하소연하는 사례가 큰 폭으로 늘어났고, 세계보건기구WHO 발표에서도 사람들이 느끼는 스트레스 지수가 중국에서는 35퍼센트, 이란에서는 60퍼센트, 미국에서는 45퍼센트 가량 증가한 것으로 나타났다. 에티오피아 암하라 지역에서는 우울증과 불안감을 느끼는 빈도가 코로나 팬데믹 이전에 비해 3배나 늘었다.[4] 이 글을 쓰는 지금도, 전 세계 어디로든 시선을 돌리면 사람들이 무척 불안해하고 당황스러워하고 있다는 사실을 알 수 있다.

불확실성과 스트레스의 연관성

전 세계적으로 불확실성과 스트레스 모두 증가 추세에 있다고 해도, 반드시 전자가 후자를 야기했다는 증거가 되지는 않는다. 과학자들이 거듭해서 설명하듯 '상관관계가 곧 인과관계인 것'은 아니다. 두 가지 일이 동시에 일어나거나 서로 시간상으로 근접한다는 이유만으로 하나가 다른 하나의 원인임을 의미하지는 않는다. 미국의 대도시에서 아이스크림 판매량이 증가하고, 살인범죄가 늘어나는 것으로 밝혀진 사실을 예로 들어보자. 이 경우 아이스크림을 먹으면 살인을 저지를 가능성이 높아진다거나, 살인을 저지르면 아이스크림이 당긴다는 것을 의미할까? 두 가능성 모두 터무니없는 얘기로 들리고, 실제로도 터무니없다. 오히려 여름철 무더위가 아이스크림을 당기게 하거나, 공격성을 부추기는 좌절감을 일으킬 수 있다는 설명이 더 설득력 있게 다가온다.

이번에는 어느 도시의 가톨릭교회 수와 범죄 발생률의 연관성을 따져보자. 이 경우엔 교회가 고해성사를 통해 죄를 용서하자 방종에 대한 억제력이 느슨해지고, 그에 따라 범죄가 일어날 가능성이 늘어난 것은 아닐까 추측해 볼 수 있다. 혹은 범죄는 죄책감을 일으키고, 그에 따라 속죄를 받을 목적으로 교회에 갈 필요성이 더 커지는 것으로 볼 수도 있다. 하지만 두 추측 모두 설득력이 없다. 오히려 도시의 규모와 관련지어 보면 훨씬 단순한 설명이 가능하다. 도시 인구가 늘어날수록 교회의 수도 많아지고, 교회의 수와 무관하게 범죄를 저지를 기회 또한 많아지기 마련이다.

팬데믹 기간 동안 사람들이 불안과 불확실성을 경험한 사실이 곧 이 둘 사이에 인과관계가 성립한다는 것을 의미하지는 않는다. 코로나 팬데믹은 불확실성과 불안 모두를 유발하지만 불안은 불확실성에서 비롯되는 것이 아니다. 엄밀히 따지자면 불안은 팬데믹 때문에 일어날 수 있는 불행한 일들에 대한 두려움에서 비롯되는 것이다. 내 생활과 무관한 사소한 불확실성은 스트레스를 일으키지 않는다. 날씨에 대한 불확실성은 우리의 감정에 거의 감지되지 않는 변화 정도만 일으키며, 관심 없는 스포츠 팀의 경기 결과나 먼 나라의 선거 결과에 대한 불확실성 역시 마찬가지다.

불확실성이 내 생활과 깊이 연관된 경우조차, 불안감의 원인은 불확실성 자체가 아닌 질병이나 죽음, 사랑하는 사람을 잃는 일, 실직, 자유의 구속 등 불확실성과 결부되었을 만한 나쁜 소식 때문인 경우가 대부분이다. 잠깐 스스로에게 질문해 보자. 당신은 코로나19 바이러스에 감염될 가능성이 90퍼센트이면 좋겠는가, 50퍼센트이면 좋겠는가? 대다수 사람들은 50퍼센트의 가능성을 고르겠지만, 50퍼센트의 확률이라고 해도 실제로 어떤 결과가 나올지는 동전 던지기처럼 불확실하다. 90퍼센트의 가능성은 확실성 면에서는 훨씬 분명하지만 더 큰 불안감을 일으킨다. 따라서 우리가 심란한 이유는 단순히 불확실성 때문이 아니라, 팬데믹으로 인해 나쁜 일이 일어날 가능성이 높아지기 때문이다.

객관적이면서도 주관적인 불확실성

우리의 삶에서 불확실성은 일종의 법칙(일반적인 일)에 가깝다. 우리는 바로 다음 순간에 일어날 일조차 모르는 채 불확실성을 안고 살아간다. 날카롭고 역설적인 명언들을 남긴 것으로 유명한 미국의 야구 선수 요기 베라Yogi Berra의 말처럼 예측은 매우 힘든 일이다. 예측이 위태로운 이유는 이전에 일어난 일이 그대로 반복되지 않을 수도 있으며, 예측 자체로는 미래에 일어날 일을 보장할 수 없기 때문이다. 기원전 6세기의 그리스

불확실한 걸 못 견디는 사람들

철학자 헤라클레이토스Heraclitus는 "어떤 사람도 같은 강에 두 번 발을 담그지 못한다. 두 번째 강은 이전과 같은 강이 아니며, 사람도 같은 사람이 아니기 때문이다."라는 말로 세상이 끊임없이 변화한다는 사실을 강조했다. 훨씬 최근인 20세기에는 철학자 칼 포퍼Karl Popper가 이른바 '귀납의 오류fallacy of induction'를 요목조목 따진 바 있다. 지금까지 백조를 아무리 많이 봤더라도 '모든 백조가 하얗다'고 일반화하는 것을 정당화할 수 없다(경험을 바탕으로 한 다른 일반화 역시 마찬가지다). 우리가 다음에는 흑조를 만날 수도 있기 때문이다. 벤자민 프랭클린은 "이 세상에는 죽음과 세금 이외에는 확실하게 말할 수 있는 것이 없다."라는 유명한 말을 남겼지만, 죽음과 세금이라고 해서 다를까? 확실하지 않은 건 마찬가지 아닐까? 한마디로 말해 인간의 삶은 불확실성으로 가득하다. 게다가 우리가 느끼는 그 어떤 확실성도 예기치 못한 일 하나 때문에 무너질 수 있다.

이쯤에서 재능 있는 아이스하키 선수 트래비스 로이Travis Roy의 인상적인 사례를 살펴보자. 로이는 보스턴대의 첫 번째 시합이 시작된 지 11분쯤 보드에 몸을 심하게 부딪히는 바람에 네 번째, 다섯 번째 경추가 부러지는 끔찍한 일을 겪었다. 그는 목 아래로 전신이 마비된 채 평생을 살아갈 처지에 놓였다. 보드에 부딪히는 사고는 아이스하키에서는 흔한 일이다. 거의 모든 게임에서 일어날 수 있는 일이며, 프로 선수들도 자주 일어날 수 있는 일이려니 생각한다. 삶에서는 때로 예상치 못한 일이 일어난다. 사람들은 매일 별문제 없이 잘 다니던 길에서 사고가 일어날 거라고는 생각하지 않는다. 단순한 통증 때문에 방문한 병원에서 생명이 위중한 병에 걸렸다는 진단을 받으리라고는 예상하지 못할 것이다.

하지만 로이의 이야기는 단순히 '삶의 불가피한 불확실성'을 보여주는 사례로만 그치지 않는다. 완전히 낯선 상황과 마주했을 때 그가 보인 행동을 보면 가슴 뭉클한 감동을 느낄 수 있다. 사고를 당하기 전까지 로이는 프로 선수로 성공할 가능성이 충분했고, 그의 삶은 탄탄대로처럼 펼쳐지는 듯했다. 하지만 사고로 모든 것이 물거품이 되었다. 요술 지팡이를 휘두르거나 컴퓨터 키보드 하나로 무엇인가를 삭제하는 것처럼 모든 영광이 순식간에 사라져버렸다. 하지만 이처럼 캄캄한 미지의 상황 속에서도 로이는 자신의 능력을 보여주었다. 재활치료를 마친 후, 보스턴대에서 학업을 다시 시작해 학위를 취득한 그는 동기부여 강연으로 사람들의 의욕을 북돋우는 일에 전념했다. 또한 자신의 이름을 딴 재단을 만들어 척추 손상 연구를 위해 수백만 달러를 모금하기도 했다. 로이는 한없는 불행으로 여길 만한 상황 속에서도 좌절하지 않고, 사람들에게 선한 영향력을 발휘하는 일에 집중했다.

트래비스 로이의 이야기는 우리에게 불확실성에 대한 객관적 관점과 주관적 관점의 차이를 교훈적으로 잘 보여준다. 우리는 객관적으로는 '어떤 일이든 일어날 수 있다'는 사실을 알면서도, 주관적으로는 자신이 늘 안전한 상황에 놓여 있을 것이며, 삶은 늘 평온하게 흘러갈 거라고 착각한다. 로이에게 일어난 일은 우리의 삶을 지배하는 '객관적 불확실성'을 잘 보여준다. 하지만 이후에 로이는 회복력을 발휘함으로써 불행의 한 가운데서도 '내 미래는 나 자신이 쥐고 있다'는 '주관적 불확실성'을 똑똑히 드러낸다.

우리는 익숙한 상황을 마주하면 보통 귀납적으로 행동한다. 매일 비슷

불확실한 걸 못 견디는 사람들

한 일상이 이어질 테니 우리의 하루는 계획한 대로 흘러갈 거라고 가정한다. 아침에 차에 타 운전대를 잡을 때면 별문제 없이 직장에 무사히 도착할 것이며, 치과 예약을 잡으면 실력 있는 의사가 나타나 제대로 치료해 줄 거라고 예상한다. 그러나 새로운 일에는 늘 불확실성이 존재하기 때문에 언제든지 예상과는 다른 상황이 펼쳐질 수도 있다. 과거에 비슷한 일을 겪은 적이 없다면 상황이 어떤 식으로 흘러갈지 예측하지 못할 가능성이 크다. 하지만 타인에게 들은 정보를 바탕 삼아 추측해 볼 수는 있다. 타인의 판단을 바탕으로 비슷한 믿음을 가질 수도 있다.

코로나19 바이러스에 대한 개개인의 취약성에 대해 전문가들이 제시한 정보를 예로 들어보겠다. 이 질병에 관한 비관적인 결과를 들은 사람들은 비교적 심각하지 않은 결과를 들은 사람들보다 불안정한 반응을 보였을 거라고 예측할 만하며, 실제로도 그랬다. 바이러스에 대한 생존 확률이 다른 연령층에 비해 현저히 낮았던 노년층은 대체로 더 불안해했다. 그들은 공공장소를 되도록 피하면서 봉쇄 조치를 잘 지키고, 사회적 거리두기 지침도 잘 따랐다. 미국 여론조사기관 퓨 리서치센터Pew Research Center의 2020년 3월 18일 여론조사 결과에서는, 65세 이상의 33퍼센트가 코로나19 바이러스를 건강을 크게 위협하는 요소로 여기는 것으로 나타났다. 반면 18~29세는 25퍼센트만 같은 결과를 보여 노년층과 대비를 이뤘다. 다시 말해 전문가들의 의견을 듣고 알게 된 부정적 결과의 **확실성** 차이가 **불확실성** 그 자체보다 중요하다는 뜻이다.

하지만 팬데믹 기간 동안 사람들의 결정에 영향을 미친 것은 전문가가 알려 준 정보뿐만이 아니었다. 개인의 성격과 의지, 가치관에 따라 다른 사람의 의견을 받아들이기도 하고, 위험성을 축소하거나 완전히 무시하기도 했다. 팬데믹 기간 동안 사람들 사이에서는 뚜렷한 차이가 나타났다. 어떤 사람들은 철저히 스스로를 격리시킨 반면, 같은 정보를 접하고도 마음 편히 사교모임을 즐기는 사람들도 있었다.

부정적인 생각에서 오는 불안감

대체로 위험하다고 할 만한 불확실한 상황에서도 동요하지 않는 사람들이 있는가 하면, 대다수가 안전하다고 여기는 불확실한 상황에서도 불안을 남들보다 크게 느끼는 사람도 있다. 예를 들어, 어떤 사람들은 계획을 세울 때 무엇을 해야 할지 확실하지 않으면 불안해한다. 어떤 사람들은 답이 없는 이메일이나 상대방이 받지 않는 전화에 낙담한다. 어떤 부모는 아이들의 소재를 계속 신경 쓰며 한시도 마음을 놓지 못한다. 한마디로 말해, 다른 사람들에게는 별문제 없어 보이는 '일상적 불확실성'에도 걱정을 놓지 못하는 것이다. 왜 이렇게까지 불확실성을 염려하는 걸까?

이런 사람들의 불안감은 **조건화된 불안**conditioned anxiety에서 비롯되는 경향이 있다. 과거에 부정적인 결과와 얽혔던 경험 때문에 현재도 불확실한 상황만 생기면 저절로 불안해지는 것이다. 동물이(가령 개가) 환경 속의 특정 단서(이를테면 주인이 겉옷을 입는 일)에 조건화되어 다음에 일어날 일(산책을 나가는 일)을 예상할 수 있는 것과 마찬가지로, 인간도 불확실성 같은 특정 상태에 조건화되면 긍정적이거나 부정적인 일을 예측할 수 있다. 과거의 불확실성이 줄곧 불행한 일과 얽혔다면 자동적으로 부정적인 일을 예상할 것이다. 부모에게 버려지거나 어른에게 학대당할까 무서워했거나, 언제 폭력 사태가 닥칠지 몰라 불안해하던 아이는 커서도 불확실한 상황이 닥치면 비극적인 시나리오를 먼저 상상하며 두려움에 떨 것이다.

우리에게 불안감을 유발하는 것은 불확실한 상황에서 떠올리게 되는 '부정적인 생각'이다. 이 점을 깨닫는 것은 매우 중요하면서도 유용한 일이다. 우선, 어떤 사람이 불확실성을 건설적으로 다룰 수 있는지 알 수 있고, 반대로 어떤 사람이 불확실성에 완전히 압도당하는지도 파악할 수 있다. 또한 그 이유까지 짐작할 수 있다. 한 걸음 더 나아가 어떻게 해야 불확실성을 다루는 요령을 익히고, 불확실성을 침착하게 직면하고, 불확실성에 숨겨진 잠재성을 찾아 한 줄기 희망의 빛을 발견할 수 있을지 힌트를 얻을 수도 있다.

불확실성을 지혜롭게 다루는 법

불확실성에 대한 두려움이 비관적인 생각에서 비롯된다는 점을 깨달았다면, 불확실성의 악영향을 지혜롭게 다루기 위한 방법도 찾을 수 있다. 불확실성이 일으키는 긍정적인 생각은 부각시키고, 부정적인 생각은 제거하면 된다. 간단히 말해 좋은 생각으로 머릿속을 채우면서 두려움이나 자기연민을 떨쳐내라는 얘기다. 물론, 말로는 쉬워도 실천하기는 어렵다. 다행히도 심리학에는 부정적이고 패배주의적인 생각을 떨쳐낼 만한 확실한 방법들이 마련되어 있다. 그것도 태어나는 순간부터 죽는 순간까지 평생에 걸쳐 적용 가능한 방법들이다. 앞으로 여러 장에 걸쳐 이런 심리학적 통찰들을 함께 살펴보며 불확실성이 우리의 삶과 행복에 미치는 수많은 영향에 대해 생각해 보자.

불확실성이 선사하는 기회

내가 불확실성이라는 주제에 오랫동안 끌리게 된 계기는 '닫힌 마음', 즉 적절한 정보와 조언마저 무시하게 만드는 '자신감 과잉'에 호기심을 느낀 순간부터였다. 내가 동료들과 함께 지난 40년간 시도한 수많은 연구를 통해 입증한 바를 잠깐 소개하자면, 닫힌 마음은 결국 인지적 종결 욕구에서 비롯된다. 이 욕구는 불확실성을 피하게 만들고, 무엇이든 확실성을 보장하는 아이디어나 이론, 개념을 붙잡도록 부추긴다.

하지만 팬데믹을 겪는 동안 불확실성에는 이것을 피하려는 의도 이상의 무언가가 있다는 사실을 깨달았고, 몇 가지 의외의 사실도 발견할 수 있었다. 알고 보니 사회심리학자들이 지난 몇십 년에 걸쳐 수행했던 수많은 연구 역시 본질적으로는 '불확실성에 대한 반응'과 관련된 것이었다. 1670년에 발표한 몰리에르Molière의 희곡 「부르주아 귀족The Bourgeois Gentleman」에서 '수년간 자신도 모르는 채로 산문散文을 이야기했다던' 무슈 조르댕처럼 심리학도 드러내놓고 인정하지 않았을 뿐, 그동안 불확실성은 물론 불확실성의 영향까지 다루고 있었다. 이 책에서 나는 따로 떨어진 여러 점을 이어 붙일 것이다. 그동안 불확실성이 선사하는 도전이나 기회들과 관련해 사회심리학이 제시한 깊이 있는 통찰과 흥미로운 발견, 유용한 실천법들을 함께 엮어나가려 한다.

불확실한 걸 못 견디는 사람들

이 책을 활용하는 법

이 책의 목표는 독자들이 불확실성에 대한 자신의 반응 방식을 알고, 불확실성의 잠재적 결과와 불확실성에 대한 대처법을 이해하도록 돕는 데 있다. 그 첫 단계로, 1장에서는 우리가 개발한 '종결 욕구 척도'를 이용해서 독자들이 확실성과 불확실성에 대한 자신의 반응 방식과 태도를 측정할 수 있도록 했다. 종결 욕구를 측정해 본 후, 책의 나머지 부분을 읽는다면 자신을 더 깊이 이해하는 데 도움이 될 것이다.

처음부터 끝까지 순서대로 읽고 싶은 독자도 있겠지만, 원한다면 당신의 관심도에 따라 특정 부분을 선택해도 좋다. 선택에 참고할 수 있도록 책의 구성을 소개하자면, 이 책은 총 3부로 나뉜다. 1부는 1장부터 6장까지로, 불확실성에 대한 반응이 어떤 이유에 따라, 어떤 식으로 표출되는지 알아본다. 2부인 7장부터 9장까지는 이런 반응이 사람들의 생각과 의사결정, 사회적 관계에 미치는 영향을 다룬다. 3부인 10장에서 14장까지는 불확실성을 다루기 위한 다양한 방법을 제시하고, 삶의 여러 영역(자녀 양육, 대인 관계, 커리어 등)에서 불확실성을 다룰 때 유용한 실용적 제안들도 소개한다. 하지만 가장 먼저 당신이 불확실한 상황에서 대체로 어떻게 반응하는지 알아보기 위해 '종결 욕구 척도'부터 알아보자.

차
례

| 1부 |
우리는 불확실성에 어떻게 반응하는가

| 2부 |
불확실성에 대한 우리의 반응이 세상을 바꾼다

| 3부 |
불확실성을 포용하는 현명한 방법

| 1부 |

우리는 불확실성에
어떻게 반응하는가

1

나의 종결 욕구
평가하기

사람마다 확실성을 갈망하는 정도와 종결 욕구(예측 불가능한 상황, 즉 불확실성을 빨리 끝내려는 욕구)가 다르다. 이 책에서는 이런 개인별 차이와 원인, 그리고 이런 차이가 사람들과 상황에 대한 우리의 반응에 어떤 영향을 미치는지 다룰 것이다. 그렇기 때문에 이런 심리학적 연속선상에서 **당신**이 어디쯤에 해당하는지 아는 것은 매우 중요하다. 당신은 불확실성이 거북하게 느껴지는가, 아니면 불확실성에 끌리는가? 결과를 예측하기 힘든 일을 빨리 제거하려 드는가, 아니면 불확실성에 재미를 느끼면서 불확실성이 선사할 새로운 가능성과 도전을 즐기는가?

다음 장으로 넘어가면 당신이 **왜** 종결을 갈망하거나 회피하는지, 그리고 이런 성향이 당신의 삶과 인간관계, 정치적 성향 등에 **어떤** 영향을 미치는지 알게 될 것이다. 하지만 일단은 불확실성에 대한 당신의 반응 방식을 알고, 종결을 다루는 태도와 행동의 원인까지 찾을 수 있게 돕는 평가 항목들에 관해 자세히 알아보도록 하자.

1990년, 나는 종결 욕구를 '주어진 주제에 대한 확실한 답, 그것이 무엇이든 간에 혼란이나 모호함과는 대비되는 답[1]을 바라는 마음'으로 정의했다. 그 뒤로 1994년에는 내 박사 과정의 제자였던(그리고 현재는 심리학 교수인) 도나 웹스터와 함께 종결 욕구를 측정하기 위한 설문지를 개발했다. 이 설문지는 총 41개의 문항으로 구성되었고, 응답자는 '그렇다'나 '아니다' 중 해당하는 정도에 따라 '(1) 매우 아니다'부터 '(6) 매우 그렇다'까지에서 답을 고르면 된다. 예컨대 '나는 업무에 확실한 규칙과 질서를 두는 것이 성공을 위해 꼭 필요하다고 생각한다'는 항목의 경우, '매우 아니다'라고 답한 사람은 (1) 종결을 피하면서 선택지를 열어두기를 선호하는 것이다. 반면에 '매우 그렇다'라고 답한 사람은 (6) 확실히 확실성을 선호하고 열망하는 것이다.

설문지에 ⓡ 표시가 되어 있는 일부 항목들은 '막판에 계획이 바뀌면 재미있다고 느낀다'처럼 종결 욕구 성향을 반대로 뒤집어서 묻는 것이다. 여기에 대한 답이 '매우 그렇다'라면 (1) 종결 욕구보다는 종결 회피 욕구를 보이는 것이다. 이런 항목들은 점수를 거꾸로 매겨, 다른 항목에서의 1점을 6점으로, 2점을 5점으로, 3점을 4점으로 점수를 낸다. 따라서 모든 항목의 점수를 더한 총점이 높을수록 종결 욕구는 그만큼 높아지는 것이다.

불확실한 걸 못 견디는 사람들

나의 성향을 알 수 있는 다섯 가지 항목

종결 욕구가 높다면 당신은 아마도 삶에서 질서와 예측 가능성이 뚜렷한 편을 선호할 것이다. 성격이 단호하고 자신의 생각을 분명하게 전달하며, 대비책과 조건을 너무 많이 두려 하지 않을 것이다. 또한 일단 마음을 정하고 나면 반대되는 주장이나 정보, 관점을 발견해도 처음의 생각을 단념하지 않을 가능성이 높다. 오히려 당신의 의견에 누군가 반대하거나 다른 관점을 제시한다면 기분이 상하고 짜증이 날 것이다.

종결 욕구 설문지의 점수를 내면 그 사람의 종결 욕구가 대체로 높거나 낮은 편인지, 아니면 중간쯤인지 가늠해 볼 수 있다. 그뿐만 아니라, 인지적 종결 욕구가 구체적으로 어떻게 표출되는지 파악하는 데도 도움이 된다. 초창기에 만들었던 척도에서 도나 웹스터와 나는**2** 종결 욕구가 **질서와 예측 가능성**의 선호, **결단성**, **모호함**에 대한 거북함, **닫힌 마음** 등 다양한 태도와 성향으로 발현될 수 있다는 견해를 내비친 바 있다. 이 모든 태도와 성향은 확실성을 바라는 전반적 욕구가 당신의 취향, 사고방식, 행동방식에 어떤 영향을 미치는지 상징적으로 보여준다.

예를 들어, 집이나 사무실의 모든 물건이 제자리에 있는 상태인 '**질서**'는 혼란과 무질서가 야기하는 '사물의 위치에 대한 불확실성'을 방지한다. '질서 정연함과 정리 정돈이야말로 훌륭한 학생의 가장 중요한 덕목이라고 믿는다'라는 항목이 바로 질서 욕구를 가늠하는 기준에 해당한다. 이런 질서 욕구 가늠 척도는 10개의 항목으로 구성되어 있으며, 문자 a로 표시한다. 이 항목들에 대한 개인별 응답을 모두 더하면, 전체 종결 욕구에서 질서 욕구의 점수를 확인할 수 있다.

'상대가 어떻게 행동할지 예측할 수 있다는 점에서 오래 알고 지낸 친구들과 어울리길 선호한다'는 **예측 가능성**에 대한 욕구(문자 b로 표시)를 가늠하는 8개 항목에 해당한다. 우유부단하기보다 **결단성 있는** 성향(c로 표시)은 종결 욕구가 높은 사람의 두드러진 특성이다. 종결 욕구에서 결단성 성향을 측정하는 6개의 항목에는 '결정을 내리면 안심이 된다'나 '어떤 문제에 직면하면 빨리 해결하고 싶어 안달한다' 등이 있다.

모호함을 불편해하는 성향(d로 표시)을 측정하는 9개의 항목으로는 '내 삶에 어떤 사건이 일어난 이유가 이해되지 않으면 마음이 불편하다' 등이 있다. 종결 욕구의 마지막 요소는 **닫힌 마음**의 정도(e로 표시)로, '나 자신의 견해를 세우기 전에 여러 의견을 참고하지 않는 편이다'를 비롯해 모두 8개의 항목으로 측정한다.

다음 페이지부터는 종결 욕구 척도의 전체 항목을 소개한다. 총 41개의 항목 중에서 굵은 글씨로 표시한 15개의 항목만으로 간단하게 측정할 수도 있다. 이 15개 항목들에 대한 응답의 총점으로도 당신의 종결 욕구 성향을 어느 정도 파악할 수 있다. 일종의 간이 테스트인 셈이다. 다만, 종결 욕구 안의 여러 요소를 확실히 알아보는 데는 한계가 있다는 점을 미리 알아두기 바란다.

종결 욕구 척도 검사지

웹스터, 크루글란스키 공동 개발(1994) / 로에츠 Roets, 반 히엘 Van Hiel 공동 보완(2007)

응답 지침: 다음의 각 항목을 읽고 당신의 신념과 경험에 비추어 수긍하는 정도를 다음과 같은 기준에 따라 답한다.

1 = 매우 아니다	4 = 약간 그렇다
2 = 다소 아니다	5 = 다소 그렇다
3 = 약간 아니다	6 = 매우 그렇다

1(a)	나는 업무에 확실한 규칙과 질서를 두는 것이 성공을 위해 꼭 필요하다고 생각한다.	1 2 3 4 5 6
2(e)	무언가에 대해 결심을 한 이후에도 언제나 다른 의견을 적극 검토한다. ®	1 2 3 4 5 6
3(d)	**불확실한 상황을 싫어한다.**	1 2 3 4 5 6
4(e)	여러 가지로 다양하게 대답할 수 있는 질문을 싫어한다.	1 2 3 4 5 6
5(b)	예측 불가한 친구들과 어울리길 좋아한다. ®	1 2 3 4 5 6
6(a)	내 기질에는 시간이 규칙적으로 정해져 있는 질서 잡힌 생활이 맞다고 느낀다.	1 2 3 4 5 6
7(b)	외식을 할 때는 전에 가본 적이 있어 예측이 가능한 식당에 가고 싶다.	1 2 3 4 5 6

8(d)	내 삶에 어떤 사건이 일어난 이유가 이해되지 않으면 마음이 불편하다.	1 2 3 4 5 6
9(e)	집단 내의 모두가 추구하는 가치에 어떤 한 사람이 반대하면 짜증이 난다.	1 2 3 4 5 6
10(a)	막판에 계획을 바꾸길 매우 싫어한다.	1 2 3 4 5 6
11(b)	무엇을 예측할 수 있을지 알지 못하는 채로 낯선 상황에 들어서길 싫어한다.	1 2 3 4 5 6
12(c)	결정을 내리면 안심이 된다.	1 2 3 4 5 6
13(c)	어떤 문제에 직면하면 빨리 해결하고 싶어 안달한다.	1 2 3 4 5 6
14(d)	중요한 문제를 놓고 갈팡질팡하게 되면 매우 짜증이 난다.	1 2 3 4 5 6
15(c)	어떤 문제의 해결책을 바로 찾지 못하면 금세 초조해지고 안달이 난다.	1 2 3 4 5 6
16(c)	하룻밤 동안 곰곰이 생각하기보다 빨리 결정해 버리고 싶다.	1 2 3 4 5 6
17(c)	결정할 시간이 넉넉히 남아 있어도 빨리 결정해야 할 것 같은 강박을 느낀다.	1 2 3 4 5 6
18(b)	막판에 계획이 바뀌면 재미있다고 느낀다. ®	1 2 3 4 5 6
19(b)	무슨 일이 생길지 모르는 채로 새로운 상황에 들어서는 불확실성을 즐긴다. ®	1 2 3 4 5 6
20(a)	개인 공간이 대체로 어수선하고 정리가 되어 있지 않은 편이다. ®	1 2 3 4 5 6

불확실한 걸 못 견디는 사람들

21(d)	대다수의 사회적 갈등에서 어느 쪽이 옳고 어느 쪽이 옳지 않은지 쉽게 분간할 수 있다.	1 2 3 4 5 6
22(c)	거의 언제나, 심지어 그럴 이유가 없을 때조차 빨리 결정을 내려야 할 것 같아 마음이 급하다.	1 2 3 4 5 6
23(a)	질서 정연함과 정리 정돈이야말로 훌륭한 학생의 가장 중요한 덕목이라고 믿는다.	1 2 3 4 5 6
24(e)	대다수의 갈등 상황을 놓고 봤을 때, 대개는 양쪽 모두 옳은 견해일 수도 있다고 믿는 편이다. ®	1 2 3 4 5 6
25(b)	**행동을 예측할 수 없는 사람들과 어울리길 좋아하지 않는다.**	1 2 3 4 5 6
26(b)	상대가 어떻게 행동할지 예측할 수 있다는 점에서 오래 알고 지낸 친구들과 어울리길 선호한다.	1 2 3 4 5 6
27(a)	나는 목표와 요건을 확실히 밝히지 않는 수업에서 가장 잘 배울 것 같다. ®	1 2 3 4 5 6
28(e)	어떤 문제에 대해 생각할 때는 가능하다면 그 문제에 대한 다양한 의견을 고려한다. ®	1 2 3 4 5 6
29(d)	언제나 사람들의 생각을 알고 싶어 한다.	1 2 3 4 5 6
30(d)	**어떤 사람의 말이 다양한 의미를 띨 가능성이 있는 경우를 싫어한다.**	1 2 3 4 5 6
31(d)	결정을 내리기 어려워하는 사람의 말을 듣고 있으면 짜증이 난다.	1 2 3 4 5 6
32(a)	**내 경험에 비추어 보면 일관된 일과를 세워놓는 것이 삶을 더 즐겁게 하는 것 같다.**	1 2 3 4 5 6

33(a)	**확실하고 체계적인 생활방식을 즐긴다.**	1 2 3 4 5 6
34(e)	나와 다른 의견을 가진 사람들과의 교류가 더 즐겁다. ®	1 2 3 4 5 6
35(a)	모든 것이 저마다 제자리에 있는 것이 좋다.	1 2 3 4 5 6
36(d)	어떤 사람의 말뜻이나 의도가 확실하게 와닿지 않으면 마음이 불편하다.	1 2 3 4 5 6
37(e)	어떤 문제에 직면하든 늘 여러 가지 해결책을 생각한다. ®	1 2 3 4 5 6
38(d)	불확실한 상태에 계속 놓여 있는 것보다 나쁜 소식이라도 빨리 알게 되는 편이 낫다.	1 2 3 4 5 6
39(e)	**나 자신의 견해를 세우기 전에 여러 의견을 참고하지 않는 편이다.**	1 2 3 4 5 6
40(b)	**예측할 수 없는 상황을 싫어한다.**	1 2 3 4 5 6
41(a)	일이나 학업에서 날마다 규칙적인 일과들이 싫다. ®	1 2 3 4 5 6

주의점:

1) 굵은 글씨로 된 항목은 이 척도의 단축 버전이다. 시간이 부족하거나 간단한 측정을 원한다면 굵은 글씨의 항목만 체크해서 점수를 합산해도 좋다.

2) 항목별 숫자 옆에 쓰인 알파벳은 종결 욕구와 관련한 태도와 성향에서 다음의 요소들을 나타낸다.

a = 질서, b = 예측 가능성, c = 결단성, d = 모호함, e = 닫힌 마음

불확실한 걸 못 견디는 사람들

나의 종결 욕구 점수 계산하기

종결 욕구 점수를 계산하려면 항목별로 체크한 1부터 6까지의 숫자들을 모두 더하기만 하면 된다. 단, Ⓡ 표시가 된 항목은 점수를 반대로 뒤집어 더해야 한다.

점수가 205~246점에 들면 종결 욕구가 높은 것이고, 41~82점이라면 종결 욕구가 낮은 것이다. 83~204점이면 중간에 해당한다. 같은 방법으로 종결 욕구의 각 요소별 점수도 계산할 수 있다. 예를 들어 질서를 선호하는 성향을 확인하는 하위 항목(a)에서 주로 5와 6에 체크해서 점수가 50~60점대라면 질서를 선호하는 성향이 높은 것이고, 주로 2와 1에 체크해서 점수가 10~20점대라면 질서를 선호하는 성향이 낮은 것이다. 질서 선호 성향 점수가 21~49점이라면 이 요소에서 중간 정도에 해당한다. 비슷한 방식으로 종결 욕구의 모든 요소에서 자신이 어디쯤에 해당하는지 확인해 볼 수 있다. 예측 가능성 선호 성향의 점수는 8~48점 사이에서 나올 것이고, 결단성 선호 성향은 6~36점, 모호함을 거북해하는 성향은 9~54점, 닫힌 마음의 성향은 8~48점 사이로 나올 수 있다.

나 자신을 아는 것이 지혜의 시작인 이유

왜 굳이 종결 욕구 척도에서 내가 어디쯤에 해당하는지 알아야 할까? 이것을 안다고 무슨 쓸모가 있을까? 간략히 말해, 자신의 성향을 제대로 이해하면 다양한 상황에서 어떻게 행동하고 반응할지 지침으로 삼을 수 있다. 예를 들어, 자신이 종결 욕구가 높은 편이라는 사실을 인지하면 다른 사람의 의견에 의식적으로 귀를 기울여 볼 수 있다. 종결 욕구가 낮고 종결을 피하려는 경향이 있다는 사실을 인지한 경우, 자신에게 특정 의견이나 사람, 제도에 헌신하기를 꺼리는 면이 있다는 점을 분명히 알 수 있다.

내가 개인적으로 가장 유용하게 여기는 쓰임새는 '종결 욕구가 높거나 낮은 상태를 보완할 가능성'이다. 내가 종결 욕구가 높은 사람이라는 사실을 알고 있다면 지나치게 '확고한' 생각과 거리를 두고, 좀 더 융통성 있고 부드러운 태도를 취하려고 노력할 수 있다. 또한 내 성향을 몰랐을 때에 비해 의견을 덜 앞세우거나 사람들을 대하는 태도를 조절할 수 있다. 모든 이메일에 바로 답장을 보내지 않으면 불안해하는 경향을 가라앉히고, 중요한 문제를 그 자리에서 바로 결정하기보다는 시간을 두고 신중히 판단할 수도 있다. 타인의 생각과 취향, 성향을 다짜고짜 무시해 버리는 경향도 조금씩 고쳐나갈 수 있다.

종결 욕구 척도에서 내가 어디에 해당하는지 위치를 인식하면, 종결과 확실성을 추구하는 자신의 태도에 어떤 이유가 얽혀 있는지 이해하고 싶은 마음이 생길지도 모른다. 게다가 이런 태도가 자신의 직업 혹은 개인적 상황에서 경험한 부정적인 일들에 뿌리를 둔 경우라면, 종결에 대한 전반적인 태도를 바꾸는 데 큰 도움이 될 수 있다. '너 자신을 아는 것이 지혜의 출발점'이라는 소크라테스의 명언은 이 상황에도 딱 들어맞는 말이다.

모든 성향에는 장점과 단점이 존재한다

이쯤에서 몇 가지를 꼭 짚고 넘어가고 싶다. 종결 욕구가 높거나 낮다고 해서 전적으로 불리하거나 전적으로 유리한 것은 아니라는 점이다. 모든 성향은 저마다 넘어야 할 걸림돌이 있지만, 또 한편으로는 이로운 점도 분명히 있다. 성급한 종결 때문에 값비싼 대가를 치를 때도 있지만, 종결 욕구가 높은 사람은 대체로 주변 사람들이나 가족, 신념, 국가에 헌신적인 성향을 띤다. 이런 사람들은 상호 헌신과 희생정신을 보여주는 본보기가 될 수 있으며, 이런 점은 친사회적인 강점으로 볼 수 있다. 반대로 종결 욕구가 낮은 사람은 우유부단하고 흐리멍덩한 인상을 줄 가능성이 크지만, 한편으로는 미답의 영역이나 새로운 생각에 열린 마음을 가지고 있다.

결국 양쪽의 심리 상태 모두 균형 감각이 필요하다. 특정 성향이 해롭게 작용하는 경우와 이롭게 작용하는 경우를 구분하는 것도 삶의 지혜다. 그렇다면 불확실성에 대한 반감이나 끌림은 어떤 경우에 이롭고 어떤 경우에 해로울까? 여기서 잠깐 당신의 주변 사람들을 한 명씩 떠올려 보자. 당신의 동료와 친구, 가족이 종결 욕구 척도의 어디쯤에 해당하는지 생각해 보자.

계약체결 부서의 담당자 A는 계약 막판에 변경 요청이 들어오면 무척 짜증스러워한다. 그렇다면 A는 종결 욕구가 높은 성향이며, 그 덕분에 맡은 일을 세세하고, 꼼꼼하고, 효율적으로 해내고 있을지도 모른다. 디자인팀의 직원 B는 회의에 항상 늦기는 하지만, 때로는 누구나 감탄할 만큼 창의적인 아이디어를 생각해 낸다. B의 낮은 종결 욕구가 이런 장점과 단점 모두의 근원일 수 있다.

관리자의 관점에서 보면, 어떤 유형이 특정 역할에서 활약을 펼치고 어떤 유형이 고전할지 어느 정도 예측할 수 있다. 당신의 친구들은 어떤가? 친구들 중에는 무엇이든 분명하게 미리 정하는 것을 선호해서 새로운 곳을 찾기보다는 늘 같은 곳에서 약속을 잡으려는 친구도 있을 것이다. 이 점이 조금 불만스러울 수도 있겠지만, 생각해 보면 그 친구 덕분에 다 같이 모이는 자리를 자주 만들고, 여행 계획을 꼼꼼히 세우며, 관계를 잘 유지할 수 있다는 점을 깨달을 것이다.

요약 정리	모든 사람은 종결 욕구 척도에서 어디쯤에든 속할 것이다. 누군가는 종결을 열렬히 갈망할 것이며, 누군가는 종결을 피하고 오히려 모호함 속에서 시간을 보내는 편을 즐길 것이다. 국가의 리더가 종결 욕구가 높거나 낮으면 그에 따라 역사적으로 큰 파장을 일으킬 수 있다. 예컨대 조지 W. 부시George W. Bush 대통령이 아프가니스탄이나 이라크에 대한 전쟁을 결정한 데는 그의 높은 종결 욕구가 작용했을 것이다. 그의 눈에는 승리하거나 패배하거나 둘 중 하나인 전쟁이 모든 문제의 가장 확실한 해결책처럼 여겨졌을 것이다.
	빌 클린턴Bill Clinton 대통령이 대통령직을 잃게 만들 뻔했던 모니카 르윈스키Monica Lewinsky와의 부도덕한 관계는 또 어떤가.

불확실한 걸 못 견디는 사람들

이 경우에는 어떻게든 종결을 피하고 싶은 욕구에 눈이 멀어 상황을 객관적으로 보지 못한 것이 문제였을 것이다.

우리는 누구나 불확실성을 피하려 하거나 불확실성에 가까이 다가가려 한다. 우리의 삶은 하루하루 판단할 것과 결정할 거리로 차고 넘치기 때문에 종결 욕구는 거의 모든 일에 영향을 미친다. 따라서 자신의 성향을 안다는 것은 확실성과 종결을 향한 열망에 눈이 멀어 중요한 고려 사항을 알아보지 못하거나, 상대방의 타당한 주장이나 객관적인 정보를 무시해 버릴 수 있는 상황에서 큰 도움이 된다.

반대로 당신이 확실성과 헌신에 대한 거부감 때문에 늘 결정을 미루고 얼버무리는 사람이라면, 그런 태도가 오히려 독이 될 만한 상황을 미리 분간하는 데 도움이 될 것이다. 마지막으로 다른 사람들의 성향과 특성을 미리 알 수 있으므로, 사람들의 장점과 단점을 파악하고 그들과 좀 더 발전적인 관계를 이어나갈 수 있다. 또한 불확실성과 종결에 대한 당신의 성향을 정확히 알고 나면, 당신의 반응과 행동에 영향을 미치는 요인이 무엇인지 깨닫는 데도 도움이 될 것이다.

2

우리에게 종결 욕구가
필요한 이유

어떤 상황에서든 반대 의견에 부딪혀 본 적이 있는가? 내 의견이 옳다고 확신할수록, 의견 차이가 나타난 문제가 나에게 중요한 것일수록 반대 의견을 수용하기는 더 힘들기 마련이다. 여러 사람이 모인 자리에서는 흔히 의견 차이가 일어날 수 있다. 이럴 때마다 조바심이 나고 화가 나지만, 티도 내지 못하고 혼자 속으로 끙끙 앓기도 한다. 지능에 문제가 없고 제정신인 사람이 어쩌면 저렇게 말도 안 되는 견해를 내놓을 수 있을까? 이 사람은 도대체 뭐가 문제인 걸까?

반대에 부딪히면 우리는 대개 방어적인 태도를 취한다. 남들뿐만 아니라 자기 자신에게까지도. 논쟁 중에 대립자의 말도 일리가 있을지 모른다고 속삭이는 내면의 목소리를 억누르려 애쓰는 자신을 발견한 적은 없는가? 상대가 옳고 내가 옳지 않다는 속삭임을 애써 외면한 적은 없는가?

불확실한 걸 못 견디는 사람들

우리는 상대의 말을 잘 듣고 배우기보다 자신의 의견을 이 방법 저 방법으로 정당화하면서 다른 견해나 관점을 부정하려 들기 쉽다. 상대방의 정보가 믿을 만하고 타당할 경우, 이런 태도는 그다지 이로울 것이 없다. 대부분의 사람은 일단 결정하고 나면 마음을 바꾸기 어려워한다. 우리의 심리 구조 속에 깊이 뿌리박힌 이런 비합리적인 태도 때문에 많은 사람이 기억에 두고두고 남을 실수를 저지르기도 한다.

이스라엘을 뒤흔든 속죄일의 기습 사건

유대교의 속죄일인 '욤 키푸르Yom Kippur' 전날이었던 1973년 10월 6일, 이집트와 시리아가 이스라엘에 기습 공격을 가하며 '욤 키푸르 전쟁'이 발발했다. 이스라엘 시민과 군 지도부는 방심하고 있다가 무방비로 당하고 말았다. 당시 이스라엘의 국방부 장관이었던 모셰 다얀Moshe Dayan 은 '삼손 옵션Samson Option(이스라엘의 핵전략을 나타내는 용어로, 이스라엘이 위협에 전면적으로 대응하겠다는 의미를 담고 있음—옮긴이)까지 고려했다고 한다. 다시 말해, 이 재앙을 막아내기 위해 '이스라엘 보유설'이 나돌던 핵무기의 사용 카드까지 만지작거렸다는 얘기다.

이스라엘 국민은 불안감에 떨었다. 당시 텔아비브에 거주하며 그 지역 대학교에서 교수로 재직하던 나 역시도 내 주변 사람들과 다를 바 없이 당시의 사태를 주시하며 충격과 두려움에 휩싸였다. 모든 상황이 마치 전광석화처럼 급박하게 돌아가서 미처 생각을 추스를 겨를도 없었다. 나의 속죄일은 시작하고 말고 할 새도 없이 끝이 났다. 욤 키푸르 다음 날인

10월 8일, 나는 시나이반도로 향하고 있었다. 예비군 심리작전 장교로 소환 명령을 받고, 고전 중인 이스라엘군을 지원하기 위해 나선 길이었다.

1941년에 일어났던 중요한 사건 중 하나인 독일의 소련 침공(바르바로사 작전)이나 일본의 진주만 공습처럼 비교적 최근에 일어났던 다른 기습 사건의 경우, 대부분 적절한 정보가 부족했거나 상대방의 치밀한 속임수에 당한 것으로 드러났다. 하지만 욤 키푸르 공격은 절대 기습적으로 일어나서는 안 될 일이었다. 이스라엘의 정보기관에서는 공격이 일어날 만한 징후를 충분히 입수할 수 있었다. 암호명 '엔젤Angel'로 통하던 이스라엘의 뛰어난 스파이 아쉬라프 마르완Ashraf Marwan으로부터 공격 위험성을 예고하는 상세한 증거들까지 입수한 터였다. 마르완은 전 이집트 대통령인 고故 가말 압델 나세르Gamal Abdul Nasser의 사위였고, 이 공격을 개시한 장본인인 안와르 사다트Anwar Sadat 대통령에게 신임을 받는 특사이기도 했다. 따라서 이런 인물이 제공한 정보라면 정확도가 매우 높다고 볼 수 있다. 그의 암호명처럼 가히 '하늘이 내린 선물'이라 부를 만했다. 그런데도 이 정보는 깡그리 무시당한 것이다. 대체 무슨 이유 때문일까?

그 이유는 이스라엘 군사 정보국의 두 인물이 이 경고를 일축했기 때문이다. 바로 국장인 엘리 제이라Eli Zeira 장군과 이집트 및 북아프리카 지역 담당자 요나 밴드맨Yona Bandman 대령이었다. 두 사람은 마르완의 경고를 무시하고 '구상the conception'이란 이름의 전략적 평가에만 매달렸다. 이 평가에 따라, 이집트가 이스라엘 공군 기지를 공격할 수 있는 전투기와 이스라엘 본토에 도달할 수 있는 지대지 미사일을 갖추지 않는 한 대대적 군사 공격을 감행할 수 없을 거라 판단한 것이다. 두 사람이 자신

불확실한 걸 못 견디는 사람들

들의 실수를 알아챘을 때는 이미 너무 늦어버린 후였다. 이스라엘은 공격 당했고 국가의 존속 자체가 흔들렸다.

선물로 위장한 트로이의 목마

전 시대를 통틀어 사람들에게 가장 잘 알려진 이야기 중 하나로, 베르 길리우스의 서사시 「아이네이스Aeneid」에 실린 트로이와 그 비극적 종말 이야기를 꼽을 수 있을 것이다. 트로이를 9년 동안 포위하고 있던 그리스 군은 오디세우스의 간교한 조언대로 거대한 목마를 만들어 그 안에 병사 들을 숨겼다. 그리고 이 목마를 트로이인에게 송별 선물로 건네며, 그리 스군이 모든 포위를 풀고 귀국길에 오를 예정인 것처럼 행동했다. 트로이 의 군주 프리아모스 왕은 이 목마를 대승의 상징으로 여긴 나머지, 도시 안으로 들여와 아테나 신전에 모시고 싶어 했다. 하지만 많은 사람이 반 대 의견을 냈다. 사람들은 목마를 태워버리거나 도끼로 부숴서 그 안에 무엇이 있는지 확인할 것을 건의했다. 이런 상황이라면 당연히 목마 안에 무엇이 있는지 한 번쯤 확인해 볼 만하지 않은가?

그리스군에게 몹쓸 꿍꿍이가 있다는 조짐이 있었고, 그리스군의 구체 적 계획을 꿰뚫어 본 예측도 있었다. 아폴로 신전의 사제 라오콘은 목마 안에 그리스군이 숨어 있을지도 모른다고 울부짖었으나 소용없었다. 목 마 안쪽에서 갑옷 부딪치는 소리가 나기도 하고, 창으로 갑자기 목마를 찔렀을 때 사람의 신음 소리가 새어 나오기도 했지만, 프리아모스 왕은 요지부동으로 완고한 태도를 고수했다. 그 결과, 트로이 사람들에게는 끔찍한 비극이 닥쳤다. 도시는 잿더미로 변했고, 병사들은 몰살당했다. 여자들은 강간당하고 그리스인의 노예가 되는 수모를 겪었다.

미국 국회의사당 습격 사건

이번에는 2021년 1월 6일을 떠올려 보자. 이날 폭도들은 도널드 트럼프Donald Trump의 2020년 대선 패배 결과를 뒤집기 위해 워싱턴 D.C.의 국회의사당을 기습했다. 폭도들이 몇 시간에 걸쳐 건물을 점거하고 기물을 파괴하는 동안 의원과 직원들이 허둥지둥 대피하는 상황이 펼쳐졌다. 그야말로 아수라장 같은 대치 상황 속에서 140명이 넘는 경찰관이 부상을 당하고 5명이 목숨을 잃었다.

정말 어이없는 노릇이지만, 국회의사당의 경찰들은 트럼프 대통령의 지지자들이 국회의사당 무장 습격을 계획 중이라는 정보를 사건이 일어나기 2주 전부터 이미 확보하고 있었다. 트럼프 지지자들이 온라인상에서 대놓고 기습 계획을 알리는 데도 경찰 정보부는 여전히 폭력 사태의 위협을 '가능성이 희박한 일'로 판단하고 그대로 손을 놓고 있었다. 보안 담당자들은 이런 일이 실제로 일어날 수 없다며 서둘러 상황을 종결하려 했다. 이들이 저지른 실수의 대가는 엄청났다. 결국 국회의사당 습격 사건이 터지며 미국의 근간이 흔들렸고, 전 세계에 미국 민주주의의 취약성을 노출하고 말았다.

오판이 낳은 비극

선입견 탓에 경직된 심리가 일상적 편견과 차별로 번지면서 종종 비극적인 사건이 일어나기도 한다. 1999년 2월 4일, 서아프리카 이민자 출신으로 브롱스 전문대 컴퓨터 공학과에 재학 중이던 아마두 디알로Amadou Diallo는 영문도 모른 채 4명의 뉴욕시 경찰관의 손에 살해당했다. 디알로는 자신이 거주하던 아파트 건물 현관에 서 있다가 41발의 총을 맞고 사망했다. 다른 사람도 아니고 잘 훈련받은 경찰관들이 왜 이런 끔찍한 실수를 저질렀을까? 경찰들은 왜 무기도 소지하지 않은 디알로에게 총을 쏜 것일까? 그들이 무정한 인종차별주의자들이기라도 했던 것일까?

경찰관들은 아슬아슬한 불확실성에서 벗어나고 싶은 욕구 때문에 이런 엄청난 실수를 저지른 것일지도 모른다. 경찰관 중 한 명은 '저 흑인 남자는 무슨 일로 새벽 1시가 다 되어가는 시간에 밖으로 나온 거지?'라고 의심했을 것이고, 이때 그의 머릿속에서는 흑인들에 관한 오래된 고정관념이 고개를 들었을 것이다. 저 흑인 남자가 나쁜 일을 저지르는 중이고, 어쩌면 무기를 소지하고 있어 위험한 상황이 벌어질 수도 있다는 고정관념 말이다. 경찰관은 매우 긴박한 순간이니 빠른 판단이 필요하다고 생각했을 것이다. 그러다 결국 디알로의 사소한 움직임을 무기를 꺼내는 행동으로 오인하고 총을 발사했을 것이다. 한 명이 총을 쏘자, 나머지 경찰관들도 그를 따라 방아쇠를 당겼을 것이다.

제이라 장군과 밴드맨 대령, 미국 국회의사당의 경찰들, 프리아모스 왕이 자신들의 생각에만 매달려 현실을 제대로 보지 못한 것처럼 뉴욕시의 경찰관들 역시 처음 떠오른 고정관념을 붙잡고 매달렸던 것이다. 그 결과 무고한 시민이 목숨을 잃었다.

이상화의 함정

고정관념이나 선입견에 매달리는 것이 꼭 폭력적인 일에만 국한되는 것은 아니다. 선입견에 매달린 결과가 긍정적이거나, 심지어 기분 좋은 실수를 낳기도 한다. 흥미로운 사례로는 자신의 관점과 상반되는 정보를 완전히 무시하거나 덮어 둔 채, 지나치게 긍정적인 생각에만 매달리는 경우인 '이상화idealization'를 들 수 있다. 사회 심리학자인 티보John Thibaut와 켈리Harold Kelley의 명저 『집단의 사회 심리The Social Psychology of Groups』 (1959)에서는 미망인들이 사별한 남편에 대해 품는 지나친 이상화를 다룬다. 디킨슨Dickinson과 빔Beam[1]의 최근 연구에서도 미망인들이 사별한 배우자와의 결혼생활을 '성생활의 황금기'로 기억하는 경향이 나타났다.

티보와 켈리는 이런 관점에서 '레베카 신화Rebecca Myth'에 대해 자세히 설명한다. '레베카 신화'는 대프니 듀 모리에Daphne du Maurier의 소설에서 이름을 딴 것으로, 재혼한 남자가 레베카라는 이름의 사별한 아내에게 품은 지나친 이상화의 기억 때문에 새 배우자와의 결혼 생활에서 혼란을 겪는 내용이다. 이런 현상은 남녀 관계뿐 아니라 여러 상황에서 일어날 수 있다. 가령 직원들이 전임자에 대한 이상화 탓에 새로운 관리자에게 거부감을 드러내는 경우나 그 반대의 경우를 들 수 있다.

누군가를 다소 비현실적일 만큼 긍정적으로 기억하는 이상화는 '첫눈에 홀딱 반해 사랑에 빠지는 열병'을 불러오기도 한다. 우리는 호감을 느끼는 대상의 매력적인 면에는 쉽게 확신을 갖는 반면, 그 반대의 면은 무시하거나 그대로 덮어두려 한다. 다른 사람들에게는 빤히 보이는 것들을 보지 못한 채로(혹은 못 본 척한 채로), 사랑하는 대상에 대한 왜곡된 관점에만 매달리다 종종 판단 오류에 따른 혹독한 대가를 치르기도 한다.

이상화할 수 있는 대상은 사람만이 아니다. 우리는 경험도 이상화한다. 당신이 파리로 여행을 떠났다고 생각해 보라. 계속 비가 오는 우중충한 날씨 탓에 목감기에 걸려 고생만 잔뜩 한 데다, 루브르 박물관 앞에서 몇 시간이나 줄을 서서 기다렸지만 이런 기억은 어느새 사라지고, 대부분의 사람이 떠올리는 '아름다운 여행지'라는 고정관념에 맞춰 당신의 기억 속에서도 파리는 가장 낭만적인 여행지로 남을 것이다.

사람과 경험을 이상화하는 것과 고정관념과 선입견에 따르는 행동은 아주 다양한 범위에 걸쳐 있어, 언뜻 보기엔 서로 별개이고 무관한 현상 같아 보인다. 하지만 더 깊이 있게 들여다보면 비슷한 심리적 기제가 드러난다. 두 경우 모두 선입견에 매달려 적절한 정보를 무시한 채 잘못된 판단에 이른 것이다. 이 현상에 대해 과학에서는 '상황의 이면을 들여다보며 그 본질적 핵심에 주목해 서로 다른 개체와 사건들에 적용할 보편적 법칙을 정립해야 한다'고 조언한다. 그 어떤 두 방울의 물도 완전히 동일하진 않지만 모든 물방울은 같은 화학 구조를 이룬다. 453킬로그램의 고릴라와 깃털 하나는 완전히 다르지만, 둘 다 중력의 법칙을 따른다. 고정관념과 선입견에 매달리다 편향된 기억에 매몰되거나 잘못된 판단을 내리는 여러 사례도 이와 마찬가지다.

사람들이 이처럼 불행한 결과를 불러올 수도 있는 '인지적 고착cognitive fixation'의 포로가 되는 이유는 무엇일까? 우리의 정보 처리 체계에 어떤 문제가 있기에 이런 일이 일어날 수 있는 걸까? 나름 합리적이고 이성적인 생명체라는 인간이 어떻게 이런 인지적 고착에 빠지고 마는 걸까?

무지에 기반한 확신

'들어가는 글'에서 설명한 것처럼, 내가 확실성과 불확실성에 대한 심리학적 연구에 관심을 갖게 된 때는 1980년대로 거슬러 올라간다. 당시의 대다수 심리학자와 마찬가지로 나 역시 이른바 '인지 혁명cognitive revolution(1950년대 심리학에서 인지적 요인을 중시하게 된 현상-옮긴이)'이라는 분야를 열렬히 수용했다. 인지 혁명에서는 인간을 컴퓨터처럼 합리적인 계산 기계로 추정한다. 인간의 뇌가 논리적 알고리즘에 따라 정보를 처리하는 것으로 판단했기 때문이다. 이것은 인간의 모든 행동을 '정보와 논리'로 규명할 수 있는 끝내주는 접근법이었다. 인간의 합리성에 대한 낙관주의로 사람들의 마음은 들뜨기 시작했고, 새로운 이성의 시대가 밝아오는 것만 같았다.

나는 이런 관점을 바탕으로, '사람들의 자신감이 지식 수준에 따라 좌우된다'는 이론을 살펴보기 위한 실험을 설계했다. 인지과학이 추정하는 합리적 세계에서는 아는 것이 많을수록 자신감이 높아지고, 아는 것이 적을수록 자신감이 낮아져야 한다. 이 추측은 언뜻 보기에도 당연한 일처럼 느껴진다. 누구든 자기가 아는 것이 부족하다고 느낀다면 그만큼 자신감이 줄어드는 것이 당연한 일 아닌가! 하지만 이것은 빗나가도 한참 빗나 간 오판이었다. 오히려 그 반대가 옳았다.

내가 설계한 실험에서는 누군가의 짤막한 약력만 보고 그 사람의 첫 인상을 판단하는 과제를 제시했다. 실험 참가자들의 정보 처리 능력을 제 한하는 조건도 마련했다. 이런 제한 때문에 참가자들이 배우고, 고찰하 고, 생각하는 데 어려움을 겪게 하려는 의도였다. 나는 이 과제의 완수에 엄격한 마감 시한을 둔 채, 실험 참가자들 중 일부에게 시간 압박을 가했 다. 또한 실험 참가자들이 프린터가 작동하는 시끄러운 소음을 들으며 과 제를 수행하게 하거나, 그 전에 미리 어려운 과제를 수행하게 해서 피로 감을 느끼도록 하는 제한도 마련했다. 나는 이런 제약들이 참가자들의 정 보 처리 능력을 떨어뜨리고, 그에 따라 당면 과제에 관한 확신과 자신감 역시 줄어들 것으로 예상했다. 하지만 거듭된 실험 결과에서 참가자들의 **자신감은 줄어드는 것이 아니라 오히려 높아졌다.**

신기하게도 아는 것이 적으면 적을수록 자신감은 더 높아졌다. 나는 이 결과를 받아들이기가 힘들었다. '이럴 리가 없어. 틀림없이 내가 뭔가 를 놓치고 있는 거야'라고 중얼거리며 머리를 흔들기도 했다. 하지만 이 런 결과는 우연도, 통계적 변칙도 아니었다. 신중을 기울이며 연이어 진 행한 연구에서도 일관된 결과가 나왔다. 나는 몇 개월에 걸쳐 이 수수께 끼를 붙잡고 씨름했다. 나를 구원해 준 손길은 예상하지 못했던 곳에서 찾아왔다. 당시의 수업 지도 일정에 과학의 작동 방식에 관한 강의도 포함 되었던 터라 나는 수업 준비의 일환으로 '과학철학philosophy of science(과 학적 인식의 기본 문제에 관하여 고찰하는 학문-옮긴이)'에 열중해 있었다. 그

시절에는 칼 포퍼, 토머스 쿤Thomas Kuhn, 임레 라카토슈Imre Lakatos를 비롯한 여러 선구적 사상가들의 혁명에 가까운 연구 결과에 자극을 받아 학계에서 비슷한 주제가 큰 흥미를 끌고 있었다. 학자들은 단순한 의문에 초점을 맞췄다. '과학자는 자신의 가설이 옳다는 것을 어떻게 자신할 수 있을까?', '자신의 가설을 어떻게 증명할까?'라는 의문이었다.

엄밀히 말하면 지극히 단순한 명제조차 완전한 확신을 갖는다는 것은 불가능하다. 모든 과학 이론은 잠재적으로 틀릴 가능성이 있으며, 무수한 연구를 통해 이전부터 검증받은 이론들조차 예외는 아니다. 한 이론이 다시 검증을 받을 때도 이전처럼 지지를 받을 수 있을지는 장담할 수 없다. 저명한 과학철학자 칼 포퍼의 말처럼 인간의 모든 지식은 짐작이나 추측에 가까우며, 이런 짐작이나 추측이 '아직까지는' 우리에게 유효한 것에 불과하다. 아주 현실적인 의미에서 말하자면, 어느 잘 알려진 노래 가사처럼 '미래는 우리가 볼 수 있는 것이 아니다'.

하지만 과학자를 비롯한 대부분의 사람은 명제를 세우고 이것을 대체로 '기정사실'로 간주한다. 그렇다면 과학자들은 어떻게 이처럼 확신할 수 있을까? 자신의 가설을 옳거나 그르다고 결정할 때를 어떻게 아는 걸까? '백조는 모두 하얗다' 혹은 '모두 하얗지는 않다'는 결론을 내리기 전까지 얼마나 많은 백조를 조사해야 할까? 이런 생각에 이어 '멈추기의 메커니즘'이 있지 않을까, 하는 의문이 꼬리를 물었다. 사람들이 탐구를 멈추며 확신을 갖는 시점을 결정하는 어떤 원리가 있을 것 같았다. 그래서 과학철학에 관한 글을 닥치는 대로 찾아 읽으며 이런 메커니즘을 다룬 부분이 없는지 샅샅이 훑었다. 하지만 유감스럽게도 헛수고였다. 사실 그

답은 과학적 합리성의 영역 밖에 있었다. 게다가 답은 내가 생각했던 것보다 훨씬 단순했다.

내가 뜻밖의 깨달음으로 알아낸 그 답에 따르면, 사람들은 스스로 충분한 정보를 가지고 있다고 느낄 때 탐구와 수집을 멈춘다. 그런데 이런 느낌은 어디에서 비롯되는 걸까? 여기에 간단히 대답하자면 '확신을 갖고 탐구를 멈추고 싶은 마음은 우리 내부의 소망'에서 비롯된다. 결국 멈추기의 메커니즘은 심리적인 공간 안에 존재하는 것이다. 이것은 진화론으로 설명할 수 있는 부분이기도 하다. 진화를 거치면서 인간에게는 너무 늦지 않게 적절한 조치를 취하도록 확실성을 기하기 위한 메커니즘이 확립되었다. 우리의 뇌는 어느 시점에 이르면 종결을 원하고, 가장 확실한 믿음을 채택한다. 이로써 끝이 나지 않을 것만 같던 고민은 막을 내리고, 우리는 골치 아픈 문제에서 해방될 수 있다. 그리고 다음 과정으로 넘어갈 수 있다.

우리에게 종결 욕구가 필요한 이유

인간에게는 인지적 종결 욕구가 반드시 필요하다. 종결 욕구가 없다면 우리가 익히 아는 삶은 불가능하다. 이것은 필수적인 심리적 메커니즘이다. 끊임없는 결정거리가 수반되는 삶에는 어느 정도의 확실성이 필요하다. 우리는 혼잡한 길을 건널 때 도로에 다가오는 차가 있는지 없는지 확인하고 싶어 한다. 식료품을 살 때는 그 물건이 신선한지, 아이들을 학교에 보낼 때는 아이들이 안전한지, 의사의 조언을 들을 때는 그 의사가 신뢰해도 될 만한 사람인지 확인하고 싶어 한다. 이런 계산을 잘못하면 독특한 대가를 치르게 된다는 사실을 경험을 통해 이미 잘 알고 있기 때문이다. 확실성이 없으면 이도 저도 아닌 모호한 상태에 놓이고 만다. '분석마비analysis paralysis'에 빠진 채 어떤 생각과 행동도 실천하지 못할 수도 있다. 잠재적으로 보면 결정을 내리기 전의 정보수집 단계는 끝이 없다. 옳은 결정이라 확신할 만큼 충분한 증거를 모았다고 알려줄 객관적 신호가 어디에도 없기 때문이다. 그렇다고 해서 마음을 정하지 않으면, 결국 이런저런 일들이 불시에 우리를 덮칠 것이다. 세상은 우리가 충분히 준비할 때까지 기다려 주지 않는다. 우리가 결정을 내리지 않으면 상황이 우리 대신 결정을 내릴 것이다.

바람 같아선 우리가 위성이나 슈퍼컴퓨터, 드론으로부터 정확한 판단인지 아닌지 확인하기 위해 얼마나 많은 정보가 필요한지 신호를 받을 수 있다면 좋겠지만, 안타깝게도 이것은 불가능한 꿈일 뿐이다. 실수를 범하는 것이 인간이라지만, 우리에게 나쁜 소식만 있는 것은 아니다. 우리에게 미래를 엿볼 방법은 없지만, 자연은 우리에게 차선책을 선물했다. 그것은 바로 '그만하면 충분하다'라고 우리 귀에 대고 속삭이는 주관적 메커니즘, 즉 인지적 종결 욕구다. 종결 욕구는 정보의 탐색을 중단시키고, 우리가 결정하고 행동할 수 있도록 어느 정도의 확실성을 제공한다.

우리의 유인원 선조들은 자신보다 더 크고 힘이 센 포식자들을 마주했을 때, 맞서 싸울지 도망갈지 재빨리 결정해야만 했다. 이런 상황은 빈번히 일어났다. 그럴 때마다 선조들은 목숨을 걸어야 했고, 빠르고 확고한 판단은 생존에 필수적이었다. 위험을 피하기 위해 재빠른 결정을 내리

불확실한 걸 못 견디는 사람들

려면 '확실성에 대한 열망이 강한 이들'이 진화상으로도 유리했다. 그 결과 종결 욕구가 강한 선조들이 살아남아 자손을 낳았을 것이다. 물론 진화는 다양성을 인정한다. 어떤 사람들은 위험이 특히 더 많은 환경에 놓였을 것이고, 이런 환경이 빠른 결정을 내릴 수 있는 사람들에게 선택이익(일정한 환경에서 어떤 성질을 갖는 것이 그것을 갖지 않는 것보다 생존 또는 증식에 유리한 상태-옮긴이)을 제공했을 것이다. 상대적으로 험난하지 않은 환경에서는 사람들이 조금은 다르게 진화했을 테고, 이런 사람들에게 제공되는 선택이익은 신체적 매력이나 예술적 창의성 같은 것이었을지 모른다. 따라서 이들의 후손은 확실성과 종결을 비교적 덜 갈구했을 것이다.

동물들의 종결 욕구

종결과 확실성에 대한 욕구는 인간만의 고유한 특성이 아니다. 인간 이외의 동물에게서도 종결 욕구는 일정한 모습이나 형태를 띠며 나타난다. 그 유명한 이반 파블로프Ivan Pavlov의 선구적인(다만 현대의 관점에서는 윤리적으로 문제가 되는) 실험을 떠올려 보자. 개들의 실험신경증(실험에서 실험의 대상인 동물들이 이상 행동을 보이는 증상-옮긴이) 연구가 그들에게도 종결 욕구가 존재한다는 사실을 확실히 증명한다.

개들의 신경증 현상을 발견한 것은 우연에 가까웠다. 파블로프의 한 조수가 흥미로운 현상을 감지한 것이 계기였다. 그녀가 개 한 마리의 살갗 부위에 전기 충격을 가했다가 다른 부위로 옮겨 다시 같은 충격을 가하자, 그 개는 매우 감정적인 상태에 빠졌다. 다른 조수도 비슷한 현상을

감지했다. 어떤 개에게 원 그림을 보여준 다음 먹이를 주고, 원과 구별하기 힘든 타원 그림을 보여준 다음에는 먹이를 주지 않는 식으로 길을 들였더니 역시 감정 폭발 현상을 보였다. 또 다른 조수는 개가 종소리를 듣고 먹이를 받아먹는 사이의 시간을 길게 끌며 불확실한 기대 상태를 일으켰고, 이번에도 개가 감정적인 모습을 보였다.

이 연구를 비롯해 돼지, 양, 쥐, 염소 등 여러 동물을 대상으로 진행한 또 다른 연구에서도 알 수 있듯이 불확실한 상태는 동물들에게도 혼란을 일으킬 수 있다. 전기 충격 같은 부정적인 일이 일어날 가능성이나 먹이 제공 같은 긍정적인 일이 일어나지 않을 가능성과 결부될 때 특히 그렇다. 이런 결과는 '동물들도 종결 욕구를 가진다'는 중요한 사실을 의미한다. 인간은 대체로 고정관념이나 선입견에 매달리는 방식으로 거북하고 위험이 따르는 불확실성에서 도망친다면, 동물들은 혼란스럽고 불편한 상황에서 소리를 지르거나, 격하게 몸을 떨거나, 그 상황에서 벗어나려는 의지를 확연히 드러내는 행동을 통해 불안감을 내보인다.

불확실한 걸 못 견디는 사람들

동물이든 인간이든, 원하는 것을 얻기 위해 어떻게 행동할지, 어디로 갈지 판단하기 위해서는 확실성이 필요하다. 게다가 위험 부담이 높은 데다, 아무것도 하지 않고 가만히 있는 것이 선택 사항에 들어 있지 않은 경우에는 불확실성이 엄청난 불안을 일으킬 수도 있다.

우리가 확실성을 추구하는 이유

내가 시간 압박, 소음, 피로를 제한 조건으로 내세워 진행했던 실험에서도 증명되었듯 정보를 처리하기 어려운 상황에서도 종결 욕구가 발동할 수 있다. 이것은 곧 인간이 심리적으로 불편한 상황에서 벗어나기 위해 인지적 종결을 시도한다는 의미다. 따라서 시간의 압박을 받거나 정신이 흐트러지거나 너무 피곤해서 정보를 더 적게 처리하는 사람들의 확신이나 자신감이 오히려 높아지는 역설적인 결과가 나타난다. 확신을 얻고 싶은 마음이 너무 간절한 나머지 '스스로 확실성을 납득시키는 것'이다.

이런 과정이 일종의 '알코올성 근시alcohol myopia'[2]를 유발한다는 점에서 술에 취했을 때도 비슷한 일이 벌어질 수 있다.[3] 음주로 인해 사고 기능이 떨어지면 정보를 신중하게 처리하기가 힘들고, 그런 탓에 정보를 더 적게 처리하면서도 평소보다 빨리 자신의 생각을 확신하게 된다. 이것도 사실 무리는 아니다. 생각하기 위해 억지로 애를 써야 할 때는 차라리 생각을 피하고 싶어지는 게 당연하다. 그래서 더 이상 생각할 필요가 없다고 무의식적으로 자기 자신을 납득시켜 확실성과 인지적 종결로 도망치는 것이다.

음주나 피로, 더위 또는 시간 압박에 얽매여 심리적으로 큰 부담감을 느낄 경우, 폭넓게 사고하길 회피하고 서둘러 종결을 추구한다. 그런 탓에 종종 충동적으로 행동해서 위험한 일에 휘말리기도 한다. 이 점에 대해서는 뒤에서 더 자세히 다루기로 하고, 여기에서는 우선 두 가지 관련 사례만 살펴보자. WHO에서는 가정폭력의 55퍼센트 가량이 음주 후에 벌어지는 것으로 추정하며, 최근 연구 결과에 따르면 낮 최고 기온이 29.4도 이상인 무더운 날의 전체 평균 범죄 증가율이 2.2퍼센트라면, 폭력 범죄 증가율은 5.7퍼센트에 이른다고 한다.[4] 지구 온난화 현상을 감안하면 이 연구 결과를 가볍게 여길 수 없다. 이 연구를 비롯한 수많은 연구 결과에서 알 수 있듯이 폭염에 따른 폭력 행위 증가는 앞으로 벌어질 일들에 대한 엄중한 경고장인 셈이다. 또한 충동적인 행동을 통해 불확실성에서 벗어나려는 심리를 이해하는 것이 사회 전반을 이해하는 데 필수적인 이유도 짐작할 수 있다.

그렇다면 종결을 추구하는 모든 행동이 비합리적일까? 여기에 답하려면 그동안 우리가 '합리성'이라는 말의 의미를 '목표에 도움이 되는 수단을 고르는 것'으로 여겨왔던 사실을 고려해야 한다. 다시 말해, 우리가 이루고 싶은 목표를 진전시키는 것을 합리적인 행동으로 볼 수 있다. 불확실성을 견디지 못해 확실성을 추구할 경우, 확실성을 얻으려는 노력은 지극히 합리적이다. 다만, 확실성이 아닌 다른 것을 추구할 경우에는 비합

o   세계보건기구(2005), 알코올과 대인 폭력Alcohol and interpersonal violence: 정책 브리핑.
    https://www.euro.who.int/__data/assets/pdf_file/0004/98806/E87347.pdf

리적인 것이 된다. 예를 들어 실수를 피하기를 바란다면 확실성을 얻으려고 할 게 아니라 정보를 더 수집해서 종결을 미뤄야만 실수를 피할 확률이 높아질 테니 말이다. 하지만 때로는 실수를 걱정하는 것보다 확실성을 갈망하는 마음이 더 강할 때가 있다. 그럴 경우 정보를 얼마나 모아야 할지 제대로 파악할 방법이 없는 탓에 인지적 종결 욕구, 즉 '충분하다'고 말하는 머릿속 속삭임에 기댈 수밖에 없다.

종결과 확실성에 대한 내재적 갈망은 대체로 우리에게 도움이 된다. 이런 갈망에 힘입어 우리는 혼잡한 차도를 안전하게 건너고, 시험을 통과하고, 학교를 졸업할 수 있다. 또한 우리에게 주어진 일들을 비교적 유능하게 처리할 수 있다. 경우에 따라서는 종결에 이르려는 심리작용 덕분에 유용한 과학 이론을 세우고 인류의 발전에 기여하기도 한다. 하지만 때때로 확실성과 종결에 대한 욕구가 우리의 발을 걸어 넘어뜨리기도 한다. 성급한 결정을 내려 후회할 일을 저지르기도 한다. 따라서 후회 없이 현명하게 처신하려면 우리는 스스로에 대해 잘 알고, 우리를 조급하게 종결로 몰아붙이는 상황에 대해서도 잘 알아야 한다. 그런데 애초에 우리를 확실성에 이끌리도록 하는 상황은 무엇일까?

앞서 소개한 여러 연구와 사례를 되짚어 보면 이런 상황은 모두 '불확실성의 부정적 결과'와 연관 있었다. 내가 수행했던 여러 실험에서 시간 압박을 받았던 실험 참가자들은 마감 기한을 놓쳐 과제를 완수하지 못할 위험에 처했다. 시끄러운 환경에서 제대로 정보를 처리하기 힘들고 불편하다 보니 되도록 빨리 상황을 끝내고 싶은 마음이 발동했다. 너무 피곤해서 똑바로 생각할 수 없거나 술에 취해 인지력이 흐려질 때도 확실성을 갈망하는 스위치가 켜진다. 확실성을 갈망하는 심리의 근원은 '우리의 존립이나 안전이 불확실한 상황'이다. 질병에 걸려 고통을 겪다가 죽을지도 모른다는 공포감에 휩싸였던 코로나 팬데믹 상황이 그 좋은 예다. 한마디로 말해, 확실성을 바라는 것이 인간의 본성이지만, 확실성의 갈망은 불확실성으로 인한 부정적 결과를 인지할 때 일어난다.

불확실성에 대처하는 자세

과학적 심리학의 아버지로 불리는 윌리엄 제임스William James는 아기들이 태어날 때 '웅성거리는 혼란 상태'를 겪는 것으로 추정했다. 웅성거리는 혼란 상태란 아무 이유도 없는 혼돈 상태로, 불확실성의 전형이라 할 수 있다.[5] 아이가 가족과 공동체를 통해 사회화를 경험하면 혼돈의 안개는 점차 사라진다. 아이는 주변의 모든 사물에 의미와 일관성을 부여

하는 지식을 습득한다. 대상이나 사건 간의 관계에 이름을 붙여 구분하고, 행동의 원인과 결과를 분간해 지침으로 삼는다. 하지만 아이들과 어른들을 혼돈으로부터 보호하는 이런 지식은 그 자체로 제한적이고 일시적이라, 불확실성은 늘 바로 코앞으로 다가오곤 한다.

저명한 심리학자 도널드 캠벨Donald Campbell 교수도 탄식했듯이 '아메바의 사촌 격인 우리가 무슨 수로 확실하게 알 수 있겠는가?'[6] 과학조차 확실성을 완전히 뒷받침하지는 못한다. 좋든 싫든 간에 확실성은 수명이 짧고, 우리의 모든 지식은 단 하나의 예외도 없이 앞으로 수정될 수 있는 잠재성을 가지고 있다.

불확실성이 일반적으로 일어나는 일이고 우리가 '미지의 상황을 두려워해야 할 운명'을 타고났다면, 우리는 언제나 두려움에 사로잡힌 채 끊임없이 인지적 종결만을 갈망해야 한다. 그런데 아무리 주변을 살펴봐도 우리 중 누구도 그렇게 살지는 않는다. 불확실성은 다양한 태생을 갖고 있다. 어떤 불확실성은 삶과 죽음이 달린 중요한 문제(곧 적이 공격해 올까? 전염병이 확산될까? 경기 침체가 닥치는 것은 아닐까?)와 결부되어 있다. 모든 사람에게 영향을 미치는 본질적 불확실성도 있다. '누구나 언젠가는 죽는다'는 필멸의 운명에도 불구하고, 사후에 일어나는 일을 상상할 수 없다는 '존재론적 두려움'이 바로 그것이다.

하지만 일상의 불확실성은 대개 평범하고 시시한 것들이다. 대부분은 너무 진땀을 빼지 않아도 되는 '사소한 문제들'이다. 왜 그녀가 이메일에 답이 없지? 내가 아침에 문을 잘 잠그고 나왔나? 내일 비가 오려나? 지금 사장님 기분이 안 좋으신가? 강박장애OCD로 진단받은 경우가 아닌 이상 우리들 대부분은 이런 사소한 불확실성에 잠깐 불안해할 수는 있어도 하루 내내 신경을 쓰며 걱정을 놓지 못하는 경우는 드물다.

당연한 말이지만, 우리는 중대한 불확실성에 더 강렬하게 반응한다. 대다수의 경우 내일 날씨에 관한 불확실성보다 병원 진단과 관련한 불확실성에 더 격하게 반응하기 마련이다. 하지만 지금은 우리가 **어떻게** 반응하는지를 따지는 것이 더 중요한 문제다. 우리 삶에 매우 중대한 불확실성이 고개를 들면 우리는 어떻게 느끼고 생각하고 행동할까? 어떤 불확실성이 치명적 결과를 일으킬 잠재성이 있다면 불확실성을 끝내고 싶고 두려움에서 벗어나고 싶은 것이 당연하다.

코로나 팬데믹이 닥치면서 전 세계 수백만 명의 사람들이 자칫 죽음에 이를지도 모를 건강상의 위협을 겪거나, 경제적 안정에 치명타를 입거나, 사랑하는 이들을 못 보게 되면 어쩌나 하는 걱정으로 노심초사했다. 이런 상황에 놓이면 사람들은 확실성과 종결을 갈망한다. 다만 흥미로운 사실은, 모든 사람이 이렇게 반응하는 것은 아니라는 점이다. 두려움에 쉽게 무너지고 좌절하는 이들이 있는 반면, 도저히 견딜 수 없을 것 같은 상황에서도 어떻게든 버텨나갈 힘을 내는 이들도 있다. 실제로 제2차 세계대전 중 나치 강제 수용소에서 생활했던 빅터 프랭클Victor Frankl의 사례를 살펴보자.

역경 속에서도 삶의 의미를 찾는 법

오스트리아의 정신과 의사이자 유대인 빅터 프랭클은 3년에 걸쳐 여러

불확실한 걸 못 견디는 사람들

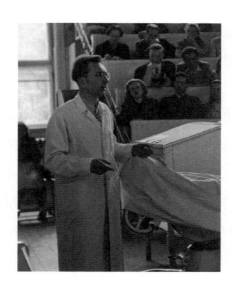

나치 강제 수용소를 전전하다 110만 명의 목숨을 앗아간 죽음의 수용소,
아우슈비츠로 끌려간다. 그와 동료 수감자들의 생활 환경은 상상을 초월
할 만큼 끔찍했다. 이들이 살아남을 가능성은 극도로 희박했다. 수감자들
은 노쇠하거나 병이 들면 곧바로 사형실로 보내졌다. 그들은 늘 굶주림
에 시달려야 했고, 기본적인 위생 시설조차 박탈당했다. 걸핏하면 이유도
없이 처벌받는 나날이 이어졌다. 하지만 누구나 가장 공포스러운 결과를
상상할 수밖에 없는 이 끔찍한 환경 속에서도 꿋꿋이 버텨나가는 사람이
있었다. 프랭클은 자신의 책『빅터 프랭클의 죽음의 수용소에서Man's
Search for Meaning』에서 이렇게 말한다.

어떤 환경이든 간에 인간은 어떻게 행동할지 스스로 선택할 수 있다.
매일, 매시간 결정을 내릴 기회가 주어지며, 내면의 자유를 빼앗으려 위협하는 힘에 굴복할지 말지, 환경의 노리개가 되어 자유와 존엄성을 포기한 채 전형적인 수감자의 틀에 갇힐지 말지를 결정할 수 있다.[7]

프랭클은 존재론적 불확실성에 휩싸인 상황 속에서도 자신의 경험을 매우 가치 있는 심리학적 통찰로 바꿔나갔다. 수용소에서도 삶을 꿋꿋이 이어가며 자신만의 특별한 정신 요법으로 많은 이들에게 도움을 주기도 했다. 하지만 수감자 중 극소수만이 프랭클이 품었던 희망을 함께 품을 수 있었다. 대다수는 불확실성 앞에서 강한 종결 욕구를 보였다. 어떤 이들은 살아남기 위해 다른 수감자를 고발했고, 어떤 이들은 삶을 체념한 채 비참하고 굴욕스러운 죽음을 운명으로 받아들였다.

프랭클이 자신의 책에서 자세히 들려주었듯이, 수많은 수감자가 공감이나 배려 같은 가치를 잃은 지 오래였고, 아름다움과 미덕을 알아보는 감각마저 사라졌다. 많은 이가 우울증에 빠졌고, 그들 중 일부는 자신의 운명을 확신한 채 공포와 불확실성을 연장시키지 않으려는 절실한 마음으로 자살을 선택했다. 프랭클이 살아남은 이유는 부정적인 종결 욕구에 굴복하지 않았기 때문이다. 그는 삶을 체념하고 피폐해지는 것이 자신의 피할 수 없는 운명이라고 생각하지 않았다. 그리고 결국에는 그가 옳았다.

고통스러운 불확실성과 마주치면 사람들은 대개 이것을 끝내기 위해 인지적 종결을 맺는 식으로 도망친다. 그렇다면 다른 사람들이 비극과 불행만을 보고 있을 때 빅터 프랭클 같은 몇몇 사람들은 어떻게 역경 앞에서도 미소를 지으며 미지의 상황에 맞서 희망을 찾을 수 있었을까? 그 힘

불확실한 걸 못 견디는 사람들

의 원천은 어디에서 왔을까? 이런 의문에 대해서는 심리학적으로도 의미 있는 답이 이미 있다. 앞으로 차차 그 비밀과 교훈을 파헤쳐 보려 한다. 비밀이 무엇이든, 끝까지 희망을 잃지 않은 프랭클의 놀라운 의지는 '모든 사람이 불확실성을 종결하는 방식으로 도망치는 것은 아니다'라는 사실을 보여준다. 3장에서는 사람마다 불확실성에 대처하는 방식이 다른 이유에 대해 자세히 살펴보도록 하자.

요약 정리

불확실성 앞에서 인간이 일반적으로 보이는 반응은 '인지적 종결의 추구'다. 이것은 선입견을 붙잡고 매달리도록 충동질할 수도 있고, 그 결과로 바람직하지 않거나 심지어 비극적이기까지 한 실수를 저지를 수도 있다. 하지만 또 한편으로는 종결을 갈망할 수 있는 능력 덕분에 결정을 내리고 행동할 수도 있다. 따라서 인지적 종결의 추구는 우리의 본성과 행동에서 좋은 면의 상당 부분과 부정적인 면의 상당 부분을 초래하는 근원인 셈이다. 이런 심리 기제는 대체로 불확실성이 불러일으키는 불편한 기분 때문에 활성화된다. 기분이 나쁠수록 빨리 도망쳐서 확실성이나 종결에 이르고 싶은 욕구가 강해진다. 그렇다고 모든 사람이 이런 충동에 굴복하는 것은 아니다. 극도로 괴롭고 힘든 환경 속에서도 어떤 사람들은 '희망이 없다고 속삭이는 내면의 경고'에 굴복하지 않는다.

사람마다 불확실성을 대하는 태도는 제각각이지만, 우리는 살면서 마주치는 무수한 결정과 선택을 헤쳐나가기 위해 어느 정도는 확신을 필요로 한다. 종결 욕구는 이런 확신을 가능하게 하는 메커니즘이다.

당신의 경험에 비추어 보기

1. 지금까지 겪은 일들을 돌이켜 볼 때, 당신에게 큰 의미가 있었던 '불확실한 상황'은 어떤 일이었나?

2. 그때의 기분을 떠올려 보라. 어떤 생각과 바람을 가졌고, 어떻게 행동했는가?

3. 그 일에 대해 가졌던 인상이 바로 떠오르는가? 그때의 판단에 대해 이제는 다른 생각이 들지 않는가?

4. 종결 욕구에 관한 진실을 알고 다시 생각해 보니, 불확실성에 다른 식으로 반응하고 싶어지지는 않는가? 그렇다면 지금부터는 어떻게 반응해 보고 싶은가?

불확실한 걸 못 견디는 사람들

3

종결 욕구 성향을
결정하는 요인들

심리학자들은 "심리학자 본인이 어려움을 겪는 문제를 연구하는 경향이 있다."는 말을 종종 듣는데, 종결 욕구가 높은 나로서는 이런 일반화가 타당하게 느껴진다. 나는 불확실한 상황을 거북해하는 사람의 특성과 성향을 모두 가지고 있다. 새로운 프로젝트를 구상하다가 무엇을 해야 할지 확실하지 않을 때는 늘 불안감을 느낀다. 식당에 가면 먹고 싶은 메뉴를 빨리 정해야 하고, 이메일을 받으면 바로 답하고 회신이 오지 않으면 혼자 이러저런 불길한 상황을 상상하며 걱정한다. 시간 엄수를 중요하게 여기고, 나 자신도 지나칠 정도로 시간을 잘 지킨다.

한번은 어느 식당에서 동료와 점심을 먹기로 약속했다가 10분 일찍 도착하는 바람에 5분쯤 기다리다가 동료가 오지 않을 모양이라고 지레짐작하고 그냥 나와버린 적도 있다. 동료는 몇 분 후에 식당에 도착했는

데 내가 이미 가버리고 없다는 사실을 알고는 무척 황당해했다.

그렇다고 해서 내가 종결 욕구 성향이 내 삶을 완전히 지배하고 내 모든 결정을 견인하도록 내버려두는 것은 아니다. 어떤 결정을 내려야 하는데 무척 중요한 문제가 걸린 경우에는 불확실성을 감수하고 선입견에 매달리지 않으려고 안간힘을 쓴다. 명색이 종결을 연구하는 심리학자로서 분별력을 발휘해서, 정말 중요한 순간에는 불확실성에 대한 거부감을 보완하려 한다. 하지만 분별력을 발휘하지 못할 때는 충동성이 종결과 그에 뒤따르는 모든 것을 결정하고 만다. 이럴 경우 어김없이 대가를 치르고 뒤탈을 겪곤 한다. 가족들 사이에서 놀림거리가 된 두 번의 바보 같은 실수가 그 결정판이었다.

첫 번째는 근처 마트에 식료품을 사러 갔던 어느 겨울 오후의 일이었다. 주차장으로 카트를 끌고 나오자 마트 직원이 내가 구입한 식료품을 트렁크에 실어 주겠다고 했다. 그래서 나는 차에 타서 트렁크를 열고는 곧장 차를 운전해 밖으로 나왔다. 트렁크를 활짝 열고 텅텅 비워둔 채로. 곧 정신을 차리고는 멋쩍어하며 다시 마트로 갔더니 어안이 벙벙했던 직원은 비꼬는 투로 "정말 급하셨나 봐요."라고 말했다. 물론 나에게 정말 급한 일이 있었던 것은 아니다. 단지 내 높은 종결 욕구에 발동이 걸려 이제 출발할 때라는 조급한 결정을 무의식중에 내리게 된 것이니까.

두 번째는 지금 재직 중인 대학으로 직장을 옮기며 붙박이 가구가 없는 아파트를 임대했을 때의 일이다. 집 안을 꾸미기 위해 이케아 가구들을 구입해 조립하기로 했다. 저녁 내내 상자에 딸려 온 설명서를 보며 식탁부터 조립하기 시작했다. 자정이 다 되어갈 무렵 마침내 식탁이 제 모

불확실한 걸 못 견디는 사람들

습을 갖추었고, 나는 뿌듯한 마음으로 점검에 들어갔다. 조립이 끝났는데도 남아 있는 몇 개의 나사들을 보며, '그것참 이상하네. 이케아에서 여분의 나사를 더 넣어줬나?'라고 의아하게 생각했다. 책 두 권을 올려놓자마자 그 무게를 이기지 못하고 와르르 무너진 식탁을 보고서야 나사가 남았던 이유를 깨달았다. 가구를 조립할 때도 내 조급한 종결 욕구가 또다시 고개를 든 것이다.

앞서도 얘기했지만, 사람들은 불확실한 상황에 반응하는 태도에서 저마다 큰 차이를 보인다. 어떤 사람들은 나처럼 불확실성을 불편해하고 애매함을 싫어한다. 그러나 어떤 사람들은 불확실성을 즐기며 과도한 확실성을 갑갑하거나 따분하게 여긴다. 당신은 어떤 유형인가? 어떻게 그런 태도를 갖게 되었는가? 달라지고 싶은가? 어떻게 해야 달라질 수 있을까? 이번 장과 다음 장에서는 바로 이런 의문에 대해 증거에 입각한 답을 들려주려 한다.

유전적으로 물려받은 성향

당신은 자신에게 공격적이고, 야심만만하고, 진보적인 성향이 있다고 느끼는가? 당신이 어떤 대답을 하든 간에 이런 성향은 적어도 어느 정도는 유전적으로 물려받은 것이다. 인지적 종결에 대한 욕구도 예외가 아니다. 싱가포르 난양기술대의 바비 천Bobby Cheon과 동료 연구진[1]이 실시한 연구에 따르면, 특정 유전자 구성을 가진 사람들(5-HTTLPR 유전자를 가진 사람들)이 이 유전자를 가지지 않은 사람들보다 '종결 욕구 척도' 측정 점수가 높은 것으로 나타났다.° 이런 사람들은 불확실하고 모호하고 익숙하지 않은 상황에서 불편함을 느끼고, 외집단(규범이나 가치, 습관, 태도 등에서 자신과 공통성이 없는 타인으로 이루어져 불쾌감과 대립감을 불러일으키는 집단-옮긴이)의 위협적인 신호에도 민감하게 반응한다.[2]

8장에서 더 자세히 다루겠지만, 인지적 종결 욕구는 내집단에 대한 긍정적 지향성을 유도한다. 나와 내 동료들이 '집단 중심주의group centralism'라고 이름 붙인 이 지향성 때문에 사람들은 외집단을 향해 쉽게 적대감을 보인다. 외집단은 다른 가치관, 다른 기준, 다른 행동규범으로 우리와 대비되는 이들이다. 외집단은 우리의 가치관이나 태도, 도덕성 등이 우리의 바람과는 달리 절대적인 진실이 아니라는 사실을 은연중에 암시하는 존재이기도 하다. 종결 욕구가 높은 사람에게는 이것이 위협적인 정도까지는 아니더라도 다소 신경 쓰이거나 불편한 부분이다. 따라서 회피하거나 도망치거나 거부하는 반응이 나타날 수도 있다.

외집단에 대한 민감한 반응을 유발하는 데 일조하는 5-HTTLPR 유전자의 유무 차이에 따라 종결 욕구와 불확실성을 못 참는 성향도 다르게 나타난다. 따라서 이런 태도가 적어도 어느 정도는 어쩔 수 없이 타고난 기질이라는 얘기다. 하지만 그렇다고 해서 우리가 유전자에만 얽매여 있

---

o   세로토닌 전달 유전자5-HTTLPR의 짧은 대립 유전자를 가진 사람들이 긴 대립 유전자를 가진 사람들에 비해 불확실하고 모호하고 익숙하지 않은 상황을 더 불편해한다. 다른 여러 연구에서도 카테콜-O-메틸기전달효소COMT 다형성에서 2개의 Met 대립 유전자를 가진 경우가 2개의 Val 대립 유전자를 가진 경우에 비해 인지적 유연성이 더 낮게 나타나는 등 유전자 구성에 따른 차이가 증명되었다.

다는 의미는 아니다. 인간은 배움과 훈련을 통해 유전적 기질을 뛰어넘을 수 있다. 하지만 타인을 대할 때나 불확실성을 다룰 때 우리가 보이는 반응에는 일단 유전자적 특성이 기본으로 깔려 있다는 점을 이해하고 넘어가는 것이 좋다.

뇌 메커니즘의 차이

인지적 종결 욕구가 높거나 낮은 사람들은 유전자뿐 아니라 뇌 기능에서도 뚜렷한 차이를 보인다. 이것을 증명하는 연구 결과들도 있다. 폴란드 야기에우워대의 마우고자타 코소브스카Małgorzata Kossowska와 동료 연구진의 연구에서 밝혀진 바에 따르면, 인지적 종결 욕구가 높은 사람들은 뇌의 사건 관련 전위ERP, event-related potential°에서 N1 요소의 활동이 매우 활발하다는 점을 알 수 있다. N1 요소는 특정한 일에 집중할 때 이것과 관련 없어 보이는 정보를 무시할 수 있는 능력과 연관 있다.[3] 더 쉽게 풀어 말하자면, 종결 욕구가 높은 사람들은 대부분 집중력이 좋고 주의가 잘 흐트러지지 않는다는 의미다. 이것은 우리가 살아가는 데 유리한 강점으로 볼 수 있다.

하지만 불리한 부분도 분명히 있다. 한 가지 생각에 지나치게 집중하고 매달리는 탓에 다른 것은 잘 보지 못한다는 점 때문이다. 한마디로 '인지적 유연성'이 떨어진다는 의미다. 실제로 과학자 마사 비올라Martha

°   외부 사건으로 유발되는 뇌의 전기 활동

Viola와 동료 연구진들이 이런 현상을 실제로 증명했는데, 뇌의 특정 구역(전측 대상피질과 배외측 전전두피질) 사이의 전기적 연결이 줄어들면서 유연성이 감소하는 것으로 나타났다.[4] 전기적 연결성의 감소는 '뇌의 여러 구역이 서로 소통하지 않는다'는 의미다. 결국 이런 사람은 한 가지 아이디어에 갇히거나 사로잡혀 다른 대안을 고려하지 못할 가능성이 크다. 이런 연구들이 종합적으로 증명하는 바에 따르면, 종결을 갈망하고 불확실성을 꺼려하는 개인의 성향은 어느 정도는 타고난 뇌 메커니즘에 따라 결정되며, 이런 뇌 메커니즘은 유전적 구성에 따라 큰 영향을 받는다.

두 대통령 이야기

사람들은 유전적 구조, 애착 형성, 문화 등의 차이로 인해 불확실성에 대처하는 태도에서 큰 차이를 보인다. 어떤 사람들은 단호하고 직선적이라 모호한 상황을 싫어하고, '만약'이나 '하지만' 등의 미묘한 암시를 꺼린다. 그 반대인 사람들도 있다. 불확실성을 편하게 느끼고 불확실성이 부여하는 가능성에 즐거워한다. 따라서 불확실성을 빨리 쫓아내려고 서두르지 않는다. 이런 사람들은 시간을 갖고 천천히 마음을 정하며 곧잘 자신의 결정을 뒤집기도 한다. 선뜻 관점을 바꾸며, 다른 사람들에게 우유부단해 보인다고 해도 크게 개의치 않는다. 그런데 이처럼 서로 다른 유형의 사람들은 실제로 어떻게 행동하고, 어떤 식으로 생각할까?

불확실한 걸 못 견디는 사람들

이와 관련해서는, 우리에게 잘 알려진 인물 가운데서도 개방적인 스타일과 폐쇄적인 스타일의 차이를 뚜렷이 보여주는 두 대통령을 예로 들어 설명할 수 있다. 미국의 역대 대통령들 중 연이어 대통령 직을 수행했던 두 인물, 빌 클린턴과 조지 W. 부시다. 주로 불확실성을 대하는 태도에서 나타난 차이 때문에 두 사람은 사실상 극과 극처럼 보이기도 한다. 정치 평론가이자 작가 데이비드 프럼David Frum도 부시의 전기『적임자The Right Man』에서 부시를 소개하며 '반反클린턴적'이라고 표현했을 정도다.

개방성의 상징, 클린턴

클린턴은 지나칠 정도로 개방적인 성격으로 유명하다. 어떤 쟁점에 관해 확실한 입장을 밝히기를 꺼리며, 신비주의적인 철학과 비관습적 관점에 남달리 수용적이었다. 밥 우드워드Bob Woodward는 '힘든 시기, 영부인이 손을 내밀어 내면을 살피다'라는 제목의「워싱턴 포스트」기사에서 클린턴 대통령과 영부인 힐러리Hillary Clinton가 자기

계발 작가들을 캠프 데이비드(메릴랜드주에 있는 미국 대통령 전용 별장-옮긴이)로 초청했던 일화를 소개한다. 대통령 부부는 1994년 미국 중간선거에서 민주당이 공화당에 참패한 후, 정치적으로 회생할 수 있는 방법을 모색할 수 있도록 작가들에게 취임 후 2년간의 사건들에 대해 세세히 비평해 달라고 요청한다.[5] 대통령 부부는 1994년 12월 30일부터 이곳에서 주말을 보냈다. 초청받은 손님들 중 특히 주목을 끈 인물은 진 휴스턴Jean Houston이다. 의식의 변화 및 확장뿐만 아니라 영적 체험까지 탐구하는 '마인드 리서치 재단Foundation for Mind Research'의 공동이사 휴스턴은 언뜻 보기에도 신화적으로나 역사적으로나 영혼을 믿는 사람 같았고, 개인적인 모범으로 삼고 있다는 그리스 지혜의 여신 아테나와 다각적인 대화를 나누었다고 주장하는 괴짜였다. 휴스턴처럼 신비주의적 사상에 관심을 가진 이력이 있는 사람에게 도움을 요청한 것으로 볼 때, 클린턴 대통령의 개방적인 태도와 관습에 신경 쓰지 않는 자유로운 성격을 확인할 수 있다.

빌 클린턴의 정치 생활을 비평한 여러 논평가는 다양한 유권자들에게 호감을 살 수 있는 모습으로 카멜레온처럼 변신하는 클린턴의 능력에 혀를 내두르기도 했다. 칼럼니스트 냇 헨토프Nat Hentoff는 "빌 클린턴이라는 사람은 없다. 그에게는 상황이 좋지 않게 흘러갈 때 고수하는 자신만의 원칙도 없다. 그는 그저 대중적인 인기만 갈망할 뿐이다."[6]라고 비판했다. 한 예로, 미국의 걸프전 참전 문제에 대해서도 클린턴은 "표 차이가 근소하다면 다수표에 투표했을 테지만 소수표의 주장에도 동의합니다."라고 애매모호하게 답했다. 누가 봐도 양쪽

불확실한 걸 못 견디는 사람들

유권자를 모두 잡으려는 노림수였다. 다른 쪽 유권자들이 등을 돌려 잠재적 적이 생기는 것을 피하기 위해 교묘한 수를 쓴 것이다. 하지만 클린턴의 개방성에는 실질적인 이점이 있었다. 그는 이런 성격 덕분에 많은 이에게 공감할 수 있었고, 그들의 고통을 알아채고 그들의 관점을 인정할 수 있었다. 또한 그는 중재에 매우 능숙했으며 의사 전달과 설득에서도 능력을 발휘했다. 그는 늘 반대쪽의 관점을 경청하며 새로운 아이디어를 효과적으로 실행했다. 이런 클린턴을 두고 우유부단하다느니 원칙이 없다느니 비난했던 이들도 있지만, 종합적으로 따져보면 그의 개방적인 성격이 성공에 한몫을 한 것으로 볼 수 있다. 물론 실패의 문도 열긴 했지만.

폐쇄성의 상징, 부시

반면 조지 W. 부시를 얘기할 때는 '개방성'이란 단어를 갖다 붙이기 힘들다. 부시와 클린턴은 여러 면에서 완전히 다르다. 그중 하나가 시간을 대하는 태도다. 클린턴이 시간을 지키지 않는 것으로 악명

높았던 반면, 부시는 전혀 나무랄 데가 없을 정도로 시간을 철저히 지켰다. 겉모습과 태도에서도 둘은 달라도 너무 달랐다. 클린턴은 대통령 집무실에서 운동복 차림으로도 거리낌 없이 의견을 늘어놓았다. 반대로 부시는 주말에도 업무를 위한 자리에서는 꼭 재킷과 넥타이를 갖춰 입었다. 클린턴은 종종 무신론자 같은 모습을 보였지만 부시는 신앙심이 깊은 사람이었다. 클린턴은 직원들을 격식 없이 대했지만 부시는 딱딱하게 격식을 차렸다. 클린턴이 옳고 그름이 모호한 회색지대를 선호했다면, 부시는 옳고 그름이 분명한 흑과 백의 세상을 중시했다. 부시의 발언에서는 그의 이분법적 신념 체계가 은연중에 드러났다. 그는 선과 악, 옳고 그름, 도덕성과 죄악, 청결과 지저분함에 대한 연설을 자주 했다. 사람들을 친구 또는 적으로 나눴고, 세계 지도자들에게 '우리와 함께하지 않는 자들은 우리에게 맞서는 것으로 간주할 것'이라는 경고성 발언을 남긴 것으로도 유명했다.

클린턴은 복합적인 사고 체계와 미묘한 인식을 가진 선도적 지식인들과 가까이 어울렸다. 데이비드 프럼에 따르면 클린턴과는 반대로 '부시의 백악관에서는 튀는 지식인이 환영받지 못하는 분위기였다.'[7] 부시는 오히려 의견이 단순하고 명쾌해서 여지를 남기지 않는 직설적인 사람들을 선호했다.

두 대통령은 결정을 내리는 스타일에서도 크게 달랐다. 클린턴이 결정에 고심을 거듭하며 자주 의견을 뒤집었던 반면, 부시는 속전속결로 주저 없이 결정을 내렸다. 한 초등학생이 "의사결정이 어렵지 않으세요?"라고 물었을 때 그는 이렇게 대답했다.

불확실한 걸 못 견디는 사람들

"그다지 어려울 건 없어요. 자신의 생각을 알고 있다면 결정은 아주 쉬워요. 나는 내가 누구인지 알아요. 내가 믿는 바와 이 나라를 이끌어 나가고 싶은 방향도 잘 알아요. 나는 모든 사람의 기분을 맞추려고 애써본 적이 없어요. 나는 그저 내가 옳다고 생각하는 대로 합니다."[8]

부시와 클린턴의 차이는 두 사람의 대인 관계에도 강한 영향을 미쳤다. 부시는 대통령 임기 말년에 리더십에 대한 대중의 지지도가 낮았음에도, 아랫사람들 사이에서는 강한 충성심을 불러일으키는 리더였다. 부시 행정부 초기 관측자들은 '직원들 간의 단단한 결속력이 인상적이며, 기밀 누설이 전무한 데다 백악관의 메시지 체계가 아주 매끄럽게 돌아간다'는 평을 받았다.[9]

반면 클린턴과 직원들과의 관계는 좀 더 복잡했다. 조 클라인Joe Klein은 2002년에 펴낸 전기(『더 내추럴The Natural』)에서 '클린턴의 직원들은 대통령에 대해 경외감과 실망감을 동시에 느낀다'고 평했다. 한편으로 보면 클린턴은 감탄이 나올 만한 지성의 소유자이며, 정책상의 문제를 놀라움을 금치 못할 정도로 속속들이 꿰는 숙지력과 백과사전급의 지식수준, 웬만해선 쉽게 거부할 수 없는 타고난 매력을 갖춘 대통령이었다. 하지만 조 클라인은 클린턴의 '가혹함'과 '냉혹할 만큼 무심한 성격'에 대해 거론하며, '클린턴은 팀원들에 대한 사적인 헌신이 부족한 대통령이다'라고 넌지시 지적하기도 했다.[10]

클린턴과 부시의 비교가 흥미로운 이유는 종결 욕구의 측면에서도 서로 정반대이기 때문이다. 근래의 미국 대통령들은 종결 욕구 상에서 중간 위치에 든다고 볼 수 있다. 예를 들어, 트럼프 대통령은 비교적 개방적이라 어떤 정치 이념에도 얽매이지 않았다. 그와 동시에 자신의 개인적 관심사(정권 유지, 재정적 이익 늘리기)에 도움이 되는 견해라면 강하게 두둔했다. 하지만 이런 견해에 실제로 찬성해서 그러는 것인지, 그저 다른 사람들을 설득하기 위한 도구로 삼으려는 것인지는 분명하지 않았다. 바이든 대통령은 이념가라기보다는 실용주의자에 가까워 도움이 된다면 어떤 해결책에 대해서든 개방적인 태도를 취했다. 그러나 또 한편으로 다른 대안이 없을 때는 고집을 꺾지 않는 원칙주의자적 면모도 보인다. 이런 면에서는 오바마 대통령도 마찬가지여서 '뒤에서 이끌기'나 러시아와 이슬람 세계와의 관계 개선을 위한 '리셋(재설정) 외교' 같은 혁신적 개념을, 때때로 '순진한 행보'라는 평가를 들으면서도 아랑곳없이 진전시켰다.[11]

성장 환경과 양육 방식

유전자와 유전자의 영향을 받는 '뇌 처리 과정'은 우리가 불확실성을 대하는 태도에서 결정적인 역할을 하며, 자극과 사건에 대한 개인의 반응은 그 사람이 속한 사회적 환경, 그것도 과거와 현재의 환경 모두로부터 강한 영향을 받는다. 타고난 본성과 후천적인 양육이 합쳐져서 지금의 우리를 결정한다는 말이다. 불확실성에 대한 반응에는 성장 환경이 상당 부분 반영된다는 것이 그 좋은 예다. 따라서 어릴 때부터 부모나 다른 양육

　　　　　　불확실한 걸 못 견디는 사람들

자들에게 애정 어린 보살핌을 받는 것이 중요하다. 흥미롭게도 부모의 양육 방식과 애정이 자기 확신self-assurance에 큰 영향을 미친다는 점은 인간만의 독특한 현상이 아니다. 영장류에게서도 이런 현상을 발견할 수 있고, 이것은 그 자체만으로도 무척 흥미롭다.

할로우의 원숭이 애착 실험

1950년대, 위스콘신대의 실험 심리학자 해리 할로우Harry Harlow는 새끼 붉은털원숭이들을 대상으로 획기적인 실험을 실시했다. 이 연구는 자기 확신의 형성 과정을 바라보는 과학자들의 관점을 완전히 바꿔놓았으며, 실험 조건의 기발함에서도 매우 인상적이었다. 태어난 지 얼마 안 된 8마리의 원숭이들을 각각 따로 우리에 넣고, 할로우가 '대리모'라고 이름 붙인 인형을 2개씩 함께 넣었다. 인형 중 하나는 철사를 원통형으로 엮은 틀에 나무로 만든 머리를 얹어 얼굴을 그려 넣은 것이고, 다른 하나는 모양은 비슷하지만 철사 틀에 보들보들한 보풀 천을 씌운 것이었다. 두 '어미' 모두 가슴 위치 부근의 젖꼭지와 연결된 젖병으로 젖을 먹이는 역할을 했다. 8마리의 원숭이 중 무작위로 선정한 4마리는 보풀 천으로 감싼 인형 어미의 젖을 받아먹었고, 나머지 4마리는 철사 인형 어미에게 젖을 받아먹었다.

실험의 결과는 놀라웠다. 첫 번째로 놀라웠던 점은, 어미가 철사 인형이든 보풀 천 인형이든 원숭이들의 생물학적 발육에는 별다른 차이가 없었다는 것이다. 보풀 천 인형 어미의 젖병으로 먹었든 철사 인형 어미의 젖병으로 먹었든, 원숭이들은 같은 양의 우유를 먹으며 비슷한 비율로 몸무게가 늘어갔다. 하지만 심리적 영향에서는 현저한 차이를 보였다. 새끼 원숭이들은 어떤 인형에게 젖을 받아먹든 간에 보풀 천 인형 어미와 더 많은 시간을 보내려 했다. 틈만 나면 보풀 천 인형 어미에게 올라타 꼭 달라붙어 있는 반면, 철사 인형 어미와는 젖을 먹을 때 말고는 거의 붙어 있지 않았다. 게다가 스트레스를 주는 새로운 자극이 가해졌을 때도 원숭이들은 보풀 천 인형 어미 쪽으로 향했다.

정확한 검증을 위해 '걸어 다니면서 시끄럽게 드럼을 치는 곰 인형'을 우리에 넣어봤더니 원숭이들은 겁을 먹고 재빨리 보풀 천 인형 어미에게로 가서 달라붙었다. 처음에는 철사 인형 어미에게 달려갔던 원숭이들조차 곧바로 보풀 천 인형 어미에게로 옮겨 갔다. 더 인상적인 부분은 따로 있었다. 새끼 원숭이들은 보풀 천 인형 어미의 보들보들한 감촉을 느끼자 '안정감'과 '자신감'을 얻는 것 같았다. 시간이 조금 지나자 원숭이들은 조금 전까지 무서워했던 곰 인형을 차분하게 쳐다봤다. 새끼 원숭이들은 보풀 천 인형 어미에게서 떨어져 곰 인형에게 다가가기도 하고, 곰 인형을 이리저리 건드리며 살펴보기도 했다.

약간의 변형을 준 실험도 실시했는데, 우리에서 원숭이들을 모두 꺼내 훨씬 더 큰 공간에 넣은 다음 구겨진 종이, 거즈 천 기저귀, 문손잡이, 나무 블록 같은 낯선 대상과 함께 두었다. 그랬더니 이번에도 원숭이들은 처음에는 매우 겁먹은 모습을 보이며 보풀 천 인형 어미에게 달려가 온 힘을 다해 몸을 비볐다. 하지만 두려움은 금세 누그러졌다. 원숭이들은 이내 새로운 물건에 호기심을 드러냈다. 어미에게서 완전히 떨어져 새로운 대상에게 다가가더니 그것을 재미있는 장난감처럼 만지작거리기 시작했다.

할로우의 실험은 불확실성과 관련해 한 가지 사실을 알려준다. 누구든 잠재적 위협에 차분하고 기분 좋게 맞서려면 반드시 자기 확신이 필요하다는 점이다. 할로우의 연구에서 새끼 원숭이들은 보풀 천 인형의 보들보들한 감촉, 다시 말해 생물학적 어미에게서 느꼈던 것과 비슷한 감촉과 접촉하면서 자기 확신을 얻었다. 인위적으로 유발시킨 모성애조차 원숭이들에게 조마조마한 상황에서의 불확실성을 상쇄할 심리적 확신을 심어주었다는 얘기다.

에인스워스의 낯선 상황 실험

할로우의 획기적인 실험 이후 약 10년이 흐른 뒤, 미국계 캐나다인 심리학자 메리 에인스워스Mary Ainsworth가 또 하나의 놀라운 발견을 해내며 인간의 '자기 확신 형성 과정'에 중요한 통찰을 제시했다. 이 주제에 대한 에인스워스의 관심은(그녀는 솔터Salter라는 결혼 전 성으로 논문을 작성했다.) 1939년 토론토대 박사학위 논문에서 시작해서 연구 활동 전체로 확장되었다. 그녀의 기본 논제는 '가정의 안정감 결핍은 인간 활동의 토대가 되는 안정감 형성에도 영향을 미치며, 안정감이 결핍된 아이들은 삶에서 불리한 입장에 놓인다'였다.[12]

인간의 심리적 안정감을 다룬 에인스워스의 연구는 제2차 세계대전의 발발로 잠시 중단되었다. 그녀는 졸업 후 토론토대에서 학생들을 가르치다가 캐나다 여군에 입대해 소령의 지위까지 진급했다. 종전 후에는 다시 토론토대 심리학부 교수로 돌아가 성격 심리학 과정을 가르치며 심리평가 분야의 연구를 이어나갔다. 그러던 중 1950년 유니버시티 레너드 에인스워스와 결혼하며 연구 활동의 전환점을 맞이했다. 그녀는 칼리지 런던에서 심리학 박사과정 프로그램을 수강하기로 결정한 남편과 함께 영국으로 떠났는데, 이 이주로 메리 에인스워스의 연구 활동에 중대한 영향을 미칠 기회가 싹트게 되었다. 특히, 「타임스Times」에 실린 구인 공고를 보고 연락해, '양육자와의 분리가 아동에게 미치는 영향'을 연구하던 아동 심리학자 존 보울비John Bowlby와 함께 연구를 하게 된 것이 그녀에게 매우 중요한 기회였다.

보울비는 1951년 발표한 자신의 논문에 '영유아기의 아이는 엄마와 (또는 상시적으로 엄마 역할을 대신할 사람과) 따뜻하고 친밀하며 지속적인 관계를 가지면서 충족감과 즐거움 모두를 느낄 수 있어야만 한다'[13]라고 썼다. 보울비의 이론은 에인스워스가 중단했던 연구 활동과 많은 점에서 유사성을 보였다. 에인스워스는 보울비의 연구진에 합류한 일이 자신의 연구 활동과 그 이후의 발견에 얼마나 결정적인 영향을 미쳤는지 한참 뒤에야 깨달을 수 있었다. 보울비도 마찬가지였다. 에인스워스 역시 보울비의 연구에 결정적인 역할을 했다.

1953년, 에인스워스는 남편을 따라 아프리카 동부에 위치한 우간다로 간 후, 동아프리카 사회관계 연구소East African Institute of Social Research에서 일하게 되었다. 그녀는 현지에서 다수의 여성과 그 자녀들을 연구 참가자로 모집해 '엄마와 아기의 상호관계'를 관찰하는 연구를 처음으로 진행할 수 있었다. 에인스워스 부부는 우간다를 떠나 정착하게 된 볼티모어에서도 같은 연구를 이어나갔다. 이 연구를 통해 에인스워스는 아이들에 따라 엄마에게 애착을 느끼는 방식이 전혀 다른 점에 주목했다. 어떤 아이들은 안정적으로 애착을 느꼈고, 어떤 아이들은 혼란스러워하고 불안해했다. 그리고 이런 패턴이 생후 첫 몇 개월 동안 엄마가 아기에게 반응하는 방식에서 비롯된다는 점도 발견할 수 있었다. 아기의 울음소리에 세심히 신경 쓰며 즉각적으로 반응한 엄마의 아이들이 아기의 울음소리에 덜 세심하게 반응한 엄마의 아이들보다 안정적인 애착 패턴을 형성하는 경향이 높았다.

특정한 상황에서 아기가 엄마에게 느끼는 애착이 얼마나 안정적인지 측정하기 위해 에인스워스가 활용한 방식은 이후의 인간발달 연구에도 큰 영향을 미쳤다. '낯선 상황Strange Situation 테스트'라는 이 방식은, 아기가 엄마와 잠깐 분리되는 순간 어떻게 반응하는지 지켜보는 방식으로 이루어진다. 예를 들면 이런 식이다. 엄마와 아기가 흥미로운 장난감들이 바닥 여기저기에 흩어져 있는 실험 방에 들어간다. 아기는 처음에는 장난감을 가지고 놀며 이 새로운 환경을 즐겁게 탐험한다. 잠시 후 낯선 여자가 실험 방으로 들어와 엄마에게 인사하고 아기와도 상호작용을 나누려한다. 그러다가 어느 시점이 되면 엄마는 방에서 나가고 이때 아기의 반응을 관찰한다. 보통은 엄마가 나가면 아기는 불안해한다. 울고, 문을 두드리고, 고통스러워하는 기색을 드러내는 등 스트레스 상태를 반영하는 여러 행동을 보인다. 안정적 애착을 느끼는 아이들이 엄마가 사라진 것에 불안감을 확연히 내보이며, 엄마에 대한 애착이 불안하거나 불안정한 아이들보다 더 스트레스를 받는 것처럼 행동했다.

엄마는 몇 분 동안 나가 있다가 다시 방으로 들어간다. 이때 아이들은 엄마가 사라진 것에 보였던 반응보다 더 인상적인 반응을 보인다. 불안하고 불안정한 애착 상태의 아이들은 엄마가 사라진 것에 덜 불안해하는 것처럼 보였는데도 오히려 엄마가 다시 돌아오자 계속 달라붙어 있으려 했다. 이 아이들이 다시 탐험을 즐기던 상태로 되돌아가기까지는 꽤 오랜 시간이 걸린 반면, 안정적 애착을 느끼는 아이들은 자신감을 빠르게 되찾았다. 엄마가 잠깐만 아이를 꼭 안아줘도 아이는 어느새 엄마에게서 떨어져 실험 방의 환경을 다시 탐험하기 시작했다. 할로우의 새끼 원숭이들과 마찬가지로 안정적 애착을 느끼는 아기들에게는 엄마가 고통스러운 순간에 의지할 수 있는 '안전한 피난처'가 되며, 미지의 세계로 탐험을 나설 수 있도록 '지지 기반의 역할'을 한다.

에인스워스는 볼티모어의 존스홉킨스대에서 발달심리학을 가르치다 버지니아대로 옮겨 교직에서 물러날 때까지 쭉 이곳에 머물렀다. 그녀는 애착 연구를 꾸준히 이어가며 존 보울비와의 공동연구에서도 좋은 결실을 맺었다. 두 사람의 연구는 아동발달과 아동기의 특성을 이해하는 데 매우 중요한 영향을 미쳤다.

미래의 태도를 좌우하는 유년기의 경험

에인스워스의 '낯선 상황 실험'은 아이에게 스트레스를 유발하는 상황을 인위적으로 만든 것이지만, 아이가 엄마와 잠깐 떨어지는 일은 일상에서도 종종 일어난다. 하지만 오래 시간 이어지는 분리는 아이들에게 훨씬 견디기 힘든 일이다. 지속적인 분리는 여러 상황에 따라 일어날 수 있다. 심지어 정부의 명령이나 정책상의 문제로 아이와 부모가 분리될 수도 있다. 2018년 4월, 미국의 트럼프 대통령 행정부가 무관용zero-tolerance 이민 정책을 시행할 당시 바로 이런 명령이 내려졌다. 이 정책에 따라 연방 요원들은 아이들을 가족들과 강제 분리했다. 어른들은 연방 교도소에 수감되거나 추방되었고, 아이들은 미국 보건부의 관리를 받으며 위탁 가정이나 친척에게 맡겨졌다.[14]

보도에 따르면 이때 분리된 아동의 수는 무려 4,300명이 넘었다. 2020년 10월을 기준으로 545명의 아이들이 가족을 찾지 못해 여전히 부모나 보호자들과 분리된 상태였다.[15] 이런 상황은 아이들에게(그리고 어른들에게도) 엄청난 스트레스를 지속적으로 가하는 것이다. '인권을 위한 의사회Physicians for Human Rights'가 발표한 바에 따르면, 이 정책으로 분리된 26명(아동 9명, 성인 17명)의 심리를 심도 있게 평가한 결과에서 심리적 트라우마, 외상 후 스트레스 장애PTSD, 우울증, 불안의 징후가 강하게 나타났으며 거의 모든 사례에서 심리적 고통에 대한 추가적 개입과 치료의 타당성이 인정되었다고 한다.[16]

안타까운 사실이지만 인류 역사에는 이와 유사한 이야기들이 수두룩하다. 그중 특히 주목할 만한 사례 하나를 꼽자면, 제2차 세계대전 중 유럽에서 무더기로 아이들을 이주시킨 일을 들 수 있다. 전쟁이 발발하자, '피리 부는 사나이 작전Operation Pied Piper'에 따라 런던을 비롯한 영국의 주요 도시에서 어린아이들을 시골로 피난시키는 조치를 실시했다. 이 조치의 영향에 대해서는 광범위한 조사가 이루어지기도 했다. 이런 조치를 취한 의도는 독일의 폭탄 투하 공격으로 도시들이 초토화될 사태를 대비해 아이들을 안전하게 보호하기 위한 것이었다. 전쟁이 선포되었을 때 200만 명에 가까운 아이들이 시골로 보내지거나 특별 지정한 '수용 지역'으로 배치되었다. 보호자가 없는 아이들은 위탁 가정으로 보내졌다.

이 작전의 의도 자체는 선했고, 아이들이 대체로 안락한 환경에 놓여 있었다고 해도 부모와의 분리는 정신적으로 엄청난 충격을 초래할 만한 일임이 분명하다. 존 보울비가 아동의 안정과 애착에 대한 조사의 일환으로 이런 아이들을 연구한 결과, 아이들이 주 양육자와의 오랜 분리로 겪은 스트레스 수준은 부모와 함께 지내면서 폭탄 투하 공격을 목격했을 때 받았을 만한 스트레스보다 더 높은 것으로 나타났다.

이 아이들을 연구했던 정신분석가 안나 프로이트Anna Freud 역시 비슷한 결론에 이르렀다. 그녀의 연구에서도 '가족과 함께 있다면 전란의 고통조차 아이들의 행복에 비교적 영향을 미치지 않는 것'으로 나타났다. 하지만 부모와 떨어져 지내면 아이들은 확실히 정신적 고통으로 밤에 오줌을 싸거나, 공격적인 놀이를 즐기거나, 끊임없이 우는 등 강한 스트레스 징후를 나타냈다. 더러는 아예 말을 하지 않거나, 먹지 않으려 드는 경우도 있었다. 분리 트라우마의 영향은 장기적으로 지속되는 것으로 밝혀졌다. 보울비가 관찰한 바에 따르면 분리를 겪은 아이들이 수년 후까지 심각한 심리적 문제를 겪으며, 때로는 일탈 행위를 벌이거나 범죄 행위로까지 이어지는 경우도 있었다.

부모와의 분리가 아무리 높은 스트레스를 유발하는 일이라고 해도 아이들이 겪을 만한 스트레스 요인이 이것 하나뿐만은 아닐 것이다. 가정불화, 경제 상황에 따른 갈등, 성장기의 불안하고 어수선한 분위기 등이 아동 발달에 영향을 미쳐 '좋지 않은 일들이 일어날 것'이라는 잠재의식을 건드리는 데 일조하기도 한다. 전쟁이 아이들에게 미치는 영향을 살펴본 연구를 통해 밝혀졌듯이 전쟁 경험은 PTSD, 우울증, 불안감 등 온갖 심리적 문제를 유발할 수 있을 뿐만 아니라, 미지의 상황에 대한 두려움과 불확실한 상황에 대한 불안감을 지속시킬 수도 있다. 전쟁을 겪은 아이들은 과도한 두려움을 드러내고, 부모와 떨어지길 불안해하고, 혼자 있는 것과 어둠 속에서 잠드는 것을 두려워하는 등 심각한 분리 불안을 겪을 수 있다.[17]

메릴랜드대의 몰리 엘렌버그Molly Ellenberg는 최근의 한 연구에서 참가자들에게 유년기를 떠올려 보게 했다. 그 결과 어린 시절의 좋지 않은 경험°이 불확실한 상황°°에 대한 부정적 반응과 유의미한 관계가 있는 것으로 나타났다. 뿐만 아니라 참가자들의 부모가 어린 시절 자율성을 격려하고 따뜻하게 보살피는 등 부모의 역할을 다한 경우에는 똑같이 불확실한 상황에 놓여도 긍정적인 반응을 보이는 경우가 많았다.

---

o   성적 학대, 정서적·신체적 방임, 가정폭력, 약물 남용, 가족 구성원의 정신질환이나 수감, 부모의 이혼이나 별거, 거주 지역에서의 폭행 목격, 차별의 인지, 거주지 주변의 불안정한 환경, 집단 따돌림, 위탁 가정 생활 등 정서적·신체적 측면을 아우르는 경험들이다.

oo 소개팅, 테러 공격, 등교 첫날, 첫 해외여행, 새 직장에 출근하는 첫날, 경기 침체, 새로운 형제자매의 출생, 전쟁, 진단 미확정의 질병 등.

따라서 유년기의 경험이 불확실성에 반응하는 미래의 태도에 영향을 미치는 것으로 판단할 수 있다. 3장을 시작하며 언급했던 나의 강한 종결 욕구도 어쩌면 제2차 세계대전 중 유대인 강제 거주 지역(폴란드의 우치)에서 보낸 유아기에서 비롯되었을지도 모른다. 아마도 그 지역 거주자 대다수가 나치 강제 수용소에서 죽음을 맞이한 사실에서 영향을 받은 것일지도 모른다. 또한 존 보울비와 안나 프로이트의 결론과 흡사하게도, 전시 중에 부모님(두 분 모두 전쟁에서 살아남았다)의 애정 있는 보살핌 속에서 지냈던 덕분에 전쟁 탓에 부모와 분리된 수많은 아이에게 닥친 심각한 분리 트라우마나 스트레스 장애를 피해갈 수 있었던 것일지도 모른다.

안전한 피난처와 지지 기반이 필요한 이유

이 글을 쓰는 시점을 기준으로, 전 세계에서 약 600만 명에 가까운 사람들이 코로나 팬데믹으로 목숨을 잃었다. 2021년 2월 19일자 「워싱턴 포스트」에서 저널리스트 데이비드 폰 드렐David von Drehle은 다음과 같은 글로 이런 죽음이 필연적으로 초래하는 깊은 슬픔에 대해 이야기했다.

코로나19 바이러스의 사망자들은 막대한 수의 무명인들이 아니다. 저마다의 이름과 웃는 모습, 애창곡과 사연을 가진 개인이 모여 무려 50만 명이란 숫자에 이른 것이다. 사망자의 상당수가 고령자이며, 그들을 사랑했던 또 다른 고령자들은 비탄에 잠겨 있다. 고령자 대다수가 건강이 좋지 않은 상태인데도 이들은 사람들의 관심에서 간과되기 쉽다. 죽음의 원인이 팬데믹이라는 사실 때문에 특히 더 마음이 아프다. 장례식을 치를 수도, 조문을 위해 모일 수도, 포옹을 나눌 수도 없기에.[18]

가족이나 친척, 친구를 먼저 떠나보낸 후 가장 견디기 힘든 일은 '남은 사람들이 느끼는 공허감'일 것이다. 이런 공허감 역시 혼란과 불확실성을 일으킨다. 1861년 12월 14일, 빅토리아 여왕의 부군 앨버트 공이 42살의 나이로 서거했다. 불과 몇 주 전에 걸린 장티푸스가 죽음의 원인이었다. 여왕의 세계는 완전히 무너져 내렸다. 1862년 3월에 오스본에서 여왕을 접견한 글래런던 경이 다음과 같이 전했을 정도다.

여왕님은 평상시처럼 앨버트 공이 했던 말과 행동을 언급했다. 마치 공이 옆방에 있기라도 한 것처럼. 공이 옆방에 없다는 사실을 믿기가 힘들 정도였다 여왕님이 나를 맞은, 공의 방에는 모든 것이 그대로였다. 책상에 놓인 펜과 압지철, 소파에 놓인 공의 손수건, 여전히 잘 작동하는 공의 시계, 유리병에 꽂힌 싱그러운 꽃 등 모든 것이 예전에 내가 익숙하게 봤던 모습 그대로여서 공이 금방이라도 그 방에 다시 들어올 것만 같았다.[19]

빅토리아 여왕은 사별의 고통을 오래도록 놓지 못했다. 남편의 죽음을 받아들이지 못해 함께 했던 순간으로 시간을 되돌리려는 사람처럼 보였다. 어쩌면 여왕은 남편의 죽음으로 맞게 된 '삶의 불확실성'에 어떻게 대처해야 할지 막막했을 수도 있다. 이런 반응을 여왕답지 못한 행동으로 볼 수도 있겠지만 정말 그럴까? 여왕이 보인 행동은 자신이 처한 갑작스러운 환경에서 스스로 안정감을 얻기 위한 반응이었다. 그녀에게는 남편이 살아 있었을 때와 같은 '고정된 일과'와 남편과 공유했던 환경이 바뀌지 않으리라는 확신 같은 것이 필요했을 것이다. 할로우의 원숭이들을 생각해 보라. 인형 엄마처럼 **인위적으로** 위장시킨 애착 대상조차 새끼 원숭이들에게 위안을 주지 않았던가.

빅토리아 여왕에게 앨버트 공의 존재가 그랬던 것처럼, 애착 대상은 불확실한 상황에서 두려움을 덜어줄 수 있다. 애착 대상은 안전한 피난처와 안정된 지지 기반이 되어준다. 그런 대상을 상실하는 경험은 불안감을 되살리거나 증폭시켜, 죽음이든 질병이든 우리에게 닥칠 수 있는 불운하고 가혹한 현실을 부각시킨다. 대체로 불확실성을 두려워하는 편인 사람들은 '사별'에 특히 예민한 반응을 보인다. 실제로 네덜란드 위트레흐트 대의 파울 뵐렌Paul Boelen의 연구가 이 점을 뒷받침한다.[20]

뵐렌은 이 실험에서 불확실성을 못 견디는 사람들이 불확실성을 잘 견디는 사람들보다 더 큰 슬픔과 PTSD를 겪는다는 사실을 밝혀냈다. 로네케 렌퍼링크Lonneke Lenferink와 그녀의 동료 연구진이 2014년 말레이시아 항공 여객기(MH17편) 격추 사건 희생자 가족들이 겪은 일들을 조사한 연구에서도 똑같은 결과가 나왔다.[21] 희생자의 가족들은 자꾸만 '비현실성'과 존재론적 '불확실성'을 떠올린다고 토로했고, 지속성 비애 장애PGD, prolonged grief disorder, 주요 우울장애MDD, major depressive disorder, PTSD 등의 다양한 심리학적 증상도 함께 나타났다. 안정적 애착을 형성한 사람들은 불확실한 상황을 더 잘 다룰 수 있기 때문에 애착 대상을 잃은 후에도 삶을 회복하는 과제를 잘해 낼 가능성이 높다. 상실에 대한 감정적 반응을 보이긴 하지만 슬픔에 압도될 가능성이 상대적으로 낮다는 의미다. 이들이 가진 낙관주의가 상실과 이별에 치명적인 영향을 입지 않게 보호하는 역할을 하는 셈이다.[22]

안전한 피난처가 되는 종교

유발 노아 하라리Yuval Noah Harari는 큰 호평을 얻은 책 『사피엔스 Sapiens: A Brief History of Humankind』에서, "추상적 이념을 발전시키고 이것을 서로 전달하고 공유할 수 있는 인간의 능력 덕분에 대규모 집단이 공통의 목표를 지지하며 결속할 수 있다."라고 언급한 바 있다. 종교도 이런 이념 결속의 한 형태이며, 대다수 종교의 핵심 요소는 '어떠한 경우든 사람들이 치명적인 해를 입지 않도록 보호하는 신이 있다'는 것이다. 자상한 부모가 자식에게 안전한 피난처와 안정적인 기반을 제공하는 것처럼 종교를 믿는 자들에게는 신이 부모 역할을 한다. 기독교와 유대교에서는 신을 '아버지'라 부른다. 기독교도들은 '하늘에 계신 우리 아버지'를 부르며 기도하고, 유대교도들은 '우리의 **아버지**, 우리의 왕'(히브리어로는 각각 아비누Avinou와 말케이누Malkenou)에게 기도한다. 이슬람교에서는 이런 호칭을 사용하진 않지만, 신이 안전과 안정을 제공한다는 개념은 다른 종교와 마찬가지다.

역경과 고난을 겪는 시기에는 '안전한 피난처'라는 인식이 낙관과 긍정의 원천이 될 수 있다. 미국은 오래전부터 세계에서 가장 종교적인 나라로 꼽혀왔다. 퓨 리서치센터의 보고에 의하면 미국 성인의 55퍼센트가 매일 기도한다.[23] 다른 선진국들에 비해 훨씬 높은 비율이다. 예를 들어, 캐나다에서는 매일 기도하는 성인의 비율이 25퍼센트이며 호주가 18퍼센트, 영국이 단 6퍼센트다. 사실, 종교에 관해서만은 미국은 다른 서양 국가나 유럽 국가(22퍼센트)보다는 남아프리카 공화국(52퍼센트), 방글라데시(57퍼센트), 볼리비아(56퍼센트) 같은 개발도상국의 성향에 더 가깝다. 이쯤 되면 오늘날까지도 미국에서 건재하게 유지되는 종교성이 알렉시스 드 토크빌Alexis de Tocqueville이 명저 『미국의 민주주의Democracy in America』(1835)에서 그토록 강조했던 '미국의 낙관주의'를 떠받치는 뿌리 역할을 한다는 추정에는 귀가 솔깃해지기도 한다.

종교를 가진 사람들은 자애롭고 인정 많은 신과의 관계를 의식함으로써 안정감과 행복을 얻는다. 신과 친밀한 관계를 가진 사람들은 대체로 자신감이 높은 편이며, 어렵고 불확실한 시기에도 대체로 삶을 잘 꾸려나간다.[24]

종교적 사랑을 비롯해 사랑의 가장 아름다운 형태는 상호적인 관계다. 당신은 신을 사랑해야 하고 신은 그 보답으로 당신을 보호한다. 신의 사랑은 기독교 교리의 기둥이며, '예수님은 당신을 사랑하신다'는 말은 기독교 신앙에 헌신할 것을 요구하는 분명한 메시지다. 자애로운 신을 믿으면서 생겨나는 안정된 기반은 역경에 차분히 맞설 수 있는 원동력이 된다. 미국에서는 위기의 시기에 도움과 지지를 구할 때 사람들이 가장 먼저 찾는 대상이 성직자라고 한다. 성직자가 정신 건강 서비스 제공자보다 우선 순위를 차지한다. 9.11 테러에 따른 여파로 미국 사회가 충격에 휩싸여 있을 당시에도 미국인의 90퍼센트 이상이 심리적 위안을 얻기 위해 종교에 의지했다고 한다.°**25**

하지만 안전한 피난처와 안정된 기반을 제공하는 자상한 부모 혹은 자상한 신이 개인적 책임까지 덜어주지는 않는다. 어느 쪽에 기대든, 우리는 여전히 스스로 알아서 행동하며 그 행동에 대한 책임을 져야 한다. 다음의 이야기가 그 이유를 잘 설명한다.

어떤 사람이 갑자기 홍수가 나는 바람에 지붕 위에서 꼼짝 못 하고 있었다. 그는 신에게 도와달라고 기도했다. 얼마 후 노 젓는 배를 탄 남자가 이곳을 지나가다가 지붕 위의 남자를 발견하고는 "어서 뛰어내려요. 내가 구해줄게요."라고 외친다. 하지만 지붕 위의 남자는 "아니에요, 괜찮아요. 신께 기도드리고 있으니 신이 절 구해주실 거예요."라고 말한다. 그래서 배를 탄 남자는 계속 노를 저어 갔다. 잠시 후 모터보트가 다가왔고 그 안에 탄 사람은 "이봐요. 얼른 뛰어내려요. 내가 구해줄게요."라고 말한다. 하지만 지붕에 발이 묶인 남자는 이번에도 "말씀은 고맙지만 괜찮아요. 신께 기도드리고 있으니 신이 구해주실 거예요. 저는 믿어요."라고 대답한다. 결국 모터보트를 탄 사람도 그대로 가버렸다. 얼마쯤 지나 헬기가 다가오며 조종사가 외쳤다. "이 밧줄을 잡아요. 내가 안전하게 올려줄게요." 지붕에 발이 묶인 남자는 이번에도 똑같이 대답했다. "말씀은 고맙지

o   2001년 9월 11일 이후 3~5일 동안 여러 조사자가 무작위 번호로 전화를 걸어 대표 표본 집단에 드는 미국 성인 560명을 대상으로 테러 공격에 대해 본인은 어떻게 반응하고 있고, 자녀들은 어떻게 반응하는 것처럼 보이는지에 대해 조사했다.

만 괜찮아요. 신께 기도드리고 있으니 신이 구해주실 거예요. 저는 믿어요." 헬기 조종사는 어쩔 수 없이 다른 곳으로 날아갔다. 그 후 금세 물이 지붕 위까지 차오르며 남자는 결국 익사하고 말았다. 천국에 간 그는 신에게 이 일을 따져 물을 기회를 얻었고, "저는 당신을 믿었는데 당신은 절구해주지 않았어요! 물에 빠져 죽게 내버려두었다고요. 저한테 왜 그러셨나요?"라고 외쳤다. 이 말에 신이 대답했다. "내가 너에게 노 젓는 배와 모터보트, 헬기까지 보내주지 않았느냐. 무엇을 더 어떻게 해야 했느냐?"

이슬람교에서 전해오는 이야기에 따르면, 예언자 마호메트도 어느 베두인족에게 "신께 기도하되 낙타를 단단히 매어 두어라."라고 충고했다고 한다. 이 일화의 교훈 역시 종교적 믿음이 책임 있는 의사결정을 대신해주지는 않는다는 것이다. 종교적 믿음은 역경에 차분하게 맞설 수 있도록 낙관적인 관점을 갖게 해줄 뿐, 역경에 맞서는 것은 결국 우리 스스로가할 일이다. 신이 우리를 사랑하고 보살핀다는 생각은 우리가 불확실성을다루는 데 도움을 주는 생각 중 하나일 뿐이다. 이런 종교적 의식은 인간으로서 존재하는 데 가장 근본적인 문제들, 즉 세상이 어떻게 존재하게되었고, 우리는 사후에 어디로 가며, 지옥이 아닌 천국에 가려면 어떻게해야 하는지 등에 대해 확신과 종결 의식을 갖게 한다.

이 모든 형이상학적 질문들은 종교적 가르침에서 핵심이 되는 내용이다. 종교는 때와 장소에 상관없이 확실성을 전달한다. 종교가 확실성을전달하려면 그 의미와 가르침이 특정 장소나 한정된 시간에만 적용되는것이 아니라, 영구적이고 보편적이어야 한다. 그렇지 않으면 불확실성이

스멀스멀 다시 고개를 들기 마련이다.

유명한 불교 역사가 에드워드 기번Edward Gibbon에 따르면 서기 4세기와 5세기에 로마 제국이 몰락함과 동시에 유대교와 기독교를 비롯한 종교 집단의 확산이 일어났다. 로마 제국 중심의 세계질서가 해체되면서 발생한 혼란과 불확실성이 종결을 향한 강한 욕구를 불러일으키지 않았을까 추정할 수 있다. 확실성의 추구와 신앙심 사이의 긍정적 관계를 뒷받침하는 자료는 이외에도 많다. 학술 연구로나 우리 주변에서나 쉽게 접할 수 있다. 그중에서도 특히 벨기에 루벤대의 연구가 바실리스 사로글루Vassilis Saroglou가 발견한 신앙심과 인지적 종결 욕구 사이의 긍정적 관계라든가, 2001년 미국의 9.11 테러 공격 다음 주에 일부 소매상에서 성경 판매량이 40퍼센트 가량 증가한 사례가 인상적이다.[26] 또한 제2차 세계대전 도중과 직후에 캐나다와 북미에서 신앙심이 눈에 띌 만큼 뚜렷이 고조된 사례도 있다.

종교 역사가 존 웹스터 그랜트John Webster Grant는 1945년 전쟁 종식 이후 "전쟁 개시 전까지는 교회에 형식적인 관심만 보였던 사람들이 남녀를 막론하고 뜨거운 신앙심을 되찾는 모습을 보여 모든 예측가에게 당혹감을 안겼다."라고 말했다. 그 무렵 사람들이 종교에 의지했던 현상이 교파나 교리와는 무관하게 나타났다는 점에서 볼 때, 이 사례는 혼돈과 대혼란의 시기를 겪은 이후 확실성과 안정성을 갈망하는 인간의 보편적 욕구를 입증하는 것이다.[27]

종교만이 확실성과 예측 가능성의 원천인 것은 아니다. 혼란과 소란의 시기에는 점성술이나 초자연적인 현상에 기대는 의존도도 높아진다. 여러 연구에서 증명하듯 대공황기를 비롯한 경제 위기 시기에는 점성술과 관련한 도서의 출판과 판매가 큰 폭으로 늘어났다.[28] 그뿐만 아니라 불확실한 시기에는 별자리 운세에 대한 관심이 늘고,[29] 천리안과 그 밖의 초자연 현상을 믿는 경향도 늘어나는 것으로[30] 나타났다.

요약 정리

불확실성에 대한 우리의 반응은 유전자뿐만 아니라 유년기 경험에 따라서도 결정된다. 생의 첫 몇 개월 동안 부모나 다른 양육자가 우리의 불안과 고통에 어떻게 반응하느냐에 따라 우리가 얼마나 안정감을 느끼는지는 물론, 삶의 비극과 재난에 어떻게 반응하느냐가 결정된다는 뜻이다.

사랑하는 이를 잃으면 심각하고도 혼란스러운 불확실성을 느낄 수 있다. 우리는 우리가 믿고 존중하며 친밀하게 지낸 사람들과 가치관, 사고방식 등을 공유하기 때문에 그런 사람들을 잃는다는 것은 현실의 올이 완전히 풀려버리는 상황과 같다. 우리의 세계가 갑자기 무너지고 인정과 지지의 든든한 기반이 사라져 버리는 일이다. 이런 비극에 직면하면 우리는 내면의 자원이 다시 제 궤도로 돌아올 것이라는 믿음을 가져야 한다. 또한 비극과 슬픔에도 불구하고 삶은 여전히 살아갈 가치가 있다는 생각에 의지해야 한다. 안정된 애착감이 있으면, 우리를 집어삼킬 것만 같은 상실감과 불확실성을 더 잘 다룰 수 있다. 종교적 믿음 역시 비극적 상황에 내재된 불안을 덜어줄 완충제 역할을 한다. 종교를 믿는 사람들에게는 자신에게 일어난 불행조차 자신을 사랑하는 신이 짠 계획의 일부라는 믿음이 있다.

**당신의
경험에
비추어
보기**

1. 당신의 유년기를 되돌아보자. 부모님과 어떤 유형의 애착을 형성했던 것 같은가? 그런 애착이 수년 동안 부모님과의 관계에 어떤 영향을 미쳤다고 생각하는가? 다른 사람들과의 관계에는 또 어떤 영향을 미쳤을까?

2. 당신이 부모라면 당신의 양육 철학은 어떤가? 당신과 자녀 사이에 어떤 유형의 애착이 형성되어 있다고 느끼는가?

3. 가까운 사람의 죽음을 경험한 적이 있는가? 어떻게 반응했는가? 어떤 심리작용이 일어났는가?

4. 자기 확신의 주된 원천은 무엇이라고 생각하는가? 가족이나 친구 혹은 종교인가? 불확실성에 직면한 상황에서 자신에게 도움이 되었던 경우가 무엇인지 떠올려 보라.

4

안정적 애착감이
지닌 힘

스스로 생각하기에 당신은 따뜻한 사람 같은가, 아니면 다소 거리감이 느껴지는 쌀쌀맞은 사람 같은가? 항상 사람들을 필요로 하는가, 아니면 혼자 하는 일을 더 좋아하는가? 사교적인 자리를 좋아하는가, 아니면 혼자 있는 편이 좋은가? 대체로 사람을 믿는 편인가, 남들을 미심쩍게 여기는 경향이 있는가? 이 질문들은 개인이 느끼는 자신감과 안전감의 결정 요인을 탐구할 때, '성인기의 애착'을 확인하는 항목들이다. 유년기 초기의 경험은 우리의 통제를 벗어나 있으므로, 이런 경험들만으로 한 사람의 성격이 결정된다면 우리가 원하지 않는 문제들이 발생할 것이다. 이런 점에서 보면 다행스러운 일이지만, 유년기 초기의 경험들뿐만 아니라 성인이 된 후에 우리가 내리는 선택 역시 매우 중요하다. 어떤 종교를 포용한다거나, 대인 관계를 형성하는 것이 이런 선택에 해당된다. 더군다나 유년기의 애착과는 달리 성인기의 애착은 어느 정도는 통제가 가능하다.

'안정적 애착 상태'란 사랑하는 친구나 파트너, 가족이 늘 곁에 있다는 것을 의미한다. 다수의 과학적 증거로 입증했다시피 안정적 애착은 심리적으로 유리한 영향을 미친다. 안정적 애착을 가진 성인은 인간관계에서도 긍정적인 관점을 갖는 편이다. 가까운 사람과 관련 있는 긍정적인 정보와 부정적인 정보를 모두 열린 마음으로 듣고, 상대방의 행동 또한 긍정적으로 해석한다. 다소 미심쩍은 점이 있더라도 선의로 해석하고, 다른 사람들의 감정 상태를 자신의 입장에 비추어 생각한다.

이쯤에서 콜린스Collins와 동료 연구진이 진행한 연구를 살펴보자. 연구진은 실험 참가자들에게 '일반적으로 부정적으로 느껴지는 행동들'을 서술한 지문을 읽도록 했다.[1] 파트너가 '포옹에 응하지 않는다'거나, '우울할 때 위로해 주지 않는다'거나, '아는 사람이 없는 파티에서 혼자 둔다'거나, '저녁 시간을 혼자 보내고 싶어 한다' 등 다양한 상황을 상상하는 18개의 항목을 성인 애착 척도로 삼아 애착 유형을 측정해 본 것이다.[2] 그 결과 흥미로운 사실이 드러났다. 안정적인 애착을 가진 사람들은 이런 지문을 관계 보호적 관점에서 해석했다. 예를 들어 파트너가 저녁 시간을 혼자 보내고 싶어 하는 것은 '파트너가 매우 피곤해서 집에서 편히 쉴 시간이 필요한 것'으로 여겼다. 반면, 불안정한 애착을 가진 사람들은 '파트너가 나에게 관심이 시들고 있는 것이다' 등 관계 위협적인 답변을 고르는 경향을 보였다.

불안정 애착 유형들은 이런 상황이 말다툼과 갈등으로 이어질 것 같다고 응답한 경향이 상대적으로 더 높아, 앙갚음할 기회를 벼르며 갈등을 벌일 가능성이 그만큼 더 높았다. 반면 안정된 애착을 가진 성인들은 파트너를 믿고 모호한 상황조차 긍정적으로 해석했다. 불안정한 애착을 가진 성인들은 상대를 믿지 못하고 의심한 탓에 관계를 먼저 끊어버리려는 생각을 하기 일쑤였다. 때로는 실제로 관계를 끝내는 식으로 확실성을 추구하기도 했다.

안정적 애착이 호기심으로

과학에서는 종종 어떤 이론이 제기된 후 한참 뒤에서야 검증에 이르는 경우가 있다. 알베르트 아인슈타인Albert Einstein은 1915년 일반 상대성 이론을 진전시켰지만 1919년이 되어서야 이 이론이 제대로 검증될 수 있었다(물론, 한 세기가 지나도록 여전히 검증이 진행 중이긴 하지만). 어쨌든 예전에는 이론을 검증하는 데 필요한 도구가 없어서 그런 도구가 개발되기 전까지 검증을 미뤄야 하는 경우가 더러 있었다.

'개인이 느끼는 안정감과 자신감은 그 사람이 현재 다른 사람들과 맺고 있는 애착 유형과 관계가 있다'는 존 보울비의 이론에도 이와 비슷한 시간 왜곡 효과가 일어났다. 보울비는 특히 안정적 애착을 가진 성인은 불확실성을 더 편하게 받아들일 것이며, 그에 따라 새로운 상황에 호기심을 강하게 느껴 인지적 종결 욕구 역시 낮을 것으로 예상했다. 그가 런던에서 이런 이론을 진전시켰을 때는 1950년대였으니, 이것을 명확히 검증하기까지 거의 반세기를 기다려야만 했던 셈이다. 이 이론의 검증을 완수한 인물은 아르헨티나 태생의 이스라엘 심리학자 마리오 미쿨린

불확실한 걸 못 견디는 사람들

서Mario Mikulincer였다.

미쿨린서는 안정적 애착을 가진 아이가 불안정한 애착을 가진 아이보다 새로운 것을 탐구하는 데 더 흥미를 보인다는 메리 에인스워스의 발견이 안정적 애착을 가진 성인들에게도 유효한지 궁금했다. 안정적 애착을 가진 성인들도 호기심이 많아서 새로운 상황을 탐구하고 싶어 하는 경향이 두드러지게 나타날까? 미지의 상황에서 두려움 없이 대처할까? 모험심이 강할까?

미쿨린서는 이런 의문들에 흥미를 가졌다. 애착이 호기심이나 탐험 욕구에도 영향을 미친다는 통찰은 사소하거나 뻔한 것이 아니다. 얼핏 보기에 이 둘은 서로 관련이 없어 보인다. 이런 가정을 떠올리는 데는 보울비의 천재성이 필요했고, 아이들을 대상으로 검증할 방법을 찾는 데는 에인스워스의 통찰력이 필요했다. 그러다 수년이 흐른 후, 드디어 미쿨린서의 독창성에 힘입어 이 이론이 성인에게도 들어맞다는 것이 증명되었다.

미쿨린서가 밝혀낸 것들 중 특히 주목할 부분은 안정적 애착을 가진 사람들이 더 많은 호기심을 드러낸다는 점이다. 이런 유형의 사람들은 불안정한 애착 유형의 성인에 비해 질문하는 것에 편안함을 느끼고, 더 낮은 종결 욕구를 보였다. 안정적 애착을 가진 아기들이 엄마와의 분리를 빠르게 극복하고 계속해서 미지의 환경을 탐험하는 것처럼, 안정적 애착을 가진 성인들 역시 자신이 흥미를 가진 분야에서 기꺼이 탐험을 선택한다. 미쿨린서가 밝혀낸 현상은 매우 흥미로울 뿐만 아니라, 대인관계에서의 태도와 관련된 중요한 사실을 보여준다는 점에서도 큰 의미가 있다.

애착 유형에 따른 인지적 종결 성향

2장에서 살펴봤듯이 인지적 종결 욕구가 높은 사람들은 당면한 문제와 관련 있는 정보를 붙잡고 매달린다. 그래야 빠르게 종결에 이를 수 있고, 종결을 영구적으로 못 박을 수도 있기 때문이다. 종결 욕구가 높은 사람들은 어떤 문제에 대한 다양한 증거를 충분히 고려하지 않은 채 섣불리 조급한 결론을 내리는 경향이 있다. 예를 들어, 당신이 파티에서 누군가를 만났는데, 그 사람이 친절한 데다 재미있고 유쾌한 사람이라고 느꼈다고 치자. 이때 종결 욕구가 높은 사람은 겉으로 드러난 모습을 곧이곧대로 받아들여 그 사람에 대해 긍정적인 인상을 갖게 될 것이다. 그 사람이 직장이나 가정에서는 다른 모습을 보일 수도 있다는 점은 고려하지 않을 것이다.

누군가와 새로 안면을 텄다가 부정적인 경험을 하는 경우도 마찬가지다. 어떤 사람이 화가 나 있고 쌀쌀맞은 것처럼 보이면, 종결 욕구가 높은 유형은 불친절한 사람이니 알고 지낼 가치가 없다고 쉽게 결정해 버린다. 첫인상에 매달려 그것을 바꾸려 하지 않는다. 심지어 이후의 만남에서 같은 사람이 쾌활하고 낙천적인 모습을 보여도 여전히 첫인상을 붙잡고 매달릴 수 있다. 제인 오스틴의 『오만과 편견』 속 남자 주인공 다아시처럼 '한번 잘못 보이면 영원히 잘못 보이게 된다'.

미쿨린서는 이런 개념을 경험적으로 검증하기 위해 안정적 애착 유형과 불안정 애착 유형의 사람들을 실험에 참가시켰다.[3] 그리고 이 참가자들에게 어떤 사람에 대해 애매모호하게 설명했다. 참가자 가운데 절반은 그 사람에 대한 긍정적인 정보(예를 들어, 친절하고 똑똑한 여자라는 설명)부터 먼저 들었다가 이어서 부정적 정보(예를 들어, 인색하고 매정한 면도 있다는 설명)도 들었다. 다른 절반의 참가자는 부정적인 정보를 먼저 들었다. 그 결과 불안정한 애착을 가진 참가자들은 인지적 종결 욕구가 높은 사람들처럼 주로 처음 들었던 말의 영향을 받은 판단을 내렸다. 긍정적인 정보부터 들었던 경우에는 좋은 인상을 가졌고, 부정적인 정보부터 들었던 경우에는 나쁜 인상을 가졌다. 반면 안정적인 애착을 가진 사람들은 두 유형의 정보를 균형 있게 받아들여, 긍정적 정보에서 부정적 정보의 순서로 들은 경우와 부정적 정보에서 긍정적 정보의 순서로 들은 경우 모두 비슷한 판단을 내렸다. 즉, 초두 효과(맨 처음에 제시된 정보가 나중에 제시된 정보보다 더 잘 기억되는 효과-옮긴이)의 함정에 쉽게 빠지지 않고, 같은 증거를 다른 순서로 듣는다고 해서 다른 결론을 내리지 않았다.

불안정한 애착 유형과 고정관념

천성적이든 환경적으로 그렇게 길들여졌든, 불확실성과 모호함을 거북해하면 자신의 환경에서 '가장 이용하기 쉬운 정보'를 판단의 기반으로 삼게 된다. 그런데 이런 정보가 우리 문화에 만연한 고정관념인 경우도 많다. 사회적 고정관념이 성별이나 민족, 인종에 관련한 것일 수도 있다. 불안정한 애착을 가진 성인들은 불확실성에서 벗어나려는 급한 마음 때문에 고정관념에 휘둘리기 쉽다. 특정 민족이나 인종 집단에 속하는 새로운 사람을 만나면 그 사람의 실제 성격을 찬찬히 살펴보기보다 해당 집단에 대한 고정관념부터 먼저 떠올린다. 미쿨린서의 연구진이 진행한 또 다른 흥미로운 실험이 이런 경향을 잘 보여준다.

연구진은 실험의 참가자들에게 어떤 글에 점수를 매겨달라고 부탁했다. 이때 일부 참가자에게는 이 글이 부정적 고정관념이 씌워진 집단(예를 들어, 중동의 이스라엘인)의 학생이 쓴 것이라고 말하고, 나머지 참가자에게는 긍정적 고정관념이 씌워진 집단(예를 들면, 유럽 태생의 이스라엘인)의 학생이 쓴 것이라고 말했다. 그 결과 뚜렷하게 구별되는 차이가 나타났다. 불안정한 애착 유형을 가진 사람들은 긍정적 고정관념 집단의 글에 더 높은 점수를 준 반면, 안정적 애착 유형을 가진 참가자들은 두 집단의 글에 같은 점수를 매겼다.

이런 연구 결과는 불안정한 애착이 고정관념과 편견을 확산한다는 사실을 분명히 보여준다. 불안정한 애착을 가진 사람들은 대인 관계에서 문제를 겪을 가능성이 클 뿐만 아니라, 잘 모르는 사람들을 고정관념에 따라 판단하다가 자칫 소외와 갈등을 일으킬 수도 있다. 인종차별, 반反유태주의, 성차별, 노인차별, 동성애 혐오 등은 모두 부정적 고정관념에 따른 현상들이다. 불확실성에 대한 거북함에 떠밀려 부정적인 고정관념들을 수용하면 자칫 공동체를 분열시키는 갈등을 부추길 수도 있다. 수백만 명이 동시에 불안하고 불안정한 상태에 빠져 있던 코로나 팬데믹 기간처럼 혼란과 불확실성이 큰 시기에는 특히 인종 간의 갈등 같은 현상이 증가한다. 고정관념이 씌워진 집단의 일원에게 불행의 책임을 지움으로써 상황을 종결하는 '극단적이고 터무니없기도 한 결론'을 더 많이 채택하기도 한다. 이 부분에 대해서는 7장에서 자세히 살펴보기로 하고, 최근 들어 전례 없이 확산되는 음모론도 함께 알아보도록 하자.

이처럼 사회적 애착, 즉 우리가 가족이나 친구, 이웃들과 맺는 관계망은 불확실한 상황에 대응하는 태도를 좌우할 수도 있다. 또한 이런 태도가 사회적 관계와 정치적 입장은 물론, 사회 구조에까지 영향을 미칠 수 있다. 19세기의 영국 철학자 존 스튜어트 밀John Stuart Mill은 모든 사회 현상은 인간의 본성에서 기인한다고 믿었다.[4] 사회적 애착의 광범위한 영향을 살펴보면 그의 주장은 매우 타당성 있는 통찰로 여겨진다.

난관에 대처하는 자세

삶에서 '성공'은 저돌성에 따라 좌우되는 경우가 많다. 사업, 예술, 과학, 스포츠, 정치 등 모든 분야에서 위험을 피하기 위해 확실하게 믿을 수 있는 노선만 따라간다면 더 높은 단계로 올라설 가능성이 낮다. 성취하려는 바가 무엇이든 신중하고 조심스럽기만 해서는 특출한 성과를 거둘 수 없을 것이다. 위대함에 이르는 길은 항상 위험한 일들로 가득하다. 대체로 성공에는 담대함이 필요하다. 이때 담대함이란 미지의 상황에 맞서 미답의 영역으로 과감히 들어서는 것이다. 담대함의 비결은 긍정적인 면에 집중하거나 끝까지 꿈을 좇는 것이다. 2008년, 버락 오바마 대통령은 '담대한 희망'에 대해 언급하며, 핵심을 찌르는 유명한 말을 남겼다. '담대해지려면 희망을 가져야 한다'는 말이었다. 그런데 신기하게도 우리가 곤경에 처할 경우 희망은 어느 정도 안전망이 있다고 느끼는 데서 싹튼다.

안정적 기반을 느끼면 자립심과 탐험할 용기가 저절로 생겨난다. 이것은 마리오 미쿨린서가 자신의 연구에서 활용한 실험상의 과제뿐만 아니라 실생활 속에서도 적용되는 얘기다. 주변 사람들이 지지를 아끼지 않을수록 지지를 받은 대상은 더 자립적이고 담대해진다. 카네기멜런대의 두 연구자, 브룩 피니Brooke Feeney와 메러디스 반 블릿Meredith Van Vleet은 이런 사실을 실험을 통해 입증했다.[5] 두 사람이 밝혀낸 바에 따르면 파트너에게 특정 상황에 대한 적극적인 지지를 받은 사람들이 그렇지 못한 사람들에 비해 이후로 이뤄진 6개월간의 다양한 활동에서 높은 자립성을 보였다. 목표 또한 더 잘 성취해 냈다. 같은 연구자들이 진행한 한 실험 연구에서도 파트너가 곁에서 지속적으로 지지를 보낸 참가자들이 어려운 과제에서 더 끈기 있는 태도를 보였고, 활동을 마친 후의 스트레스와 불안감도 더 낮게 나타났다. 안전한 피난처와 안정적 기반은 유년기 초기뿐만 아니라 성인의 삶에서도 매우 중요한 요소라는 것을 알 수 있다.

미쿨린서와 셰이버의 파트너십

그리 놀라운 얘기도 아닐 테지만, 애착에 대해서나 애착과 불확실성의 관계를 다룬 연구들은 학자들 사이의 '신뢰 관계'와 '안정적인 애착'에 힘입은 면이 있다. 메리 에인스워스와 존 보울비의 경우에도 두 사람의 전설적인 협력 관계 덕분에 애착 이론을 처음으로 상세히 정립할 수 있었고, 이 분야 초기의 통찰과 중대한 발견에도 큰 영감을 얻을 수 있었다. 에인스워스와 보울비 모두 서로 자극을 주고받지

불확실한 걸 못 견디는 사람들

않은 채 단독으로 연구했다면 그만큼 중요한 발견을 해내지 못했을 것이다. 마찬가지로 마리오 미쿨린서가 착수한 연구 역시 또 한 명의 탁월한 심리학자이자, 현재 캘리포니아대 데이비스캠퍼스의 명예 교수인 필립 셰이버Phillip Shaver와의 오랜 협력에서 엄청난 영향과 자극을 받은 것이었다.

미쿨린서와 셰이버는 서로 공통점이 많았다. 정신 분석에 대한 흥미, 일중독, 임상 심리학에 종사한 경험, 사랑과 애착이란 주제에 끌리는 성향 등에서 서로 잘 통했다. 더욱이 두 사람의 성격이 상호보완적이었던 덕분에 두 사람의 합이 각자의 합보다 훨씬 컸다.

미쿨린서는 체계와 결과에 편안함을 느끼는 냉철한 실험주의자였다. 반면 셰이버는 인문주의자이자 문학 애호가였다. 두 사람은 함께 100건 이상의 연구 논문을 발표하며 애착 관련 학술 연구가 급증세를 타는 데 기여했다. 셰이버의 문학 애호가적 특성 덕분에 이 논문들은 문학적인 완성도도 높았으며, 두 연구자는 자유로운 토론의 자리를 마련하는 것에도 큰 즐거움을 느꼈다고 한다.

문제를 해결하는 원동력

미쿨린서와 셰이버는 두 사람의 획기적인 발견으로 꼽을 만한 연구에서 두 가지 중요한 질문을 던졌다. 한 번 경험한 안정적 애착의 느낌이 평생 고착화되어 삶 전반에 영향을 미치는 것일까, 아니면 애착은 계속 변하는 것이라 누구든 특정 시기에는 다른 때보다 더 안정적으로 느낄 수 있는 것일까? 안정적 애착을 가진 사람들의 특징인 '새로운 것에 대한 호기심과 열린 마음'이 다른 사람들을 대하는 태도에까지 영향을 미칠까?[6]

미쿨린서와 셰이버는 개인적인 경험과 평상시의 관찰을 바탕으로 안정적 애착이 '특정한 상황에서 다른 상황보다 더 잘 경험할 수 있는 느낌'이라는 가설을 세웠다. 그러자 이번에는 이런 의문이 들었다. 이런 느낌은 어떤 식으로 일어나는 걸까? '안정된 심리 상태'는 그런 상태가 일어나는 것을 의식하지 못하는 채로 유발될 수도 있을까? 그렇다면 무의식적으로 유발된 안정성이 자신과 타인들에게 마음을 열도록 유도할 수 있을까?

심리학 연구에서는 곧잘 '잠재의식의 기폭제'를 통해 특정한 심리 상태를 무의식적으로 유발한다. 이를테면 실험 참가자에게 컴퓨터 화면으로 어떤 문구나 개념을 보여주되, 뇌에 새겨질 새도 없이 빠르게 스쳐가듯 보여주는 식이다. 그런데 여러 연구에서 입증되었다시피, 실험 참가자들이 자기가 무엇을 본 건지 확실히 식별하지 못하는 상황에서도 그 의미는 마치 마법이라도 부린 것처럼 뇌에 정확히 새겨진다. 게다가 참가자의 생각과 행동에 영향을 미치기까지 한다.

미쿨린서와 셰이버는 잠재의식적 기폭제를 활용하기도 했다. **사랑**이나 **지지** 같은 안정적 애착을 상징하는 단어들을 컴퓨터 화면에 빠르게 지나가게 하는 식으로 참가자들에게 안정적 애착의 느낌을 유발했다. 두 사람은 **탁자**나 **보트** 같이 애착과 관련 없는 단어들도 휙휙 지나가게 했다. 마지막으로 대조군을 두어, 이 참가자들에게는 화면에 띄우는 단어를

불확실한 걸 못 견디는 사람들

성공이나 **성취** 같이 긍정적이지만 애착과 무관한 것들로 구성했다. 이 실험을 진행한 근본적인 이유는 단어가 사람들에게 영향을 미치는 이유가 '애착과 관련 있는 것'이기 때문인지, 아니면 그저 '긍정적인 어감' 때문인지 알아보려는 것이었다. 애착이 타인에게 마음을 여는 태도에까지 특별한 영향을 미친다면, 애착과 관련된 단어들(사랑, 지지 등)이 긍정적인 단어들(성공, 성취)과는 다른 영향을 미쳐야 했다.

미쿨린서와 셰이버의 실험 참가자들은 이스라엘의 한 대학에 재학 중인 유대인 학생들이었다. 이들은 실험 요청에 따라 다른 유대인 학생(내집단의 일원)의 성격이나 팔레스타인인 학생(외집단의 일원)의 성격을 판단해야 했다. 각 학생의 태도과 관심사에 대해 당사자가 직접 제공한 개인 정보를 바탕으로 평가하는 과제를 수행했다. 이런 식으로 무의식적 유발을 일으킨 결과는 매우 흥미로웠다. 애착 관련 단어들이 기폭제가 되었던 참가자들은 유대인과 팔레스타인인 학생을 똑같이 긍정적으로 평가했다. 반면 애착 관련 단어들이 기폭제가 되지 않았던 참가자들은 유대인 학생을 팔레스타인인 학생보다 훨씬 긍정적으로 평가했다. 이후에 다양한 방식으로° 진행된 여러 연구에서도 같은 결과가 나타났다. 이 모든 결과를 종합해 보면 한 가지 중요한 메시지가 부각된다. 안정적 애착의 느낌이 내집단의 일원들에게 부정적 시선을 받거나 차별 대우를 받는 외집단에게마저 마음을 열도록 유도한다는 것이다.

° 예를 들어, 통상적으로 서로를 적대적 외집단으로 여기는 세속적 유대교도들과 정통 유대교들을 참가 대상으로 한 실험도 있었다.

그로부터 10년이 지났을 때(2011년) 미쿨린서와 셰이버는 애착을 느끼는 사람의 이름이 잠재의식의 기폭제가 되어 참가자들이 창의적인 문제 해결에서 크게 향상된 결과를 보인다는 사실을 증명했다.[7] 말하자면 선입견과 편견을 없애는 '열린 마음'이, 문제 해결력을 향상시키는 데도 영향을 준다는 뜻이다. 아마도 '관습에 얽매이지 않는 자유로운 생각'이 긍정적인 영향을 미친다는 의미일 것이다. 이 모든 현상은 '내 뒤에서 지지해 주는 누군가가 있다'는 안정감에서 비롯된 것이다.

요약 정리

러스 모건Russ Morgan, 래리 스톡Larry Stock, 제임스 카바노프 James Cavanaugh는 '누군가 우리를 사랑하기 전까지 우리는 아무도 아니에요You're Nobody Till Somebody Loves You'라는 제목의 불후의 명곡을 남겼다. 정말로 사람들은 다른 사람들에게 안정적 애착을 갖고 있으면 불확실성과 자기 확신의 문제를 좀 더 잘 다루는 것으로 보인다. 이런 애착은 인간만이 아니라, 할로우가 연구한 붉은털원숭이들처럼 다른 동물들에게도 유효하다. 애착의 영향은 유아기 초기의 몇 개월 이후로도 계속 이어져 평생에 걸쳐 지속된다.

안정적 애착감은 불확실성에 맞설 수 있게 하고, 탐험심이나 낙관주의, 신뢰를 북돋운다. 개인적 관계뿐만 아니라 다양성에 대한 인식에도 영향을 준다. 고정관념에 쉽게 넘어가는 우리의 허점을 보완하고, 우리와 다른 이들과도 더불어 살아갈 수 있는 능

불확실한 걸 못 견디는 사람들

력을 키워준다. 다양한 문화와 민족, 종교가 서로 뒤섞이는 고도로 연결된 세상에서 살아가려면 우리 자신뿐만 아니라 사회나 국가를 위해서도 이런 자질은 매우 중요하다.

인간의 본성과 관련해서 아주 중요한 사실 한 가지는 자아감과 자신감 등 '자신이 중요한 존재라는 느낌'이 타인들에게 받는 인정과 존중에서 생겨난다는 점이다. 우리에게 잘 알려진 여러 사상가들도 '자아 개념은 내가 존중하는 이들이 나를 어떻게 대하느냐에 달려 있다'는 점을 늘 강조해 왔다.

독일의 저명한 철학자 게오르크 빌헬름 프리드리히 헤겔Georg Wilhelm Friedrich Hegel은 '인정받는 것이 곧 존재하는 것'이라고 언급한 바 있으며, '나는 곧 우리요, 우리는 곧 나다'라는 말로 우리의 자아감이 타인들이 우리를 보는 관점에 얽매인다는 사실을 강조하기도 했다. 미국의 사회학자 찰스 쿨리Charles Cooley도 '거울 자아looking-glass self'라는 개념으로 비슷한 생각을 밝혔고, 미국의 철학자이자 심리학자 조지 허버트 미드George Herbert Mead는 '내면화된 타자internalized other'에 대해 언급했다. 애착 이론을 다룬 여러 연구에서 증명하듯 자신감을 키우는 데는 유아기부터 평생에 걸쳐 '중요한 타인(개인이 자신을 판단할 때 또는 사회적 규범을 받아들이거나 거부할 때 가장 큰 영향을 주는 사람-옮긴이)'과의 관계가 큰 영향력을 행사한다.

1. 그동안의 삶을 돌아볼 때 최근 몇 년 사이 당신은 어떻게 변했는가? 성인이 되면서 안정감이 늘었는가, 줄었는가? 자기 확신에 변화가 일어난 이유가 무엇이라고 생각하는가?

2. 지금 당신 주변에는 어려움이 닥칠 때마다 기댈 수 있는 사람들이 있는가?

3. 그 사람들은 당신에게 기댈 수 있을 것 같은가?

4. 우정이 무엇이라 생각하는가? 어디까지가 우정의 한계선이라고 보는가?

5

확실성의 문화와
불확실성의 문화

당신은 음악, 패션, 영화, TV 프로그램 등의 대중문화 트렌드를 따르는 편인가, 아니면 동시대의 문화에서 소외감을 느끼고 과거의 향수 속에서 더 행복하다고 느끼는가? 당신은 대중 매체, 소셜 미디어, 친구 등 여러 정보원 중 어디에서 필요한 정보를 얻는가? 이 질문에 대한 답이 당신이 선호하는 문화와 당신의 가치관, 당신의 견해를 이루는 바탕에 대해 명백히 알려준다. 또한 새로움과 불확실성을 대하는 태도를 결정짓기도 한다.

불확실성의 경험과 확실성의 경험에는 일정한 특징이 있다. 불확실성과 확실성은 당신이 속한 문화에서 중요하게 여겨질 수도, 대수롭지 않게 여겨질 수도 있다. 예를 들어 확실성 안에는 정확성, 예측 가능성, 안정성의 의미가 함축되어 있어서, 이 세 가지를 가치 있고 중요하게 여기는 문화에서는 확실성도 가치 있게 여긴다. 반면에 불확실성은 자유, 기회, 열린 마음, 흥미로움의 의미를 함축하고 있어서 이것을 중요하게 생각하는 문화에서는 대체로 불확실성도 가치 있게 본다.

한 문화의 구성원은 자신이 속한 문화의 가치에 따라 행동하고, 이런 문화의 가치는 확실성과 불확실성을 대하는 태도에도 영향을 미친다. 흥미롭게도 문화의 영향은 대체로 무의식적이다. 당신은 자신이 질서나 전통, 관습을 좋아하는 이유가 단지 이 세 가지가 본질적으로 가치 있는 것들이고 당신처럼 생각하지 않는 사람들이 잘못된 것이라고 여길 수 있다. 반대로 당신은 자신이 자유, 자발성, 로큰롤을 좋아하는 이유가 자신의 독자적 성격 때문이라고 생각할 수도 있다. 두 경우 모두 문화가 개인의 가치관과 취향, 성향에 미치는 엄청난 영향력을 과소평가한 것일 가능성이 높다. 우리는 민주주의, 자유, 평등 같은 익숙한 가치들이 권위에의 복종, 집단을 위한 희생, 종교적 헌신 같은 가치보다 우월하다고 생각할 수 있다. 하지만 다른 문화의 구성원들은 우리와 다른 관점을 가질 수 있으며, 정반대의 가치관을 최고로 여길 수도 있다. 우리의 가치관은 자신이 속한 문화와 연관성을 가지며, 확실성과 불확실성에 대한 반응에서도 이런 식의 '상대주의'가 작용한다.

문화마다 다른 불확실성 회피 지수

1968년과 1972년에 네덜란드의 문화 심리학자 헤이르트 호프스테더 Geert Hofstede는 불확실성에 대한 사람들의 반응과 관련해 '획기적인 초국가적 연구 프로젝트'에 착수했다. 호프스테더는 72개국에 근무하는 IBM 자회사 직원들에게 똑같은 설문지를 나눠주었다. 질문이 총 116,000개에 달했고, 이 질문들을 응답자들이 사용하는 언어에 맞춰 일일이 번역했다. 엄청난 시간과 노력이 필요했던 이 프로젝트는 '불확실성 회피 성향'을 비롯해 문화에 따라 차이를 보이는 다양한 영역에 초점을 맞춘 것이었다.

호프스테더는 이 설문지에 '불확실성 회피 지수UAI, Uncertainty Avoidance Index'를 측정하기 위한 3개의 항목도 포함시켰다. 세 질문 모두 동의하거나 동의하지 않는 정도를 묻는 방식으로 '규칙에 대한 직원들의 태도, 고용 안정감, 스트레스 수준'을 알아보는 것이었다. 구체적으로는 '직원은 회사에 이득이 되는 일이라는 생각이 들더라도 사규를 어겨서는 안 된다', '이 회사에서 언제까지 일할 수 있을 것 같은가?', '직장에서 초조함이나 긴장감을 얼마나 자주 느끼는가?'라는 질문에 어떤 답을 하느냐에 따라 측정했다. 세 질문에 대한 참가자들의 응답은 서로 연관성이 높았다. 첫 번째 질문에 '매우 그렇다'라고 응답했을 경우, 두 번째와 세 번째 질문에도 '매우 그렇다'라고 응답하는 경향을 보였다. 연구진은 세 질문을 종합해 UAI를 측정했다.

호프스테더는 여기에서 출신 국가별로 큰 차이가 나타난다는 사실을 발견했다. 불확실성 회피의 경우 핀란드, 독일, 그리스, 과테말라, 일본, 멕시코, 포르투갈, 한국이 가장 높은 경향을 보였고 자메이카, 덴마크, 스웨덴, 아일랜드가 가장 낮았다. 미국과 캐나다는 중간에 속했다.

호프스테더의 연구에서 밝혀진 바에 따르면, 서로 다른 문화에서 사회성을 배운 사람들은 확실성과 종결에 대해서도 다른 태도를 갖게 된다. 어떤 문화의 일원들은 명확성과 정확성을 높이 평가하도록 배웠기 때문에 질서 정연함과 결단성을 높이 사고, 질서 정연함과 결단성에 대해 유능함과 위상의 인상을 갖게 된다. 따라서 모호함을 거북해하며 되도록 회피하려고 한다. 불확실성을 회피하는 문화에서는 불확실하고 불명확한 생각이 경멸과 빈축을 산다. 우유부단하고, 결단성 없고, 자신감 없는 사람으로 비치는 것은 부끄럽고 경멸스러운 일이다. 물론 '우유부단하다'는 말이 노골적으로 사람을 깎아내리는 말이긴 하지만, 아시아와 아프리카의 일부 문화에서는 너무 명확하고 단호한 태도를 오히려 무례한 것으로 여기기도 한다. 예술, 영화, 패션에 대한 선호를 밝힐 때 너무 단호하면 반대 의견을 가진 사람에게 무례한 행동이기 때문에 분위기가 어색해질 수도 있다는 것이다. 어쨌든 단호함과 우유부단함에는 나름의 장점도 있어서 각기 다른 상황에서 효과적인 사회적 전략으로 통할 때도 있다.

문화의 차이가 발생하는 원인

왜 어떤 문화에서는 불확실성을 회피하는 데 반해 다른 문화에서는 이것을 소중히 여기는 것일까? 무엇이 이런 차이를 만드는 것일까? 밝혀진 바에 따르면 문화 차이의 원인들 가운데 일부는 문화가 진화하는 외적 요건에서 기인한다. 그런가 하면 문화 자체의 내부 현상에서 유발되어 오랫동안 세대를 아우르며 일원들의 사고방식을 결정짓기도 한다.

1859년에 발표한 찰스 다윈Charles Darwin의 진화론을 모르는 사람은 거의 없을 것이다. 다윈의 진화론에 따르면 인간을 비롯한 다양한 종들은 자연 도태의 과정을 거치며 진화했다. 환경 조건에 잘 대처하도록 유전적 자질을 갖춘 개체들이 살아남아 자손을 낳으면서 각각 고유의 특색을 갖는 다양한 종들이 생겨났다는 얘기다. 진화론보다는 덜 알려져 있지만 학문적 위상이 높이 정립된 다른 이론도 있는데, 이것은 바로 '문화 진화론'이다. 이 이론에 따르면 생명체(동물과 인간)와 마찬가지로 문화도 직면하는 조건에 대응하며 진화한다고 한다. 본질적으로 말해, 문화도 생명체처럼 자신의 생존과 번영에 도움이 되는 규범과 가치를 채택한다는 것이다.

외부 환경이 문화의 특성을 결정하는 방식과 관련해서는 미셸 겔펀드 Michele Gelfand의 연구가 특히 흥미롭다. 나와는 먼 친척뻘의 사촌이자 예전에 메릴랜드대에서 동료 사이였고, 현재는 스탠퍼드대 교수인 그녀가 국제적 협력자들과 팀을 이뤄 수행한 연구였다. 그녀의 팀이 33개국에서 취합한 자료를 활용해 조사한 결과, 문화가 직면한 외부적 난관들이 이 문화에서 발전시킨 규범의 '엄격함'에도 일조하는 것으로 나타났다. 역사적 난관을 경험할수록 규범이 더 엄격해진 것이다. 영토 분쟁, 자원 부족, 질병의 유행, 환경 위협 등은 모두 엄격한 규범을 유도하는 외부적 난관에 해당한다.

싱가포르나 독일 같이 과거에 이런 위협을 자주 겪어야만 했던 문화에서는 질서의 가치를 강조하고, 규범에서 벗어나는 행동을 엄격히 처벌한다. 싱가포르에서는 길에 침을 뱉으면 최대 1,000달러의 벌금형을 받고, 불법 마약을 밀수하는 경우에는 사형에 처해진다. 독일 남부에서는 아파트 입주민들이 '바닥 쓰는 주간sweeping week'을 지키며 아파트 주변을 청소하는 일을 도맡는다. 반면 심각한 위협에 말려든 역사가 없는 문화에서는 훨씬 더 느슨한 규범을 선택하는 경향을 띤다. 이런 '느슨한' 나라의 시민들은 쓰레기 투척이나 소음 공해 같은 일들에 대해서도 대체로 안일한 반응을 보이고, 실제로 잘못을 저질러도 약한 처벌을 받는다.

특정 문화의 엄격성과 불확실성에 대한 태도는 서로 직접적인 연관성을 보인다. 여러 위협과 재난 가능성 때문에 불확실성에 직면한 문화에서는 대체로 불확실성에 대해 부정적인 태도를 취한다. 겔펀드와 동료 연구진은 엄격한 문화의 일원들이 대체로 인지적 종결 욕구가 높다는 사실을 발견했다. 눈앞에 다가온 역경에 대처해야 할 필요성 때문에 우유부단하게 행동할 여유가 없을 것이며, 위협 상황에 대처하기 위한 사회적 합의를 끌어내기 위해 엄격한 규범을 장려하는 것일 수도 있다.

때로는 확실성과 관련한 가치 차이가 국가 간의 소통에서도 매우 흥미로운 결과를 유발하기도 한다. 베트남전 종결을 약속하는 파리평화협정(1973년 조인)을 협의할 때, 미국 대표단은 집 한 채를 일주일간 임대했던 반면, 베트남 대표단은 1년간 임대했다. 이 사례는 미국의 조급한 종결 욕구를 천 마디의 말보다 확실히 드러낸다. 반면 확실성 추구 성향이 상대적으로 낮았던 베트남은 성급하게 굴지 않았다. 아프가니스탄의 탈레반 세력도 이렇게 말했다지 않은가.

"미국인들에겐 시계가 있지만 우리에겐 시간이 있다."

텔레반 세력의 인내와 관용은 실제로도 큰 성과를 거둔 듯하다. 아프가니스탄을 침공해 이들 세력을 달아나게 만든 뒤로 21년이 다 되어가던 2021년 여름, 마침내 미군이 철군을 결정하면서 탈레반 세력들이 거

불확실한 걸 못 견디는 사람들

의 20년간 잃었던 정권을 다시 장악했으니 말이다.

문화가 진화하는 과정

문화의 진화는 내부 현상이 원인이 되어 일어나기도 한다. 그 인상적인 사례는 확실성과 정확성을 중시하는 서구 문화에서 찾을 수 있다. 서양인 대다수에게는 확실성의 가치가 지극히 뻔한 얘기처럼 여겨질 것이다. 생각하고 말 것도 없는 문제이기 때문이다. 확실성은 좋은 것이고, 더이상 말할 필요도 없다. 여기에서 흥미로운 점은 그들이 처음부터 이런 생각을 가진 것은 아니라는 사실이다. 사회학자들이 전한 바에 따르면, 17세기 전까지만 해도 사람들 간의 소통에서 딱 부러지게 명확히 말하는 것보다 정교하고 신중하며, 비유와 상징이 넘치고, 감상적이지만 통찰력 있게 말하는 것을 바람직하게 여겼다.[1] 명확하기보다는 마음에 와닿고 감정을 환기시키는 언어 표현을 높이 평가했다. 또한 시적인 미사여구, 아이러니와 풍자를 활용하는 것에 탄복했다. 한마디로 말해, '모호함을 높이 샀다'는 얘기다. 그렇다면 어떤 이유 때문에 이런 경향이 확 바뀐 걸까?

학자들은 이런 경향이 17세기 이후 '수학적으로 명료하게 설명하는 물리학의 성공'에서 비롯되었다는 의견을 내놓았다. 뉴턴, 데카르트, 로크, 홉스, 흄 같은 영향력 있는 대륙의 과학자나 철학자, 교육자들은 간결성과 정확성을 격찬했다. 그들은 진리를 깨우치고, 옳고 그름을 명확히 구별하는 일에는 간결성과 정확성이 가장 중요하다고 여겼다. 모호한 달변에 대한 맹비난은 '시를 감상주의에 젖어 실제적 의미와 가치가 없는 한심한 오락거리로 비웃는 지경'까지 치달았다. 드라이든, 애디슨, 포프 같은 당시의 시인들은 확실성을 지지하는 물결에 휩쓸렸다. 이 시대의 정신을 포용하여 시의 원칙과 형식은 수학의 원칙을 닮아야 한다고 주장했으며 훌륭한 시인이 되기 위해서는 수학적 머리가 필요하다고 믿었다.[2] '머리'로 쓴 시가 이상적인 시로 환호받았으며, 가슴과 마음으로 쓴 시에 대한 평판은 바닥으로 떨어지고 말았다.

하지만 세상에 영원한 것은 없다. 1789년 프랑스 혁명의 격변은 산업 혁명의 폐해(열악한 근로 환경 및 생활 환경, 낮은 임금, 아동들의 노동, 공해 문제)가 그랬듯이 구세계 질서의 이상에 불만을 갖게 될 것을 예고하는 신호탄이었다. 이때부터는 사람들의 고유한 생각이나 사람들이 느끼는 고통과 감정을 중요하게 여기며, 19세기 낭만주의의 도래를 알렸다. 그 결과 예술, 문학, 정치가 크게 발전했다.

언제 마음을 열고, 닫을 것인가

현대 서구 사회에서는 생각과 표현의 확실성을 높이 평가하지만, 그렇다고 해서 이 시대가 어떤 대가를 치러서라도 확실성만을 장려하려는 것은 아니다. 가령 현대 과학에서는 확실성과 불확실성 모두 가치가 있고, 저마다 명확한 자리를 차지하고 있다고 본다. 확실성이 우리의 이론과 주장을 증명하는 측면과 관련이 있다면, 불확실성은 이전에는 생각하지 못했던 새로운 가능성을 상상하고, 일반적으로 인정하는 가치들에 의문을 제기하거나 놀랄 만한 가설을 생각하는 것과 관련이 있다.

불확실한 걸 못 견디는 사람들

사회적 이념 역시 개방성에 영향을 주고, 그 결과 불확실성을 다루는 태도에까지 영향력이 이어진다. 오늘날 자유 민주주의에서는 대부분이 열린 마음과 관용에 박수를 보내고, 완고함과 닫힌 마음을 부정적으로 여긴다. 또한 기존의 성향과 다른 정치 성향은 사뭇 다른 태도를 불러일으킨다. 이 점을 잘 보여주는 예로, 서로 다른 시기의 독일 작가들이 상반된 정신 건강 문제를 지적한 사례를 살펴보자. 나치 정권 시대의 독일 심리학자 에리히 엔쉬Erich Jaensch는 1938년 출간한 『대조적인 형型: 독일 문화 철학의 심리인류학적 토대Der Gegentypus: Psychologisch-anthropologische Grundlagen deutscher Kulturphilosophie』에서 일관성, 안정성, 자신감 같은 특성을 정신이 건강하다는 징표로 묘사한다. 엔쉬에 따르면 심리적으로 건강한 사람은 상황을 확실하게 인식하고, 그 결과 생각과 가치관이 일관성을 갖는다. 반면 심리적으로 나약한 사람은 안정적으로 사고하지 못하며, 관점과 태도가 금방금방 바뀌기 쉽다. 따라서 일관성이 없으므로 이런 사람들의 생각은 진지하게 받아들이면 안 된다는 것이 엔쉬의 주장이다.

엔쉬가 정신이 건강한 사람들의 특징으로 여기는 단호함과 자신감은 마음이 닫혀 있어 종결 욕구가 높고 불확실성을 싫어하는 사람을 연상시키고, 그와 대조적인 경우는 마음이 열려 있어 적응력이 좋고 불확실성을 위협적이지 않게 느끼고, 심지어 불확실성을 즐기기도 하는 사람을 연상시킨다. 흥미롭게도 제2차 세계대전이 종식되고 전체주의 나치 정권이 몰락한 이후로 형세가 완전히 바뀌었다. 그 이후에는 대체로 사회과학자들이 정반대의 입장을 취했다. 완고함과 닫힌 마음을 바람직하지 않고 병적인 특징으로 간주하는 반면, 열린 마음과 정신적 유연성을 긍정적인 특징으로 격찬했다. 이런 현상은 어느 정도는 나치 정권의 극단론에 대한 반감과 공포에서 비롯한 것으로, 극단론의 근간이었던 완고한 사고방식에 대해 사람들이 거부감을 가졌음을 반영한다.

1950년, 독일의 저명한 철학자이자 심리학자 테오도어 아도르노Theodor Adorno가 동료들과 함께 이와 관련한 메시지를 담은 획기적인 책을 출간했다. 『권위주의적 성격The Authoritarian Personality』이라는 제목의 이 책에서는 '흑백논리적 사고'와 '전통과 관습의 무비판적 수용'을 병적인 이분법적 성격의 전형으로 서술했다. 이런 특징을 지나치게 엄격한 양육과 억눌린 정신 발달의 결과로 보며, 결국에는 적응에 서툴고 정신적으로 건강하지 못한 사람으로 성장한다고 여겼다. 나치 정권 시대와 비교해 '극과 극의 관점'이었다.

1장과 2장에서 살펴봤듯이 열린 마음과 닫힌 마음 모두 저마다 다른 환경에서 중요한 역할을 한다. 지금껏 이런저런 이유로, 둘 다 역사적 맥락에 따라 찬양이나 멸시를 받아왔다. 우리에게 놓인 도전 과제는 이 둘의 다른 역할을 이해하고, 언제 마음을 열고 언제 마음을 닫을지 구분하는 것이다. 자기 자신을 정확히 알고 자신의 성격과 성향(즉, 자신의 문화적·개인적 반감이나 불확실성에 대한 끌림)을 파악해 의사결정 과정에서 이런 면들을 충분히 고려한다면 도전 과제에도 지혜롭게 대처하는 방향으로 한 걸음 다가서는 것이다.

닫힌 세대와 열린 세대

역사는 불확실성에 대한 사람들의 반응을 결정할 뿐만 아니라, 우리의 삶 전반에 영향을 미치고, 우리의 태도까지 변화시킨다. 제2차 세계대전은 수백만 명에 이르는 사람들의 삶에 혼란과 불확실성을 불러왔고, 그에 따른 반응으로 1940년 말과 1950년대 전후 세대는 삶에서 질서와 확실성을 갈망했다. 전쟁 때문에 남자들이 집을 떠나자, 여자들이 취업 전선에 뛰어들어 가족을 부양했다. 하지만 전쟁이 끝나자 이내 남녀의 역할은 전통적 방식으로 되돌아갔다. 남자들은 돈벌이를 하는 집안의 가장으로 복귀하여 힘과 권위를 행사했다. 반면 여자들은 다시 남자들의 조력자라는 종속적인 지위로 돌아가 아이들을 키우고 부엌일을 맡았다. 이 시기의 사회는 획일성을 수용했다. 나이와 성별을 막론하고 구성원 대다수가 규범을 따르고 전통과 관습을 지키는 것에 만족했다. 이 무렵 가정에 널리 보급된 TV는 모두가 따라야 할 통상적인 사회 패턴을 보여주며 획일성의 강조에 한몫을 담당했다.

그로부터 15년 후에는 상황이 극적으로 뒤집혔다. 전후 시기는 미국, 소련, 서유럽, 동아시아를 비롯해 대부분의 국가에서 경제 성장이 지속되던 때였다. 그에 따라 전시의 혹독한 긴축 이후 경제적 번영의 시대가 돌아왔다. 1960년대 초 미국의 젊은 세대는 역사상 가장 풍족한 삶을 누렸다. 경제적 풍족함 뒤에는 자신감이 따랐고, 관습에 저항해 기존의 질서에 반항하며 '대안적 라이프 스타일'을 실험하려는 대담함도 고개를 들었다. 뉴욕 북부에서 열린 우드스톡 페스티벌(평화와 반전을 외치는 젊은 히피

족들이 중심이 되어 기성세대에 대한 반항 정신을 음악으로 표출한 문화운동-옮긴이)은 평화와 자유를 위해 50만 명이 넘는 인파가 몰려든 3일간의 음악 축제였다. 그 후 10년간의 반문화 운동을 상징했던 이 페스티벌은 1950년대의 엄격한 관습에 저항해 자유연애, 마약, 로큰롤을 예찬했다. 이 시절에는 '새로움'이 최고였고, 불확실성은 모험을 향한 관문으로 널리 포용되었다.

1960년대에 들어 움튼 '다양성의 문화'에서는 환각성 약물 흡입과 베트남전에 초점을 맞춘 반전 운동 확산이란 특징이 두드러졌고, 심지어 신좌파에 영향을 받은 테러까지 일어났다. 이 시기에는 엄격한 질서와 관습을 꺼리고, '느슨한 삶'과 '제약에서의 해방'을 중요하게 여겼다. 영국에서는 새로운 음악이 꽃을 피워 런던이 가장 멋진 혁신의 중심지로 명성을 얻었다. 카나비 스트리트Carnaby Street는 모드mod(소울soul 음악을 좋아하고 독특한 옷을 입고 스쿠터를 타던 1960년대 영국의 청년들-옮긴이), 스킨헤드, 펑크, 신낭만파의 본거지로 통했다.

최근 큰 이슈로 떠오른 '밀레니얼 세대'와도 비슷한, 1960년대 이후 출생자들은 '베이비 부머' 세대인 부모의 반문화 가치를 어느 정도 물려받았다. 하지만 그들의 다음 세대들은 세상에 변혁을 몰고 온 기술의 진보에 큰 영향을 받았다. 종종 '디지털 원주민'으로 불리는 이 세대는 인터넷과 소셜 미디어를 장난감처럼 가지고 놀며 자란 세대다. 전 세계 어디로든 여행을 떠나 여러 문화를 체험하고, 경제의 세계화도 생생히 목격했다. '다양성 존중'을 중시하는 세대답게 이전까지 절대적으로 여겼던 행동 방식에 대한 대안적 방식을 하나둘씩 싹틔웠다. 부모 세대보다 '실험 정신'은 덜하지만, 자신감 있고 마음이 열려 있어 새로움과 불확실성에 위축되지 않는 세대라고 할 수 있다.³

　미국에서는 최근 수십 년간 서로 대립해 온 문화관 사이에서 충돌이 빚어졌으며, 낙태와 동성애, 인종이나 민족을 떠나 모든 사람이 평등할 수 있는 기회 같은 쟁점을 둘러싸고 이른바 '문화 전쟁'이 벌어지고 있다. 미국 사회에서 특히 심화되는 경제적 불평등, 이민자 수용 문제, 코로나 팬데믹을 비롯한 여러 스트레스 상황에 직면해 각 진영마다 자신들의 도덕적 정의에 대한 확신을 점점 굳혀감에 따라, 대립적 문화관은 갈수록 양극화로 치닫고 있다. 급진좌파 성향의 사람들과 충돌을 빚어 온 푸라우드 보이스Proud Boys나 오스 키퍼스Oath Keepers 같은 극우 성향 단체는 일명 '백인 대체론(출산율이 높은 이주민들이 몰려와 백인 문명을 붕괴시킬 것이라는 음모론-옮긴이)'을 내세워 사악한 세력들이 미국을 강탈하려 한다며 이들에게 폭력적 대응으로 맞설 것을 호소했다. 그 결과로 국민들은 크게 분열되어 전례 없는 갈등과 증오가 퍼지고 있을 뿐만 아니라, 정치적 교착 상태가 심화되어 국가의 통치 시스템을 무력화할 정도다.

다문화 경험과 불확실성에 대한 관용

　「뉴욕 타임스The New York Times」의 저널리스트 토머스 프리드먼Thomas Friedman의 말처럼, 21세기는 자신과 다른 외모나 사고방식을 가진 사람들과의 접촉을 피할 수 없는 시대다. '다문화 접촉 경험'이 그 자체로 불확실성과 예측 불가능성을 일으킬 가능성이 크다면, 이 경험은 낯선 상황에 대한 우리의 반응에 어떤 영향을 미칠까?

사회학자이자 심리학자 마이클 태드모Michael Tadmor와 동료 연구진은 이 질문의 답을 찾기 위해 여섯 차례 연구를 실시했다. 이 연구 결과에서 다문화 경험이 다른 집단에 대한 고정관념 형성은 물론, 이 집단의 일원들에게 편견을 갖는 경향에도 영향을 미친다는 사실을 증명했다.[4] 첫 번째 연구에서는 실험 참가자들을 4개의 그룹으로 분류해 대조군에게는 기하학 도형이 나오는 영화를 보게 하고, 다른 세 그룹은 미국 문화나 중국 문화 또는 미국과 중국의 문화를 함께 보여주는 영화를 시청하게 했다. 그런 후에 참가자들에게 영화를 보며 느낀 점을 5분간 설명해 달라고 요청했다.

놀랄 일도 아니겠지만, 미국과 중국의 문화를 소개하는 영화를 시청한 참가자들이 다른 참가자들에 비해 이 두 문화에 대해 더 많은 의견을 내놓았다. 아주 흥미로운 발견도 있었다. 영화를 시청했던 참가자들은 영화에 등장하지 않았던 아프리카계 미국인들에 대한 인종차별적 고정관념을 나타내는 말(예를 들어, 무식하고 폭력적이고 무책임하고 게으르고 시끄럽고 자제력이 없다)에 대해 찬성하는 경우가 드물었다. 어떤 민족에 대한 정형화를 없앤 영화를 시청하는 경험이 정형화의 경향을 변화시키면서 특정 인종에 대한 차별적 묘사 역시 지지하지 않은 것으로 보인다.

그 다음 연구에서는 참가자들에게 인사 담당자의 역할을 맡아 영업사원 지원자 6명을 평가해 달라고 했다. 지원자 중 3명(자격 조건이 낮은 지원자 2명과 높은 지원자 1명)은 대개 백인들이 선호하는 이름의 지원자였고, 다른 3명(역시 자격 조건이 낮은 지원자 2명과 높은 지원자 1명)은 흔히 흑인을 연상시키는 이름을 가진 지원자였다. 이 연구의 결과에서도 다문화 접촉 경험의 장점이 또다시 입증되었다. 중국 문화만 나오거나 미국 문화만 나오는 영화를 본 사람들은 자격 조건 높은 흑인 지원자를 자격 조건 높은 백인 지원자에 비해 낮게 평가한 반면, 미국과 중국의 문화를 함께 다룬 영화를 시청했던 사람들은 지원자들을 인종에 따라 차별하지 않았다.

이런 연구 결과는 사회적으로 중요한 의미를 가지지만, 미국과 중국 두 문화가 함께 나오는 영화의 어떤 특성이 참가자들의 행동을 변화시키는 데 영향을 미쳤는지까지는 밝혀내지 못했다. 다만, 이것이 참가자들의 인지적 종결 욕구와 불확실성 회피 욕구를 낮추는 것과 어떤 관계가 있을지 모른다는 가설이 제시되었고, 태드모와 연구진은 세 번째 연구에서 이 가설을 증명했다.

이번 연구에서는 이스라엘에 거주하는 유대인들을 참가자로 선택해서 이스라엘인으로서의 경험이나 외국 문화 속의 경험을 써달라고 요청했다. 대조군에게는 해변에서의 경험을 주제로 글을 써달라고 요청했다. 그 결과 외국 문화의 경험에 대한 작문을 부탁받은 참가자들이 '인지적 종결 욕구 척도'에서 다른 참가자들보다 낮은 점수를 받았다. 하지만 그들의 종결 욕구가 낮은 것이 처음의 두 연구에서 두 문화가 함께 나오는 영화를 본 참가자들에게 나타났던 현상과 **연관이 있을까?** 이 질문에 답하기 위해 네 번째 연구가 이어졌다.

이번에도 참가자들은 이스라엘인이었고 이들이 자신의 문화 외에 다른 문화와 접촉했던 경험들을 량Leung과 치우Chiu가 개발한 '다국적 경험 설문MES, Multicultural Experience Survey'[5]으로 평가했다. 즉, 다른 나라에서 살았던 시간, 다른 문화를 접해 본 횟수, 구사하는 언어의 수, 부모의 출생지, 참가자가 특히 좋아하는 음식과 가수 등을 알아봤다. 그 결과 다문화 경험이 많은 사람이 종결 욕구가 낮을 뿐만 아니라, 에티오피아인과 동성애에 대한 이스라엘인들의 보편적 고정관념을 덜 지지하는 것으로 나타났다. 게다가 폭넓은 다문화 경험을 가진 참가자들이 고정관념을 지지하지 않는 원인이 '낮은 인지적 종결 욕구 때문인 것'으로 밝혀지기도 했다.

아이러니한 일이지만, 사람에 따라 다문화 경험은 두려움을 일으켜 마음을 닫게 하기도 하고, 반대로 다양성을 **실제로 경험**하면서 종결 욕구가 낮아지고 그 결과로 다른 집단의 일원을 향한 의심과 부정적인 태도가 줄어들 수도 있다. 다만 태드모의 연구팀이 밝혀낸 결과들이 아무리 흥미롭고 그 안에 중요한 의미가 잠재되어 있다고 해도 경계할 부분도 분명히 있다. 실험 참가자들이 본 영화(두 문화를 함께 보여주는 상영분)는 두 문화의 긍정적인 요소들만 모은 것이다. 따라서 참가자들이 다른 문화와 관련해서 품고 있었을지도 모를 불확실성이 긍정적인 감정으로 대체됨으로써 불확실성에 대한 반감이 줄어들었을 가능성도 있다.

다문화 경험이 무조건 긍정적이기만 한 것은 아닐 테고, 긍정적이지 않은 경험은 긍정적인 경험과 같은 영향을 미치지 않을 가능성도 있다. 다문화 접촉 경험의 여러 영향에 관해서는 앞으로 다시 다룰 예정이니 14장에서 더 자세히 살펴보도록 하자.

지금까지 살펴봤듯이 불확실성에 대한 우리의 반응은 유전적인 영향과 가족의 역학 관계뿐만 아니라 우리가 속한 문화에 따라서도 달라진다. 문화는 역사적 사건들과 함께 진화하며, 이에 따라 새로움과 불확실성을 대하는 개인의 태도 역시 달라진다. 대체로 물리적인 위험이 닥친 시기에는 경기 침체 등 정신적인 압박을 가하는 여러 요인들 때문에 확실성과 안정성에 대한 갈망이 고개를 든다.

사람들은 상황이 결국에는 괜찮아질 것이며, '역경에 맞서 이겨낼 수 있다'는 믿음을 얻고 싶어 한다. 이런 환경에서는 보통 닫힌 마음, 규범의 엄격화, 높은 인지적 종결 욕구를 추구한다. 반면 경제적 풍요로움과 안전이 보장된 사회에서는 느슨하고 실험적인 문화가 발전한다.

개인의 생각과 태도는 자신이 속한 문화에 오랫동안 뿌리를 내린 태도와 견해를 따르기 마련이다. 이런 태도와 견해에는 불확실성을 두려워하거나 포용하는 경향도 포함된다. 불확실성에 대한 우리의 반응이 문화적 상대성을 띤다는 사실은 이런 반응이 미리 결정된 것도, 고정불변인 것도 아니라는 의미다.

우리는 미지의 상황을 두려워하거나 불확실한 상황에서 벗어나고 싶어 하도록 운명지어진 존재가 아니다. 오히려 미지의 상황에 대한 우리의 반응은 주변으로부터 다양한 영향을 받는 동안 끊임없이 변화한다. 더욱이 다른 문화를 접하는 경험은 불확실성에 대한 고정관념을 없애기도 하고, 타인에 대한 정형화에서 벗어날 수 있게 하며, 다양성에 대해 개방적인 태도를 가질 수 있게 한다.

당신의 경험에 비추어 보기

1. 당신과 같은 세대에 속하는 사람들은 불확실성에 대해 대체로 어떻게 느끼는가? 정확성, 질서, 시간 엄수를 얼마나 중요하게 생각하는가? 그런 경향이 얼마나 관습적인가?

2. 당신은 개방성, 비격식성, 모험을 중요하게 생각하는가?

3. 부모님 세대는 이런 가치들에 대해 어떻게 느끼는가?

4. 다른 세대와 대면할 때는 어떻게 대하는가? 당신 세대와 비교할 때, 불확실성과 무질서를 대하는 반응에서 차이가 난다고 느끼는가? 그런 차이에 대해 어떻게 생각하는가?

6

상황이라는
변수

우리는 누구나 자신을 특별하고 독립적인 존재라고 생각하며, 여러 면에서 실제로도 그렇다. 우리는 저마다 다른 삶, 다른 가족, 다른 취미와 기질, 재능을 갖고 있다. 하지만 서로 비슷한 면들도 있고, 우리의 비슷한 면들은 극단적인 상황일수록 두드러진다. 우리는 누구나 위협을 받으면 두려움을 느끼고, 실패하면 속이 상하고, 성공하면 뿌듯해한다. 사랑에 빠지면 마음이 들뜨고, 거절당하면 실망하고, 칭찬받으면 의욕이 샘솟는다.

이쯤에서 지난 세기를 통틀어 가장 중요한 심리학적 발견의 하나로 꼽히는, '상황의 힘(특정 시간과 장소에서 우리에게 일어나는 사건들)'을 살펴보자. 전통적으로 심리학과 정신의학에서는 개인의 성격과 독특한 특성에 초점을 맞춰왔다. 물론 성격은 중요하다. 우리는 수많은 부분에서 서로 다르고, 이런저런 상황에 모두 다르게 반응한다. 하지만 어떤 일에서는 모두 비슷한 반응을 보이기도 하며, 위험성이 높거나 매우 중요한 문제인 경우 특히 그렇다.

확실히 어떤 상황은 다른 상황들보다 우리에게 더 큰 힘을 발휘한다. 당신이 이직을 생각하는 시점에 그저 '수평 이동'이나 다름없는 일자리를 제안받았다고 상상해 보자. 새로운 일자리는 현재의 일자리보다 전망이 밝지도 않고, 돈벌이가 더 쏠쏠하지도 않으며, 직업적 위상이 높지도 않다. 하지만 당신은 지금의 직장에서 하루빨리 벗어나고 싶다. 이런 경우엔 선뜻 이러지도 저러지도 못하는 모호한 마음이 들 테고, 결국 최종 선택에서는 당신의 성격이 결정적 요인으로 작용할 것이다. 어떤 사람들은 그냥 남기로 결정할 것이고 또 어떤 사람들은 이 제안을 받아들일 것이다. 이것은 '약한 상황weak situation', 즉 획일적인 결과를 가져오지 않고, 성격 차이가 사람들의 선택을 견인할 여지가 있는 상황에 속한다.

이번엔 다른 상황을 떠올려 보자. 당신이 제안받은 일자리가 현재의 일자리보다 훨씬 높은 급여를 보장하고, 직업적 위상도 높고, 일의 성격도 이전보다 흥미로울 듯하다. 이런 상황에서는 대다수의 사람들이 '거절할 수 없는 제안'으로 여기고 당장 받아들일 것이다. 이것이 사람들의 개인별 차이보다 우위에 있는 '강한 상황strong situation'의 예다.

이 논리는 불확실성에 대한 반응 방식에도 적용할 수 있다. 가상의 인물 하나를 설정해서 다음과 같은 상황을 상상해 보자. 이 사람은 종결 욕구가 낮다. 유년기를 안정적인 애착 속에서 행복하게 보냈다. 또 개방성과 탐구 정신을 추구하는 문화 속에서 자랐다. 이 모든 배경만 따진다면 이 사람은 불확실성에 신중하고 현명하게 대처하는 경향을 보여야 마땅하다. 하지만 전쟁이나 팬데믹의 경우처럼 심각한 위험성이 내포된 '불확실성이 강한 상황'에 직면한다면 이 사람도 다른 사람들과 마찬가지로 불안을 느끼며 불확실성에서 빨리 벗어나기를 갈망할 가능성이 높다.

이처럼 우리의 행동은 직면하는 상황에 따라 달라진다.[1] 그래서 때에 따라 거의 다른 사람처럼 보이게 행동할 수도 있다. 어떤 상황에서는 자신감을 느끼다가도, 또 다른 상황에서는 무력하고 나약한 기분이 들어 기가 죽을 수도 있다. 어떤 상황에서는 적의 포화를 뚫고 언덕으로 돌진하는 병사처럼 씩씩하게 행동하다가도, 또 다른 상황(가령 자신의 짝으로 정한 상대에게 청혼을 하려는 순간)에서는 신중을 기하며 우물쭈물할 수도 있다.

우리는 특정한 압박을 받을 때나, 심리학계에서 말하는 '상황적 유도성situational affordance'에 따라 상황이 선사해 준 기회를 만날 때는 평소와 다르게 반응한다. 이것은 우리가 일관성이 없거나, 다중 인격을 가지고 있어서° 그런 것이 아니다. 그보다는 특정한 상황이 종종 타고난 성향을 압도하는 생각과 행동을 발동시킬 수 있기 때문이다. 우리는 독자적 성격을 가진 서로 다른 사람이지만, 강한 상황은 우리 모두를 비슷하게, 아니 거의 같아지게 만든다.

심리학은 지금까지 쭉 인간 심리가 지닌 적응성을 연구해 왔다. 이 분야의 다양한 연구 결과로 부각되었듯이 우리의 기분, 자아감, 자신감, 동

° 예를 들어 1957년 개봉한 영화 〈이브의 세 얼굴The Three Faces of Eve〉이나 로버트 루이스 스티븐슨Robert Louis Stevenson이 1886년에 출간한 고전 소설 『지킬 박사와 하이드 씨』의 이야기처럼.

기, 감정은 단 하루 사이에도 큰 폭으로 널뛰기를 할 수도 있다. 아침에만 해도 활력이 넘쳐 어떤 일에도 도전할 각오가 되어 있는 기분이었지만, 한낮에 갑자기 충격적인 소식을 들어 비탄에 빠졌다가, 저녁에는 사랑하는 가족이나 친구들과 함께 시간을 보내며 기운을 차리기도 한다. 지금부터는 심리적 상황과 불확실성이 어떻게 맞물려 있는지를 다룬 연구를 통해 인간 심리의 흥미로운 역동성을 짚어보자.

성격과 환경의 줄다리기

쿠르트 레빈Kurt Lewin의 연구는 '심리적 상황'이 사회심리학의 대표적인 특징으로 자리를 잡는 데 일등 공신 역할을 했다. 독일에서 미국으로 망명한 레빈은 철저한 실험주의자로 실력을 쌓았고, 자신의 연구 방식을 사회 문제를 과학적으로 이해하는 데 창의적으로 적용했다. '열두 사도'

불확실한 걸 못 견디는 사람들

로 불렸던 그의 제자 중에는 출중한 과학자로 인정받은 레온 페스팅 거Leon Festinger, 스탠리 샥터Stanley Schachter, 해롤드 켈리 같은 인물도 있다(자랑스러운 마음으로 밝히자면 해롤드 켈리는 나의 멘토이자 평생의 친구였다). 레빈의 '열두 사도'는 심리학계에서 대표적인 인물로 자리매김했으며, 미국의 사회심리학 연구 성과를 지금의 수준으로 끌어올리는 데 결정적인 역할을 했다. 또한 미국의 독자적인 연구 방법이 이 분야에서 보편적으로 수행하는 틀로 자리를 잡는 데도 큰 영향을 미쳤다.

레빈의 접근법은 '모든 행동이 시간과 공간의 고유한 지점에서 한순간에 일어난다'는 단순한 가정에 바탕을 둔 것이다. 그는 순간적으로 작용해 사람의 행동을 결정하는 힘이 있다고 본다. 어떤 사람의 행동을 이해하기 위해 그 사람의 과거를 깊이 파고들지 않는다는 점에서, 레빈의 접근법에는 '비非역사적'이라는 수식어가 따라붙는다. 지그문트 프로이트Sigmund Freud의 정신분석법에서는 한 사람의 유년기에 대해 묻는 과정이 반드시 필요했던 반면, 레빈은 현재의 순간에 집중하며, 이것을 '심리적 상황psychological situation'이라고 불렀다. 하지만 이 접근법이 누군가의 과거를 무시한다고 말하기는 어렵다. 이 접근법에서는 한 사람이 경험한 일들이 모여 성격의 틀을 형성하며, 결국에는 그 순간에 반응하는 방식에서 특정한 성향을 갖게 되는 것이라고 여기기 때문이다.

레빈은 모든 사람의 행동이 사람(P, person)과 환경(E, environment)이라는 두 가지 범주의 요인들에 따라 결정된다고 생각했다. 여기에서 '사람'은 유전자, 사회화 내력, 자신이 속한 문화에 따라 결정된 고유한 성격을 가리킨다. '환경'은 당신이 반응하는 당면 사건과 외부 자극을 말한다.

예를 들어, 거절에 예민한 사람이 있을 수 있다(이런 예민성은 개인의 성격, 즉 P 요인을 반영한다). 게다가 이 사람의 환경(E)에는 흠잡기를 좋아하고 부정적인 태도를 가진 사람들이 많을 수도 있다(예를 들어, 무심한 상사나 적대적이고 편견이 심한 동료 직원들). 이런 사람은 특정한 상황에 처하면 거절에 덜 예민한 사람, 다시 말해 '둔감한' 사람보다 더 고통받을 수 있다.

성격 및 환경 요인들 가운데는 다른 요인보다 더 강한 요인들이 있다. 편집성 인격을 가진 사람은 어디를 가도 자신이 거절과 핍박을 당한다고 여긴다. 이것은 한 사람의 성격이 너무 강해서 상황을 압도하는 경우다. 하지만 상황이 너무 강력해서 대다수 사람이(심지어 편집병 기질이 없는 사람까지도) 비슷하게 행동할 수밖에 없는 경우도 있다. 가령 사람들 대다수는 불에 타는 집에서 도망치거나, 급여 인상을 기분 좋게 받아들이거나, 실직에 속상해하기 마련이다. 이런 상황에서는 사람들이 성격이나 어린 시절의 경험과는 무관하게 비슷한 반응을 보인다.

레빈과 그의 제자들은 심리 연구에서 고려해야 할 요소로 '환경'을 강조하고, '성격'을 경시했다. 실험적 환경에서 상황을 조작하는 식으로 이루어지는 레빈식 접근법이 어마어마한 영향력을 행사하면서, 많은 사회 심리학자가 이런 접근법에 근거한 실험을 주된 방법론적 도구로 채택했다. 이런 식의 실험에서는 실험 참가자들이 서로 다른 조건에서 다른 대우를 받는다. 다시 말해 참가자들이 각각 다른 심리적 상황에 놓이게 된다는 뜻이다. 불확실성에 대한 연구에서도 대개 실험적인 방법을 활용한다. 실험 참가자들에게 불확실성을 유발하는 상황을 제시한 다음, 불확실성이 참가자들의 생각과 감정, 행동에 어떤 영향을 미치는지 관찰한다.

성격과 환경 사이에서 '경쟁'이 일어날 수도 있다. 평소 낙관적이고 쾌활한 사람이 팬데믹 상황에 직면한 경우를 생각해 보자. 이런 상황에서는 아무리 낙천적인 사람에게도 대개 부정적인 반응이 일어나기 마련이고, 그러면 서로 상반되는 심리적 힘이 경쟁을 벌이게 된다. 결국 개인의 최종 선택은 힘이 어느 쪽으로 기울었느냐에 따라 결정된다. 여전히 특유의 낙관성을 지킬 수 있는 사람도 있을 테고, 암울한 상황에 압도되어 낙담에 빠지는 사람도 있을 것이다. 성격과 환경의 갈등 상황에 대해서는 뒷부분에서 다룰 예정이니 차차 설명하도록 하고, 지금은 심리학자들이 '상황에 따른 불확실성'을 연구하기 위해 어떤 방법을 활용했는지 살펴보자.

불확실성 조작 실험

앞서 2장에서 살펴봤듯이, 참가자들이 정보를 처리하기 힘들게 만드는 방식으로 스트레스를 조작한 실험에서 시간의 압박을 더하자 빠른 종결 욕구가 고개를 들었다. 또한 듣기 싫은 소음이 산만함과 정신적 피로를 유발해서 참가자들의 정보 처리 능력을 떨어뜨렸다. 과제 수행을 어렵게 만들자, 참가자들은 손쉽게 활용할 수 있는 '첫인상이나 고정관념 같은 정보'를 붙잡고 매달리는 식으로 불확실한 상태를 종결하려고 했다. 참가자들은 정보 처리 수행을 방해하는 난관에서 빠져나오기 위해 확실한 느낌을 얻고자 했다.

어려운 상황(심리학자들 사이에서는 '인지 부하cognitive load'의 증가로 통하는 조건)에서의 정보 처리 방식을 다루는 실험적 연구에서는 일상생활에서 흔히 직면하는 상황들을 인위적으로 조성한다. 마감일을 꼭 맞춰야 하는 시간 압박, 이웃집의 시끄러운 TV 소리, 장거리 통근의 피로 등 우리들 대다수가 직면하는 일상적 스트레스를 실험상으로 유사하게 조작하는 것이다. 직장에서 아주 힘든 하루를 보내고 집에 왔는데 가족(배우자나 자녀)이 나에게 공감해 주지 않을 때, 친구가 식당에서 메뉴를 못 정하고 시간을 끌어 짜증스러울 때, 이웃집에서 귀청 떨어지는 소음이 들려와서 생각을 제대로 정리할 수 없을 때의 기분은 누구나 대부분 익히 알 것이다. 시간 압박이나 소음, 피로 등 우리의 정신 체계에 특히 과부하를 일으키는 스트레스를 다룬 심리학 실험들과 마찬가지로, 현실에서도 이런 상황에 놓일 때는 종결 욕구가 높아져 불확실성을 빨리 끝내려 들기 쉽다.

사회심리학 실험에서는 종종 불확실성을 직접적으로 조작하기도 한다. 네덜란드 위트레흐트대 교수인 키스 반 덴 보스Kees van den Bos의 선도적 연구 분야가 이런 경우에 속한다. 이 연구에서 반 덴 보스는 이른바 '개인적 불확실성'이라는 주제 아래, 우리가 자신에게 중요한 온갖 문제에 대해서나 자신의 인식과 감정, 다른 사람들과의 관계(그녀는 정말로 나를 사랑할까? 사람들이 나를 존중하는 걸까?)에 대해 느끼는 불안감을 다룬다. 그중 한 연구에서는 참가자에게 다음과 같이 요청한다. '불확실하다는 생각이 마음속에 일으키는 감정을 짧게 말해주세요', '불확실한 느낌이 들 때 신체적으로 어떤 반응이 일어날 것 같은지 정확히 설명해 주세요'[2] 등이다. 대조군의 참가자들에게는 불확실성과 관련한 어떤 요청도 하지 않는다. 그런 뒤에 모든 참가자들은 자신의 의견을 내세울 기회가 주어지는 시나리오나 발언할 기회가 없는 시나리오 중 하나를 공정하거나 부당한 직업 선택 절차를 묘사한 삽화와 함께 받았다.

반 덴 보스와 동료 연구진이 지켜본 결과, 참가자들의 반응은 실험적으로 유도된 불확실성에 눈에 띌 만큼 확연한 영향을 받았다. 불확실성을 유발했던 참가자들은 발언할 기회를 얻고 싶어 했다. 발언권을 얻은 경우에는 대조군 참가자들보다 기뻐했고, 발언권을 얻지 못한 경우에는 낙담했다. 공정한 직종 선택의 절차를 대조군보다 더 공정한 절차로, 부당한 직종 선택 절차를 더 공정하지 못한 절차로 평가하기도 했다. 이와 같은 결과를 보면, 불확실성에 대해 곰곰이 생각하는 것조차 사람들의 심리 상태를 변화시킨다는 것을 알 수 있다. 따라서 공정함 같은 긍정적 가치의 중요성을 부각시키면, 그런 가치들에 더욱 수긍하도록 유도할 수 있다. 그런 이유로 반 덴 보스의 실험 참가자들이 대조군에 비해 불확실한 상황 속에서도 공정한 절차를 더 공정하게, 부당한 절차를 더 공정하지 못하게 여겼던 것이다.

'불확실성의 조작'이 이런 영향을 미친 이유는 무엇이었을까? 간단하게 말해, 참가자들이 무력감과 위축감을 느꼈기 때문이다. 불확실성과 연관해서 심각한 결과를 예상한 실험 참가자들은 기분 나쁜 상태를 극복하기 위해 발언권을 갖거나 공정한 절차의 가치에 강하게 수긍하는 식으로 다시 기운을 차리려 했다. 말하자면 스스로를 확신하지 못하는 상태의 참가자들이 스스로 긍정적인 자아감을 회복하고, 자기 확신을 다시 세우기 위해 어떤 기회든 활용한 셈이다.

현실 세계에서도 공정한 경험이 불확실성에 대한 부정적 반응을 누그러뜨려 줄까? 반 덴 보스는 구조 조정을 이유로 직원 대다수가 정리 해고된 화학 공장을 통해 이런 의문을 다루었다. 조사 결과, 정리 해고가 정당했다고 생각한 직원들은 정리 해고가 부당했다고 여긴 직원들보다 앞날에 대한 두려움을 덜 드러냈다. 세상이 공정하고 투명한 규칙으로 다스려지고 있다는 생각이 심리적 안정감을 더한다는 사실이 다시 한번 밝혀진 셈이다. 공정한 세상에서는 저절로 힘이 나는 기분이 들면서 규칙대로만 하면 좋은 결과를 얻으리라는 자신감을 얻을 수 있다. 하지만 예측할 수 없는 변덕스러운 과정 때문에 벌어진 결과에 대해서는 얘기가 달라진다. 세상이 공정하다는 믿음은 사람들이 받아 마땅한 것을 얻기 마련이며, 사람들이 얻은 것은 그들이 받아 마땅했던 것이라는 생각과 상통한다. 마틴 루터 킹Martin Luther King의 명언처럼 '도덕적 우주의 호는 길지만 결국 정당함을 향해 구부러져 있다'는 믿음은 우리가 세상을 낙관할 수 있게 돕는다. 운명이 어느 정도 통제 하에 있다면, 어떤 불확실성에 놓이든 그 불확실성이 결국 바람직한 상태로 차츰 바뀌기 마련이기 때문이다.

앞서도 살펴봤듯이 불확실성 때문에 위기를 느끼면 사람들은 안정감을 얻기 위해 다른 사람들의 지지 혹은 자신을 무조건적으로 받아주는 사람들이 제공하는 안정된 기반을 향해 방향을 돌린다. 자신을 알아주고 지지해 주는 사람들과의 친밀한 관계는 우리에게 자기 확신과 자신감을 선물한다. 하지만 이런 관계뿐만 아니라, '세상이 공정하다'는 가치관 역시 내면의 안정을 돕는다. 이런 가치관을 수긍하면 불확실성이 유발하는 불안에도 더 잘 대응할 수 있다.

우리가 스스로에게 불확실한 느낌을 가질 때 종결 욕구도 높아진다. 누군가가 내 의견에 반대하거나 내 생각을 비판할 때, 내가 가진 가치관에 의문을 제기하는 사람들을 만날 때 기분이 상하고 짜증이 나기 마련이다. 실험으로 밝혀진 바에 따르면, 신앙심이 깊은 사람들은 불확실성을 느낄 때 종교를 비판하는 사람들에 대해 특히 부정적인 태도를 보인다.[3] 마찬가지로 스스로 불확실성 회피 경향이 강하다고 말하는 사람들은 상대적으로 다양성에 덜 관대하고, 새로운 경험과 대안적 라이프 스타일에 덜 개방적이며, 이민자들을 돌려보내자는 주장을 옹호하는 경향이 높은 편이다. 또한 이웃에 다른 인종이 거주하는 것에 부정적인 반응을 보이기도 한다.[4]

부정적인 감정에서 스스로를 보호하려는 심리

흥미로운 사실이지만 자신에게 믿음을 갖지 못하는 '자기 불확신'의 느낌은 평소 자신에 대해 긍정적으로 느끼는 사람들에게 특히 상처가 된다. 일상생활에서 부정적인 생각을 자주 하지 않는 사람들에게 자기 불확신의 느낌은 큰 충격을 안겨주는 경험이다. 캐나다의 심리학자 이안 맥그리거Ian McGregor와 데니스 매리골드Denise Marigold는 이런 현상을 심도 있게 탐색했다.[5] 두 사람은 먼저 조사 참가자들의 자존감 수준을 미리 측정한 다음, 이 참가자들이 심란하게 느낄 만한 불확실성에 노출시켰다. 미해결 상태의 개인적 딜레마를 곰곰이 다시 생각하게 해서 강한 불확실성을 일으키는 식이었다(이때도 대조군을 두어, 자아감에 거의 영향을 미치지 않는 활동에 참여시키기도 했다). 그 결과 자존감이 높은 참가자들은 '내 성격의 서로 다른 면들 사이에서 갈등을 경험하는 일이 거의 없다', '내가 누구이고 어떤 사람인지에 대한 관념이 확실히 잡힌 편이다'와 같은 질문에 특히 빨리 응답했다. 그들의 응답에는 확신이 배어 있었고, 사형이나 낙태 같은 사회적 쟁점에 대해 분명한 태도를 보였다. 다시 말해 자존감이 높은 사람들에게 불확실성을 유발한 결과, 오히려 과잉 보상이나 과장된 확신이 생겨난 것으로 밝혀졌다는 얘기다.

이것은 예전부터 쭉 관찰할 수 있었던 심리작용이다. 불안감과 스트레스를 유발하는 불확실성은 인지적 종결에 대한 욕구를 일으킨다. 이런 욕구는 생각과 정보 처리에 편견을 갖게 하고, 결국에는 자신의 생각을 더 확신하게 된다. 이는 심리학에서 말하는 '방어적defensive 작용'으로, 자기 자신에 대한 괴롭고 부정적인 생각으로부터 스스로를 보호하려는 심리다.

자기 확신으로 얻을 수 있는 것

스스로에 대한 회의감이 고개를 들 때는 자신이 중요하게 여기는 가치를 충실히 지키고 있음을 상기하며 스스로를 안심시키고, 나쁜 감정을 보상할 수 있다. 다수의 흥미로운 연구를 통해 입증되었듯이, 사람들은 일단 안심할 수 있으면 과도한 위압감에 눌리지 않고 반대 의견에도 더 잘 맞설 수 있다. 이런 원리를 연구하는 실험에서는 먼저 참가자들의 자신감을 흔들어놓기 위해 참가자와 가치관이 충돌하는 사람을 대면시키거나, 참가자의 행동이 자신의 가치와 일치하지 않았던 순간을 떠올려 보게 하거나, 참가자와 같은 사람들(예를 들어 여성, 유색 인종, 무슬림, 유대인

등)을 향한 부정적인 고정관념을 상기시킨다. 이런 상황을 겪기 전이나 후에는 참가자들이 중요하게 여기는 가치에 수긍할 기회를 주는데, 그러고 나면 참가자의 자기 확신이 회복되고 더 단단해지며, 덜 방어적이고 열린 태도를 취한다.

코헨Cohen 외의 여러 연구자가 진행한 한 실험에서, 낙태를 찬성하는 사람들이 낙태 반대론을 지지하는 사람들과 토론을 벌였다.[6] 토론은 대립적인 상황으로 전개되며 토론 참가자 개개인의 자존감을 도발하는 지경까지 치달았다. 하지만 참가자들에게 그들이 중요하게 생각하는 사회적 가치를 공개적으로 지지할 기회가 미리 주어진 경우에는 방어성이 낮았고 반대 입장을 취하는 사람들에게 기꺼이 승복하기도 했다.

또 다른 연구에서는 한창 성욕이 왕성한 시기의 학생들에게 안전하지 못한 섹스의 위험성을 부각시킨 동영상을 보여줬다. 당연히 자기 확신을 도발할 만한 동영상이었다.[7] 그 결과는 흥미로웠다. 동영상 시청 전에 자기 확신의 기회가 주어졌던 참가자들은 경고성 정보를 마음에 새기며 영상을 시청했던 탓에 성행위의 위험성에 대한 인식이 오히려 높아졌다. 반면 자기 확신의 기회가 주어지지 않았던 참가자들은 달랐다. 똑같은 정보에 방어적이고 저항적인 태도를 보인 것이다. 실제로도 자기 확신 단계를 거쳤던 참가자의 50퍼센트가 동영상 시청 후 콘돔을 구매했다. 자기 확신 단계를 거치지 않은 참가자의 구매 비율(25퍼센트)과 비교할 때 두 배나 높은 결과였다.

존재론적 두려움과 대면할 때

심각한 불확실성이 우리를 덮치면 우리는 스스로 삶에 부여해 온 의미가 허물어지는 것 같은 위기감을 느낀다. 이런 의미는 우리가 스스로 만들어낸 것이 아니다. 사회적 존재인 인간은 자신의 생각이나 상황을 끊임없이 타인들과 공유하려 한다. 사회적 의미와 자아에 대한 개인적 인식도 '공유한 현실'의 일부분이자, 우리가 스스로를 중요한 존재로 느끼기 위해 행동 지침으로 삼는 가치 체계의 일부분이다. 문화는 개인을 대신해 무엇을 중요한 성취로 여길 수 있는지 규정한다. 서양의 문화에서는 이런 성취가 곧 교육을 받고, 직업을 얻고, 훌륭한 시민이나 부모가 되는 것을 의미한다.

집단주의 성향이 높은 문화권에서는 개인이 중요하게 생각하는 가치에 '가족의 명예를 지키는 일'과 '공동체를 위해 용기를 발휘하고 헌신하는 일' 등이 포함되기도 한다. 대다수 문화에서는 조국을 위해 싸우거나 신성한 명분을 위해 목숨을 버릴 각오가 되어 있음을 보이는 것 또한 가치 있는 일로 여긴다.

하지만 심각한 격변이 덮치면 그동안 우리에게 가치 있었던 활동들이 더는 유용하지 않을 수도 있다. 코로나 팬데믹이 일으킨 불확실성은 사람들의 가치감을 떨어뜨리는 결과들을 불러왔다. 수백만 명의 사람들이 그동안 매우 중요하게 생각하던 활동을 중단해야 했다. 일을 하거나, 학교에 가거나, 좋아하는 팀을 응원하거나, 해외여행을 다녀오는 일 등을 더이상 하지 못했다. 한마디로, 자신이 원하는 대로의 자신으로 존재하거나 의미 있게 느껴지는 삶을 살 기회를 박탈당했다는 의미다. 이런 위세 막강한 상황에서는 우리 영혼 속의 악마들이 하나둘씩 풀려나 우리를 암울한 생각과 우울증, 불안으로 끌고 갈 수 있다.

우리가 직면하는 가장 큰 불확실성

사람들이 저마다 품고 있는 내면의 악마들은 모두 제각각의 성격을 띤다. 어떤 이들에겐 죄책감의 형상을 한 악마가, 또 어떤 이들에겐 수치심과 유기 공포, 통제력 상실, 굴욕 등의 형상을 한 악마가 깃든다. 그리고 대다수 사람이 느끼는 공통적인 두려움이 있다. 심리학자들이 말하는 이른바 '존재론적 두려움existential dread', 즉 죽음에 대한 공포와 무無의 상태로의 전락이다. 죽음을 의식하는 것은 인간만의 유일한 특징이자, 보편적 특징이다. 누구나 알다시피 우리 마음속 깊은 곳에는 언젠가 죽는다는 생각이 존재한다. 다만, 대부분의 시간 동안 이 생각을 억누르고 지낼 뿐이다.

하지만 죽음을 둘러싼 불확실성은 오로지 죽음의 가능성에 대한 문제만은 아닐 것이다. 우리를 그토록 괴롭게 하는 것은 죽을 운명의 불확실성이 아니다. 존재론적 불확실성이 두려운 이유는 우리의 가장 근본적인 동기, 즉 생존 본능을 좌절시키는 극도로 부정적인 사건을 연상시키기 때문이다. 마음의 안정감을 제공하는 종교의 확신과 사후 세계에 대한 주장을 받아들이지 않는 한, 우리는 죽으면 어떻게 될지 전혀 알지 못한다. 이것은 우리가 직면한 가장 큰 불확실성이며, 깊이 생각하다 보면 우리가 얼마나 취약하고 하찮은 존재인지 상기하게 된다. 비존재에 대한 두려움은 어떻게 죽음에 이를지, 어떤 고통과 괴로움으로 가득할지 등의 걱정까지 더해질 경우 더욱 심각하게 느껴질 수 있다. 하지만 이런 두려움은 보통 생활 속 급선무에 밀려 억눌린다. 다행히도 우리는 매일 주어지는 과제들을 해결해 나가느라, 죽음에 대한 공포로부터 한눈을 팔 수 있다. 우리는 '내집단'에서 중요하고 가치 있게 생각하는 것들을 행함으로써, 우리가 무정한 우주에서 먼지 같은 하찮은 존재에 불과하다는 깨달음으로부터 스스로를 지키고 있는 셈이다.

'죽음 불안death anxiety'이 어디에나 존재한다는 추정이 무색하게도, 채프먼대에서 2017년도에 실시한 '미국인의 두려움에 대한 설문조사'에서는 죽는 것이 '두렵다'거나 '아주 두렵다'고 응답한 미국인의 비율이 20.3퍼센트에 불과한 것으로 나타났다. 또한 미국인이 가장 두려워하는 것이 무엇인지 묻는 조사에서 '죽음에 대한 두려움'은 48위에 올랐다. 1위를 차지한 것은 부패한 공무원(74.5퍼센트)이었고, 그다음이 미국의 건강보험법과 트럼프케어(55.3퍼센트)였다. 미국인들이 자신들의 두려움에 현재의 이슈를 반영하는 동안, 존재론적 불안은 순위의 한참 아래로 밀렸다. 그 이유는 죽음이 너무 두려워서 일상생활에서는 오히려 이 생각을 억누르려 하기 때문이다.

하지만 죽음에 몰두하는 일은 흔치 않더라도, 죽음을 표면화시켜 그 영향력을 확인해 보는 일은 상대적으로 쉽다. 현대 사회심리학에서 가장 유력한 이론으로 꼽히는 '공포관리 이론'을 지침으로 삼아 진행한 수많은 연구에서 이것을 실제로 입증했다.[8] 이 분야에서는 죽음에 대한 생각을 막는 심리적 방어 기제가 순간적으로 뚫릴 때, 다시 말해 보통은 바쁜 일과 때문에 의식에서 밀려나 있던 죽음에 대한 생각이 머릿속에서 중심을 차지할 때 사람들이 어떻게 반응하는지 이해하기 위한 연구가 이미 충분히 이루어진 상태다.

사람들이 자신의 죽음을 깊이 생각해 보는 상황을 실험적으로 조성하려면 어떤 방법이 있을까? 한 가지 시도해 볼 만한 방법은, '죽음에 대해 생각해 보라'고 대놓고 부탁하는 방법이다. 실제로 수백 건의 연구에서도 이 간단한 방법을 채택했다. 공포관리 실험은 이런 식으로 진행된다. 참가자들에게 '자신의 죽음을 생각할 때 마음속에서 일어나는 감정의 변화를 짧게 서술하고' '자신이 죽으면 어떻게 될 것 같은지 구체적으로 적어 달라'고 요청한다.

당연한 결과겠지만 이런 식의 실험에서 참가자들은 상당한 불안감을 느낀다. 하지만 이때도 역시 자신의 가치관을 확인할 기회가 미리 주어진 경우에는 이런 불안감이 누그러졌다.[9] 가치관을 확인하는 방법 중 하나는 자신의 문화를 비판하거나, 국가에 대한 부정적 관점을 드러내거나, 문화적 규범에서 벗어난 행동을 하는 누군가에게 반감을 표현하는 것이다. 다시 말하자면 스스로 애국심이 강하고, 정직한 사람이며, 자신의 문화가 소중히 여기는 가치와 이상을 지지한다고 주장하면서 죽을 운명에 대한 생각으로 위태로워진 가치감을 재확인하는 것이다.

여러 실험 중에서 특히 인상적인 실험이 하나 있다. 연구원들은 실험을 진행하는 도시에서 활동하는 판사들에게 연락해 범죄 혐의가 있는 사람의 재판 출석을 보증하기 위한 담보금인 '보석금의 결정'을 주제로 한 연구에 참가해 달라고 요청했다.[10] 실험에 참가한 모든 판사들은 성매매로 고소당한 여자에게 불리한 주장을 짧게 서술한 사건 개요서와 보석금 양식이 담긴 지침용 소포를 받았다. 이 사건 개요서와 보석금 양식 모두 공판 준비 담당관들이 판사들에게 통상적으로 제출하는 양식과 동일했지만, 판사들 중 절반이 받은 소포에는 2개의 질문(죽음 공포를 부각시킨 조작)도 함께 들어 있었다. 이 실험의 결과는 놀라웠다. 2개의 질문을 받은 판사들(평균 455달러)이 질문을 받지 않은 판사들(평균 50달러)보다 훨씬 높은 보석금 권유액을 결정했다.

연구원들은 대학생들을 대상으로도 똑같은 실험을 시도했는데, 이번에는 다른 방식의 조작으로 죽음 공포를 부각시켰다. '죽으면 다시는 생각하지 못한다고 생각하면 무섭다'나 '죽고 나면 다시는 무엇인가를 느끼지 못한다고 생각하면 속상하다' 등의 문항으로 구성된 '죽음에 대한 두려움 평가표'를 나눠 주었다. 대조군의 참가자들에게는 불안도를 평가하는 표준적인 평가표를 제공했다. 그 결과는 첫 연구의 결과에 확실한 쐐기를 박았다. '죽음에 대한 두려움 평가표'를 받은 그룹의 학생들(평균 400달러)이 대조군의 학생들(평균 99달러)보다 훨씬 높은 보석금 권유액을 결정했다.

이 연구 결과가 증명하듯, 사람들은 평소에는 억눌려 있는 죽음에 대한 공포와 마주할 수밖에 없는 상황에 직면하면 자신이 속한 문화의 규범을 공공연히 위반한 누군가(이 경우엔 매춘부)에게 더 강한 처벌을 내리며 자기 확신을 얻는다. 반 덴 보스와 맥그리거의 실험에서 개인적 불확신이 문화의 공정성 규범을 확인하게 한 것처럼, 다수의 공포관리 연구에

146 불확실한 걸 못 견디는 사람들

서도 참가자들은 죽음 공포를 곰곰이 생각해야 하는 상황에 놓여 불안감이 증폭되었을 때, 문화적 가치를 수긍하려 했다. 따라서 우리 마음 깊숙한 곳에 자리한 '비존재에 대한 두려움'은 문화적 가치를 수긍하는 대응으로 조금씩 누그러뜨릴 수 있다. 이것이 가능한 이유는 이런 과정이 '자신이 속한 문화의 일원'이라는 사실을 상기시켜 주기 때문이다. 자신의 존재감과 중요성을 확인하고 싶은 욕구가 죽음을 떠올리는 것으로 일어난 좌절과 불안을 잠재우는 역할을 한다.

사회적 정체성을 확인하는 이유

우리는 자신의 핵심적 자아감을 내가 속한 집단이나 부류(국적, 민족, 종교, 성별 등에 따른 부류) 속에서 찾기도 한다. 집단이나 부류는 심리학자들이 말하는 '사회적 정체성social identity'을 결정하는 중요한 요소다. 대다수 사람은 일정한 가치관과 현실 인식을 가진 문화 공동체에 속해 있다. 따라서 공동체의 관점에는 개인의 가치관은 물론, 자신과 타인을 평가하는 기준까지 포함된다. 우리는 시험에 떨어지거나, 프로포즈를 거절당하거나, 승진에서 미끄러지는 등 자아감과 자신감에 도전을 받는 상황에서 자신이 속한 집단으로 초점을 돌려 사회적 정체성을 확인하는 것으로 보상을 얻곤 한다.

이런 심리작용을 살펴보는 연구를 진행하던 중에 우리는 12개국의 아랍 국가와 파키스탄, 인도네시아를 대상으로 설문조사를 실시했다.[11] 조사 결과, 시회적 지위가 낮다고 밝힌 응답자들의 경우 개인으로서의 정체성보다 자신이 속한 공동체(자신의 국가나 종교)의 일원으로서 느끼는 정체성을 중요하게 여기는 것으로 나타났다. 그렇다고 그들의 실패가 종교 혹은 국적과 상관관계에 있다는 의미는 아니다. 이 결과가 시사하는 바는 따로 있다. 삶이 순탄하게 풀리지 않아 개인으로서 하찮고 우습게 여겨지고, 그러다 자기 불확신까지 갖게 된 사람들은 국가 집단이든 사회 집단이든 종교 집단이든 간에 '집단적 서사'를 포용해 이것을 존재감을 얻을 대안적 경로로 삼는 경향이 있다는 사실이다.

불확실성과 '집단적 서사에 초점을 맞추는 성향'의 상관관계는 여러 연구를 통해서도 증명되었다.[12] 그중 한 실험에서는 참가자들에게 실패나 성공의 경험을 주제로 글을 써달라고 부탁했다. 그런 후에는 다음과 같이 미국인으로서의 정체성과 관련된 문항에 답하게 했다. '나는 내가 미국인이라는 사실이 자랑스럽다', '나는 미국에 정서적 애착을 갖고 있다', '내가 미국인이라는 사실은 내 정체성에서 중요한 부분이다'라는 문항이다.

그 결과, 실패를 주제로 작문을 썼던 참가자들이 성공에 대한 글을 썼던 참가자들보다 모든 문항에서 '그렇다'라고 답한 비율이 더 높았으며, 상대 참가자들보다 강한 집단적 정체감을 보여주었다. 그 외의 여러 연구에서도 같은 결론이 나왔다. 자신의 삶에 의미가 부족하다고 느끼거나 자기 확신이 흔들리던 사람들은 자신의 사회적 정체성을 확인하는 작업에 특히 더 열의를 보였다.

이런 심리작용은 지금까지도 계속 관찰할 수 있는 현상이며, 이 현상은 최근 미국에서 포퓰리즘이 급격히 심화된 원인과 '미국을 다시 위대

불확실한 걸 못 견디는 사람들

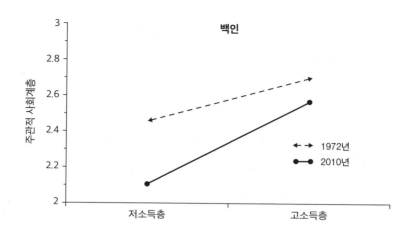

하게 만들자'라는 도널드 트럼프의 슬로건이 성공을 거둔 원인을 어느 정도 설명하는 셈이다.

코헨의 연구진이 진행한 한 연구에서 밝혀진 바에 따르면, 1970년대 와 2010년 사이에 가난한 백인 미국인들이 스스로를 중산층으로 인식하 는 비율이 급격히 떨어졌다고 한다.[13] 작가 거트루드 스타인Gertrude Stein 이 밝힌 견해대로, 중산층이 되는 것은 미국 정신의 본질이다. 어떤 이들 에게는 이런 정체성을 상실한다는 것이 곧 존재감의 상실과 굴욕감을 의 미한다. 또한 국가나 제도로부터 버림받아 보살핌을 받지 못한 채 방치되 는 기분을 떠안긴다.

'미국을 다시 위대하게 만들자', '미국을 다시 백인에게'라는 트럼프의 슬로건은 블루칼라층 미국인들에게 자기 확신과 존재감을 회복시켜 주 겠다는 약속을 의도적으로 전달한 것이었고, 그래서 그들이 트럼프의 외 침에 그토록 열광적인 반응을 보냈던 것일지도 모른다. 이런 반응에 감격한 트럼프는 2016년 대선 당선 연설에서 "나는 가방끈 짧은 사람들을 좋아한다."는 소감을 밝혔다.

요약 정리

사람에 따라 유독 확실성을 갈망하며 불확실성을 회피하는 경향을 보이기도 한다. 하지만 불확실성은 때로 '강한 상황' 때문에 생겨나기도 한다. 참가자들에게 불안감을 일으키는 불확실성을 조작하는 방법으로 진행한 수많은 실험 연구에서 이런 사실을 실제로 입증하기도 했다.

상황적 불확실성에 대한 광범위한 연구를 통해 밝혀진 중요한 핵심 두 가지가 있다. 첫 번째, 불확실하거나 불안감을 일으키는 상황에 대해 생각하도록 유도하는 방식으로 비교적 쉽게 사람들의 자신감을 흔들어놓을 수 있다는 것이다. 두 번째, 한 사람이 자신의 가치관 안에서 스스로의 위상을 확인할 기회를 주는 식으로 안정감과 행복감을 회복시키기는 일 역시 생각보다 쉽다는 점이다.

사람들은 안정된 기반과 사회적 지지를 느낄 때 자신감을 되찾는다. 또한 안정감은 대개 자신이 속한 문화의 가치관을 확인하는 방법으로 얻을 수 있다. 자신이 속한 문화의 가치를 확인함으로써 자신을 사회의 중요한 일원으로 느끼는 것이다.

불확실한 걸 못 견디는 사람들

1. 당신을 불확실성에 빠지게 했던 상황을 떠올려 보자. 그때 어떤 기분이었는가? 무엇이 당신을 그런 기분에 빠지게 했는가?

2. '자기 불확신'은 어떤가? 어떤 기분이었고, 그런 기분이 얼마나 오래 이어졌는가? 그때 어떻게 대처했는가?

3. 당신의 친구들에 대해 생각해 보자. 불확실한 상황에 특히 타격을 받을 사람은 누구인가? 그들은 그런 상황에 어떻게 반응하는가? 당신의 친구들 중에 불확실한 상황에도 동요하지 않고 침착한 사람은 누구인가? 그 이유가 무엇이라고 생각하는가?

4. 당신의 사회적 정체성(국적, 종교, 성별, 직업 등)이 특히 중요하게 느껴지는 상황을 경험한 적이 있는가? 그 상황에서 어떤 면이 당신의 사회적 정체성을 특히 더 의식하게 만든 것인지 짚어보라.

| 2부 |

불확실성에 대한 우리의 반응이
세상을 바꾼다

7

흑백논리의 함정

급진주의와 테러리즘에 관해 연구하다가 발견한 신기한 현상이 있다. 평생을 무신론자로 지내며 향락과 사치를 좇던 사람들이 하룻밤 사이에 돌변한 듯 갑자기 독실한 근본주의 무슬림이 된 경우였다. 신나치주의에 온 열정을 쏟다가 어느새 극단적 반나치주의 입장을 수용해 필사적으로 신나치주의 운동과 싸우는 사람들도 있다. 시간이 흐른 후, 이들의 전향이 '극과 극의 관점'이라는 독특한 사고방식에서 비롯한 것이라는 사실을 깨달았다. 다시 말하자면 선과 악이나 옳고 그름, 우리 편과 적으로 분류하는 사고방식이 낳은 결과라고 볼 수 있다. 삶의 다양성을 무시한 채 이런 흑백논리로만 생각하다 보니 이념적 극단에서 또 다른 극단으로 건너뛰고 마는 것이다. 이것은 종결 욕구의 가장 전형적인 결과이기도 하다.

앞서 우리는 불확실성이 우리의 안정감을 위협할 때 불편한 감정에서 벗어나기 위해 확실성을 갈망하는 심리를 살펴봤다. 이것은 당연한 일이다. 확실성을 갈망하다 보면 때로는 사회학자 에릭 호퍼Eric Hoffer가 이름 붙인 '맹신자true believer'가 되어 미묘한 차이조차 용납하지 않는 이분법적 관점을 선택하기도 한다. 불확실성을 회피하려 하다 보면 자신이 '명확하게 보고 있다'는 느낌을 갈망하게 된다. 그러기 위해서 예외는 얼버무려 넘어가고 자신의 주장과 일치하지 않는 증거는 덮어버리는 것이다. 사람들은 여러 이념(예를 들면, 국수주의나 인종차별주의 등)에서 '우리 대 그들', '선함 대 악함', '옳음 대 그름' 같은 분명한 선을 긋는 수사를 구사하며, 이분법적 사고를 특징적으로 드러내기도 한다. 사람들이 흑백논리 사고에 젖는 이유는 이런 사고방식이 마음의 평화를 불러오기 때문이다. 흑백논리 사고는 모호함을 몰아내고 행동의 청사진을 보여준다. 흑백논리 프레임은 '좋은 사람들'과 한편이 되어 '나쁜 놈들'과 싸우자고 유혹한다. 그 대가로 당신은 자기 확신을 회복하고, 자신이 옳은 일을 하는 좋은 사람이라는 확신을 얻을 수 있다.

흑백논리 사고는 마음을 진정시키고 안정감을 주지만, 때로는 문제를 야기하기도 한다. 우선, 복잡하고 미묘한 부분에 대한 유용한 정보, 즉 흑과 백 사이의 수많은 회색을 무시한다. 우리는 범죄를 저지른 사람이라고 하면 당연히 '나쁜' 사람으로, 직업적 성공이나 명예를 얻은 사람은 '승자'로, 파산 선고를 한 사람은 '패자'로 생각하고 싶어 한다. 하지만 더 깊이 들여다보면 극단적으로 단순화한 이런 식의 꼬리표는 사실 근거가 부족하고 부정확하다는 사실을 알 수 있다. 앞서 2장에서 선입견에 매달리는 바람에 빚어진 역사적 비극에 관해 살펴본 것처럼, 이분법적 사고도 심각한 실수를 초래할 수 있다.

우리에게 일어나는 일들은 딱 잘라 분류할 수 있는 경우가 드물다. 나쁘기만 하거나 좋기만 한 사람(혹은 일)도 거의 없다. 실제로 극단적인 관점을 가진 사람들은 자칫 고려 사항에 넣기만 해도 자신의 의견이 누그러지거나 힘이 약해질 만한 정보를 덮으려는 경향이 있다. 우리는 절실히 종결을 갈망할 때면 너무 많이 생각하지 않으려 하고, 확실성과 단순성을 가장 중요하게 생각한다.

상황에 따라 행동해야 하는 이유

과거부터 현재까지 시대를 막론하고, 많은 사상가가 '주관적 확실성을 객관적 진실로 착각해서는 안 된다'는 점을 강조해 왔다. 존 스튜어트 밀은 "사람들은 **자신의 확실성이 곧 절대적 확실성**이라는 그릇된 가정에 따라 남의 의견을 듣지 않으려는 경향을 보인다."고 비판했다.[1] 밀의 말처럼 다른 사람의 의견을 수용하지 않는 것은 '이중적인 부당함'이다. 스스로 자신의 관점을 드러낼 권리를 빼앗는 것뿐만 아니라, 자신보다 뛰어난 (게다가 옳을 수도 있는) 관점을 배울 기회도 놓치는 것이기 때문이다.

1940년대와 1950년대에 영국에서 활동했던 빼어난 웨일스인 정치가 아뉴린 베번Aneurin Bevan은 타인을 대하는 이상적인 태도를 '**상상력이 풍부한 관용**'이라는 인상적인 말로 표현했다. 또한 이것을 우리가 가진 '뿌리 깊은 주관성'을 극복할 방법으로 권유했다. 한편 철학자 이사야 벌린Isaiah Berlin은 **가치다원주의**value pluralism란 개념을 내세워 하나의 가치나 이상을(더 나아가 믿음 체계까지도) 다른 가치나 이상보다 우위에 두는 태도의 위험성을 상세히 설명하며, 끊임없이 변화하는 세상 속에서도 우리가 좀 더 인간적으로 반응할 수 있는 능력을 갖춰야 한다고 주장했다.[2] 그가 지적했듯이 우리가 원하는 대로 행동할 자유가 다른 가치들보다 늘 우선이 되어서는 안 된다. 늑대가 무제한의 자유를 얻는다면 양들의 종말을 초래하지 않겠는가? 그보다는 차라리 도덕적 인간으로서, 우리가 가장 높이 평가하는 이상(예를 들어, 평등, 자유, 연민 등)마저도 상황의 맥락에 따라 그 중요성이 달라질 수 있음을 인정하는 것이 옳다. 한마디로 말해 '상황에 따라 선택해야 한다'는 것이다. 벌린의 철학에 따르면, 우리가 인간으로서 지혜롭게 처신하기 위해서는 엄격한 믿음과 가치 체계에 따라 마음 편히 확실성을 얻으려는 태도를 버리고, 이런 믿음과 가치 체계가 제시해 줄 만한 답에 쉽게 기대려 하지 말아야 한다. 여기에는 종교뿐만 아니라 여러 정치 이념도 포함된다.

현대 심리학에서도 이와 유사한 주장을 찾을 수 있다. 조너선 하이트 Jonathan Haidt의 '도덕적 기반 이론moral foundations theory'이 가장 대표적이다.[3] 하이트는 우리 주변에서 벌어지는 갈등의 상당수는 여섯 가지 도덕적 기반 중 하나를 나머지 도덕적 기반들보다 우위에 두거나 그렇게 하는 것이 '도덕적 올바름'이라는 확신을 고수하는 사람(혹은 집단)의 책임이라고 주장한다. 그가 말한 가치들은(그리고 이 가치들의 반대는) 바로 돌봄(위해), 공정(사기), 충성(배신), 권한(전복), 신성함(타락), 자유(억압)다. 하이트는 다양한 국적과 인종을 가진 사람들을 대상으로 광범위한 연구를

불확실한 걸 못 견디는 사람들

실시했으며, 각 사회별로 여섯 가지 가치에 중요성을 부여하는 순서에 차이가 있음을 밝혔다. 예를 들어, 서양의 일부 사회에서는 자유가 신성함보다 훨씬 더 중요할 수 있지만, 극동 지역의 몇몇 사회에서는 그 반대일 수도 있다. 하지만 이렇게 하나의 신념을 다른 모든 신념보다 우위에 두는 '문제적 고착'의 저변에도, 또 밀에서부터 하이트에 이르는 여러 사상가가 우리에게 던지는 의문 이면에도, 우리의 마음 깊숙한 곳에 존재하는 동기와 동력이 있다. 바로 '불확실성을 피하고 인지적 종결을 바라는 욕구'다. 도덕적 상황이든 정치적 상황이든, 결국 결론을 좌우하는 것은 우리의 종결 욕구다. 그리고 참혹한 피해를 일으킬지, 문제를 더 잘 해결할지는 이 욕구를 다루는 우리의 태도에 달려 있다.

해피 엔딩을 바라는 마음

불확실성을 피해 도망치다 보면 우리의 정보 처리 방식이 왜곡될 수도 있다. 정보를 선별적으로 대충 보고, 자신의 관점을 뒷받침하는 것만 골라서 찬성하기 때문이다.[4] 그러다 보면 결국에는 **가장 적은** 정보를 가진 사람들이 자신의 의견에 가장 자신만만하기 쉽다. 어쩌면 모르는 게 오히려 약일 수도 있다. 그토록 갈망하는 확실성을 얻을 수 있으니 말이다. 이럴 때는 어떤 정보가 정확한지 신경 쓰는 것보다 당장 마음 편한 결론을 얻는 것이 더 중요해진다. '자신감을 느낀다면 결국 충분히 근거가 있는 것'이라고 믿으며 스스로를 속이고 만다. 사실은 편향되고 제한된 정보에 바탕을 두는 것인데도 말이다.

이런 현상을 그저 학술적인 관심사로 치부해서는 안 된다. 우리 주변의 수많은 현상 저변에도 이런 문제가 깔려 있기 때문이다. 한때 고전 서부극이 누렸던 인기를 생각해 보자. 서부극의 인기는 단순한 구성으로 만든 권선징악적 이야기가 사람들에게 얼마나 큰 만족감을 줄 수 있는지 보여준다. 고전 서부극에서 주인공은 항상 용기 있고 공정하며 의연한(여기에 넘치는 성적 매력까지 겸비한) '좋은 사람'이고, 주인공의 적수는 악하고, 대체로 못생기거나 인상이 나쁘며, 타락하고 잔인한 사람으로 등장한다. 결국 주인공이 적수를 이기면서 정의는 승리하고, 해피 엔딩을 맞는다. 뉴욕 공립도서관의 스티븐 키스Stephen Kiss의 말처럼 서부극은 정직함, 고결함, 근면함, 인종 간의 관용, 성공하려는 투지, 모두를 위한 정의를 긍정적인 가치로 내세우려 한다. 어떤 면에서는 '현대판 도덕극'이라고 할 수도 있다. 주인공이 강하고 듬직하고 냉철하고 예의 바른 사람으로 등장해 적수들과 대립하는 줄거리가 이어지다가 마지막에는 항상 '정의가 이긴다'는 도덕적 교훈을 남기지 않는가.[5]

요즘에는 슈퍼히어로가 등장하는 장르가 어마어마한 인기를 끄는데(매년 미국에서 제작되는 슈퍼히어로 영화가 8편이 넘을 정도다), 이 장르에서도 '선과 악'의 테마가 펼쳐진다. 슈퍼히어로 영화에서는 조커와 싸우는 배트맨, 렉스 루터와 대결하는 슈퍼맨, 그린 고블린과 맞서는 스파이더맨 같은 캐릭터가 등장해 무고한 인류를 상대로 사악한 음모를 펼치려는 악당에 맞서 도덕적 명분을 지키고 고결한 영웅으로 등극한다.

이런 영화가 반드시 해피 엔딩으로 끝나는 특성은 심리학에서 특히 중요하게 생각하는 부분이다. 지금까지 계속 살펴봤듯이, 불확실한 상황

불확실한 걸 못 견디는 사람들

에서 느껴지는 공포는 대부분 불확실성 때문이 아니라 그런 상황에서 떠오르는 '심각하고 불길한 상상' 때문이다. 그래서 서부극과 슈퍼히어로 장르에서 확실하게 해피 엔딩을 보여주는 것은 그 자체로 매우 중요한 의의를 갖는다. 만족스러운 인지적 종결을 맺을 뿐만 아니라, 긍정적인 종결을 바라는 사람들의 간절한 욕구를 채워준다는 면에서도 그렇다. 우리가 응원하는 영웅이 승리한다면 세상이 항상 순탄하게 흘러가는 것처럼 느껴진다. 우리에겐 '내가 옳은 편에 서 있다'는 확인이 필요하다. 물론, 허구의 이야기를 통해 종결의 느낌을 얻으려는 현상은 이전부터 쭉 존재했고, 서부극과 슈퍼히어로 영화 역시 이런 현상의 반복일 뿐이다. 더 정확히는 우리 조상들이 전해 준 옛날이야기부터 최신 소설이나 드라마, 영화에 이르기까지 서사 구조가 있다면 무엇이든 이런 역할을 한다고 해도 과언이 아닐 것이다.

이야기는 독자나 청취자가 종결을 갈망할 만한 상황을 조성한 후, 이런 욕구가 계속 이어지도록 전개되다가 마침내 종결에 이르면서 호소력과 전달력을 가진다. 혹시 책을 읽다가 종결 욕구가 채워지지 않아 그만두었던 적이 있지 않은가? 아니면 재미는 없지만 그저 '어떻게 되는지 궁금해서' 끝까지 읽었던 적은 없는가? 서사에 따라 도덕적 확실성을 구하는 욕구에 호소하기도 하고, 윤리적이거나 영적이거나 정치적인 가치의 확인 욕구에 호소하기도 한다. 그런가 하면 연결의 갈망(예를 들면, 두 연인이 우여곡절을 거치며 우연히 만나게 되는 흐름의 로맨스)과 자립의 갈망(예를 들면, 주인공이 여정을 마칠 때쯤 자기 이해의 상태에 이르길 희망하는 성장 서사) 등 또 다른 욕구에 호소하는 서사도 있다. 이처럼 어떤 식으로든 인상적인 서사 구조가 있다면, 확실성을 구하는 우리의 욕구는 '오락의 형태'로 전환된다. 아이들과 함께 혹은 친구들과 함께 이야기를 공유함으로써 우리는 미지의 상황에 대한 두려움을 덜어내고, 불확실성에 대한 내성을 키울 수 있다. 결국에는 덤으로 안정감까지 얻는 종결에 이른다.

폭력과 편견을 부르는 이분법적 사고

블록버스터 영화에서 펼쳐지는 이분법적 관점이 모두 무해하고 악의가 없는 것은 아니다. 흑백논리의 사고가 때로는 갈등을 조장하는 행동의 원인이 되기도 하고, 관점의 차이를 부각시켜 타협과 합의의 기회를 축소시키기도 한다. 인류의 역사를 살펴보더라도 그동안 이분법적 이념은 숱한 폭력과 유린 행위를 초래했다는 사실을 알 수 있다.

종교 문제든 철학이나 정의의 문제든, '흔들림 없는 진실'이라는 확신은 인류의 모든 역사에 걸쳐 '이념을 정당화하는 강한 명분'이 되어주었다. '진리'라는 명목 아래 대규모 전쟁이 여러 차례 일어났고, 로마의 초대 기독교도들과 21세기 미국의 아프리카계 미국인들을 비롯한 수많은 대상을 향한 잔혹 행위가 자행되었다. 이슬람교도들을 상대로 벌어진 11~17세기 중세 십자군 전쟁, 16세기와 18세기의 유럽 종교 전쟁에서부터 오스만 제국을 상대로 한 초기 현대의 전쟁들, 인도와 파키스탄의 긴장 관계, 이슬람 테러, 백인우월주의 운동, 기독교도와 이슬람교도에 대한 힌두교도의 폭력 행위에 이르기까지(이 정도도 수많은 사례 중 극소수의 사례에 불과하다.), 지금까지 절대적 진리를 추구한다는 명목으로 끊임없는 유혈 전쟁이 벌어졌다. 그러는 동안 진리를 부정하는 행위는 용인할 수 없는 일이자 죽음, 파괴, 정복으로 벌을 받아야 마땅한 일로 치부되어 왔다.

흑백논리적 사고의 가장 치명적인 영향은 다양한 민족 집단과 종교 집단에 대한 부정적 관념을 퍼뜨려 고착화한다는 데 있다. 한 예로, 양차 세계 대전 후 미국 영화 속의 독일인은 거의 예외 없이 악랄하고 매정한 이미지로 그려졌다. 1940년대와 50년대의 할리우드 영화들은 지속적으로 독일인의 이미지를 나치와 융합시켰다. 그리고 확실성을 갈망하는 미국 관람객들은 전쟁이 불러온 혼란에 진절머리를 치며 '독일인들이 대체로 사악하고 피에 굶주린 괴물'이라는 메시지를 기꺼이 받아들였다. 미국 영화 속 독일인에게 따라붙던 게슈타포 장교의 검은색 가죽 코트, 나치 문양, 나치 친위대 문양 같은 특징들은 공포와 무력감, 파괴를 암시하는 상징이 되었다. 냉전 시대에는 러시아인과 중국인들에 대해서도 비슷한 편견이 작용해 그들을 가학적인 악당으로 묘사했고, 9.11 테러 이후에는 아랍인들이 교활한 테러리스트로 그려졌다.[6]

일상의 거짓 서사, 소문과 음모론

불확실성의 시대에는 인지적 종결을 향한 갈망 때문에 '일상의 거짓 서사'를 키우는 일도 흔히 일어난다. 바로 소문과 음모론을 예로 들 수 있다. 소문과 음모론은 마치 상황이 왜 이렇게 된 것인지 비밀을 말해준다는 식으로 사람들을 현혹한다. 2020년의 코로나 팬데믹은 이런 현상을 생생히 보여준 사례였다. 전 세계 인구(78억 명)의 절반이 온라인에 접속하며 인터넷을 통해 잘못된 소문이 어마어마한 규모로 빠르게 퍼져나갔다. 해열제 이부프로펜이 코로나 증상을 악화시킨다고 주장하는 사람들이 나오는가 하면, 콜로이드 은을 녹인 액체나 비타민, 차茶, 에센셜오일 등 온갖 종류의 엉터리 치료법을 거론하는 사람들도 있었다. 더 극단적인 주장도 나왔다. 중국 경찰이 이 병에 걸린 것으로 의심되는 사람들을 사살했다, 유대인이나 이란인이 이 병을 일부러 퍼트렸다, '더러운' 소수자들이 이 병을 옮겼다 등의 소문도 있었다.

음모론에서 특히 골치 아픈 부분은 이것이 폭력 행위의 발단이 되거나, 종종 폭력 행위를 대놓고 옹호한다는 점이다. 그 예로, 특정 극우 단체들이 코로나 유행의 원흉이 소수자들이라며 그들을 고의적으로 감염시키자고 주장한 일을 들 수 있다. 이미 코로나에 감염된 사람들에게 근처의 유대교 예배당으로 가서 할 수 있는 한 많은 사람과 접촉하라고 부추기거나, 같은 동네 소수자에게 다가가 기침을 하라고 강요하거나, 지역 교통망에서 기침을 하라는 게시글이 올라오기도 했다. 미국의 백인우월주의자들이 코로나에 걸린 백인우월주의 충성파들의 복수를 대신하기 위해 바이러스를 퍼뜨리자고 제안한 사실을 미국 국토안보부 산하기관인 연방보안청에서 미리 알아낸 일도 있었다.[7]

폴란드의 연구가 마르흘레프스카Marchlewska, 치호츠카Cichocka, 코소프스카Kossowska는 2017년에 발표한 일련의 연구에서 종결 욕구 설문지를 활용해 폴란드인들의 인지적 종결 욕구를 측정한 후, 두 그룹(종결 욕구가 높은 그룹과 낮은 그룹)에게 EU가 폴란드에 들어온 난민들에게 금전 지원을 해준 것과 연관된 메시지를 보냈다.[8] 여기에 더해 일부 사람들에게는 같은 메시지에 다른 폴란드인들이 보인 반응('EU가 폴란드를 통제하기 위해 폴란드에 혼란의 씨를 뿌리려는 게 아닌가'라는 음모론을 부추기는 내용)을 볼 수 있도록 했다. 대조군의 사람들에게는 이런 메시지를 보여주지 않았다. 그 뒤에 모든 참가 대상들에게 음모론을 얼마나 믿는지 말해달라고 했다. 그 결과 인지적 종결 욕구가 높은 사람들이 이 욕구가 낮은 사람들보다 음모론을 믿는 경향을 보였다. 대조군에서는 종결 욕구가 높은 사람들과 낮은 사람들 모두 큰 차이를 보이지 않았다.

불확실성의 시기마다 반복된 음모론

코로나 팬데믹이 기름을 부은 '소문 제조공장'은 그 동력이 되는 온라인 기술에 힘입어 파급력을 급속도로 키워갔다. 하지만 소문을 만들거나 믿고 싶어 하는 욕망은 사실 새로운 현상은 아니다. 소문과 음모론이 우후죽순처럼 생겨나는 일은 불확실성이 닥친 시기마다 되풀이되었다. 14세기 중반, 유럽 최초의 대규모 전염병인 흑사병이 돌았을 때도 그 여파로 유대인들에 대한 박해가 확산되었다. 사람들은 자신들이 상실과 죽음의 고통을 겪어야 하는 이유가 무엇인지 이해하려고 애를 쓰다가, 결국에는 '누군가 악마와 결탁해 기독교도들에게 위해와 재난, 질병의 고통을 가하려 한다'는 주장을 펼쳤다. 결국 유대인들에게 책임을 전가하는 것으로 자기 확신을 얻었다.[9] 역사가들은 중세 후반과 근대 초기에 유럽을 휩쓴 마녀사냥 역시 이 시기의 불확실성에서 기인했다는 데 의견을 같이한다. 이런 변화가 사람들의 가치관을 허물어뜨리고 신념 체계에 혼란을 일

으켜 이성적으로 판단하지 못하게 방해하면서 불확실성을 유발한다는 것이다.[10]

역사를 살펴보면 음모론의 사례들은 셀 수 없을 만큼 넘쳐난다. 최근의 대표적인 사례로는, 존 F. 케네디John F. Kennedy 대통령의 암살이 리 하비 오스왈드Lee Harvey Osward의 단독 범행이 아니라거나, 달 착륙은 조작된 것이라거나, 9.11 테러와 2005년 7월 7일의 런던 폭탄 테러가 각각 미국과 영국 정부의 자작극이라는 것 등이 있다. 불확실성의 불안이 덮치면 사람들의 마음속에서는 종결 욕구가 일어나고, 다시 통제력과 확실성을 얻기 위해 소문과 황당한 이론을 붙잡는 식으로 상황을 종결한다. '가짜 뉴스'라고 하면 현대적인 개념처럼 느껴지지만, 사실 예전부터 불확실성에 직면한 사람들은 이런저런 위협적인 사건들을 해명하기 위해 황당한 이론을 만들고 받아들였다. 소문과 음모론의 역사는 생각보다 오래되었다.

포퓰리즘에 쉽게 빠지는 이유

현대에 가장 두드러지고 심각하게 나타난 흑백논리 사고의 사례는 '포퓰리즘populism(대중의 인기에만 영합하여 목적을 달성하려는 대중 영합주의-옮긴이)' 현상과 관련이 있다. 포퓰리즘은 19세기 말 정치 운동의 한 단면으로 부상한 용어다. '포퓰리즘'은 사회를 대중과 엘리트층의 관점으로 나눠서 바라본다. 낭만주의의 영향을 받은 탓에 '대중(서민)'은 순수하고 인정 많고 남을 잘 믿는 모습으로 묘사한다. 반면 '엘리트층'은 착취적이고 부도덕하다고 묘사하며, 국민을 억압하고 해를 입히는 존재로 여긴다. 따라서 포퓰리즘적 서사는 대중에게 정의와 공정을 위해 엘리트층에 항의하여 그들을 몰아내라고 부추긴다.

포퓰리즘적 서사는 특정 국가나 민족, 종교에 초점을 맞춘다. 따라서 '대중'은 한 국가의 국민이거나 같은 민족 혹은 같은 종교를 믿는 사람들이다. 반면 '엘리트층'은 다양하게 규정할 수 있다. 가령 미국을 예로 들자면, '워싱턴의 기득권 집단Washington establishment'을 오래전부터 사악한 엘리트층으로 여겼으며, 이들은 도널드 트럼프가 청소해 버리겠다고 외치던 대상이기도 하다. 또 다른 엘리트층에는 연방 정부, 군산복합체, 자본주의자 집단, 대형 은행, 동부 연안의 인텔리층 등이 있다.[11]

정치 전문가와 사회과학자들은 최근 전 세계적으로 포퓰리즘이 부상하고 있다는 의견을 내놓았다.[12] 실제로 유럽, 미국, 중동, 아시아를 막론하고 포퓰리즘을 내세운 정치가들(마린 르펜, 헤이르트 빌더르스, 블라디미르 푸틴, 로드리고 두테르테, 나렌드라 모디, 베냐민 네타냐후, 도널드 트럼프 등)이 대중에게 큰 지지를 얻고 있다. 유럽에서는 독일의 독일대안당AfD, Alternative for Germany이 2013년에 창당했으나 처음엔 의석을 얻는 데 실패했다. 하지만 이후로 수년간 점점 높은 지지를 얻더니 2017년에 12.6퍼센트의 득표율을 얻어 94개의 의석으로 독일 연방의회에 입성하며 제1야당으로 부상했다. 2018년에는 반이민·반난민 포퓰리즘에 대한 지지도가 급등했으며, 이전까지만 해도 중도좌파였던 정치인 밀로시 제만Miloš Zeman이 점차 우익에 가까운 정책을 펼친 끝에 체코 공화국의 대통령으로 정권을 잡게 되었다. 그런가 하면 이탈리아에서는 네오파시즘의 리더인 조르자

멜로니Georgia Meloni가 총리에 올랐다.

러시아, 폴란드, 터키, 헝가리에서도 비슷한 현상이 일어났다. 전문가들은 포퓰리즘 정책이 제2차 세계대전 이후 자리 잡은 '신자유주의 세계질서'를 위협해 국제 관계에 위태로운 긴장 관계와 불협화음을 초래할 위험이 있다고 지적한다.[13] 이 지적이 맞다면 현재의 포퓰리즘 물결은 역사적으로 매우 중요한 움직임이 될지도 모른다. 포퓰리즘은 왜 부상하는 것일까? 그 흡인력의 근원은 무엇이고, 전 세계적으로 사람들을 끌어당기는 이유는 무엇일까? 우리가 불확실성 시대의 흑백논리적 사고에 대해 얻은 교훈으로 비춰 볼 때 어떤 시사점이 있을까?

예나 지금이나 포퓰리즘을 연구하는 학자들이 주목하는 주된 미스터리는 '사람들이 포퓰리즘에 빠지는 근본적인 원인이 무엇인가?'이다. 우리는 어떤 이유 때문에 포퓰리즘적 서사에 끌리는 것일까? 학자들이 제시한 바에 따르면, 엘리트층이 유발하는 것으로 내세워지는 '대중의 좌절감과 불만'에 초점을 맞출 수 있으며, 그 외에도 경제난, 정치적 분노, 민족적 대립, 난민 위기, 지정학적 긴장 관계가 자주 거론된다.

미시간대의 잉글하트Inglehart와 노리스Norris 같은 저명한 학자들은 세계주의와 다문화주의의 트렌드에 따라 문화적 가치에 소위 '진보적 변화'가 일어나면서 이에 대한 반응으로 대두되는 현상을 포퓰리즘으로 본다.[14] 말하자면 시대적 변화에 따라 국적이나 민족의 가치가 덜 중요하게 여겨지고, 수많은 개인이 자신이 중요하고 의미 있는 존재라는 의식에 위협을 느끼고, 세계화에 '뒤처진' 사람들은 자신의 위상이 줄어드는 것에 분개해 이런 굴욕을 국제적으로 활동하는 엘리트층 탓으로 돌리고 있다는 뜻이다. 그리고 이에 대응해 '대중의 중요성'을 다시 느끼게 해주겠다고 약속하는 포퓰리즘적 정치 활동을 지지하기 위해 결집하는 것이다.

토마 피케티Thomas Piketty의 분석에 따르면 서양의 여러 국가에서는 경제 불평등의 심화로 '승자들'과 '패자들' 간의 균열이 악화되고, 수많은 사람이 상실감과 무력감에 빠질 위험성이 점점 더 늘고 있다.[15] 포퓰리즘의 수사는 음모론의 특별한 사례에 해당하며, 호소력을 발휘하는 이유도 음모론과 비슷하다. 즉, 확실성과 존엄성(존재감)을 추구하는 욕구를 골고루 만족시켜 주기 때문이다. 이런 욕구는 급격한 변화가 일어나는 시기가 닥치면 사람들이 자신의 사회적 위상과 가치에 불안감을 느낄 가능성이 커지면서 더욱 힘을 얻는다.

나는 최근에 에리카 몰리나리오Erica Molinario와 함께 '포퓰리즘 지지도'를 측정하기 위한 취지의 설문조사를 시작했다. 미국인과 이탈리아인, 두 국민을 표본 집단으로 삼아 양국의 폭넓은 정치 성향을 살펴봤다. 이 조사를 통해 여러 결과가 밝혀졌는데 그중 한 예로, 미국의 2016년 대선에서 힐러리 클린턴을 찍은 유권자들과 도널드 트럼프를 찍은 유권자들, 이탈리아의 2018년 선거에서 각각 민주당, 북부동맹Lega, 오성운동Five Star Movement에 표를 준 유권자들 사이에서 여러 차이가 나타났다는 점을 들 수 있다. 두 표본 집단에서 특히 두드러진 대목은 인지적 확실성 및 종결의 욕구가 응답자의 '포퓰리즘 지지 성향'을 좌우하는 가장 강력한 요인이었다는 점이다. 이런 지지 성향이 경제적 안정이나 문화적 정체성과 관련된 불안 등 그 외의 다른 요인들보다 훨씬 더 예측성 높은 영향력을 나타냈다. 그렇다고 해서 불안감이 중요한 요인이 아니었던 것도 아니다.

포퓰리즘적 서사에서 잘 다루는 부분인 '확실성과 중요성에 대한 기본 욕구'를 발동시켰기 때문이다.

요약 정리

사람들은 불확실한 상황에 직면하면 '흑백논리적 관점에 따른 지나친 단순화'에 빠지기 쉽다. 이런 경향은 여러 영역에서 표출된다. 오락과 미학적 성향의 영역에서는, 선이 악과 싸워 이기는 '도덕적인 이야기'에 끌리게 된다. 이분법적 사고가 드러나는 영화와 TV 시리즈가 큰 인기를 끄는 현상이 입증하듯, 이런 이야기에는 마음에 위안을 주는 힘이 있다. 불안을 일으키는 현실 세계의 불확실성에서 벗어날 수 있게 하는 힘이다.

선과 악의 이분법적 세계로 도피하는 일은 어느 정도 납득할 만하지만, 불확실성이 키우는 인지적 종결 욕구는 심각한 갈등과 긴장을 일으킬 수도 있다. 예를 들어, 사람들의 이런저런 특징을 싸잡아 경시하는 음모론을 믿도록 조장하기도 한다. 이렇게 되면 흑백논리적 사고를 공식화한 형태라고 할 만한 포퓰리즘이 힘을 얻고, 실제로도 그런 사례가 종종 있었던 것처럼 독재자의 손에 권력이 쥐어질 수도 있다. 이런 추세는 대개 반목, 폭력, 파괴를 유발시켜 자칫 사회가 갈기갈기 찢어지게 될 가능성도 있다.

불확실한 걸 못 견디는 사람들

1. 무엇이든 당신이 굳게 믿는 고정관념이 있는가? 고정관념을 유심히 짚어보면 어떤가? 그 생각이 정말로 타당하다고 보는가? 당신이 가진 고정관념을 객관적이고 공정한 관점에서 봐도 여전히 믿고 싶은가?

2. 음모론은 어떤가? 정말로 그럴듯하다고 여겨지는 음모론이 있는가? 음모론에 충분한 증거가 있다고 보는가? 알고 보니 틀린 것일 가능성은 없을까? 음모론을 믿게 된 동기가 무엇인지 기억하는가?

3. 당신이 아는 사람 중에 포퓰리즘 성향의 지도자와 정치인들을 지지하는 이들이 있는가? 그 사람들은 포퓰리즘을 통해 무엇을 얻는다고 생각하는가?

4. 슈퍼히어로 영화를 좋아하는가? 어떤 점이 좋은가? 당신이 즐겨 보는 영화 장르는 무엇인가? 혹시 특정한 심리 상태일 때마다 그런 영화를 찾지는 않는가?

8

공감력이
결여된 사람들

　'프랑스의 실존주의 철학자 장 폴 사르트르Jean-Paul Sartre는 희곡 「출
구 없는 방No Exit」에서 '타인은 지옥이다'라고 썼다. 그런데 여기에 이 말
도 덧붙였다면 더 좋았을 것이다. '타인은 천국이기도 하다'고. 이 글에
담긴 진실은 결국 '인간이 지구상에서 가장 사회적인 존재'라는 것이다.
우리는 다른 사람들이 만들어낸 언어적 범주의 관점에서 생각하려 한다.
우리는 서로 사랑하고 미워하며, 타인의 인정을 꿈꾸며 끊임없이 인정을
얻으려 한다.

　인류학자들의 말에 따르면 우리가 이런 특성을 가지게 된 것은 650만
년 전, 대대적인 지반 운동으로 동아프리카 대지구대의 사바나가 생성되
었던 시기로 거슬러 올라간다. 그 이전까지만 해도 우리 조상들은 나무
사이에서 지내며 맹수들로부터 스스로를 보호했다. 하지만 사바나의 평

원에서는 더 빠르고 힘세고 덩치 큰 사자나 표범, 검치劍齒 호랑이를 비롯한 여러 맹수로부터 스스로를 지킬 보호막 없이 노출된 채로 위험에 처하고 말았다.

우리 조상들은 공룡을 비롯해 이제는 멸종한 여러 종과 같은 길을 걸을 법도 했으나, 다행스럽게도 사회성이 진화한 덕분에 집단을 이뤄 살아가며 다른 일원들과 협력하고 협조하는 법을 깨달았다. 그 결과 인간의 상호작용은 점점 더 복잡해지고, 이른바 '사회적 뇌'가 진화해 그 어떤 생물보다 정교하고 뛰어난 사고 체계를 갖출 수 있었다. 그 뒷이야기는 모두가 아는 대로, 인간이 다른 종들을 정복해 지구를 완전히 지배하게 된 성공 스토리다.

인간 본성의 거의 모든 측면에는 '사회적 지향성'이 내재되어 있다. 인지적 종결 욕구 역시 마찬가지다. 앞 장에서 살펴봤듯이 불확실성에서 벗어나 종결로 도망치려는 욕구는 인간의 사고방식에 지대한 영향을 미친다. 이 영향력은 우리의 신념과 의지마저 넘어선다. 이번 장에서는 종결을 향한 갈망이 개인적 관계와 소속 집단과의 관계, 정치 신념에 어떤 영향을 미치는지 살펴보도록 하자.

혹시 다른 사람의 생각이나 행동이 당황스럽게 여겨졌던 적이 있는가? 왜 어떤 사람들은 미국의 2020년 대선이 부정 선거라거나, 파충류 외계인이 세계 정부를 장악하고 있다거나, 무고한 이들을 죽이는 자살 공격을 자행하면 그 자살 공격자가 천국의 보상을 받는다는 말도 안 되는 소리를 믿는 건지 궁금하지 않은가? 사람들은 이런 황당한 헛소리를 들으면 대체로 흘려듣거나, 상대에게 정신적인 문제가 있다고 생각하거나,

세뇌를 당했다고 여기거나, 그냥 멍청한 탓이려니 여긴다. 하지만 이렇게만 반응한다면 편견에 굴복하는 셈이고, 사람들의 생각과 감정이 작동하는 원리에 대해 무지함을 드러내는 것이다. 도덕적 영역이나 정치적 영역 또는 그 외의 어떤 영역이든 간에, 진실은 그 누구도 독점할 수 없다. 우리 주변 사람들은 대체로 정상적이고 똑똑하고 충분한 교육을 받았지만, 우리와 완전히 다른 신념에 동의할 여지를 가지고 있다. 다른 사람이 왜 그런 식으로 생각하는지 이해하려면 공감 능력과 균형감이 필요하다. 다른 사람의 입장이 되어봐야 한다는 의미다. 그러기 위해서는 기꺼이 불확실성을 포용해야 하므로, 종결 욕구가 높은 사람은 다른 이의 입장에 공감하기가 매우 힘들 수도 있다.

공감과 균형감 모두 필요하다

공감은 '대인 관계의 꽃'이다. 정치 후보자들은 집회와 선거 운동에서 툭하면 '청중의 고통을 안다'고 말한다. 이 말을 사람들에게 잘 납득시킬 줄 아는 능력이 선거의 승리에 결정적인 역할을 하는 경우도 많다. 하지만 타인에게 공감하는 것은 쉬운 일이 아니다. 특히 상대가 자신과 다른 점이 많을수록 공감하기 어렵다. 정치인들을 예로 들어보자. 정치인들은 대개 학식 있고 '자격을 인정받은' 사람들이다. 대학 학위 이상을 받은 경우가 대부분이지만 그에 비해 청중은 교육 수준이 그보다 낮거나, 지식이나 식견이 떨어질 수도 있다. 정치인은 중산층 출신인데 청중은 노동자 계층일 수도 있다. 정치인은 경제적으로 풍족한데 청중은 가난해서 생활

불확실한 걸 못 견디는 사람들

고에 시달릴 수도 있다. 정치인이 청중과 다른 민족에 속하거나 종교적 신념이 다를 수도 있다. 말하자면 이런 차이를 비롯해 그 외의 다양한 차이에 따라 정치인들과 청중의 경험은 완전히 다를 수 있다. 그런 탓에 청중이 느끼는 것을 제대로 이해하기는 어렵다. 나와는 다른 배경을 가진 사람들에게 진심으로 공감하려면 나만의 좁은 관점을 넘어서기 위한 노력을 기울여야 한다.

'타인에 대한 공감 능력'은 대인 관계를 잘 맺어 다른 사람들과 원만하게 지내면서, 그 유명한 데일 카네기Dale Carnegie의 말처럼 '친구들과 영향력 있는 사람들을 얻기 위한 열쇠'다. 그렇다면 공감 능력은 어떻게 발달하는 것일까? 발달심리학자들의 연구에 따르면 공감 능력은 아이가 타인과 상호작용을 나누는 사이 자연스럽게 키워지는 능력이다. 연구로도 증명되었듯이 유년기 중반과 청소년기 초반에 역할 취득role-taking, 즉 '다른 사람의 입장에 선 자신을 상상하는 과정'이 일어나기 때문에 정상적인 성인이라면 어느 정도 이런 능력을 갖추고 있다. 단, 인간의 모든 능력이 그렇듯이 사람마다 차이는 있다. 어떤 아이들은 '역할 취득'을 충분히 습득하지 못한다. 자폐가 있으면 아이든 어른이든 남들과 '공유 현실shared reality'을 형성하는 능력이 제한적일 수 있다. 이런 쪽에서 천부적인 재능을 타고난 아이들도 있다. 아이들이 성인이 된 후에는 이런 능력이 유능한 부모, 실력 있는 심리치료사나 교사, 성공한 정치가가 되는 원동력이 될 수 있다.

불확실성의 시기에는 리더들의 공감 능력이 매우 중요하며, 공감 능력이 부족하면 사람들에게 실망감을 안겨줄 수 있다. 트럼프 대통령이 코로나 팬데믹 시기에 보인 행보가 실제 사례다. 수십만 명에 이르는 미국인의 목숨이 위태로운 중대한 위기 상황에서도 트럼프는 일일 브리핑 자리에서 자신의 브리핑 시청률이 인기 리얼리티 TV 프로그램 〈배철러Bachelor〉 최종회나 〈먼데이 나잇 풋볼Monday Night Football〉과 맞먹을 정도라고 뻐겨 댔다. 마음에 위안을 줄 소식에 목말라 있던 수백만 명의 미국인 앞에서 트럼프 대통령은 자신의 행정부가 마약과의 전쟁에서 큰 성취를 거뒀다고 자랑하기도 했다.[1]

하지만 공감을 잘하는 능력을 갖추는 것만으로는 부족하다. 공감 능력 못지않은 균형감도 필요한데 이것 역시 대체로 쉬운 일은 아니다. 어쨌든 다른 사람이 어떻게 느끼거나 생각할지 가늠하기 힘들기 때문이다. 서로 간의 간극을 메우기 위해서는 일시적인 불확실성을 감수하며 상대가 처한 환경과 상황을 헤아려야 한다. 상대가 자신과 어떻게 다른지 분간하고 자신이 상대방의 입장이라면 어떨지 고려해야 한다는 뜻이다. 인지적 종결 욕구가 높은 사람일 경우 인지적 종결 욕구가 낮은 사람에 비해 상대적으로 이런 일을 더 힘들게 느낄 수도 있다.

종결 욕구를 높이는 환경은 대체로 타인에 대한 공감 능력을 떨어뜨리는 것으로 밝혀졌다. 공감 능력은 인간에게 없어서는 안 될 요소다. 다른 사람의 감정과 경험에 동화되어 그 사람의 기쁨과 고통을 함께 느끼는 능력은 자녀 양육과 배우자와의 관계를 비롯한 모든 인간관계에서 결정적인 역할을 한다. 사람에 따라 타고난 공감 능력자도 있다. 이런 사람들은 영화와 소설 속 주인공들의 감정에도 깊이 공감하며, 극적인 순간에는 곧잘 눈물을 글썽이기도 한다.

불확실한 걸 못 견디는 사람들

사람들은 극단적 환경에서 공감의 진가를 느낀다. 중요한 성취를 이뤘거나 호된 좌절을 겪은 사람은 자신의 감정을 가까운 사람들과 나누고 싶어 하기 마련이다. 상대가 이런 욕구에 응해주지 않으면 대개는 실망감과 소외감을 느낀다. '공감 실패'는 상대가 자신만의 생각에 빠져 있는 상황에서 자주 일어난다. 여러 실험 연구에서 밝혀진 것처럼, 이런 상황은 다른 사람의 생각이나 기분을 헤아릴 만큼 기운이 없을 때나 다른 긴박한 문제에 정신이 팔려 있을 때 등 평범하거나 일상적인 경우가 많다. 시간 압박 때문에 빨리 생각을 정해야 해서 스트레스가 많은 상태일 때나 집중하기가 힘든 시끄러운 환경에 있을 때, 도망치고 싶을 만큼 괴로운 상황에 놓여 있을 때도 공감을 잘 못하게 된다.

종결 욕구가 높아지면 공감 능력이 떨어지는 이유는 무엇일까? 답은 아주 간단하다. 종결의 갈망에 떠밀려 자신만의 생각을 붙잡고 매달리면서 다른 사람의 입장이 되어보는 능력이 그만큼 줄어들기 때문이다. 종결 욕구가 높아지면 자신의 반응을 모든 사람의 반응인 것처럼 당연시하게 된다. 1789년 마리 앙투아네트Marie-Antoinette가 남긴 그 유명한 말, "빵이 없으면 케이크를 먹으라고 해."처럼 말이다. 이것은 공감과 균형감의 부족을 보여주는 전형적인 사례다.

웹스터 넬슨Webster-Nelson, 클레인Klein, 어빈Irvin이 실시한 두 차례의 기발한 실험에서, 한 그룹의 참가자들에게는 까다로운 교정 및 독해 과제를 맡겨 피로감을 느끼게 했다.[2] 앞에서도 살펴봤듯이 피로감을 느끼면 더 많은 에너지가 필요하고, 따라서 상황을 빨리 끝내고 싶은 인지적 종결 욕구가 일어날 수 있다. 다른 그룹의 참가자들은 비교적 까다롭지 않은 읽기 과제를 받았고, 덕분에 정신적 피로도가 낮았으며 종결 욕구 역시 높아지지 않았다. 그런 다음 본격적으로 공감 가설을 입증할 중요한 실험이 이어졌다. 연구진은 참가자들에게 어떤 인물의 정보를 건넨 뒤, 이 정보를 바탕으로 그 사람의 첫인상을 말해달라고 요청했다. 이때 그들에게 주어진 정보는 그 사람이 파티에서 다른 사람들과 어울리려고 했지만 실패했던 경험담을 털어놓은 것뿐이었다. 어떤 시나리오에서는 주인공이 매우 슬프고 낙심한 기분을 느꼈다고 고백했고, 또 어떤 시나리오에서는 죄책감과 불안감을 느꼈다고 했다. 연구진은 먼저 시행한 성격 테스트를 바탕으로, 각 참가자가 이 시나리오와 같은 상황에 처했을 때 낙담할 만한 경향인지 불안감을 느낄 만한 경향인지 미리 파악해 둔 상황이었다.

참가자들은 시나리오를 읽은 후 주인공의 반응이 적절한지 평가했고, 주인공에게 얼마나 연민과 공감을 느끼고, 얼마나 다정하고 따뜻한 마음이 드는지 판단했다. 그 결과 '인지적 종결 욕구를 느끼는 상태에서는 타인에게 공감하는 능력 또한 떨어진다'는 가설을 증명할 수 있었다. 시나리오 속 주인공의 반응이 참가자가 같은 상황에서 느꼈을 만한 반응과 다른 경우에는, 종결 욕구(정신적 피로)가 높은 상태의 참가자들은 주인공의 반응이 부적절하다고 판단했다. 반면 종결 욕구가 낮은 상태의 참가자들은 그렇지 않았다. 게다가 종결 욕구가 높은 참가자들은 주인공에 대한 공감이나 연민, 동정이나 따뜻한 마음도 덜 드러내는 경향을 보였다. 반면 시나리오에 묘사된 주인공의 반응이 참가자가 느꼈을 만한 반응과 비슷한 경우에는 종결 욕구가 높거나 낮은 참가자들(즉, 피로한 상태의 참가자

불확실한 걸 못 견디는 사람들

들과 피로하지 않은 상태의 참가자들) 사이에 차이가 거의 없었다.

이 연구 결과를 통해 알 수 있듯이, 인지적 종결 욕구는 '같은 상황에 처했더라도 누군가는 나와 완전히 다른 반응을 보일 수도 있다'는 점을 인정하는 능력을 제한한다. 공감과 균형감의 결여는 타인과의 관계를 이어가는 데 심각한 방해 요인이 될 수 있다. 다른 사람의 관점을 인정하지 못하면 상대방을 섣불리 폄하하거나 비난할 우려도 있다. 코로나 팬데믹과 함께 증가한 '가정폭력 사례'도 어쩌면 이와 비슷한 경우일지 모른다. 팬데믹으로 발생한 공포스러운 불확실성이 수많은 이들에게 종결 욕구를 발동시켜 공감 능력마저 사라지는 바람에 이런 현상이 일어났을 가능성이 있다. 실제로 세계 각지의 연구를 통해 이런 불행한 추세의 진상이 드러나기도 했다.

여러 연구팀이 코로나 팬데믹과 성차별 및 폭력 행위의 상관관계를 밝히기 위한 설문조사를 실시했다. 영국에서는 2020년 봄, 최소 26명의 성인 여성과 어린 소녀들이 가정폭력으로 목숨을 잃었다.[3] 여성을 폭력으로부터 보호할 법이 전무하다시피 한 중동과 북아프리카에서 진행한 설문조사에서는 성차별에 따른 폭력이 증가 추세로 나타났다. 중남미에서도 이와 같은 추세를 반영하는 상담 전화 건수가 급증했다. 중국의 징저우시에서는 경찰에 걸려 온 가정폭력 관련 신고 전화가 전년에 비해 3배나 증가했다. 호주, 프랑스, 독일, 남아프리카공화국, 미국 등의 국가도 이런 상황을 피해가진 못했다.[4]

음주와 종결 욕구의 상관관계

팬데믹 기간 중의 봉쇄 조치나 자유의 제한, 마스크 착용 의무화 등으로 나타난 불안감 때문에 알코올 소비 역시 증가했다. 2020년 봄, 리서치 기업 닐슨Nielsen에서 진행한 설문조사에 따르면 전 세계 주류 판매량이 전년 대비 대폭 증가한 것으로 나타났다. 2020년 3월의 판매량이 2019년보다 55퍼센트가량 늘고, 5월의 판매량도 32퍼센트 정도 높았다. 게다가 1년 사이 온라인 주류 판매량은 무려 500퍼센트가량 증가했을 뿐만 아니라, 여론조사 기관 모닝 컨설트Morning Consult의 조사 결과, 미국 성인의 16퍼센트가 '팬데믹 기간에 음주량이 전보다 늘었다'고 답했다.[5]

그렇다면 '알코올 섭취'와 '종결 욕구'는 서로 관련이 있을까? 아주 간단히 설명하자면, 알코올 섭취는 우리 뇌의 정보 처리 능력을 방해해 '알코올성 근시'[6] 상태를 유발하고, 이 때문에 종결 욕구도 높아진다. 도나 웹스터는 알코올과 종결 욕구 사이의 상관관계를 밝히기 위한 조사를 실시했다. 참가자들에게 100퍼센트 오렌지 주스(위약 조건), 오렌지 주스와 소량의 알코올 혼합액(체중 1kg당 에탄올 0.5㎖씩)이나 오렌지 주스와 적당량의 알코올 혼합액(체중 1kg당 에탄올 0.7㎖씩)을 섭취하게 했다.[7] 그런 다음 개인의 종결 욕구를 측정해 봤더니, 적당량의 알코올을 섭취한 참가자들이 소량의 알코올 섭취 참가자들보다 종결 욕구가 높게 나왔고, 알코올을 한 방울도 섭취하지 않은 참가자들의 종결 욕구가 가장 낮았다. 적당량의 알코올을 섭취한 참가자들은 '예상 밖의 정보를 무시하는 경향'에서

불확실한 걸 못 견디는 사람들

알코올 섭취량이 거의 없거나 아예 없었던 참가자들보다 더 높은 반응을 보이기도 했다. 결국 정보를 등한시하는 경향이 알코올이 유발한 종결 욕구에서 생겨난 결과라는 의미다.

알코올은 일종의 정신적 무력감을 유발시켜 종결 욕구를 높이고, 그에 따라 술에 취한 상태에서는 평상시 집중하던 정보는 물론, 새로운 정보를 처리하는 능력도 떨어진다. 따라서 불확실성이 만연한 팬데믹 기간 중의 알코올 섭취는 종결 욕구를 강화시키고, 우리가 서로에게 공감하고 배려하는 능력을 감소시켰을 것이다. 하지만 과음과 관련한 반사회적 현상은 어떤 식으로도 정당화할 수 없다. 우리는 마땅히 자신의 행동에 대한 책임을 져야 한다.

사람들이 존재감을 되찾는 방식

팬데믹 기간에 일어난 또 하나의 흐름은 눈에 띄게 늘어난 폭력 시위였다. 미국에서는 경찰이 아프리카계 미국인 남성을 죽음에 이르게 한 사건 때문에 발생한 시위가 50개 주 전역의 2,000곳이 넘는 도시로 확산되었다. 시위 참가 인원이 대략 1,500만 명에서 2,600만 명에 이른, 미국 역사상 최대 규모의 대중 운동 사례라고 할 수 있다. 이 시위는 많은 경우 폭력으로 번져 약탈이 빈번히 일어났고, 상점과 경찰차에 불을 지르는 상황으로까지 이어졌다. '블랙 라이브스 매터Black Lives Matter(흑인의 생명은 소중하다)' 운동을 지지하고 경찰의 잔혹성에 항의하는 시위는 60개국 이상의 나라로 확산되었고, 경찰을 옹호하는 격렬한 맞불 시위까지 일어났다. 미국 내의 문제 때문에 일어난 시위가 세계 곳곳으로 번져 필리핀의 새로운 반테러법, 홍콩 거주자들에 대한 재판을 중국 본토에서 진행한다는 중국 공산당의 결정, 이스라엘의 경제 및 보건 위기, 브라질 정부의 팬데믹 관련 제한 조치, 폴란드 행정부의 팬데믹 대처 등에 대해서도 항의 시위가 일어났다. 시위가 점점 격화되고 전 세계적인 현상으로 번진 것은 우연이 아니다. 팬데믹이 전 세계 수백만 명의 사람들에게 불러온 불확실성이 자신과 반대되는 입장의 사람들을 향한 반감을 키웠다. 또한 폭력과 파괴 행위를 정당화하는 흑백논리적 사고의 수용을 부추기면서 극단적 이분화를 일으켰다.

시위 참가와 정치 운동은 사람들에게 확실성과 함께 가치감과 존재감을 확인하는 기회를 제공하기도 한다. 야기엘론스키대의 연구가 카타지나 야스코Katarzyna Jasko는 동료들과 함께 실시한 연구를 통해 사람들이 정치 운동에 참여하게 되는 동기를 살펴봤다. 이 연구는 다양한 사회적 맥락에서, 과격 좌파 지지자, 민주 사회주의 운동 일원, 페미니즘 운동 활동가, 환경 운동가, 단식투쟁 참가자 및 지지자들을 비롯한 다양한 사람들을 대상으로 진행되었다. 연구에서 일관되게 밝혀진 바에 따르면, 개인에게 정치 운동의 가치가 중요할수록 이 사람이 정치 참여를 통해 느끼는 자기확신도 더 높았고, 그에 따라 정치 운동을 위한 자기희생 의지도 높았다.

흥미롭게도, 자신감에 위협을 받으면 다시 확실성과 존재감을 얻는 데 도움이 되는 가치가 활성화될 수 있다. 심각한 병에 걸릴 가능성에서 느끼는 '신체적 건강의 위협'과 실직이나 파산의 가능성에서 느끼는 '경제적 안정의 위협'을 예로 들어보자. 최근에 나는 동료들과 함께 이 두 가지 위협 모두 팬데믹이 일으킬 수 있는 위협이라는 점을 감안해, 두 가지 모두를 팬데믹의 맥락에서 다시 들여다봤다. 건강의 위협은 우리의 연약함과 취약성을 상기시켜 타인에 대한 의존심을 키우고, 그에 따라 타인의 친절함을 기대하고 갈망하게 된다. 이때는 사회적 관심과 공감의 가치에 초점이 쏠린다. 조사 결과, 팬데믹 기간 중 건강의 위협을 주된 관심사로 여긴 사람들은 상당한 사회적 책임감을 보여주었다. 마스크를 잘 착용하고, 사회적 거리 지침을 따르고, 가족이나 친구들과 더 자주 소통을 나누었다고 답했다.

반면 코로나19 바이러스로 인한 경제적 위협을 상기시키는 것은 시장을 지배하는 경쟁이다. 이때는 다른 사람들과의 분리와 한정된 자원을 놓고 벌이는 경쟁에 초점이 쏠린다. 그에 따라 경제적 안녕에 관심을 두던 사람들은 팬데믹 기간 동안의 사회적 책임의식이 다소 낮게 나타났다. 마스크 착용과 사회적 거리 유지에 비교적 덜 신경 썼고, 다른 사람들과의 소통 빈도도 낮은 편이었다. 다시 말해, 신체적 건강의 위협과 경제적 위협 모두 불확실성을 일으키고 개인의 존재감을 떨어뜨렸지만, 두 위협이 서로 다른 가치를 자극하면서 팬데믹 기간 동안 서로 다른 행동을 하도록 부추겼다는 의미다.

건강이 주된 관심사였던 사람들은 사회적 책임을 확고히 하고, 공공의 이익에 마음을 쓰는 '훌륭한 시민'이 되려 노력하는 방법으로 가치감과 존재감을 회복했다. 한편 경제적 위협에 더 관심이 있었던 사람들은 자신의 경쟁력과 잠재적 라이벌에 맞설 힘을 확인하는 방식으로 자신의 자치감과 존재감을 되찾았다.

원활한 의사소통에 걸림돌이 되는 것

'능숙한 의사소통'은 우리가 갖출 수 있는 대인 관계 기술을 통틀어 가장 중요한 능력이다. 가족이나 친구들 사이에서든 직업적인 시도에서든 대체로 자신의 욕구나 관심사, 생각을 확실하게 표현하는 것이 성공의 열쇠가 된다. 의사소통 능력은 감응과 설득을 끌어내기 위해 없어서는 안 될 요소다. 사람들이 우리의 메시지에 관심을 갖고 이해하게 만들면 메시지를 받아들이고 신뢰하도록 유도하는 데 큰 도움이 된다.

우리 주변에는 의사소통의 달인으로 통하는 사람들이 있다. 이런 사람들은 자신이 말하고 싶은 요점을 이해하기 쉬우면서도 인상적으로 전달할 줄 안다. 윈스턴 처칠Winston Churchill의 연설은 강한 인상과 간단명료한 특성으로 명성이 높았다. 그의 메시지는 간결하고 명쾌하면서도 타당성이 있었다. 뛰어난 의사소통 능력을 보여준 인물로 오프라 윈프리Oprah Winfrey도 빼놓을 수 없다. 그녀는 남의 이야기를 잘 들어주며 상대에게 중요한 의미가 있는 문제를 잘 짚어내기로 유명하다. 사람들이 그녀의 말에 귀 기울이는 이유는 그녀가 자신들의 문제와 욕구에 진심으로 관심을 갖고 이해하려는 인상을 주기 때문이다.

균형감을 갖추는 것도 훌륭한 의사소통의 필수 요소다. 정보를 잘 전달하려면 메시지를 정확히 표현해야 한다. 다시 말해 듣는 사람이 잘 이해할 수 있게 표현해야 한다는 의미다. 그러려면 전달자 자신의 신념부터 확고히 해야 한다. 이런 과정이 빠진다면 상대방이 메시지를 잘못 이해하거나 무심히 흘려들을 수도 있다.

의사소통을 잘하려면 듣는 사람의 관점을 이해해야 한다. 강연자는 상대가 무엇을 알고 있고 어떤 배경을 갖고 있는지 파악해야 한다. 이것은 작가들에게도 해당하는 말이다. 독자에게 이해받을 수 있을지 그렇지 않을지의 여부가 작가의 표현 방식은 물론, 이런 표현에서 독자들이 무엇을 추정하느냐에 따라 크게 달라지기 때문이다. 글쓰기 지도자들이 초보 작가들에게 입이 닳도록 당부하는 말은, '전문 용어를 쓰지 말고 메시지를 가능하다면 알기 쉽게 표현하라'는 것이다. 간결하고 쉬운 표현은 원활한 의사소통의 트레이드마크다. 노벨 문학상 수상 작가 윌리엄 포크너William Faulkner의 말처럼 대문호 어니스트 헤밍웨이Ernest Hemingway는 독자가 사전을 찾아봐야 할 만한 단어는 쓰지 않기로 유명했다.

불확실성이 일으키는 종결 욕구는 공감 능력과 균형감을 떨어뜨리기 때문에 원활한 의사소통에도 큰 걸림돌이 된다. 아이러니하게도 불확실성이 고개를 드는 시기에는 사람들이 가장 확실한 종결 메시지를 바라지만, 불확실성이 생각의 전달을 방해하기 때문에 전달자로서는 메시지를 효과적으로 전달하기가 매우 힘들 수도 있다.

메시지를 효과적으로 전달하는 방법

의사소통과 설득을 위해서는 듣는 사람의 마음을 헤아리는 것만으로는 부족하다. 이것 역시 어찌 보면 배려와 헤아림의 일환일 수도 있겠지만, 전달자가 듣는 사람의 동기를 이해하는 과정도 필요하다. '그들이 이 주제에 관심이 있을까?', '관심이 있다면 어떤 점에 관심을 갖고 있을까?'

'그들이 특별히 듣고 싶어 하는 쟁점일까?', '듣기 싫어하는 쟁점인 것은 아닐까?' 이 모든 질문이 전달자가 고려해 볼 만한 문제들이다. 칼 포퍼의 말처럼 "아무리 이성적 주장이라도 이성적 태도를 취하고 싶어 하지 않는 사람에게는 통하지 않는다."[8] 다시 말해, 듣는 사람이 싫어하는 메시지라면 객관적으로 보기에 아무리 인상적으로 전달하더라도 상대방이 메시지의 가치를 알아볼 가능성은 희박하다.

여기에서 중요한 점은, 메시지를 듣는 이들의 동기가 저마다 다양할 수도 있다는 사실이다. 경우에 따라 듣는 이들이 메시지를 해독하고 이해할 만한 동기가 높아 전달자가 의도한 뜻을 간파하는 데 온 힘을 기울일 수도 있다. 전달자가 매우 인기 있고 유명한 인물이라 듣는 이들이 의욕이 넘치는 경우에 그런 반응이 나올 만하다. 사람들이 전달자에게 호감을 가진 경우, 즉 사람들이 전달자를 좋아하거나 관심을 얻고 싶어 할 때도 마찬가지다.

3,000만 부 이상 판매되었고 출간 후 85년이 지나도록 여전히 베스트셀러로 사랑받는 『데일 카네기 인간관계론』의 저자 데일 카네기도 설득할 때는 듣는 사람의 동기를 만족시켜야 한다며 다음과 같이 조언했다.

"악담이나 비난이나 불만을 삼가라. 칭찬에 관대하라. 사람들의 이름을 기억하라. 상대에게 진심으로 관심을 가져라. 입씨름을 벌여 이기려 하지 마라. 마지못해 납득당한 사람은 여전히 자신의 생각에 변함이 없을 테니 이겨도 큰 의미가 없다. 상대가 자신을 중요한 사람으로 느끼게 하라."

몇 줄만 봐도 듣는 이들이 자신이 중요한 사람이고 인정받고 있다고 느끼게 할 만한 조언이다. 이런 느낌을 받으면 듣는 이의 자신감이 높아지고, 메시지를 수용하고 싶은 욕구도 커질 것이다.

듣는 이의 다른 목적도 중요하다. 예를 들어, 학생들은 교수님의 메시지를 수용하는 정도에 따라 성적이 좌우되는 만큼 메시지를 이해하는 데 상당한 노력을 쏟을 것이다. 문학 애호가들은 존경하는 작가의 작품을 해독하려고 기꺼이 며칠씩 매달릴 수 있다(예를 들어, 난해한 시나 이해하기 어려운 논문의 뜻을 풀어내려 기를 쓰게 된다). 하지만 때로는 듣는 이들이 모호한 메시지를 풀어내려 애쓸 만한 동기도, 그럴 시간이나 인내심도 없을 때가 있다. 인지적 종결 욕구가 높은 불확실한 상황에서는 너무 미묘하고 복잡한 주장은 바로 무시하고, 7장에서 다뤘던 흑백논리적 관점처럼 비교적 확실하고 이해하기 쉬운 주장에 마음이 끌릴 수 있다.

린다 리히터Linda Richter와 나는 몇 년 전 실시한 한 연구에서 참가자들에게 추상화를 보여주며 감상 소감을 요청했다. 나중에 그들의 감상 소감과 그림의 짝을 맞출 수 있도록 '자신이 읽을 소감문(비사회적 조건)'과 '다른 사람이 읽을 소감문(사회적 조건)'으로 나눠달라고 했다.[9] 이때 참가자의 절반은 인지적 종결 욕구가 높았고, 나머지 절반은 종결 욕구가 낮았다. 이 연구는 3~5주 간격을 두고 두 차례로 나눠 진행했다. 참가자들은 첫 번째 시기에는 30점의 그림에 대한 소감을 썼고, 두 번째 시기에는 첫 번째 시기 때와 똑같은 그림들과 함께 자신이나 다른 참가자가 쓴 소감을 보며 그림과 짝을 맞춰보는 과제를 수행했다.

이 연구에서 몇 가지 흥미로운 사실이 밝혀졌다. 첫 번째는, 참가자들이 다른 사람이 읽을 글을 자신이 읽을 글에 비해 아주 장황하고 상세하게 썼다는 점이다. 자신이 읽을 소감문은 훨씬 더 짧고 간결했을 뿐만 아니라 개성 있는 암시와 비유 표현도 들어갔다. 다른 누군가가 읽을 소감문에는 암시나 비유가 거의 없었다. 추측컨대 실험 참가자들은 직감적인 판단에 따라, 다른 사람들은 자신과 관점이 달라 그림을 보며 떠올린 자신의 연상을 자신만큼 해독하지 못할 것으로 생각한 듯하다.

전반적으로는 자신을 위한 글이 다른 사람을 위한 글보다 그림을 찾기에 더 유리했지만, 종결 욕구가 높은 사람들의 경우에는 소감문 사이의 격차가 훨씬 컸다. 다시 말해, 종결 욕구가 낮은 사람이 누군가를 위해 쓴 소감문이 종결 욕구가 높은 사람의 소감문보다 그림을 정확히 찾아내게 할 가능성이 높았다. 이 실험이 전해주는 교훈은 시간 압박이나 소음이나 정신적 피로나 괴로울 정도의 불확실성 등으로 종결 욕구가 높아졌다고 느낄 때는 강연이나 연설 준비를 자제해야 한다는 것이다. 압박은 어떤 경우든 종결을 갈망하는 경향을 높이기 때문에 듣는 이의 입장을 이해하거나 공감하는 능력은 느긋한 상황에서 준비할 때 훨씬 더 잘 발휘할 수 있기 마련이다.

상황이 불확실하고 어수선한 시기에는 전달자나 수신자 모두 인지적 종결 욕구가 높아진 상태이므로 제대로 소통하기 어려울 것이다. 전달자로선 듣는 이의 관점을 헤아리려는 동기가 부족한 상태이므로 상대방이 이해하기 어려운 방식으로 메시지를 표현할 가능성이 있고, 수신자로선 복잡하거나 잘 이해되지 않는 메시지를 해석하기 위한 노력을 기울이지 못할 수 있다.

타인의 인정을 필요로 하는 사람들

21세기에 들어선 후 초기 몇십 년은 전 세계적으로 민주주의가 후퇴한 시기라고 볼 수 있다. 한때 평등주의에 헌신하는 것처럼 보였던 몇몇 국가에서 불쑥 전제 정권과 독재자들이 출현한 시기이기 때문이다.[10] 터키의 에르도안Erdoğan, 폴란드의 두다Duda, 이스라엘의 네타냐후Netanyahu, 필리핀의 두테르테Duterte, 브라질의 보우소나루Bolsonaro, 인도의 모디Modi를 비롯해 이들과 비슷한 인물들이 등장하여 터무니없는 국가주의와 소수에게 편향된 정치권력으로 회귀하는 사례가 늘어났다.

'열린 사회'와 '닫힌 사회' 간의 투쟁의 역사는 고대 아테네까지 거슬러 올라간다. 당시에 아테네에서는 데모크리토스Democritus 같은 민주주의 옹호자들이 과두정치oligarchy(소수의 사람이나 집단이 사회의 권력을 독점하고 행사하는 정치 체제-옮긴이)의 위험을 설파하는 한편, 플라톤Plato은 원로 지배층이 이끄는 부족적 지배 체계와 엄격한 규범 및 전통, 모든 시민이 자신의 자리를 지키는 계층화된 사회의 장점을 내세웠다. 칼 포퍼에 따르면 플라톤 시대의 사람들이 자신의 부족에 연연하며 규범을 엄격히 지키는 경향을 보였던 이유는 인구 증가와 여러 민족 사이의 무역 확장에 따라 사회가 개방되면서 불확실성이 만연해진 탓이었다. 포퍼는 다음과 같이 말했다.

이런 긴장과 불안은 닫힌 사회의 붕괴가 초래한 결과다. 긴장과 불안은 우리 시대에도 여전하며, 사회적 변화의 시기일수록 특히 두드러진다.

긴장을 일으키는 근원은 사회가 우리에게 끊임없이 노력하길 요구하기 때문이다. 이성적으로 처신해야 할 노력, 사회적 욕구를 일부라도 버려야 할 노력, 우리 자신을 돌보기 위한 노력. 책임을 받아들이는 노력 등이 긴장을 가중시킨다.[11]

포퍼가 말하는 긴장과 불안은 반갑지 않은 불확실성, 즉 어떤 사람들에게는 잠재적 재앙을 암시하는 미지의 상황에서 비롯되는 감정이다. 불확실성은 사람들이 일상을 공유하는 내집단(가족, 친구들, 소속 문화의 일원들)과 어울리는 방식에도 영향을 미친다. 외집단, 특히 적대적으로 여기는 사람들과 어울리는 방식도 마찬가지다. 우선, 사람들은 불확실성이 일으킬 수 있는 높은 종결 욕구의 상태에 빠지면 '집단 중심'이 되어 내집단에 정서적으로 더 많은 유대감을 느끼고 의존하려 한다. 내집단이 확실성과 종결을 얻을 수 있는 '합의된 가치관'을 공유하기 때문이다. 인간은 본래 사회적 존재이고, 우리는 자신의 의견을 인정받기 위해 타자에게 지속적으로 의존한다. 내가 중요하게 여기는 누군가가 내 의견에 반대하면 대개 거북함과 위축감을 느낀다.

혹시 어떤 영화를 보고 난 후, 친한 친구와 정반대의 반응을 보인 적이 있는가? 바로 이런 상황이 야스미나 레자Yasmina Reza의 신랄한 희곡 「아트Art」에 잘 나타나 있다. 이 작품은 오랜 친구 사이인 세르주와 마크의 이야기를 다룬다. 두 사람의 우정은 사소하다면 사소한 의견 불일치로 심각한 긴장 상태에 빠진다. 세르주는 흰색 바탕에 흰색 그림이 그려진 현대 회화 한 점을 터무니없는 가격을 주고 구입한 후 감탄을 금치 못하는 데, 반면 마크는 자기 친구가 사기를 당한 것이고, 그림을 보며 캔버스가 아까울 정도라고 생각한다. 두 인물 간에 오가는 재치 있는 대화를 보다 보면 사소한 의견 차이가 관계를 얼마나 큰 시험에 들게 하는지 알 수 있다. 「아트」는 코믹극으로 잘 알려져 있지만, 이 작품에는 인간의 본성에 대한 깊이 있는 통찰이 담겨 있다. 우리가 누군가와 친밀한 관계를 유지하려면 얼핏 보기에 별로 중요하지 않은 문제에서조차 의견 일치를 보이는 것이 얼마나 중요한지 보여준다.

이쯤에서 이런 생각이 들지도 모르겠다. 우리의 모든 견해에 타인의 인정이 필요한 건 아니며, 대부분의 문제에서는 대체로 자신의 판단에 따라 다른 사람들과 관계없이 결정을 내린다는 생각 말이다. 물론, 맞는 말이지만 우리가 인정을 필요로 하는 **이유**에는 우리가 신뢰하는 사람들이 우리에게 동의해 줄 거라는 생각이 큰 비중을 차지한다. 한 예로, 우리가 우리의 시각과 청각을 신뢰할 수 있는 이유는 과거에 이 둘을 바탕으로 내린 판단이 믿을 만한 다른 사람들(예를 들어, 부모님)의 판단과 일치했기 때문이다. 대다수 사람은 우리가 보고 있는 식물의 잎이 녹색이고 꽃은 빨간색이라거나, 차가 오지 않을 때 길을 건너는 것이 안전하다는 의견에 동의하기 마련이다.

솔로몬 애쉬Solomon Asch의 고전적 사회심리학 연구에서 입증된 인상적인 결과에 따르면, 우리는 자신의 시지각視知覺과 일치하지 않는 정보에 직면하면 당혹감을 느껴 스트레스를 받는다고 한다.[12] 애쉬의 실험에서는 실험 참가자들에게 여러 선을 보여주며 상대적 길이를 판단해 보게 했다. 이 실험 중에 한 쌍의 선, A와 B를 보여주었는데 분명히 B가 A보다 더 길었다. 이때 이 그룹의 한 참가자는 다른 참가자들 모두가(사실, 실험 진행자와 함께 짜고) A가 B보다 더 길다고 말하는 것에 놀란다. 이 연구의 목적은 이런 상황에서 자신의 시지각과 일치하지 않는 다수의 판단을 마주한 사람이 나 홀로 진실을 말할지, 아니면 동료 집단의 압력에 따를지 알아보려는 것이었다. 참가자의 3분의 2 가량은 자신의 눈으로 본 것과 상반되는 판단을 내렸다.

압력에 순응하고 말고를 막론하고, 현실적인 문제에서 남들과 의견 차이가 있다면 대부분은 혼란에 빠진다. 애쉬는 누군가에게 반대하고 싶은 충동이 일어날 때 자신과 같은 충동을 느끼는 사람이 단 한 명이라도 있다면 다수의 의견에 순응하지 않을 가능성이 커진다는 점도 발견했다. 우리는 함께 공유할 수 있는 일들을 만들어 동료 집단의 압력에 저항할 수 있다. 바로 이런 이유 때문에 소규모 테러 조직과 극단주의 단체가 지지 이념이나 주류 문화에서 다수의 믿음과 동떨어져 있음에도 강한 응집력을 보이고 끈질긴 생명력을 이어갈 수 있다. 거트루드 스타인은 다른 사람들과 대립하는 입장에 있다가 누군가에게 지지를 얻는 현상에 대해 "그러다 누군가 당신이 좋아하거나, 하고 있거나, 만들고 있는 무언가에 공감을 드러내면, 당신에게 아무도 공감을 표현하지 않았을 때의 두렵고 부끄러운 감정은 사라져 다시는 느낄 수 없을 것이다."[13]라고 말한 바 있다.

애쉬가 조작한 실험적 상황은 일상에서는 보기 드문 것이었지만, 어쨌든 현실에서는 대부분의 상황에 타인의 동의를 이미 얻은 것으로 추정해 다른 이들의 의견과 비교할 필요를 느끼지 않는다. 하지만 우리가 신뢰하고 존경하는 사람들(내집단의 일원들)을 향한 의존은 또 다른 문제다. 이런

불확실한 걸 못 견디는 사람들

의존은 판단의 문제에서 특히 두드러진다. 가치, 관점, 윤리, 미의식, 정치, 종교에 관한 한 우리가 신뢰하는 사람들에 대한 의존은 거의 절대적이다. 반갑지 않은 불확실성이 덮치면 강렬한 종결 욕구에 따라 내집단의 합의를 갈망하는 의존성이 더 높아진다. 내집단의 규범에 순응하고 내집단의 '공유 현실'을 더욱 중요시한다. 같은 이유로, 확실성을 부여하는 의견을 얻으려 애쓰며 나와 다른 생각을 드러내는 사람들을 못마땅해한다. 말하자면 우리는 불확실성에 빠질 때일수록 집단의 모든 일원이 동일한 의견을 보여주는 '응집력 있는 집단'을 선호한다. 이런 집단에는 대체로 막강한 힘을 발휘하는 리더가 있고, 리더의 견해를 대부분 무비판적으로 받아들인다. 우스갯소리로 말해, '누구나 보스의 의견을 들을 자격이 있는 집단이다(Everyone is entitled to their own opinion, '누구나 자신의 의견을 가질 권리가 있다'는 말을 비튼 유머-옮긴이).'

충성심을 북돋는 불확실성

1990년대 초, 나는 도나 웹스터와 함께한 연구를 통해 집단의 구성원들이 '별종'에게 어떤 반응을 보이는지, 그리고 그런 반응이 구성원들의 인지적 종결 욕구에 얼마나 영향을 받는지 살펴봤다.[14] 우리는 이스라엘의 보이스카우트단과 걸스카우트단을 섭외해 여름 캠프 장소를 두고 토론해 달라고 요청했다. 캠프 후보지로는 두 곳의 선택지가 있었다. 기반시설이 잘 갖춰진 이스라엘 중심부의 주거지와 사막 한복판의 작은 주거지였다. 우리는 이스라엘 스카우트단 단원들이 모험을 좋아하는 성향이라, 편하지만 낭만이 덜한 후보지보다 사막 후보지를 훨씬 더 좋아한다는 점을 이미 파악하고 있었다. 하지만 스카우트단의 다른 사람들은 모르게 한 단원에게만 선호하지 않는 후보지로 가자는 주장을 해달라고 부탁했다. 토론 초반 모두의 마음이 아직 열려 있어 종결 욕구가 낮은 시점이나, 토론 막바지 합의에 이르러야 하는 압력 때문에 단원들의 종결 욕구가 높아진 시점에 그렇게 해 달라고 부탁했다.

집단 속의 '별종'에 대한 반응은 두 경우가 달라도 너무 달랐다. 별종 역할을 맡은 단원이 토론 초반에 의견을 냈을 때는 다른 단원들 모두 큰 호감을 보였지만, 토론이 끝나갈 무렵 의견을 내자 호감도가 급격히 추락했다. 단원들은 종결 욕구가 높아진 상태에서는 '별종'의 의견을 받아들이지 못했고, 이 단원이 자신의 의견을 억지스럽게 고집한다고 여겼다.

여러 연구에서 밝혀진 것처럼, 사람들은 불확실성의 상황에 놓이면 규범이 비교적 느슨하고 자유분방한 민주주의 사회를 못 견뎌 한다.[15] 이런 환경에서는 확고한 지침을 제공하고 자신 있게 견해를 밝히는 리더를 선호한다. 사고가 유연하고 반대 의견에 소신이 쉽게 흔들리는 리더는 높이 평가하지 않는다.[16]

우리에게 확실성을 주는 근원은 가치관을 공유하는 내집단이기 때문에 우리는 내집단 안에서 '피할 곳을 찾아' 달려간다. 다시 말해, 불확실성의 시기에는 내집단에 대한 충성심이 높아진다. 이런 충성심은 그 자체로 애국심을 고양하는 수단이 될 수 있을 뿐만 아니라, 강해진 국가주의와 집단 나르시시즘, 무조건적인 조국 찬미, 자신들이 남들보다 우월하다는 주장으로 나타날 수도 있다. 불확실성이 우리를 덮치면 카를 슈르츠

Carl Schurz(독일 출생의 미국 정치가 겸 언론인-옮긴이)가 1872년에 한 말처럼 '옳든 그르든, 내 조국'이라는 식의 태도가 만연한다. 이런 시기에는 사람들이 깃발을 세우고 광장에 모여 무엇이든 자신들이 겪을 만한 손해나 불이익의 책임을 다짜고짜 외국인 집단이나 이민자들에게 뒤집어씌운다.

한 예로, 2020년 팬데믹 기간 중 미국과 중국은 가시 돋친 신랄한 말을 주고받으며 상대국에게 서로 재난의 책임을 돌렸다. 톰 코튼Tom Cotton 상원의원은 팬데믹이 중국이 제조한 생물 무기에서 유출되었을 가능성을 거론했다. 트럼프 대통령과 폼페이오Mike Pompeo 국무장관은 코로나19 바이러스를 각각 '중국 바이러스'와 '우한 바이러스'라고 지칭했다. 반면 중국의 외교부장관 대변인은 트위터에 "우한의 전염병 발발은 미군의 소행일 가능성이 있다."[17]라는 글을 올렸다. 이런 억측과 책임 전가가 잘 먹히는 것은, 불확실성으로 인한 인지적 종결 욕구에 따라 국민들 사이에 합의감과 응집력이 생기기 때문이다.

**요약
정리**

종결 욕구는 사회적 관계의 거의 모든 영역에 영향을 미친다. 우리의 사고방식뿐만 아니라 내집단을 향한 감정, 내집단의 현실 속 적이나 상상 속 적에 대한 감정까지 좌우한다. 사고의 영역에서 보면, 종결 욕구가 높아질 경우 흑백논리적 관점을 선호하고 고정관념에 매달린다. 불충분한 증거를 바탕으로 조급한 결론을 내리면서 타당한 이유도 없이 자신감과 자기 확신을 갖는다. 다른 사람들의 사고방식에 관심을 갖지 않거나 그들의 생각을 이해하지 못한다. 또한 사람들의 기분이나 그들이 처한 상황을 잘 헤아리지 못하게 된다. 메시지의 전달자(연설자나 작가)로서나 수신자(청중이나 독자)로서나 모두 의사소통 능력에 제약이 있다.

불확실성의 시기에는 닫힌 마음이 기분 좋은 확신감을 갖게 할 수는 있지만, 치르고 싶지 않은 대가를 요구할 수도 있다. 우리가 불확실성과 종결 욕구가 높아진 상황에서 어떻게 반응하는지 이해한다면 우리의 행동을 미리 예측하여 원치 않는 결과를 피할 수 있다.

당신의 경험에 비추어 보기

1. 당신 스스로 공감을 잘하는 사람이라고 생각하는가? 당신의 공감 능력은 가까운 사람들과의 관계에서 어떤 식으로 나타나는가? 또 영화나 소설 속 주인공과 관련해서는 어떤가?

2. 친구나 사랑하는 사람에게 공감을 요구하는 편인가? 사람들이 당신이 바라는 방식으로 공감해 주는가? 당신은 그런 공감에 어떻게 반응하는가? 공감해 주지 않을 때는 어떤가?

3. 의사소통을 잘한다고 느끼는가? 그렇다면 그 비결은 무엇인가? 의사소통할 때 마주치는 어려움에는 무엇이 있는가?

4. 당신은 내집단에 강한 애착을 갖고 있는가? 내집단의 구성원들과 얼마나 자주 연락하는가? 내집단에 속한 것이 당신에게 얼마나 중요한가? 불확실성의 시기에는 그 중요성이 높아지는가, 낮아지는가?

9

왜 극단주의에
빠지는가

스스로 '강한 사람'이라고 생각하는가? 아니면 더 강해지고 싶은가? 심리학부 수업의 어느 날 학생들에게 이 질문을 던졌더니 거의 모든 학생이 '그렇다'라는 의미로 손을 번쩍 들었다. 힘은 현대 문화에서 매우 중요한 자질이며, 이것은 성별이나 성적 지향성을 막론하고 모든 사람에게 해당한다. 하지만 예전부터 항상 그랬던 것은 아니다. 『진정한 여성성의 숭배: 1820~1860 The Cult of True Womanhood: 1820-1860』(1966)를 쓴 바바라 웰터 Barbara Welter에 따르면 19세기의 '이상적인 여성상'은 정신적으로나 신체적으로 너무 연약해서 가정을 떠날 수 없는 존재였다. 요즘에는 이런 여성상이 시대에 뒤처지고 터무니없어 보일 것이다. 여성이나 남성이나 가릴 것 없이 모두 힘을 키우고, 자신의 강인함과 회복력에 자부심을 가지려고 애쓰는 시대이지 않은가.

대다수 문화에서 정신적인 힘과 신체적인 힘 모두를 중요하게 생각하지만, 그중에서도 정신력, 즉 '성격의 힘'을 더 높이 인정하는 경향이 있다. "군의 사기가 신체적인 힘보다 3배는 더 중요하다."는 나폴레옹 보나파르트Napoleon Bonaparte의 말은 전쟁에서는 짐승 같은 힘이나 물적 자원보다 확신과 결의 같은 정신적 힘이 더 우위에 있다는 것을 의미한다. 나폴레옹의 생각은 심리학자 토셀Tossell과 동료 연구진의 연구에서도 비슷하게 나타났다. 연구진이 4개 대륙에 걸쳐 대대적인 조사를 벌였더니 믿음이나 확신이 신체적 막강함보다 더 긍정적인 이미지를 갖고 있었다.[1]

'자기 확신'은 정신력의 원천과도 같다. 정신력이 매우 중요한 가치라는 점에서 자기 확신은 대다수 사람이 경쟁적으로 갖추려고 하는 매우 소중한 자질이다. 우리는 누구나 침착하고 자신감 있는 사람이 되고 싶어 한다. 자기 회의감에 사로잡히고 싶은 사람은 아무도 없을 것이다. 유명한 심리학자나 강연가들이 쓴 인기 자기계발서들을 보면 자신감을 키워주겠다는 프로그램과 계획들로 가득하다. 불안감에 사로잡혀 자신 없는 약골에서 차분하고 안정감 있는 어른으로 변신시켜 주겠다고 제안한다. 한편 인기 잡지 「사이콜로지 투데이Psychology Today」에 따르면 자신감을 발산하는 사람들은 상대방의 신뢰를 불러일으키고 영향력을 끌어내며 마음을 편안하게 해준다고 한다.

나는 비행기에서 난기류를 만나 덜컥 겁이 나는 순간마다 승무원들의 모습을 보며 새삼 감탄한다. 순조롭게 날아가던 비행기가 갑작스레 아래로 뚝 떨어지길 몇 번 반복하면서 나를 포함한 일부 승객들은 혹시나 기체 결함으로 심각한 위험에 빠지면 어쩌나 초조해했다. 그럴 때마다 승무

불확실한 걸 못 견디는 사람들

원들이 침착한 태도로 평상시와 다름없이 행동하는 모습을 보면 이내 불안감을 떨쳐내고 걱정을 잠재울 수 있었다.

과잉보상을 통한 자신감 회복

6장에서도 몇몇 중요한 연구를 소개하며 언급했지만, 자신감과 맞서는 감정은 이른바 '개인적 불확실성'이란 감정이다. '개인적 불확실성'은 자신의 가치나 존재감에 대한 혼란과 불확실성을 의식하는 것이다. 윤리적 딜레마에 직면하거나 자신의 재능이나 외모에 자신이 없을 때 우리는 내가 정말 남들의 인정과 존중을 받을 만한 가치가 있는 사람인지 불안해진다.

굳이 말할 필요도 없겠지만 이것은 사실 그리 기분 좋은 감정은 아니다. 정신과 의사 알프레드 아들러Alfred Adler는 이런 개인적 불확실성을 지칭하기 위해 '열등감inferiority complex'이라는 말을 만들었다. 열등감은 우리를 스스로 느끼는 부족함을 만회하기 위해 안간힘을 쓰는 상황으로 내몰기도 한다.

아들러에 따르면 모든 인간은 열등감을 경험하고 남은 평생 그 열등감을 극복하기 위해 노력한다. 하지만 스스로에 대한 실망감이나 누군가의 반대, 실패로 인해 상황이 더 심각해지면 열등감이 극단으로 치달을 수도 있다. 우리가 열등감과 무력감을 느낄 만한 상황으로는 빠듯한 금전사정, 오명이 씌워진 집단에 속한 처지, 툭하면 핀잔과 나무람을 듣는 유해한 가정환경 등이 있다. 한 사람이 신체적, 정신적, 사회적으로 제 기능을 할 수 있는 능력에 제한을 두는 환경도 열등감의 근원이 될 수 있다.

아들러는 나폴레옹 보나파르트와 그리스의 웅변가 데모스테네스Demosthenes를 타고난 핸디캡을 만회하려는 욕구를 삶의 동력으로 삼았던 사람들의 예로 들었다. 나폴레옹의 경우엔 작은 키가, 데모스테네스의 경우엔 말더듬증이 핸디캡이었다. 확실히 비범한 재능을 가진 두 사람은, 자신들의 약점 때문에 개인적 불확실성을 느낄 때면 오히려 약점의 과잉보상에 열의를 쏟았다.

나는 과격화와 폭력적 극단주의와 관련한 조사를 벌이던 중, 사회적 가치가 실추되었던 사람이 공동체에서 소중히 여기는 명분을 위해 자원해서 나서는 식으로 실추된 명예를 만회하려는 경우를 여러 차례 접했다.[2] 자살폭탄 테러범이 되었던 팔레스타인 여성 중 일부는 불임이나 이혼, 불륜 때문에 사회적 낙인이 찍혀 있던 사람들이었다. 세 가지 모두 팔레스타인 전통 사회에서는 심한 수치를 안기는 일이었다. 이 여성들은 이런 치욕을 씻어내기 위해 테러 행위에 목숨을 바치며 순교자이자 영웅으로 환호받았다.

우리는 누구나 이따금씩 사회적 가치감을 떨어뜨리는 부정적인 일들을 겪는다. 거절이나 실패, 불운에도 끄떡없는 사람은 아무도 없다. 이런 일들은 대체로 자기 확신의 토대에 금이 가게 해서 개인적 불확실성을 불러온다. 여러 조사를 통해 입증된 것처럼 자기 가치감이 빈약한 사람들은 부정적 결과에 특히 큰 타격을 받는다. 우리가 느끼는 불유쾌한 불확실성은 확실성에 대한 갈망에 불을 붙이고, 과잉보상을 통해 이것을 만회하려 들기 쉽다.

불확실한 걸 못 견디는 사람들

극단주의에 빠진 사람들

지금까지 밝혀진 사실들 중 특히 흥미로운 부분이 있다. 차별당하거나 무시당하거나 멸시받는 느낌 때문에 일어나는 개인적 불확실성이 극단적인 성격의 집단에 특히 더 마음을 끌리게 한다는 점이다.[3] 극단주의란 '한 바구니에 달걀을 모두 담는' 식으로 오직 하나에만 집중하고 나머지는 거들떠보지 않는 것이다.[4] 개인적 불확실성을 느낄 때 고통이 크면 클수록 불확실성을 제거하고 싶은 마음도 커진다. 이런 상황에서는 자기 가치감을 회복하기 위해 기꺼이 모든 것을 희생할 수도 있다. 대다수 사람은 희생을 내켜하지 않는다. 희생하기보다는 오히려 모든 것을 가지려 한다. 직장에서의 성공을 간절히 원하지만 동시에 가정생활을 소중히 여기고 친구들과도 잘 지내고 싶을 수 있다. 우리 대부분은 삶의 여러 영역을 적당히 조정하는 온건한 경향을 띤다. 그래서 오직 하나에만 집중하는 것이 특징인 극단주의가 우리 주변에는 드문 것이다.

개인적 불확실성이 꿈틀거릴 때 사람들이 자신이 속한 집단에 의지하는 이유는 집단의 목적, 규범, 이상에 충실하면 수용과 존중을 얻기 때문이다. 온건한 집단의 일원들은 한 집단의 목적에만 전적으로 전념하지 않고 다른 관심사나 다른 소속 집단에도 신경을 쓰는 것이 보통이다. 가령 테니스 클럽의 회원들은 확실히 테니스를 좋아하긴 하지만, 다른 것(예를 들어 문학, 요리, 일 등)에도 관심이 있고, 다른 집단(학부모 교사 모임, 기업 이사회 등)에 속해 있을 수도 있다. 반면 극단적인 집단은 한 가지에만(종교적이거나 국가적이거나 사회적인 목표 등) 집중한다. 집단의 핵심적 이상에 이

바지하는 것이 다른 모든 일을 우선한다.

우리 조사팀이 몇 년 전 스리랑카에서 인터뷰했던, 엘람 해방 호랑이 LTTE, Liberation Tigers of Tamil Eelam의 자살테러단 일원 타밀 블랙 타이거의 사례를 살펴보자. LTTE는 스리랑카의 다수족인 싱할라족을 상대로 잔인한 30년 전쟁을 벌인 주요 테러 조직이며, 이 전쟁으로 15만 명이 목숨을 잃었다(이중엔 국가수반, 장군, 기자, 원로 학자들도 있었다). 우리와 인터뷰했던 타밀은 자살테러단의 일원이 된다는 것을 이렇게 설명했다.

그곳에서는 가족은 물론 모든 인간관계를 잊을 수 있어요. 사랑이 들어설 자리도 없어요. 그러니까 그 단체와 책임자들, 그 단체를 위해 목숨을 바친 사람들에게 온 열의와 충성을 쏟게 돼요. 저는 저 자신에게 아무런 애정도 느끼지 못하는 수준까지 갔어요. 제 삶은 아무런 가치가 없어졌어요. 제 자신을 완전히 바칠 준비가 되어 있었죠. 심지어 다른 사람을 파멸시키기 위해 저를 파멸시키는 지경까지 갔어요.

자기 회의에 빠진 사람들이 극단적인 집단에 끌리는 데는 그럴 만한 이유가 있다. 이런 집단에서는 소속감과 중요성을 느낄 확실한 방법을 제시한다. 집단의 목적에 일편단심으로 헌신한다면 같은 집단의 극단주의자들에게 높은 점수를 얻게 된다. 이렇게 헌신하는 사람은 존재감을 확실히 얻고 스스로를 자랑스러워하며 고개를 꼿꼿이 치켜들 수 있다.

최근에 나는 동료들과 함께 독일의 신나치주의자 40명과 인터뷰한 자료를 분석하며 그들이 극단주의 운동에 동참하게 된 계기를 알아보려

했다.[5] 사람들은 정작 자신의 행동 동기는 꿰뚫어보지 못하기 때문에°, 인터뷰를 하는 사람들은 직접적인 질문을 던지지 않았다. 그 대신 극단주의 운동에 동참하기 전의 삶에 대해 설명해 달라고 했다. 그랬더니 그중 78퍼센트의 사람들이 상당한 자기 회의감에 빠지게 되었던 불만스러운 일이나 문제를 자발적으로 털어놓았다. 그들 중 61퍼센트는 개인적인 고통을 겪었고, 61퍼센트는 관계의 문제를 겪었으며, 25퍼센트는 자신의 정치적 견해가 무시당하거나 멸시받았던 일을 얘기했다. 가족에게 신체적으로나 언어적으로 학대를 당한 경험을 털어놓은 사람도 많았다. 다음은 한 인터뷰 참가자의 말이다.

제 기억이 미치는 어린 시절부터 어머니가 저를 때렸어요. 저희는 아주 사소한 실수만 해도 맞았어요. 방을 제대로 치우지 않았다거나 설거지를 제대로 안 했다는 이유로요. 딱히 이유가 필요하지도 않았어요. 어머니는 때릴 만한 이유가 없으면 만들어냈으니까요. 제 형의 경우엔 그렇게 맞고 자란 후유증으로 깊은 정서적 상처가 남았어요. 그 압박을 견디다 못해 결국 무너졌죠. 저는 한 번도 어머니에게 애정을 느껴본 적이 없어요.[6]

o 니스벳Nisbett과 윌슨Wilson의 연구(1997년)에서 입증된 바에 따르면, 사람들은 완전히 다른 이유로 내린 선택을 합리화하는 경향을 보인다. 어떤 영화를 좋아하는 이유가 예술성 때문이라고 생각할 수 있지만 사실은 친한 친구들이 좋아하기 때문에 좋아하는 식이다. 자신이 차를 구매한 이유가 좋은 서비스 때문인 줄로 착각하지만 사실은 잠재의식을 공략하는 광고에 끌려서 산 것일 수도 있다.

우리와 대화를 나눈 사람들은 극단적인 신나치주의 운동에 동참하면서 자신감이 높아지는 경험을 했던 순간들을 떠올렸다. 인터뷰 참가자 중 69.4퍼센트가 이 운동의 일원으로 활동하며 자신이 중요하고 의미 있는 사람으로 느껴졌다고 말했다. 같은 비율로 중요한 이념적 목표를 성취하고 있다는 느낌이 들었다고 했고, 77.8퍼센트가 동지애와 지지를 느낀다고 했다. 다시 말해 동료들에게 인정받고 존중받는 기분이었다고 얘기했다. 참가자는 신나치주의 행사에 참석했던 일을 떠올리며 이렇게 말했다.

"전 제 개인적 삶에서 원했던 모든 것을 여기에서 이룬 기분이 들어요. 제가 국가 사회주의자로서의 진정한 자질을 갖춰, 이제는 이 조직의 핵심 일원이 된 것 같은 기분이요."[7]

또 다른 인터뷰 참가자는 여성이었는데, 조직의 리더가 된 것 같아 자신이 중요하게 느껴졌다고 말했다.

"모든 면에서 보호받고 있는 느낌이 좋았어요. 원하면 누군가의 팔을 붙잡을 수 있고, '보디가드' 역할을 하는 사람들에게 둘러싸여 있고, 또 마음대로 쓸 수 있는 돈도 생겼고요. 예전 같은 삶에서는 모으려면 시간이 좀 걸릴 만한 그런 액수였죠. 나를 지지하는 사람들이 많이 생기면 힘을 발휘할 수 있어요."[8]

또 어떤 참가자는 일원들에게 중요한 존재로서 안정감과 확신을 얻게 되는, 단결과 동지애의 분위기에 대해 이렇게 말했다.

한 사람의 집에 10명의 동지들이 같이 지내는 것이 보통이었어요. 동지들은 집에서 쫓겨난 사람들을 자기 집에서 지내게 해주기도 했어요. 적

불확실한 걸 못 견디는 사람들

은 액수이긴 했지만 용돈을 받기도 했어요. 돈을 버는 사람들이 나머지 사람들에게 쓸 돈을 대줬고 제가 돈을 벌면 아직 학생인 동료들에게 돈을 대줬죠. 나이가 어려 운전면허가 없는 동료들이 가고 싶은 곳이 있을 땐 차가 있는 사람들이 태워다 주는 것이 당연했어요.[9]

한마디로 말해, 극단주의 집단에서 느낀 소속감이 일원들의 가치감을 끌어올리는 역할을 했으며, 집단에 동참해 이념을 위해 헌신하는 주된 심리적 요인으로 작용했던 것이다.

원래의 자리로 돌아오는 과정

극단적인 집단의 일원이 되는 것에 마음이 끌리게 하는 바로 그 느낌, 즉 개인적 불확실성이 다시 원래의 자리로 돌아가도록 하는 역할을 하기도 한다. 밀어내는 요인push factor이 작용하면서 한때 마음을 끌었던 집단에 권태감을 느끼는 한편, 끌어당기는 요인pull factor이 작용하면서 다시 주류 사회로 편입하게 되는 것이다. 극단주의가 내미는 '존재감과 가치감에 대한 약속'은 집단의 고귀한 명분과 동지애가 알고 보니 가짜일 경우 씁쓸한 실망감만 남길 뿐이다.

신나치주의 인터뷰 참가자들은 그곳의 구성원이 된 후, 자신들이 중요한 존재로 느껴져 만족감을 얻었던 그 느낌이 차츰 시들해지며 사라졌다고 얘기했다. 이 표본 집단 중 77.8퍼센트가 극우주의적 이념에 대한 환멸을 솔직하게 고백했다. 그중 한 사람은 '수두룩한 거짓말 위에 카드로

지어진 엉성한 집'처럼 느껴졌다고 했고, 또 한 사람은 '새빨간 사기에, 나치 독일의 잔혹 행위를 직시하지 않으려는 변명처럼 느껴지는 음모론' 이라고 말했다. 이렇게 말한 사람도 있었다.

"생각해 보세요. 변화를 일으키고 싶다고 말은 하면서 술에 취해 소동을 벌이거나 범죄를 저지르는 것 말고는 딱히 내보일 만한 일을 하는 게 없다면 어떻겠어요."[10]

동지애에 대한 실망이 발단이 되어 생각이 바뀌면서, 그 동료들이 헌신하는 이념에까지 실망하는 경우가 많다. 우리의 생각은 동기에 강한 영향을 받는다. 애초의 동기였던, 자신이 가치 있는 존재라고 느끼고픈 열망이 좌절되면 집단의 서사에 집중하던 열정도 억눌러지기 마련이다. 신나치주의 운동에서 탈퇴한 한 사람은 임신한 여자친구를 속여 돈을 뺏은 동료에게 뒤통수를 맞은 뒤로 그 집단에 완전히 실망했다고 털어놓으며 이렇게 말했다.

"동지애는 무슨 얼어 죽을. 순 허풍이라니까요. 신뢰를 할 수 있어야 말이죠. 의리니 명예니 뭐든 다요. 그런 것들 때문에 결국엔 그 단체와 끝장을 냈죠."[11]

극단주의 집단의 리더들은 대체로 일원들을 외부의 영향으로부터 단절시키기 위해 애를 쓴다. 외부에서 자기 확신을 얻을 대안을 찾을까 봐 걱정하는 것이다. 사이비 종교(예를 들어, 짐 존스의 인민사원Peoples Temple)들이 대개 이런 식이어서 일원들을 사회로부터 격리시켜 외부 세계와 접촉하지 못하게 한다.[12] 자살폭탄 테러단도 마찬가지다. 의도적으로 단원들을 그들의 공동체에서 떼어놓는다.[13] 이것은 사회학자들 사이에서 '포기

불확실한 걸 못 견디는 사람들

renunciation'라고 일컫는 과정으로, '집단의 응집력을 분열시킬 만한 관계를 모두 차단해 개인과 집단의 관계를 강화하는 것'[14]이다. 이처럼 포기에 이르게 하기 위해 집단을 지리적으로 단절시키거나 일원들의 외부 접촉을 최소화하는 규칙과 규범을 세우기도 한다. 일원들이 외부 사람과 만나거나 교류하면 다른 관점이나 가치관을 접하기 때문이다. 우리는 자신이 좋아하거나 사랑하는 사람들과 서로 공감하기를 원하기 때문에 누군가와 친해지면 그 사람의 관점을 열린 마음으로 받아들일 가능성이 높다. 이렇게 되면 마음에 변화가 생겨 그 집단에서 완전히 벗어날 수도 있다.

인터뷰에 참여한 한 사람은 이 과정이 교도소에서 처음 시작되었다고 고백했다. 어느 날 그가 신나치주의 동지들과 싸움을 벌이게 되었는데, 터키계 수감자가 와서 그의 편이 되어주었다. 이 사건을 계기로 작은 균열이 일어났고, 이것은 점점 더 넓게 갈라졌다.

제가 동지들에게 얻어맞을 때 터키 수감자가 저를 도왔어요. 도저히 받아들일 수 없는 일이었어요. 우리는 같이 외출을 나갔다가 터키 요리를 먹으러 갔어요. 그러다 다른 화제로 넘어가게 되었죠. 우리는 우연히 독일인의 미덕이 뭔지 이야기를 나눴어요. 내가 질서, 기강, 시간 엄수라고 답하자 터키인 친구가, 그러면 자기야말로 철저한 독일인이라고 하더군요. "나는 물건들을 가지런히 정리해 둬. 내가 사는 아파트에 가보면 알 거야. 난 기강이 잡혀 있고 항상 시간을 잘 지키기도 해. 작업이 시작되기 10분 전에 가 있는다고. 내가 정말 독일인이네." 어떤 점에서는 그의 말도 맞았어요. 조금 지나니까 차츰 말이 된다는 생각이 들기 시작하더군요.[15]

극단주의자들을 회유하려는 시도

최근 몇 년 사이 폭력적인 극단주의자들을 그들이 활동 중인 영역에서 끌어내리려는 시도가 국가적인 차원에서 이루어지고 있다. 독일에서는 이런 프로그램을 이미 수십 년 전부터 운영했다. 이런 집단이 다시는 독일에서 세력을 얻지 못하도록 경계하려는 국가 차원의 노력을 상징적으로 보여주는 프로그램이다. 사우디아라비아, 싱가포르, 이라크를 비롯한 여러 지역에서도 이런 프로그램을 운영하고 있다. 주로 이슬람 극단주의자들에게 초점을 맞춰, 그들이 스스로 가치와 중요성을 깨닫고 대안적이고 평화로운 길로 돌아올 수 있도록 권유하며 잘못된 신념을 바로잡기 위해 노력한다.

나는 운이 좋게도 LTTE 일원들의 탈과격화 프로그램을 평가할 수 있는 기회를 얻었다. 2009년 스리랑카 정부에서는 LTTE를 무너뜨리고, 이 조직이 벌여 온 오랜 전쟁을 끝내기 위해 과감한 시도에 나섰다. 당시의 국방부 장관이자, 이후 스리랑카 대통령이 된 고타바야 라자팍사Gotabaya Rajapaksa가 스리랑카의 군대 규모를 두 배로 늘리고 혹독한 군사작전을 펼친 끝에 약 2만 명의 사망자가 발생하며 결국 LTTE는 제압되었다. 이때 LTTE의 수장인 벨루필라이 프라바카란Velupillai Prabhakaran도 사망했고, 남은 11,500명의 사람들은 군대에 항복했다.

이들은 처음에는 무거운 처벌을 받을까 봐 두려워했지만, 걱정과는 달리 탈과격화 프로그램을 받으면서 극단주의를 버리고 다시 스리랑카 주류 사회로 돌아갈 수 있었다. 그들은 교육, 예술, 직업 훈련 등 여러 활동에 참여했다. 이 프로그램에서는 자신감과 자기 확신의 회복을 목표로 삼아, 수감자들을 최대한 배려하고 존중하는 것에 중점을 두었다. 대규모 수용소 내에서 자유롭게 이동하도록 허용했고, 종교 활동도 자유롭게 할 수 있도록 허락했다. 수용 센터를 감독하는 군인들은 무장하지 않았고, 무장 경비병들은 수용소 주변에서만 경계를 서게 했다. 또한 타밀족 지역 사회에서 존경받는 사람들이 수감자들을 돕고, 모범적인 본보기가 되어 주었다. 또한 수감자들이 직업적, 사회적, 정서적 기술을 키워 다시 지역 사회 속으로 통합될 수 있게 의욕을 북돋워 주었다.

우리 팀은 이 과정을 추적해 심도 있게 연구했다. 약 1년간 이어진 프로그램 과정 도중 세 번에 나눠 수감자들을 대상으로 설문조사를 실시하기도 했다. 이때 프로그램의 전 과정을 완료한 수감자의 표본을 대조군과 비교할 수 있었던 점을 생각하면, 우리는 특히 운이 좋았던 것 같다. 대조군은 우리의 연구와는 무관한 이유로 훨씬 제한된 프로그램을 이수한 사람들이었는데, 두 표본군을 비교해 보니 그해 말까지 프로그램 전체를 이수한 사람들이 '싱할라족을 향한 폭력'에 대해 대조군 사람들보다 훨씬 온건한 반응을 나타냈다. 이런 결과를 보면 이 프로그램은 확실히 성공적이었던 것 같다. 훨씬 더 흥미로운 설문조사 결과도 있었다. 탈과격화 프로그램의 전 과정을 이수한 수감자들 사이에서 자기 가치감이 눈에 띄게 높아진 점이었다. 이런 변화는 프로그램 전 과정을 체험한 수감자들이 더 이상 폭력 행위를 지지하지 않도록 하는 **주요 원인**이기도 했다.[16]

다시 말해, 사람들을 극단적인 집단으로 떠미는 불확실성의 감소가 그들이 극단주의에서 완전히 손을 떼고 다시 온건성을 띨 수 있도록 이끈다는 의미다. 극단주의 집단이 집단 내의 균열이나 굴욕(예를 들어, 군사적 패배) 탓에 일원들의 욕구를 더 이상 만족시키지 못할 때, 이들은 욕구를 충족할 수 있는 다른 방법들에 마음을 열 수 있다.

신성한 가치와 희생할 각오

불확실성이 불편하고 거북한 이유는 이것이 우리 자신에게 의문을 갖게 하기 때문이다. 존엄성을 갈망하는 마음은 우리 행동에 영향을 미치는 강력한 동기다. 가치에 대한 위협만이 아니라 슈퍼스타나 영웅, 순교자가 되어 존엄성을 크게 높일 기회 또한 이런 동기가 될 수 있다. 사람들이 극단주의 집단에 들어가는 것은 단지 위협받는 자기 가치감을 바로잡기 위해서만이 아니다. 그 집단의 일원이 됨으로써 얻을 수 있는 영광과 존재감 상승 때문인 경우도 많다. 예를 들어, IS(이라크와 시리아에서 활동했던 테러리즘 무장단체-옮긴이) 입대자들 중에는 부유하고 존경받는 가문 출신들이 많다. 많은 이들이 고등 교육을 받거나 의학 혹은 공학 분야 등의 전문 학위를 소지하고 있어 번듯한 직업을 가질 수 있는데도 모든 기회를 포기하고 입대했다. 그 이유는 자신의 존재감을 높일 기회가 마음을 잡아끌었기 때문이다. 다시 말해, 알라신을 위해 싸우는 매력적인 전사가 되는 영광에 혹해서였다.

인류학자 스콧 아트란Scott Atran은 '신성한 가치sacred values'의 연구에 매진했다. 그가 말하는 신성한 가치란 극도의 희생을 정당화하는 집단에게 지극히 중요한 가치를 가리킨다. 신성한 가치는 희생할 각오가 되어

불확실한 걸 못 견디는 사람들

있는 사람들에게 극도의 존재감을 수여한다. 신성한 가치는 아무리 많은 돈이나 물질 자원으로도 보상할 수 없으며, 사람들은 이 가치 앞에서 감히 배신이라는 생각조차 할 수 없다.

연구에서 밝혀진 바에 따르면, 자신이 집단의 일원이라는 사실에 늘 신경 쓰며 '그 집단과 한 몸'인 것처럼 느끼는 사람들은 필요하면 무엇이든 할 준비가 되어 있었다.[17] 이런 '내집단 윤리', 즉 무슨 일이 있어도 집단을 지키려는 충성심은 진화론적으로도 깊은 뿌리를 가진다. 찰스 다윈은 '도덕성, 애국심, 충성, 복종, 용기, 연민'의 가치를 '자연 선택'의 결과로 판단했다.[18] 그러면서 이런 가치들이 집단 안에 잘 자리잡고 있으며, 영웅과 순교자가 있는 집단이 역사의 냉혹한 생존 경쟁을 지배할 것이라고 내다봤다.[19]

아트란의 연구에서 감탄스러운 점 한 가지는, 명분을 위해 모든 것을 희생할 각오가 되어 있는 헌신적인 사람들의 행동을 살펴본 현장 조사다. 2016년 이라크의 쿠딜라 전쟁에 대한 연구가 그 인상적인 사례다. 쿠딜라 전쟁은 연합군이 IS가 장악한 최대 도시, 모술을 탈환하기 위해 시작한 전쟁이었다. 쿠르드족의 군사 조직 페슈메르가와 이라크군, 아랍 수니파 민병대를 포함한 연합군의 규모가 수백 명에 달했던 것에 비해 IS의 전사들은 겨우 90명이 될까 말까 했다. 치열했던 전투에서 IS 전사 중 50퍼센트가 목숨을 잃었고, 그중에는 12명이 넘는 자살공격단원도 있었다.

아트란의 연구진은 다수의 연합군 전사들과 인터뷰를 나눠 그들이 자신들의 집단과 어느 정도의 '융합감'을 느꼈는지 알아봤다. 아트란은 소속 집단의 '신성한 가치'에 대한 헌신도도 함께 평가했다. 페슈메르가의 경우에는 쿠르드족 문화의 정체성인 쿠르디티Kurdeity가, 수니파 아랍인들의 경우에는 '아랍적인 것Arabness'과 이슬람 공동체를 의미하는 '움마'와 '가족'이 영웅적 행위와 순교를 선택할 만한 신성한 가치였다.

극단주의의 부정적인 면이라면 '해결하기 어려운 끝없는 갈등'을 들 수 있을 것이다. 아트란과 진제스Ginges가 지적한 것처럼 '수두룩한 역사적·비교문화적 증거가 증명하듯이 신성한 가치들의 경쟁으로 갈등이 생기면 집단 간 폭력이 수십 년 혹은 심지어 수백 년 동안 이어질 수 있다. 다른 상황이었다면 그냥 평범한 것들로 여겼을 현상들(사람들, 장소, 물건, 사건)을 둘러싼 분쟁이 실존적 투쟁으로 바뀐다. 세속적인 문제가 신성화되어 그 어떤 물질적 보상이나 처벌에도 타협 불가한 문제가 된다.[20]

요약 정리

자기 확신이나 회의감, 열등감은 우리 모두에게 영향을 준다. 사람들은 자신이 속한 집단에서 중요하게 여기는 가치에 대해 헌신을 확인하는 식으로 존엄성과 자기 가치감을 회복하려 한다. 이런 동기에 따라 집단의 윤리 기준을 멸시하여 따르지 않는 사람들을 처벌하거나, 직접 행동에 나서 헌신을 증명하거나, 자기가 한 말을 실제 행동으로 보여주기도 한다.

야심 찬 목표로 영광을 약속하는 극단적 집단에 들어가면 엄청난 존재감을 얻을 수 있다. 하지만 바로 이런 자기 가치감 추구가 극단주의 집단에서 벗어나 다시 주류 사회로 돌아올 수 있게 하는 원인이 되기도 한다. 극단주의 집단이 그 일원들에게 중요

불확실한 걸 못 견디는 사람들

하고 존경할 만한 사람으로 느끼게 해주겠다는 약속을 더 이상 이행하지 않을 때 특히 그렇다.

1. 당신이 생각하기에 자신의 장점은 무엇인가? 반대로 약점은 무엇인가? 약점을 극복하려 했던 적이 있는가? 그때 어떻게 행동했는가?

2. 별나거나 극단적인 일을 하고 싶었던 적이 있는가? 있다면 어떤 상황에서 그런 끌림을 느꼈는가? 그런 적이 없다면 당신은 온건한 편인가?

3. 테러리스트들과 폭력적인 극단주의자들이 끔찍한 짓을 벌이고 있다고는 하지만, 그들이 그런 행동을 하도록 만든 심리적 요인에 관해서는 이해할 수 있는가? 그런 요인이 어떤 식으로든 그들이 벌인 행동의 결과에 대한 책임을 면해줄까?

4. 당신 주변의 누군가가 폭력적인 조직에 들어가려 한다면 어떻게 말리겠는가?

| 3부 |

불확실성을 포용하는
현명한 방법

10

한 줄기 희망을 보는
긍정의 시선

불확실성은 다음의 두 가지 측면에서 주관적인 경험이라 할 수 있다. 첫 번째는 똑같은 상황에서 누군가는 불확실성을 느끼지만 누군가는 그렇지 않다는 것이다. 한 예로, 난기류가 발생해 흔들리는 비행기 안에서도 두려움에 떠는 승객들과 달리 경험 많은 승무원은 불확실성을 거의 느끼지 않는다. 두 번째는 불확실성을 느끼면 어떤 사람은 두려움과 불안을 느끼는 반면 누군가는 긍정적인 자극을 받을 수도 있다는 점이다.

로르샤흐 잉크반점검사(스위스의 정신의학자 헤르만 로르샤흐Hermann Rorschach가 고안한 인격 진단검사. 좌우 대칭의 잉크 얼룩이 있는 10장의 카드로 진행하는데, 카드에 나타난 얼룩을 보여주면서 피험자의 반응 속도, 피험자가 주목한 특징 등을 종합적으로 기록하여 정신 상태와 인격을 진단함-옮긴이)처럼, 상황은 보는 사람에 따라 크게 달라질 수 있다. 어떤 이들에게는 불확실성이 잠재된 위험을 상기시켜 억눌려진 공포를 불러낸다. 또 어떤 이들에게는 불확실성이 가슴 설레는 모험과 발견을 연상시킨다. 만족감이나 영광, 존재감을 약속하는 새로운 가능성의 의미로 다가오기도 한다.

버락 오바마 대통령의 참모총장이었던 람 이매뉴얼Rahm Emanuel은 이렇게 말한 적이 있다.

"심각한 위기를 헛되이 낭비해서는 안 된다. 다시 말해, 이런 위기야말로 전에는 할 수 없었던 일들을 해볼 기회라는 뜻이다."

세계적으로 유명한 셰프이자 레스토랑 경영자 호세 라몬 안드레스 푸에르타José Ramón Andrés Puerta가 바로 이런 신념에 따라 사는 사람이다. 미국에서 가장 유명하고 가장 성공한 셰프로 꼽히는 그는 보통 '호세 안드레스'로 불리며 수많은 업적을 자랑한다. 그는 미국 주요 도시에 레스토랑 여러 개를 소유하고 있다. 고국인 스페인에서는 TV에도 나오는 유명 인사다. 작가이자 혁신가이기도 해서 미국에 타파스(작은 접시에 담겨 나오는 스페인의 전채 요리-옮긴이)의 개념을 들여와 보급시킨 장본인으로 인정받고 있다. 하버드대와 조지 워싱턴대 같은 명망 있는 대학에서 요리 강습을 하기도 했다. 2019년에는 셰프로는 최초로 노벨 평화상 후보에 오르는 영예를 안았다. 하지만 그의 후보 지명은 뛰어난 요리 실력 때문이 아니었다(노벨상에는 아직 요리 부문이 없다). 요리 관련 활동이 아니라, 자신이 세운 비영리 단체 월드센트럴키친World Central Kitchen을 통한 재난 구호 활동을 인정받아 후보에 오른 것이었다.

재난이 닥쳐 불확실성과 혼란이 만연한 시기마다 안드레스는 타격을 입은 지역의 이재민 수백 명에게 무료로 따뜻한 음식을 제공했다. 그가

불확실한 걸 못 견디는 사람들

도움을 준 이재민 중에는 2017년 허리케인 마리아로 치명타를 입은 300만 명 이상의 푸에리토리코인과 2019년 바하마 제도를 강타한 허리케인 도리안의 생존자 10만 명 이상뿐만 아니라 휴스턴, 텍사스, 캐롤라이나, 캘리포니아의 자연재해 이재민들도 있었다. 코로나 팬데믹이 전 세계를 덮쳤던 2020년 2월에는 동료들과 함께 일본 요코하마 항을 찾아 격리되어 있던 크루즈선 승객과 승무원들에게 무료 식사를 제공했다.

그리고 2020년 3월에도 캘리포니아주 오클랜드 앞바다에 정박한 그랜드 프린세스호에서 오도 가도 못하던 승객과 승무원들에게 식사를 제공했다. 다른 이들은 비관적 전망만 보고 있을 때 안드레스는 자신이 할 수 있는 일들을 찾아냈고, 그 과정에서 인도애를 펼치며 노벨상 후보에 오를 만한 면모를 보여줬다. 비록 수상에는 실패했지만, 고통받는 이웃들을 위해 그가 펼친 일들은 위태롭고 혼란스러운 상황에서도 긍정성을 잃지 않은 빛나는 사례이다.

불확실한 상황이 영웅적인 행동을 위한 기회가 될 수도 있다. 수백만 명의 젊은이들이 십자군 전쟁에 자원하도록 자극했던 동기는 기회 의식과 미지의 세계에 대한 도전 정신이었다.[1] 영웅이 되려는 욕구는 수천 명의 젊은이들이 알카에다와 IS에 들어가도록 자극했을 뿐만 아니라, 1930년대 스페인 내전에 전 세계에서 수천 명이 자원해서 참전하게 된 동기로 작용하기도 했다.[2] 종교적 이념이든, 사회적 이념이든 가릴 것 없이 이념은 사람들이 자신의 목숨을 기꺼이 희생하려는 진짜 이유가 아니다. 진짜 이유는 오히려 타인에게 인정받고, 존엄성과 사회적 가치감을 얻고 싶은 본능적 욕구다.

이런 욕구와 관련한 인상적인 사례로, 마이클 엔라이트Michael Enright 의 삶을 살펴보자. 엔라이트는 영국 맨체스터 출신으로 수십 년을 할리우드 배우로 활동했다. 하지만 2017년 51세의 나이로 쿠르드족 민병대YPG와 함께 IS에 맞서 싸우기 위해 군에 자원했다. 당시의 시리아는 그곳보다 더 위험하거나 불확실한 상황이 없다고 해도 과언이 아닐 정도로 위태로웠다. 부상당하거나 사망할 가능성이 높은데도 엔라이트는 자신의 결정을 후회하지 않았다.[3] 어떤 사람들은 안락한 할리우드에서의 삶을 벗어난 행동을 어리석게 바라보겠지만, IS에 맞서 싸우는 일이 아무리 불확실하고 위험천만한 일이라도 엔라이트에게는 이것이 존재감을 확인할 절호의 기회였다. 그가 동경하는 이상대로, 이것은 거룩한 이상주의자이자 무고한 이들의 수호자가 될 수 있는 기회였다. 불확실한 세계로 뛰어들어 죽음의 위험을 무릅썼던 경험은 역설적이게도 그에게 자신에 대한 확신감과 함께 새로운 꿈을 품게 했을 것이다. 그에게는 이런 가치가 안락함과 편안함보다 중요했을 것이다. 누군가에게는 상실과 고통의 가능성만 보이는 불확실성이 엔라이트 같은 사람들에게는 성취감과 존재감, 이루 말할 수 없는 영광을 얻을 기회가 된다.°

° 엔라이트는 30년 전 미국 비자가 완료된 뒤 불법 체류를 해왔던 터라 미국으로 돌아갈 수 없었다. YPG에 협력한 전력 때문에 테러리스트로 낙인찍힐까 봐 영국으로 돌아가는 것도 염려스러운 일이었다. 현재, 그는 중미의 벨리즈에서 뚜렷한 생계 수단도 없이 고립되어 살고 있다.

불확실한 상황에서도 희망을 찾으려면

우리는 불확실한 상황에서도 각기 다른 면을 본다. 누군가는 좋지 않은 일이 일어날 가능성을 먼저 보고, 다른 누군가는 기회를 알아본다. 누구나 아는 유명한 말처럼, 누군가는 잔에 물이 반밖에 없다고 하고 다른 누군가는 잔에 물이 반이나 남았다고 한다. 여기에서 중요한 의문점 하나가 떠오른다. 이런 인식의 차이와 더불어, 불확실성을 대하는 낙관적 태도나 비관적 태도를 좌우하는 것은 무엇일까? 그 답을 알기 위해서는 인간의 행동 동기에 대한 아주 기본적인 사실부터 이해해야 한다. 인간의 행동 동기가 심리학에서 말하는 **가치**value와 **예상**expectancy이라는 2개의 요소로 이루어져 있다는 사실이다.

'가치'란 어떤 일이나 결과의 바람직함 혹은 바람직하지 않음을 뜻한다. 엔라이트의 경우를 예로 들면 가치의 문제는, 용감한 영웅으로 환호받는 것이 그에게 얼마나 바람직한 일이고 심각한 부상을 입거나 적에게 포로로 잡히거나 심지어 죽음에 이르는 것이 얼마나 바람직하지 않은 일인지가 된다. '**예상**'이란 바람직하거나 바람직하지 않은 결과가 일어날 가능성에 대한 느낌이다. 말하자면 똑같은 객관적인 상황, 가령 IS와의 전투에 합세하기 위해 시리아로 가는 상황에서 누군가에게는 '인정과 영광을 얻을 가능성'이 '다치거나 죽을 가능성'보다 크게 느껴질 수 있다. 이런 사람은 명분을 위해서라면 기꺼이 죽을 위험을 무릅쓰겠다고 말할 것이다. 영광의 가능성을 우선으로 여겨 치명적 부상이나 죽음의 가능성에 대해서는 연연하지 않고 전쟁에 자원하는 수천 명의 군인이 바로 이런 경우일지 모른다.

이 개념을 다음과 같이 더 명확하게 표현할 수도 있다. 불확실한 상황을 낙관적으로 여기고 그 안에서 '밝은 희망'을 보려면, 바람직한 결과에 대한 예상의 합이 바람직하지 않은 결과에 대한 예상의 합보다 더 커 보여야 한다. 마찬가지로 불확실한 상황을 비관적으로 보려면 바람직하지 않은 결과에 대한 예상의 합이 바람직한 결과에 대한 예상의 합보다 커야 한다. 예를 들어, 가치가 상승할 수도 있고 하락할 수도 있는 주식의 매수를 고려 중이라고 가정해 보자. 낙관주의자는 상승의 가능성을 하락의 가능성보다 높게 보고 매수에 나설 테고, 비관주의자는 하락의 가능성을 높게 보고 매수를 보류할 것이다.

향상 초점과 방어 초점

그런데 낙관적인 판단을 내리는 성향은 어떻게 갖게 되는 걸까? 어떤 사람들은 자신에게 일어날 수 있거나 자신이 이룰 수 있는 좋은 일들에 자연스럽게 초점을 맞춘다. 운이 좋아야 얻을 수 있는 명성과 재산을 꿈꾸고, 그 꿈을 이룰 기회를 잡는다. 그런 사람들은 내 좋은 벗인 컬럼비아대 교수 토리 히긴스Tory Higgins가 정의 내린 대로 '향상 초점promotion focus'을 드러내는 것이다. 한편 재앙에 대한 두려움 속에 사는 사람들도 있다. 이런 사람들은 이루기 어렵거나 불가능해 보이는 목표를 바라기보다는 일단 자신이 두려워하는 불운으로부터 안전하다는 점에 만족한다. 토리 히긴스 식대로 말해 '방어 초점prevention focus'을 따르는 것이다.[4] 그

불확실한 걸 못 견디는 사람들

렇다면 향상 초점과 방어 초점은 어떻게 키울 수 있을까? 상당 부분은 성장 환경, 즉 가족 역학과 연관이 있다. 다음은 그 과정을 보여주는 실제 사례다.

스미스 형제와 초점의 차이

폴과 존 스미스(가명) 형제는 큰 산업도시의 부유한 집안에서 태어났다. 폴은 맏이였고 존은 막내였다. 둘째 딸로 태어난 헬렌도 있었다. 아버지와 어머니 모두 성공한 전문직 종사자였고 자신들이 속한 분야에서 널리 존경받았다. 아버지는 명성 높은 학자였고, 어머니는 영양학 분야에서 알아주는 혁신가였다. 그러니 놀랄 일도 아니겠지만 입 밖으로 말하지만 않았을 뿐, 이 가정에서는 뛰어난 실력과 성공이란 개념이 모든 가족 구성원의 생활에 영향을 미쳤다. 흥미롭게도 이런 배경이 폴과 존에게 전혀 다른 영향을 미쳤다.

폴은 조숙하고 지적 재능이 뛰어나서 어릴 때부터 가족들의 기대를 한 몸에 받았다. 아버지를 계승해서 집안에 명예와 명성을 안겨줄 것이라는 기대가 폴의 내면에 뚜렷이 각인되었다. 반면 존은 상대적으로 주목을 덜 받으며 자라서 집안의 명예를 지키고 훌륭한 집안의 자식다운 자질을 보여줘야 한다는 부담을 거의 느끼지 않았다. 가족의 역학이 두 형제에게 완전히 다른 사고방식과 성격으로 나타나면서, 둘은 향상 초점과 방어 초점의 차이를 극명하게 보여줬다.

폴에게 가해진 압박은 폴이 견딜 수 있는 수준 이상이었다. 가족 모두의 시선이 자신에게 쏠려 있는 듯한 느낌은 '실패에 대한 두려움'을 불러왔다. 어른들의 기대에 부응하지 못할까 봐, 자신이 가장 중요하게 생각하는 사람(아버지)에게 좋은 평가를 받지 못하고 실망시킬까 봐 무력감이 들 정도였다. 실패에 대한 끝없는 두려움은 결국 방어 초점으로 변해 부정적인 행동 패턴을 키웠다. 폴은 마약과 술에 빠져 박사가 되기 위한 과정에서 중도 하차했고 일정한 직업도 구하지 못한 채 평생 가족의 금전적 지원을 받으며 살아갔다.

존은 형과 전혀 다른 삶을 살았다. 존 역시 성공의 가치를 높이 평가하는 환경에서 자랐지만, 가족의 기대로부터 자유로웠고, 그 덕분에 확실한 향상 초점형의 사람으로 자랐다. 야심에 차고 근면한 성격이라, 어려운 문제가 생기면 주저 없이 대처했다. 결국은 자신의 힘으로 뛰어난 학자가 되어, 아버지의 업적마저 능가할 만큼 크게 성공했다.

향상 초점을 유도하는 법

향상 초점이 불확실한 상황에 맞서는 데 매우 유용한 요소라면, 이것을 의식적으로 키우거나 유도할 수 있는 방법은 없을까? 향상 초점과 방어 초점을 발견하고 연구한 과학자 히긴스에 따르면 '양육'이 그 주된 결정 요소다. 아이가 잘하면 보상하고 반대의 경우 부모의 애착을 거두는 식의 양육은 향상 초점을 유도해 향상 초점형의 정서 반응, 즉 보상 성취에 대한 열의 혹은 보상 성취 실패에 대한 낙담을 키운다.

반대로 방어 초점을 유도하는 양육은, 아이가 잘못하면 벌을 주고 잘하면 무덤덤하게 반응하거나 반응을 보이지 않는 식의 양육이다. 이런 유형의 양육은 실패하면 큰 불안과 동요를 느끼고 실패를 피하면 안도하는 식의 방어 초점형 정서 패턴을 키운다. 흥미롭게도 방어 초점형의 사람들은 성공에 대해서도 별다른 반응을 보이지 않는다. 성공을 해도 기뻐하지 않고, 그저 실패를 피한 것에 위안을 느낄 뿐이다.

향상 지향성을 키우는 양육법

양육에서 향상 지향성을 키우는 중요한 요소로는 '성공에 대한 보상' 말고 한 가지가 더 있다. 아이에게 부모의 감독 없이 스스로 목표를 실행하도록 하는 '자립성의 허용'이다. 부모가 아이의 자립성을 허용하면 '우리는 네 능력을 믿는다'는 메시지를 전하는 한편, 아이가 실수를 통해서만 배울 수 있는 '우발성偶發性(예기치 않게 우연히 발생하는 성질-옮긴이)'을 터득해 이런저런 난관을 뚫고 나갈 기술과 전략을 스스로 키울 수 있게 된다.

세 아이의 엄마이자 하이테크 분야에서 성공한 CEO인 이스라엘의 작가 인발 아리엘리Inbal Arieli는 자신의 책『후츠파Chutzpah』(2019)을 통해 이스라엘 부모들이 자녀 교육에서 중요하게 여기는 '자립성'이 이스라엘 국민들의 훌륭한 자질 중 하나인 '자기 확신'에 큰 도움이 된다고 이야기한다. 자립성이 '남들은 발을 들여놓기 두려워하는 곳'에 기꺼이 달려가게 하고, 그 덕분에 이스라엘이 과학과 기술을 비롯한 여러 영역에서 전 세계적으로 뛰어난 위상을 보여주는 것이라고 주장한다. 이스라엘은 세계에서 가장 작은 나라 중 하나로, 국토 면적은 미국 뉴저지주의 크기와 비슷하고 미시간호의 절반 크기밖에 되지 않는다. 하지만 세계지식재산권기구WIPO, 세계혁신지수GII, 세계경제포럼WEF 세계경쟁력 보고서의 순위에서 꾸준히 상위권을 차지하고 있다. 2009년 「뉴욕 타임스」 베스트셀러 『창업국가Start-up Nation』에 따르면, 이스라엘은 인구 1,400명당 스타트업이 1개꼴로 1인 기준 창업 비율이 다른 어떤 나라보다 높았다. 실리콘밸리(미국 전체가 아님에 유의)에만 뒤처질 뿐이다. 2019년 GII 보고서에서는 인구 대비 공학자 수가 가장 많고, 국내총생산GDP 대비 연구개발 지출 비율이 가장 높으며, 인구 100만 명당 과학자 수가 가장 많을 뿐만 아니라 기업체의 연구개발 분야를 담당할 전문 인재의 수도 가장 많다고 한다.

아리엘리는 "이것이 무수한 난관과 위험이 난무하는 유년기를 보내는 환경에서 이스라엘인들을 길러낸 유일한 양육 방식이며, 이런 양육법이 이스라엘 창업 문화의 뿌리가 되었다."[5]라고 말하며 다음과 같이 덧붙였다.

우리는 아들이든 딸이든 아이가 머리를 가눌 수 있는 순간부터 두려움이나 속박 없이 자유롭게 주변 세상을 탐험할 수 있게 한다. 그런데 이것이 말로는 쉽지만 실행하기가 참 어렵다. 나도 첫아들 요나탄을 얻었을 때 막상 그렇게 하려니, 이런저런 걱정을 하지 않을 수가 없었다. 하지만 내가 해줄 수 있는 일은 그런 불안과 두려움을 아들에게 옮기지 않는 것

불확실한 걸 못 견디는 사람들

뿐이라는 사실을 깨달았다. 그런 결정을 내리기가 비교적 쉬웠던 이유는 내 주위에 같은 선택을 한 엄마들이 많았던 덕분이었다. 우리는 아이를 안전하게 지키거나 아이에게 우리가 아는 것을 가르쳐주는 것만이 아니라, 아이에게 '진정한 자립성'을 길러주는 것도 우리가 해야 할 일이라고 생각했다.[6]

아이가 자립성을 가질 수 있도록 돕는 것이 아이의 자기 확신과 존재감에 도움이 된다는 생각은 실험에 근거한 연구로도 꾸준히 증명되었다.[7] 아리엘리는 이스라엘 아이들에게 어릴 때부터 허용되는 자립성의 원칙 몇 가지를 소개하기도 하는데, 그중 하나가 '제약적 체계가 없는 상태'다. 그녀의 말에 따르면 무질서 상태이자, 히브리어로 '발라간balagan' 이다. 그녀의 말을 옮기자면 이렇다.

유치원에서 어른들은 웬만해선 아이들의 놀이에 끼어들지 않는다. 구조물을 어떻게 오르고 미끄럼틀은 어떻게 타는지 등을 가르쳐주지 않고, 아이들이 놀이터 기구를 통상적이지 않은 방식으로 이용하려 해도 바로잡지 않는다. 어른들은 관습에 얽매이지 않는 행동에 대한 높은 관용을 보여준다. '발라간'은 사회적 행동과 놀이에 관해서만은 엄격한 규칙 대신 모호함을 조장해 아이가 삶의 예측 불가능성에 대처하기 위한 기술을 기를 수 있게 해준다.[8]

어수선한 환경과 유연하고 체계 없는 놀이가 확실성에 도움이 된다는 생각은 과학적 연구로도 뒷받침되었다. 베레타Berretta와 프리베테Privette 는 4학년 남학생과 여학생(9~10세) 184명을 대상으로 놀이가 창의적 사고에 미치는 영향을 연구했다.[9] 연구진은 아이들에게 굉장히 체계적인 유형 혹은 반대로 매우 유연한 유형의 미술·연극·놀이터 활동을 하게 했다. 그 결과 창의적 사고 테스트에서 유연한 놀이를 골랐던 아이들이 체계적 놀이를 골랐던 아이들보다 월등히 뛰어난 성과를 보여줬다.

아리엘리의 말처럼, 이스라엘에서는 다른 문화에서는 대체로 아이들을 엄격히 감독하는 영역에서 오히려 아이들을 믿고 책임감을 부여한다. 한 예로, 제33일절(유월절 2일째부터 33일째 되는 날-옮긴이)에 피우는 큰 모닥불을 아이가 직접 관리하도록 해서, 이 일에 관해서만은 거의 완전한 자유를 보장한다. 또 다른 예로, 매일 어른들의 감독 없이 동네로 나가 놀게 하면서 늦지 않게 집에 돌아오는 것도 아이가 스스로 알아서 하도록 믿고 맡기기도 한다.

책임감을 배우는 과정을 통해 자립심을 키우는 방식의 '청소년 운동' 은 전 세계에서 이스라엘이 거의 유일하다고 할 수 있다. 이런 성격의 운동이 수십 개에 이르며(아리엘리가 조사한 바로는 55개), 그중 가장 규모가 큰 운동은 회원 수가 85,000명인 티소핌Tsofim, 즉 스카우트단이다. 다른 나라에서는 보이스카우트와 걸스카우트의 임무가 대체로 개인주의적인 성격을 띠므로 회원들이 즐거운 야외 활동을 즐기며 캠핑이나 하이킹, 야생생물 관찰, 친구 사귀기, 놀이 등의 기술을 키우는 반면, 티소핌은 집단을 매우 중요하게 여기므로 공정하고 포용적인 사회를 만드는 데 일조하는 활동의 가치를 강조한다.

이스라엘 학생들의 적극성

미국 굴지의 대학으로 손꼽히는 유명 대학에서 심리학 교수로 근무 중인 한 친구는 이스라엘 사람들의 대담함을 보여주는 재미있는 이야기를 하나 들려주었다. 이 친구는 이스라엘 헤르츨리야 소재의 학제 간 융합 센터에서 선발한 학생들에게 여름학교 수업을 지도해 달라는 요청을 받았다. 그는 학생들을 소그룹으로 나눠 적극적인 토론 활동을 벌이도록 수업 계획을 짰다. 학생들의 참여를 확실히 유도할 만한 최상의 교수법에 맞춰 꼼꼼히 신경 쓴 계획안이었다.

그런데 학생들에게 수업 계획을 자세히 설명하자, 학생들은 불만스러워하며 반대 의사를 드러냈다. 자신들끼리 수업 주제를 놓고 토론하기보다 교수님의 강의를 듣고 싶다고 이야기한 것이다. 친구는 상당히 놀랐긴 했지만 학생들의 적극적인 동참 속에 수업 구상을 수정했고, 학생들의 바람에 맞춰 수업을 진행했다. 이 친구의 말로는 수업 결과가 매우 훌륭했다고 한다. 다른 곳에서의 수업 지도 경험과 비교할 때, 학생들이 수업에 적극적으로 잘 참여해 그가 기대했던 수준보다 훨씬 큰 성과를 거뒀다고 한다.

이스라엘 스타일의 양육에는 청소년들에게 권한을 주고 자기 확신을 키우는 데 도움이 되는 여러 요소들이 결합되어 있다. 특히 자율성을 부여하는 동시에 부모의 신뢰를 보여주고, 아이들이 책임감 있게 행동할 것이라는 기대를 숨기지 않는 점이 인상적이다. 그뿐만 아니라 가족과 공동체에 대한 강한 유대감으로 청소년들뿐만 아니라 어른들 역시 안전한 피난처와 안정된 지지 기반을 마음 깊은 곳에서부터 느낄 수 있다. 이 모든 요소가 청소년들이 대담한 자세를 갖추게 하는 한편, 삶의 불확실성이 불러오는 모험에 기꺼이 도전하게 한다.

상황에 따라 초점을 유도할 수 있다

양육 방식이 아이들의 방어 초점이나 향상 초점 성향에 일조한다면, 어른들은 어떨까? 향상 초점이나 방어 초점을 자유자재로 갖추거나 조절할 수 있을까? 2개의 초점이 우리가 일상적 난관들에 대처하는 데 어떤 의미를 가질까? 예를 들어 향상 초점을 가지면 커리어에서 더 의욕적인 포부를 품고, 더 뛰어난 실력을 쌓거나 목표를 이룰 수 있을까? 히긴스의 연구 결과에 따르면 이 모든 일이 실제로 가능하다. '성공으로 거두는 이득'에 생각의 초점을 맞추면 즉각적으로 향상 초점이 생기는 반면, '실패에 따른 손실'을 생각하면 즉각적으로 방어 초점이 일어나기 때문이다.

히긴스와 동료 연구진은 여러 차례의 실험에서 즉각적 방어 초점과 향상 초점 상태를 유발시켰다. 그중 한 연구에서는 대학생 실험 참가자들에게 두 가지 과제를 수행하게 했는데, 첫 번째 과제의 성공이나 실패 여부에 따라 두 번째 과제가 재미있고 즐거운 과제('운명의 수레바퀴Wheel of Fortune' 게임)일지 따분하고 재미없는 과제('변화가 없는 반복형')일지 결정되는 방식이었다.[10] 첫 번째 과제는 25개의 쉬운 애너그램(철자 순서를 바꿔

불확실한 걸 못 견디는 사람들

새 단어를 만드는 일-옮긴이) 풀기였다. 향상 초점 조건의 참가자들은 22개 이상의 애너그램을 풀면 재미있는 과제를 받게 될 거라는 정보를 미리 들었다. 방어 초점 조건의 참가자들은 21개 이하의 애너그램을 풀면 따분하고 재미없는 과제를 받아야 한다는 정보를 미리 들었다(25개 중 22개 이상은 성공으로, 25개 중 21개 이하는 실패로 정해져 있으므로, 이 두 실험 조건에서의 성공과 실패의 확률이 같다는 점에 주목할 것. 둘 사이의 차이점은 조건의 틀을 씌우는 방식뿐이었다).

향상 초점의 틀을 씌우는 조건에서는 성공의 가능성을 부각시키고, 방어 초점의 틀을 씌우는 조건에서는 실패를 부각시킨 것이다. 참가자들은 첫 번째 과제의 수행 후에 실제 성적과 무관하게 모두 성공했다는 말을 들었다. 연구진이 이 참가자들이 어떤 유형의 감정을 느꼈는지 살펴봤더니 향상 초점 조건의 참가자들은 유쾌하고 벅찬 느낌을 느꼈던 반면, 방어 초점 조건의 참가자들은 대체적으로 안도감(즉, 실패하지 않았다는 안도감)을 느꼈다. 또 다른 실험에서 연구자들은 참가자들에게 첫 번째 과제로 비교적 어려운 애너그램을 풀게 한 다음 모두에게 실패했다고 말했다.[11] 그 결과 이론상으로 예측했던 그대로, 향상 초점 조건의 참가자들은 낙담과 슬픔을 느꼈던 반면 방어 초점 조건의 참가자들은 초조함과 불안감을 느꼈다.

이 연구에서 향상 지향성과 방어 지향성은 실험 진행자가 인위적으로 유발한 것이었지만 이런 초점은 우리 스스로 유도할 수도 있다. 성공하기 위해 무엇을 해야 할지 생각하면 향상 초점 상태에 놓이고, 실패를 피할 생각을 하면 방어 초점 상태에 놓이기 마련이다. 마찬가지로, 목표만 생각하면 향상 지향 상태가 되고, 의무만 생각해서 제대로 이행하지 못할 경우 뒤따를 처벌을 의식하면 방어 지향 상태에 놓이게 된다.

리버만Liberman과 동료 연구진이 진행한 한 기발한 실험 연구에서는 참가자들에게 '희망과 포부'를 생각하게 해서 향상 초점을 유도하거나, '의무와 책임'을 생각하게 해서 방어 초점을 유도했다.[12] 그런 다음 뉴욕의 컬럼비아대 재학생이던 참가자들에게 '친구가 선물 2개를 들고 나와 내 룸메이트를 찾아오는 상황'을 상상하게 했다. 예를 들어, 친구가 선물로 5달러짜리 컬럼비아대 머그잔이나 컬럼비아대 펜을 가져와서 참가자와 룸메이트에게 선물하는 상황이다. 참가자가 두 가지 선물 중 하나를 고르면 룸메이트는 자연스럽게 나머지 선물을 받게 되는 식이었다.

연구진이 실험을 통해 얻으려던 답은, 이런 상황에서 참가자가 자신이 처음에 받은 선물을 선뜻 룸메이트의 선물과 맞바꾸려 할지 여부였다. 교환의 가능성을 제시한 조건은 참가자들에게 상당한 불확실성을 일으켰다. 룸메이트가 받은 선물과 자신이 받은 선물 중 어느 쪽이 마음에 들지 정하는 문제부터가 불확실성을 일으키는 것이었다. 추론해 보면, 향상 초점인 사람들이 '이득의 잠재성'을 볼 가능성이 더 높다면 교환을 해줄 테고, 방어 초점인 사람들이 '손실의 잠재성'을 본다면 교환을 꺼릴 터였다.

실험 결과는 추론과 일치했다. 향상 초점 조건의 참가자 중 44퍼센트가 교환을 선택해 19퍼센트에 불과한 방어 초점 조건의 참가자들에 비해 높은 교환율을 보였다.

이 연구를 비롯한 수많은 연구에서 증명한 것처럼 향상 초점과 방어 초점은 상황에 따라 얼마든지 유도할 수 있다. 다시 말해, 이득이나 손실

불확실한 걸 못 견디는 사람들

에 초점을 맞추는 식으로 향상적인 정신 상태나 방어적인 정신 상태를 즉각적으로 갖출 수 있다는 뜻이다. 이 연구에서 또 다른 사실 하나를 발견할 수 있다. 향상 초점 상태의 사람들은 불확실한 상황에서 주로 '긍정성'에 중점을 두어 향상의 기회를 엿본다. 그에 반해 방어 초점 상태의 사람들은 불확실한 상황에서 '부정성'에 중점을 두어 손실과 상황 악화를 예측한다.

사람들이 선뜻 향상 지향성이나 방어 지향성을 선택할 수 있다는 사실은 매우 중요한 의미를 가진다. 불확실성에 대한 우리의 반응이 유전자나 부모의 양육 스타일에 따라서 결정되는 것만은 아님을 시사하기 때문이다. 결국 열쇠는 우리 손에 쥐어져 있으므로, 불확실한 상황에서 어떻게 느낄지는 우리 스스로 어느 정도 제어할 수 있다.

폴란드 크라쿠프 야기엘론스키대의 에바 슈모프스카Ewa Szumowska와 동료 연구진은 최근에 연구를 실시해, 참가자들에게 팬데믹의 제약 속에서도 자신이 **실행하거나 달성할 수 있는** 목표나, 이런 제약 때문에 **실행하지 못하는** 목표에 대해 생각하게 했다.[13] 대조군의 참가자들은 목표와 관련한 지침을 따로 받지 않았다. 참가자들이 봉쇄 기간 중에도 달성 가능하다고 생각한 목표는 독서 시간 늘리기, 요리 실력 쌓기, 청소하기, 가족과 더 많은 시간 보내기, 정원 손질 등이었다. 봉쇄 조치 때문에 포기해야 할 것 같다고 밝힌 목표로는 새 직장 구하기, 외식하기, 영화 보러 가기, 헬스장 가기, 술집 가기, 친구들과 즐거운 시간 보내기, 자녀를 대학까지 태워다 주기 등이었다.

연구의 최종 결과는 인상적이었다. 일상 속 제약으로 더 뚜렷해진 목표에 초점을 맞출 경우, 참가자들에게 자유와 긍정성은 물론 결국에는 그런 제약들이 없어질 것이라는 낙관주의를 일으킨 반면, 제약 때문에 좌절된 목표에 초점을 맞출 경우에는 압박감과 비관주의를 일으켰다.

긍정 심리학의 부상

20세기의 심리학 연구는 대부분 인간의 고통이나 정신 병리학에 치중했다. 우울증, 폭력, 편견, 불합리성, 선입견의 이해에 매진했을 뿐, 인간의 강점(난관이나 역경, 스트레스에 대처할 힘을 실어 주는 요소)에는 크게 주목하지 않았다. 인간이 온갖 악조건을 무릅쓰고도 번성하고 성공할 수 있게 하는 회복력과 끈기, 집념 같은 특성들을 등한시했다. 심리학이야말로 20세기의 대부분을 '방어 초점 상태'로 보냈다고 해도 과언이 아니다.

이런 전통을 완전히 깨뜨린 계기는 미국심리학회의 대표 저널인 「아메리칸 사이콜로지스트American Psychologist」의 특별판이었다. 마틴 셀리그먼Martin Seligman과 미하이 칙센트미하이Mihalyi Csikszentmihalyi가 책임 편집을 맡아 2000년에 발간한 이 특별호에서는 심리학자들이 줄곧 사용하던 전문 용어에 새로운 용어 하나를 더했다. 바로 '긍정 심리학positive psychology'이라는 말이다. 이 특별판의 출간은 21세기 심리학 역사에서 분수령의 순간으로 볼 수 있으며, 그 덕분에 심리학 연구에 중대한 영향을 미치는 과학 운동이 일어나기도 했다.

현재 세계에서 가장 저명한 심리학자로 꼽히는 마틴 셀리그먼은 수많은 책과 논문을 썼고 미국심리학회 회장을 역임하기도 했다. 긍정 심리학 운동의 창시자이자 선도자였던 사람치고는 아이러니한 일이지만, 셀리그먼은 과학자로서의 첫 활동을 확연히 부정적인 현상을 연구하는 일로 시작했다. 활동 초반, 그는 훗날 자신이 '학습된 무기력learned helplessness'이라고 이름 붙인 현상을 발견했다. 학습된 무기력은 개들을 연구하다 우연히 발견한 것으로, 불확실한 상황에서 도망칠 수 있는 능력을 모두 빼앗긴 동물들이 자극에 무관심한 반응을 보이는 현상이었다. 한마디로 말해 무기력을 학습하는 것이었다.[14]

그는 동물들에게 상당한 불편함을 감수하게 하는 실험을 실시하면서 개들을 불확실한 상황에 놓이게 했다. 무작위 간격으로 고통스러운 전기 충격을 가하는 식이었는데, 이런 상황에 놓이자 개들은 점점 무기력해지고 낙담에 빠졌다. 나중에는 전기 충격이 가해져도 그냥 누운 채로 비명 소리만 낼 뿐이었다. 게다가 나중에는 충분히 도망칠 수 있는 상황인데도 도망치려는 시도조차 하지 않았다. 셀리그먼은 이런 현상을 우울증의 모델로 여겨 '결과에 대한 통제감'이 중요한 역할을 하는 '우울증의 무기력 이론'을 발전시켰다. 하지만 결과에 대한 통제는 우리를 우울증의 손아귀에서 구출하긴 해도 행복으로 이끌어주지는 않는다. 결국 이런 과정을 거치는 동안 셀리그먼은 '행복을 연구하는 일'에 관심을 가졌고, 마침내 긍정 심리학 운동을 선도하기에 이르렀다.

「아메리칸 사이콜로지스트」 특별판의 공동 편집자였던 미하이 칙센트미하이는 행복과 창의성이라는 연구 분야의 개척자로 세계적 명성을 얻었다. 그중에서도 특히 뛰어난 업적을 보여준 분야는 '몰입flow'의 경험이다. 과히 행복의 귀감이라 부를 만한 몰입의 경험은 자아에서 벗어나 현재 하는 일에 완전히 몰두하게 되는 상태를 의미한다. 칙센트미하이의 가장 기본적인 철학은 그의 말에 잘 담겨 있다.

"억압은 미덕이 아니다. 두려움 때문에 스스로를 억제하면 삶이 필연적으로 위축되기 마련이다. 자발적으로 절제를 선택할 때에야 비로소 즐거움을 누리면서도 여전히 이성의 경계 내에 머물 수 있다."[15]

칙센트미하이는 특정 활동에 대한 내재적 흥미를 통해 동기를 유발해야 한다고 주장하며 단지 외적 이득(예를 들어, 돈)을 위해 즐겁지도 않은 일을 해서는 안 된다고 강조했다. '좋아하는 일을 하면 평생 동안 단 하루도 일을 하지 않아도 된다'는 유명한 격언에 딱 들어맞는 철학이다.

긍정 심리학 운동은 많은 사람의 관심을 끌며 힘차게 출범했다. 행복과 만족감을 북돋우지만 이전까지 등한시되었던 감사, 용서, 경외, 영감, 희망, 호기심, 웃음 등의 여러 심리적 요인에 대한 연구가 쏟아지기 시작했다. 이런 주제는 행복의 추구를 양도할 수 없는 권리 중 하나로 표명한 1776년의 독립선언서처럼 미국의 정신과 맞닿아 더욱 큰 반향을 일으켰다. 실제로 미국인들을 떠올리면 행복한 사람들이란 이미지가 먼저 떠오르는데, 미국인의 행복 지수를 조사한 한 연구에서 미국인 10명 가운데 9명은 '아주 행복하다'거나 '제법 행복하다'고 답한 것으로 나타났다.[16]

셸리 게이블Shelly Gable이 진행한 연구에서는 실험 참가자들에게 지난 일주일 동안의 긍정적인 일(예를 들어 '친구나 연인, 가족에게 칭찬을 들은 일')이나 부정적인 일(예를 들어 '친구나 연인, 가족에게 모욕적인 말을 들은 일')을 얼마나 많이 겪었는지 답해 달라고 했다.[17] 그 결과 참가자들은 친구나 연인, 가족 간의 관계에서 부정적인 일보다 긍정적인 일을 3배는 더 많이 경험한 것으로 나타났다.

긍정성은 미국인에게만 한정된 얘기가 아니다. 실제로 전 세계적인 삶의 만족도 평가 결과에서 사람들은 자신의 삶에 비교적 만족하고 흡족해 하는 것으로 나타났다. 이 연구를 통해서도 알 수 있듯이 사람들은 부정적인 결과(암 진단이나 실직, 이혼 등)의 가능성은 과소평가하고 긍정적인 결과(재능 있는 자녀를 얻는 것, 동료들보다 더 높은 성취를 이루는 것 등)의 가능성은 과대평가한다. 흥미롭게도 인도 캘커타의 빈민가 거주자들처럼 비참한 상황 속에서 가난하게 사는 사람들조차 삶이 만족스럽다고 답한다. 아무래도 진화 과정 중에 특정 환경에 만족하며 적응하는 능력이 인간의 본성에 새겨진 모양이다.

성공을 시각화하라

긍정 심리학은 삶에는 슬프고 비참한 면도 있을 수 있다는 사실이나, 세상에는 수백만 명에게 고통을 가하는 악의와 폭력이 존재한다는 사실을 부정하지 않는다. 하지만 긍정 심리학에서는 삶의 질을 높일 수 있는 긍정적인 심리작용이 부정적인 결과로부터 우리를 보호할 수 있다는 증거를 제시한다. 이런 점에서 보면 긍정 심리학은 우리가 예전부터 줄곧 확신하고 싶어 했던 점들을 확인시켜 주는 셈이다.

긍정적인 가치와 행복한 상태에 집중해서 부정적 결과와 잠재적 불행에 대한 생각을 비우는 일은 행복을 연구해 온 권위자들이 줄기차게 강조하는 기술이다. 『노먼 빈센트 필의 긍정적 사고방식The Power of Positive

Thinking』은 지금껏 출간된 책을 통틀어 가장 인기 있는 자기계발서 중 하나다. 500만 부가 넘게 팔렸을 뿐만 아니라 출간 후 70년이 지난 지금까지도 여전히 이 책을 찾는 사람들이 많다. 이 책에서 권하는 조언 중 하나도 '성공에 집중하고 실패에 대한 생각을 쫓아내라'는 것이다.

"마음속으로 당신이 성공에 이르는 이미지를 그려서 지울 수 없게 각인시켜라. 이 이미지를 악착같이 붙잡아라. 절대 사라지게 해서는 안 된다. 당신을 실패하는 모습으로 생각하지 마라."[18]

한편 또 다른 대목에서는 이렇게 권하기도 한다.

"마음속에서 두려움, 증오, 불안감, 후회, 죄책감을 비워내는 습관을 들여야 한다. 마음을 비우는 노력을 의식적으로 행하는 것만으로도 대체로 안도감이 생긴다."[19]

최근에도 저자의 이런 인기 있는 접근법을 본떠 정신 건강을 위한 명상이나 머리를 복잡하게 만드는 심난한 생각이나 두려움, 걱정을 정리하는 과정의 가치를 강조한다. 이것이 현대 심리학 용어대로 말해 '몽키 마인드(원숭이처럼 날뛰는 불안의 상태-옮긴이)'를 진정시킬 방법이다.[20]

감사에서 오는 긍정적 관점

향상 초점과 방어 초점은 늘 미래 지향적이다. 두 가지 모두 이루고 싶은 꿈과 앞으로 수행해야 할 의무와 관련이 있다. '성공을 시각화하라'는 필의 권유도 미래에 대한 것이다. 하지만 미지의 상황 속에서도 우리에게 힘을 실어 주는 긍정적 태도는 의외로 '과거와 현재를 곰곰이 생각해 보

불확실한 걸 못 견디는 사람들

는 것'에서 생겨날 수도 있다. 심리학계에서는 최근 몇 년 사이, 우리가 누리는 기쁨을 소중히 여기고 삶에서 일어나는 좋은 일들에 감사를 느낌으로써 얻는 정신 건강상의 이점에 주목하고 있다.

감사가 매우 중요하고 이롭다는 생각은 그동안 여러 윤리 철학자나 종교 작가, 현대의 행복 관련 작가들로부터 열렬한 지지를 받았다. 18세기의 경제학자이자 철학자 애덤 스미스Adam Smith는 사회를 위해 없어서는 안 될, 시민으로서의 가장 중요한 덕성이 감사하는 자세라고 강조했다.[21] 감사를 다룬 수많은 인기 서적에서도 비슷한 생각을 찾아볼 수 있으며, 감사를 온갖 정신 건강 문제의 만병통치약으로 표현하기도 한다. 심지어 한 작가는 감사하는 마음이 '마음의 평화든 만족감이든 은혜든 우리가 기대하는 것을 거의 확실하게 가져다줄 것'이라고 장담하기도 했다.[22] 그런데 학자들과 자기계발 대가들의 이런 주장을 정말로 믿어도 될까? 다행스럽게도 이제는 심리학자와 과학자들이 연구 체계를 탄탄히 구축하면서, 실험에 근거한 증거로 설득력 있는 답을 제시한다.

감사는 '감사하거나 고마워하는 자질이나 상태 혹은 친절에 고마워하며 답례를 보내고 싶어 하는 마음'으로 정의할 수 있다.[23] 심리학 연구 분야의 선두 주자인 로버트 에먼스Robert Emmons는 "감사의 토대에는 '과분한 상'이라는 개념이 깔려 있다."[24]라고 말했다. 감사할 줄 아는 사람은 자신이 선물이나 은혜를 받을 만한 일을 하지 않았으므로, 지금의 상황을 '후하게 얻은 선물'로 여긴다. 이런 개념은 감사를 '더 가치 높은 경험을 누리는 것을 과분하게 얻은 선물로 기꺼이 인정하는 마음'이라는 정의에도 그대로 담겨 있다. 여기에서 말하는 '가치 높은 경험'이란 재능이나 건

강 등 사람들에게 높은 평가를 받는 좋은 기질, 즉 좋은 환경에서 운 좋게 누리는 선물들을 말한다.[25]

감사가 싹 틔우는 긍정적 관점은 불확실성으로 가득한 상황에서도 우리의 행동에 영향을 미친다. 감사에 대한 실험적 연구의 선구자 바버라 프레드릭슨Barbara Fredrickson의 견해에 따르면, 긍정적 관점은 사람들의 생각과 행동 목록을 확장시켜 새로운 상황으로 생길 만한 가능성을 살펴보도록 유도하고, '기존의 틀을 깨는 생각'을 하도록 우리를 자극한다. 실제로 감사가 사람들의 문제 처리 능력을 키우고 자기 확신을 강화한다는 증거도 있으며, 이 두 가지는 불확실한 상황에 현명하게 대처하기 위해 없어서는 안 될 자질이다. 두 자질의 강화는 다른 사람들에게 받은 은혜나 선물, 친절한 행동에 대한 답례를 유도해 이번에는 내 쪽에서 보답해야겠다는 마음이 생기면서 시작된다. 다른 사람들에게 감사한 마음을 갖는 사람들은 타인에게 사랑과 보살핌을 받고 있다고 느낄 가능성이 높다. 따라서 감사를 통해 사회적 유대가 더욱 탄탄해진다. 이런 경우 사회적 지지망이 보강되고, 자기 확신과 낙관주의로 미지의 상황에 맞설 힘을 얻는 안정된 기반(3장 참조)이 다져진다.

고난 속에서도 한 줄기 희망을 보는 힘

감사의 마음을 표현하는 것만으로도 상대방은 마음을 표현해 준 사람을 지지하고 돕고 싶은 동기를 더 강하게 느낀다. 클라크Clark, 노스롭Northrop, 바크셔Barkshire는 사회복지 환경을 배경으로 연구를 실시했다.

그들은 거주형 치료 프로그램에서 사례 관리자들이 자신들이 담당하는 청소년들을 실제로 방문하는 횟수를 살펴봤다.[26] 청소년의 43퍼센트는 매주 사례 관리자들의 방문을 받았다. 연구의 두 번째 단계에서는 방문을 마치고 온 사례 관리자들에게 청소년들이 직접 감사 편지를 보냈다. 그랬더니 매주 방문율이 대폭 늘어 80퍼센트에 가까워졌다. 이어서 세 번째 단계에서는 '감사 편지 보내기'를 중단해 봤더니 방문율이 다시 50퍼센트가량으로 떨어졌다.

진화과학자들에 따르면 감사를 느끼는 능력은 인간에게 생존상의 중요한 이점을 얻게 한다.[27] 인간은 감사한 마음을 느끼도록 진화해서 자신에게 도움을 준 상대에게 보답하고 은혜를 갚으려는 경향을 띠게 되었다. 수렵 채집 집단에서 발달한 이런 식의 '협력과 지지의 선순환'은 일원들의 생존과 번식에도 도움이 되었다. 감사를 느낄 줄 아는 능력이 인간에게만 나타나는 것은 아니라는 증거도 있다. 침팬지, 꼬리감는원숭이 같은 동물들에서도 이런 특정이 나타났다. 그들이 자신을 돕거나 지지한 집단의 일원에게 도움과 지지를 보내며 보답하는 것으로 보이는 다수의 증거들을 확인할 수 있다.[28]

지금까지 밝혀진 바에 따르면 감사를 느끼는 일은 어느 정도까지 제어가 가능하다. 자신의 의지에 따라 감사하는 마음을 키우며 감사한 일에 집중할 수 있다. 에먼스와 맥컬로프McCullough가 실시한 주목할 만한 연구에서도 이런 감정을 스스로 제어할 수 있다는 점을 증명했다.[29] 두 사람은 학생들을 3개의 그룹 중 하나에 무작위로 넣었다. 그런 후 첫 번째 그룹의 학생들에게는 지난주에 자신에게 가장 큰 영향을 준 사건 다섯 가지를 적게 했다. 두 번째 그룹의 학생들에게는 골치 아팠던 일이나 스트레스를 받은 일 다섯 가지를 적게 했고, 세 번째 그룹의 학생들에게는 감사했던 일 다섯 가지를 적게 했다. 그 결과 감사한 일을 적었던 학생들이 목표를 더 빨리 진전시키고, 신체 질환이 더 적게 나타났으며, 더 자주 신체 활동을 시도하고, 낙관성이 더 높으며, 전반적 행복도도 높은 것으로 나타났다.

감사의 가장 중요한 영향은 부정적 감정을 상쇄하고 그에 따라 스트레스를 줄여주는 것이다. 분노나 감사를 느낀 사람들의 심혈관 활동을 비교한 실험 결과, 감사하는 마음이 고혈압을 낮추는 것으로 밝혀졌다(심박 변화율, 맥파 전달 시간, 호흡률도 낮춘다).[30] 게다가 감사하는 마음이 면역 기능을 높인다고 한다.[31] 따라서 고마워하고 감사하는 사람은 다른 사람들이 불확실한 상황에서 느끼는 스트레스와 불안을 피해 갈 수 있다. 미지의 상황에서 도망치거나 극단적으로 단순화된 고정관념, 편견, 음모론을 포용할 필요가 없을 수도 있다. 그런 필요를 느끼기는커녕 경험의 폭을 넓혀 미지의 상황이 품고 있을 만한 가능성을 탐색하는 일에 도전할 수 있다.

감사함은 정신과 의사 밀턴 에릭슨Milton Erickson이 말한 '생산성genera-tivity'의 바탕이 된다. 생산력 있는 성인은 대체로 창의적이고 발전적인 삶을 사는 것으로 알려져 있다. 또한 사회에 긍정적으로 이바지하고 다른 사람들에게 마음을 쓰며 성취감을 느낀다. 사람들이 자신의 삶을 서술하는 방식을 연구 중인 심리학자 댄 맥아담스Dan McAdams가 생산력 있는 성인들을 연구해 봤더니 감사하는 자세가 가장 두드러진 요소로 나타났

불확실한 걸 못 견디는 사람들

다. 생산성 있는 성인들은 대체로 자신이 누렸던 어린 시절의 안정감을 인정하고 그 점에 감사했다. 자신이 받은 것들을 사회에 돌려줘야 할 필요성을 느끼며 타인의 고통을 잘 헤아리기도 했다. 심지어는 실패와 좌절을 맥아담스의 말처럼 '구제의 수순redemptive sequences'으로 표현하기도 했다. 기본적으로 시련과 고난 속에서도 '한 줄기 희망의 빛'을 알아봤고, 그런 역경조차도 결국에는 자신들의 발전과 행복에 일조하게 될 거라고 여겼다.[32]

긍정 심리학이 이룬 통찰과 발견

감사는 사회적 유대와 타인에 대한 안정적 애착을 탄탄히 다지고, 미지의 상황에 다가가려는 의지를 강화한다. 그뿐만 아니라 앞으로 나아가거나 도전할 수 있는 능력을 키워 두려움을 잊거나 새로운 상황을 회피하지 않게 돕는다. 긍정적 감정들(행복함, 만족감, 느긋함)이 이런 역할을 하는 이유는 우리에게 안전하다는 느낌을 제공해 창의성과 탐구심을 끌어올리기 때문이다.[33] 반면 부정적 감정(두려움이나 분노)은 익숙한 생각에 매달려 편견에 따라 행동할 가능성을 높인다.

바버라 프레드릭슨이 밝혀냈듯이, 기쁨의 감정은 놀이를 즐기고, 한계에 도전하며, 창의성을 발휘하도록 한다.[34] 두려움이나 불안감 없이 미지의 세계를 탐험해 그 세계가 선사하는 것들을 수용하도록 의욕을 북돋운다. 긍정적 감정들을 느낄 줄 아는 능력이 진화한 이유 역시, 감사와 마찬가지로 생존과 생식과 관련된 이점들 때문일 가능성이 높다. 사람들은 놀

이와 탐험을 통해 도전에 대처할 새로운 방법과 수단을 발견한다.°

긍정 심리학이 이뤄낸 통찰과 발견은 우리 삶에 실질적인 영향을 미쳤다. 2006년 탈 벤 샤하르Tal Ben-Shahar 교수의 '하버드대 긍정심리학 1504 강의'는 1,400명이 넘는 학생들이 수강신청을 하며 하버드대 최고의 인기 강의로 남았다. 이 강의에서는 공감, 우정, 사랑, 성취, 창의성, 영성, 행복, 유머를 통해 삶의 충족감을 높일 수 있는 방법들을 살펴봤다.[35]

벤 샤하르의 성공은 예일대에서도 그대로 되풀이되었다. 심리학 교수 로리 산토스Laurie Santos가 학생들에게 더 행복하고 만족스러운 삶을 영위할 수 있는 방법을 가르치려는 취지로 개설한 '심리학과 좋은 삶'이라는 강의는 처음엔 수강 신청생이 300명에 불과했지만, 일주일 사이에 1,200명 정도로 늘어났다. 그 덕분에 이 강의는 예일대 역사상 최고 인기 강의에 등극했다. 산토스에 따르면 예일대 학생들은 더 행복해지고 싶은 희망을 숨기지 않았다. 그들은 일상 속 스트레스와 끊임없는 압박감, 불안감을 일으키는 해로운 습관들을 바꾸고 싶어 했다. 그런데 이 강의에 수강 신청자가 대거 몰리면서 그 결과로 캠퍼스 문화에도 변화가 일어났다. 산토스의 말대로 '예일대 학생 4명 중 1명이 이 강의를 수강한 만큼 학생들이

° 프레드릭슨의 설명처럼 "우리 선조 중 긍정적 감정들로 불붙은 충동(놀고 싶고 탐험하고 싶은 충동 등)에 넘어간 이들은 결과적으로 더 많은 개인적 자원을 축적했을 것이다. 이들이 목숨과 신체에 대한 피할 수 없는 위협에 마주했을 때, 개인적 자원을 더 많이 가진 덕분에 생존 가능성이 높았을 것이다. 그에 따라 번식에 성공할 만큼 오래 살아남을 가능성도 높았을 것이다. 또 그에 따라 긍정적 감정을 느끼는 능력이 유전적으로 암호화되었을 것이며, 이런 능력이 자연 선택의 과정을 통해 인간의 보편적인 본성이 되었을 것이다." (에먼스와 맥컬로프, 2004, p.149)

감사한 마음을 더 자주 표현하고, 미루는 일을 줄이고, 사회적 유대를 늘리는 등 좋은 습관을 계속해서 실천한다면 실제로 교내 문화에도 많은 변화가 일어날 것이다'[36]

긍정 심리학 강의의 인기는 하버드대와 예일대만의 현상이 아니었다. 전 세계 수십 곳의 대학과 고등학교에서 비슷한 강의가 대성황을 거두고, 행복과 긍정성을 다룬 책과 강의, 워크숍이 대중 사이에서 큰 인기를 끌고 있다. 이제는 긍정 심리학이 우리의 사고방식에 혁명을 일으켰다는 사실을 의심할 필요가 없을 듯하다.

요약 정리

'불확실성은 겁나는 것이고, 미지의 상황에 대한 두려움은 절대 피할 수 없다'는 견해는 긍정 심리학의 부상으로 큰 도전을 받게 되었다. 그동안 심리학에서 중점을 두었던 주제들은 한쪽으로 치우친 면이 있었다. 인간 심리에는 활기 넘치는 긍정적 측면도 분명히 있다. 모든 사람이 방어 지향적인 것은 아니다. 향상 중심적인 사람들도 있다. 이런 사람들은 미래의 긍정적인 가능성에 주목한다.

감사와 긍정적 감정들에 대한 연구에서 증명하다시피 우리는 두려움과 스트레스를 떨쳐버릴 수도 있고, 안정감을 스스로 늘릴 수도 있다. 이렇게 하면 속박에서 조금은 자유로워져 즐겁게 미지의 상황을 탐험할 수 있다. 어떤 상황에서든, 심지어 위기 상황에서도 '한 줄기 희망의 빛'이 드러나게 할 수 있다.

그동안 긍정 심리학 운동은 사람들이 자기 확신이나 주체의식, 낙관주의를 끌어올릴 만한 구체적 방법을 탐험해 왔다. 다음 장에서는 이런 방법들이 무엇인지 살펴보도록 하자.

당신의 경험에 비추어 보기

1. 당신은 스스로를 긍정적인 사람이라고 생각하는가? 당신의 경험 중에서 어떤 면이 긍정성이나 부정성에 영향을 미쳤을 것 같은가?

2. 가깝게 지내는 친구들이나 가족을 떠올려 보자. 그중에서 대체로 향상 초점인 것 같은 사람과 방어 초점인 것 같은 사람은 누구인가? 그들이 가진 특성 중 어떤 점이 좋고, 어떤 점이 싫은가?

3. 당신은 감사할 줄 아는 사람이라고 생각하는가? 당신이 누리는 행운과 우연히 얻은 선물들을 자주 상기하는 편인가? 더 많이 감사하고 싶은가? 그러기 위해서는 어떻게 하면 될까?

4. 당신의 양육 스타일은 어떤가? 아이가 없다면 양육 철학은 어떤가? 향상 초점에 더 가까운 부모인가, 방어 초점에 더 가까운 부모인가? 당신이 어렸을 때 부모로부터 받았던 양육 스타일은 어느 쪽에 가까웠는가?

불확실한 걸 못 견디는 사람들

11

낙관주의자로
사는 방법

당신은 스스로 야심만만한 사람이라고 생각하는가? 커다란 업적, 사회에 대한 기여, 높은 인지도, 명성과 부를 꿈꾸고 있는가? 향상 초점은 불확실한 상황을 피하기보다 기꺼이 다가가게 용기를 북돋울 수 있지만, 여기에 더해 우리는 '성공이 손이 닿는 곳에 있다'는 믿음을 가져야 한다. 성공의 가치를 생각하는 것만으로는 부족하다. 성공을 이룰 수 있다는 기대도 함께 품어야 한다. 긍정적인 기대를 품으면 성공에 더 집중할 수 있고, 그러면 불확실한 상황에도 더 긍정적으로 다가갈 수 있다. 아무리 어려워 보이는 일도 결국에는 잘될 거라는 기대는 '낙관주의'와 같은 말이다.

낙관주의에 여러 유익한 이점이 있다는 증거는 수두룩하며, 낙관주의를 연구한 심리학 사례도 상당히 많다. 본질적으로 따지자면 낙관주의는 사람에 따라 다른 특성(남들에 비해 전반적으로 낙관적인 성향을 띠는 사람들이 있다)이기도 하고, 대다수 사람이 특정한 상황에서 선택할 수 있는 태도나 마음 상태이기도 하다. 그러면 지금부터 이 두 가지를 차례대로 살펴보자.

유전적 경향에서 비롯된 낙관주의

찰스 카버Charles Carver, 마이클 샤이어Michael Scheier, 수잔 세거스트롬Suzanne Segerstrom은 낙관주의 연구 분야에서 명성이 자자한 인물들이다. 세 사람은 낙관주의를 '일과 가족, 건강 등 삶의 여러 영역에 걸쳐 미래에 대한 긍정적 기대를 품는 것'으로 정의 내린다.[1] 그런데 무엇이 낙관주의적 관점을 갖게 하는 것일까? 어떤 사람들이 더 낙관적이고 어떤 사람들이 덜 낙관적이며, 이런 차이가 발생하는 근본적인 이유는 무엇일까? 낙관주의는 제어가 가능할까? 우리가 지금보다 더 낙관적인 사람으로 바뀔 방법은 없을까?

사람들은 그동안 낙관주의를 '오랜 시간 동안 비교적 변화가 없는'[2] 성격 특성으로 여겼다. '뼛속까지 낙관주의자'라서 어떤 힘든 상황에서도 긍정적인 면을 찾는 사람들도 있고, '타고난 비관주의자'라 불확실한 상황에서는 다짜고짜 최악의 상황부터 상상하는 사람들도 있다. 인간의 대다수 특성이 그렇듯이 이런 경향도 어느 정도는 유전적으로 결정된다.[°] 즉, 타고난 성격이란 뜻이다.

해명하는 방식의 차이

우리로서는 할 수 있는 게 별로 없는 유전학적 측면 외에, 저절로 몸에 배는 습관적 낙관주의나 비관주의도 있다. 지난 반세기 사이에 이루어진 연구에서 밝혀진 바에 따르면 이런 측면은 대체로 부정적인 일이나 긍정적인 일을 스스로에게 해명하는 방식과 관련이 있다. 긍정 심리학과 관련해서 언급했던 마틴 셀리그먼은 이미 벌어진 일들에 대한 낙관주의적 해명과 비관주의적 해명을 연구하는 데도 큰 역할을 했다. 해명 혹은 변명의 습관에는 셀리그먼이 말하는 낙관주의의 3P, 즉 지속성permanence, 만연성pervasiveness, 개인화personalization가 결정적 요인인 것으로 밝혀졌다.

지속성은 긍정적이거나 부정적인 일의 원인이 지속적 속성을 띠는지 일시적 속성을 띠는지와 관련이 있다. 당신이 수학 시험을 망쳤다고 가정해 보자. 지속적 해명에서는 당신의 재능이나 지능이 부족한 것으로 원인을 돌리기 쉽다. 지능은 고정적이라 오랜 시간이 지나도 잘 변하지 않는다. 지속적 해명에서는 수학을 어려운 과목으로 치부하기도 하는데, 이 점 역시 오랜 시간이 지나도 변하지 않을 사실이다. 수학이 어려운 탓이

o 쉬먼 사파이어 번스타인Shimon Saphire-Bernstein과 동료 연구진은 옥시토신 유전자에 주목해, 낙관주의적 사고와 관련해서 이 유전자가 어떤 역할을 하는지 살펴봤다. 이 연구에서 A 대립형질(A/G와 A/A 유전자형) 보유자들과 이중 Gdouble-G 대립형질 보유자들을 비교한 결과, OXTR SNP rs53576의 A 대립형질 보유자들이 개인적 숙련personal mastery이 부족하다는 느낌을 더 강하게 느끼고 자존감이 더 낮은 것으로 나타났다. 게다가 A 대립형질 보유자들이 종합적 우울증 증상에서 더 높은 수준을 보였다. (사파이어 번스타인 외, 2011, p.15120)

라면 시험 성적도 변할 가능성이 낮다.

반면 일시적 해명에서는 시험을 망친 원인을 준비 부족으로 돌릴 것이다. 시험 준비에 쏟는 노력은 우리가 제어할 수 있는 부분이다. 그렇다면 다음에는 더 열심히 공부해서 시험을 잘 볼 수 있다. 실패를 일시적 원인으로 해명하면 그에 따라 미래의 성공 가능성도 낙관적으로 변하는 반면, 지속적 원인으로 해명하면 미래도 비관적이다. 사람들은 보통 자신의 타고난 지능이나 어려운 수학 문제를 바꿀 수 없는 것으로 여기기 때문에 이 두 가지를 실패의 원인으로 돌리면 안타깝게도 계속 같은 일이 되풀이될 것이다.

긍정적인 일의 경우에는 그 반대다. 변치 않는 속성의 해명은 낙관주의적인 것이고, 변하는 속성의 해명은 비관주의적인 것이 된다. 당신이 수학 시험을 꽤 잘 봤다고 가정해 보자. 시험을 잘 본 것을 비관주의적이고 일시적인 원인으로 돌릴 경우 그냥 운이 좋았다고 여기기 쉽고, 알다시피 운이란 것은 변덕스러우니 다음에도 시험을 잘 볼 거라고 기대할 수는 없다. 일시적 해명의 또 다른 예로, 시험 문제가 유난히 쉬웠다고 여길 경우 다음에도 문제가 쉬울 거라는 기대를 할 수 없다. 반면 시험을 잘 본 원인을 당신의 재능이나 능력, 지능 덕분으로 돌린다면 다음에도 또 시험을 잘 볼 거라는 기대를 할 수 있다. 수학이 쉬운 과목이라고 결론지어도 마찬가지다. 두 가지 해명 모두 미래의 좋은 결과를 예고한다는 점에서 낙관주의적이다.

이번엔 해명 스타일의 두 번째 요소인 **만연성**을 살펴보자. 자신에게 일어난 좋지 않은 일들을 확대시키고 비극적으로 생각하는 경향의 사람

불확실한 걸 못 견디는 사람들

들이 있다. 이런 사람들은 한 영역에서 일이 잘 풀리지 않으면, 자신이 전반적으로 무능하고 무가치한 사람이라는 의미로 받아들인다. 테니스 게임에서 지거나, 작품이 거절당하거나, 심지어 해고당한 상황을 상상해 보자. 이때 어떤 사람들은 상심에 빠져 삶의 의미를 잃거나, 그 일이 절망할 만한 일인 것처럼 행동한다. 이런 사람들에게는 거의 모든 영역에서의 실패가 '자존감에 대한 심각한 위협'이나 다름없다. 따라서 그들은 부정적 결과에 대해, 셀리그먼의 말처럼 '만연적'이거나 '보편적'으로 해명한다. 반면 어떤 사람들은 노력의 영역을 구분해서 부정적 결과를 보편화시키지 않고, 적절한 비중에 따라 받아들인다. 해명이 제한적이거나 특정적이다. 셀리그먼이 특징 지은 것처럼 '자신의 실패에 대해 보편적으로 해명하는 사람들은 한 영역에서 실패하면 모든 것을 포기하고, 특정적으로 해명하는 사람들은 어느 부분에서 무기력해지더라도 다른 부분에서는 씩씩하게 앞으로 나아간다'.[3] 실패를 모든 영역으로 보편화하지 않고 해명하면 낙관주의가 되고, 특정 실패 경험을 보편화하면 비관주의가 된다.

셀리그먼이 말하는 낙관주의의 세 번째 요소는 **개인화**다. 당신은 부정적 결과를 '자신을 탓하는 식'으로 해명하는가, 아니면 '외부 환경'의 탓으로 돌리는가? 예를 들어 원하던 상을 받지 못하거나, 발표 중에 목이 메거나, 추진하는 일에 대해 비난을 받을 경우 그 원인을 개인적 실패로 돌릴 수 있다. 이런 식의 비관주의적 해명은 심적 고통을 일으킬 가능성이 높다. 하지만 같은 일에 대한 원인을 외부 요인으로 돌린다면 어떨까? 가령 위원회가 당신에게 불리한 편향을 가졌거나, 발표를 할 때 당신의 몸 상태가 좋지 않았거나, 비평가들을 부적격자들이라고 여기면 체면이 세워지고 그에 따라 일시적이나마 낙관주의가 된다.

부정적인 일에 대한 원인을 자신에게 돌리며 그 원인을 지속적이고 만연적으로 보는 해명 스타일은 비관주의적 사고의 전형적 특징이다. 불확실성의 시기가 닥칠 경우, 이런 식으로 생각하는 사람은 일어날 수 있는 최악의 상황을 상상하기 쉽고, 그렇게 되면 미지의 상황에 대해 큰 불안감이나 두려움을 느낄 가능성이 높아진다. 반면 부정적인 일을 외부의 원인으로 돌리며 그 원인을 보편적 영역보다 특정적 영역으로 한정시키고, 지속적이기보다 일시적으로 보면 낙관주의가 된다. 결과를 이런 식으로 해명하는 것이 몸에 밴 사람은 불확실성에도 끄떡하지 않으면서 불확실성이 가져다주는 기회를 탐험하고 싶어 한다.°

낙관주의자로 살기

낙관주의자들이 운이 좋은 이유는, 삶의 불가피한 역경에 잘 대처할 수 있어 남들은 그러지 못하는 상황에서도 대체로 잘 이겨내기 때문이다. 미국 최고의 대통령으로 손꼽히는 에이브러햄 링컨Abraham Lincoln의 경우를 생각해 보자. 그가 겪은 초반의 참담한 실패와 호된 개인적 난관들에도 불구하고 그처럼 성공한 것을 보면 그는 틀림없이 낙관주의자였을

°　셀리그먼은 (2006년에) 해명 스타일이 낙관주의적인지 비관주의적인지 판단해 보기 위한 자가측정 방식의 척도를 고안했다. 이 척도는 자신의 전형적인 사고방식을 긍정적으로 바꾸고 싶을 경우 특히 유용하게 참고할 만하다.

　　　　　불확실한 걸 못 견디는 사람들

것이다. 에이브러햄 링컨은 동생 토머스 주니어가 태어난 지 며칠 만에 세상을 떠나는 비극을 겪었다. 그가 겨우 9살 때 어머니가 세상을 떠나기도 했다. 사랑하는 누나인 새라가 아이를 낳다 사망했고, 결혼까지 생각했던 연인 앤 루트리지마저 만난 지 얼마 되지 않아 세상을 떠났다. 그 이후에도 아들 에드워드가 4살의 나이로 죽고, 12년 후에는 윌리엄이 11살의 나이로 죽었다. 링컨은 평생 우울증으로 고통받았다.[4] 링컨을 잘 아는 사람들은 누구나 그의 '우울함'에 대해 알았다. 링컨은 사람들 앞에서 흐느껴 울거나, 자살 얘기를 꺼내는 일도 잦았다. 그는 세상을 '살아남기 위해 끊임없이 발버둥쳐야 하는 험난하고 암울한 곳'으로 봤다.[5]

하지만 이 모든 고난에도 불구하고 링컨은 낙관주의자였다. 그는 운명이 자신의 앞길에 던져놓은 그 만만찮은 난관들을 극복할 힘이 있다고 마음속 깊이 믿었다. 사실, 링컨이 우울증에 창의적으로 대처하고, 위대한 꿈을 꾸며, 그 꿈을 이룰 수 있다고 믿도록 자극한 것도 그의 우울증이었다. 조슈아 울프 셴크Joshua Wolf Shenk의 『애틀랜틱Atlantic』에는 살아 있는 동안 뚜렷한 목표를 성취하고 싶어 했던 링컨의 '억누를 수 없는 욕망'을 인용한 대목이 있다. 링컨은 자신의 이름을 당대의 위대한 사건들과 결부시켜, 그의 이름이 동포에게 더 도움이 될 만한 무엇인가와 연결될 수 있도록 자신을 깊이 각인시키고 싶어 했다.

링컨의 말처럼 이것은 단순한 바람이 아니라 그가 '삶의 주된 목적으로 삼고픈 바람'이었다.[6] 그의 정치적 야심에 불을 당긴 것은 자신에 대한 확고한 믿음이었다. 이런 믿음에 따라 결국에는 승리를 거둬 역사에 남은 위인이 되었다. 낙관주의적 결의 덕분에 링컨은 정치 활동에 수반되는 무수한 불확실성 속으로 기꺼이 뛰어들어 자신에게(그리고 미국에게도) 이롭게 대처할 수 있다고 스스로를 다독일 수 있었다.

또 한 명의 뛰어난 대통령, 프랭클린 델러노 루스벨트FDR, Franklin Delano Roosevelt도 낙천주의를 통해 시련의 시기를 견뎌낼 힘을 얻었다. 그는 이제 막 정치 스타로 떠오르고 있던 1921년 소아마비를 앓은 후 평생을 하반신 마비로 살았다. 신체적 장애가 정치 인생에 얼마나 큰 걸림돌이 될지는 상상하기 어렵지 않았다. 정치인들은 선거 유세를 돌며 고된 여정을 견뎌낸다. 끊임없이 자신을 대중에게 노출하며 쾌활하고 유쾌한 모습을 보여야 하고, 유권자들은 자신이 지지하는 후보가 강력한 힘과 자신감을 보여주길 원한다. 실제로 루스벨트는 대중에게 자신의 장애를 드러내지 않으려고 애를 썼다. 요즘의 언론 검증 수준이라면 아마 더 힘든 일이었을 것이다. 크게 히트한 다큐멘터리 〈더 루스벨츠: 언 인터머트 히스토리The Roosevelts: An Intimate History〉의 제작자 켄 번즈Ken Burns는 「타임」 기자에게 이렇게 말했다.

"루스벨트는 장애를 이유로 아이오와 전당 대회를 빠질 수 없었을 거예요. 그랬다간 CNN과 Fox에서 그가 교정기를 차고 땀을 흘리며 불편해하는 모습을 카메라에 담으려고 혈안이 되어 따라붙었을 테니까요."[7]

루스벨트가 병약함을 딛고 정치인으로서 해야 할 일을 잘 수행한 것이야말로 그의 낙천적인 성격과 강인함을 보여주는 증거다.

낙천주의를 그 누구보다 잘 보여준 인물은 이론 물리학자이자 우주론자 스티븐 호킹Stephen Hawking이다. 그는 21살에 운동 뉴런 질환을 진단받았다. 좀 더 일상적인 용어로 바꿔 말하면 근위축성측삭경화증이나 루

게릭병이며, 몸이 점점 마비되는 병이다. 호킹은 병세가 진행되어 더는 말을 할 수 없게 되자, 음성 생성 기구를 통해 소통했다. 처음에는 손을 사용해서 기구를 다루다가 나중에는 뺨 근육만으로 기구를 작동했다. 그는 이런 장애에도 불구하고 여러 과학적 업적을 이루었다. 일반 상대성 이론의 틀 안에서 블랙홀이 방사선을 방출한다고 예측했고, 이 개념은 이론 물리학의 중대한 돌파구로 환호를 받았다. 또한 이 개념은 일반 상대성 이론과 양자역학을 통합시킨 새로운 우주론으로 평가받았다. 이 외에도 여러 업적을 세워 영국왕립학회 회원으로 선정되고 미국 대통령 훈장을 받는 등 가장 성공한 과학자들에게만 수여하는 여러 영예를 얻었다. 호킹은 두 번 결혼해 첫 번째 결혼에서 3명의 자녀를 얻었고 세계 각지를 여행하며 전 세계적으로 잘 알려졌다. 자신의 삶을 담은 책을 여러 권 쓰기도 했고, 2014년에는 그의 자전적 이야기를 담은 로맨스 영화 〈사랑에 대한 모든 것The Theory of Everything〉이 개봉되었다.

현재 미국의 대통령인 조 바이든Joe Biden 역시 역경 속에서 인상적인 낙관주의를 보여준 인물이다. 1972년 크리스마스 쇼핑을 나갔다가 자동차 사고가 나서 바이든의 아내 네일라와 딸 나오미가 사망하고, 당시 3살과 4살이던 두 아들 헌터와 보는 심각한 부상을 당했다. 보 바이든은 후에 델라웨어주의 검찰총장이 되었다가 미육군 법무병과에서 소령 직위에 올라 소속 부대와 함께 코소보와 이라크에 연이어 배치되었다. 하지만 2015년, 46세의 나이에 뇌종양으로 숨을 거두었다. 조 바이든은 이런 참담한 비극을 겪으면서도 꿋꿋이 정치 활동을 이어나갔다. 1973년에는 미국 상원에 당선되어 델라웨어주 신진 상원의원이 되었다. 1987년에는 미국 대통령직에 출마했다가 바이든 본인이 '부풀려진 그림자'와 '과거의 실수'라고 지칭한 표절 혐의에 휩싸여 낙선했다. 바이든은 더 정직한 사람이 되겠다고 굳게 약속했고, 그 직후 대중은 그를 '미국에서 가장 신뢰할 수 있는 정치인'으로 뽑았다.

1991년 상원의원으로 법사위원장을 맡았던 바이든은 애니타 힐Anita Hill이 성희롱을 당했다는 주장을 제기한 클래런스 토머스Clarence Thomas의 연방 대법관 인사청문회 처리를 놓고 논쟁에 직면했다. 그 이듬해 그는 여성의 권리 향상을 위한 열의를 증명했다. 여성폭력방지법Violence Against Women Act을 발의해 클린턴 대통령의 서명을 받는가 하면, 그 이후엔 대학 캠퍼스 내의 성폭력 근절을 위해 주도적으로 나서기도 했다. 1988년에는 뇌동맥류 파열 치료를 위해 뇌 수술을 받고 수술 후 회복 중에 폐색전증이 와서 죽을 고비를 넘기기도 했다. 그 뒤에 또 한 번의 동맥류 수술을 받았다. 수술은 잘 끝났지만 건강상의 악재로 7개월 동안이나 상원의원 활동을 하지 못했다.

2007년, 바이든은 건강상의 우려에 굴하지 않고 대통령 출마를 발표했다. 하지만 또 한 번 선거 운동이 실패로 돌아갔다. 민주당 후보를 선정하기 위한 전국 여론조사에서 한 자릿수도 넘기지 못하는 저조한 성적표를 받았기 때문이다. 아이오와 전당대회에서도 5위에 머물러 결국 경선 레이스에서 하차하게 되었다. 하지만 버락 오바마가 바이든을 러닝메이트로 지목하면서 그는 2008년부터 2016년까지 미국의 부통령으로 재임했다.

바이든은 2020년 세 번째로 대선 레이스에 나섰다. 이때는 전국 여론

조사에서 대체로 다른 민주당 후보들보다는 앞서 있었지만 선거 운동에서 급격한 지지율 변동을 겪으며 성공할 가능성이 없어 보이는 시기를 몇 번이나 거쳤다. 하지만 아프리카계 미국인 사회로부터 최고의 공천 후보자로 지지를 받으며 민주당 대통령 후보가 되었다. 그해 11월 7일, 도널드 트럼프와 맞섰던 대통령 경선에서 마침내 승자가 되었다.

링컨, 루스벨트, 호킹, 바이든은 저마다 다른 개인적 난관에 직면했다. 루스벨트와 호킹은 부유하고 교육 수준이 높은 집안에서 태어났다. 링컨과 바이든은 생활고에 시달리는 가난한 집안에서 자랐다. 하지만 이들 모두 낙관주의적 믿음에서만큼은 비슷한 행보를 보여주었다. 성공 가능성이 불확실해 보였지만, 그럼에도 그들은 결국에는 잘될 거라고 믿었다.

불리함을 무릅쓰고 낙관주의를 지킨 사람들의 사례는 너무나도 많다. 월트 디즈니Walt Disney는 재능이 부족하다는 이유로 편집장에게 퇴짜를 맞았고, 토머스 에디슨Tomas Edison은 첫 번째와 두 번째 직장에서 생산성이 없다는 이유로 연달아 해고되었다. 윈스턴 처칠은 시험에 연거푸 떨어졌고, 오프라 윈프리는 기자로 일하다 해고되었다. 마릴린 먼로Marilyn Monroe는 모델 에이전트에게 비서 일이나 하라는 얘기를 들었고, J. K. 롤링Rowling은 『해리 포터와 마법사의 돌』을 썼을 때 가난한 데다 우울증까지 앓는 싱글맘이었다. 엘비스 프레슬리Elvis Presley는 단 한 번의 공연 후에 지미 데니Jimmy Denny에게 쫓겨났고, 비틀스The Beatles는 음반 회사에게 거듭 퇴짜를 맞았다. 빌 게이츠Bill Gates는 하버드대를 중퇴했고 첫 번째 사업에서 실패의 고배를 마셨다. 알베르트 아인슈타인은 4살 때까지 말을 못했고 7살 때까지 글을 읽지도 못했다.[8] 이런 인물들이 미지의 상황이 선사하는 가능성을 적극적으로 발견할 수 있었던 것은 어디까지나 그들의 낙관주의적 태도와 굽히지 않는 믿음 덕분이었다.

낙관주의도 연습할 수 있다

아마 링컨과 호킹 같은 경우가 여기에 해당할 테지만, 기질적으로 낙관주의자인 사람들이 있다. 낙관주의는 삶을 살아갈 때 유용한 자질이다. 불확실성을 용기 있게 마주하여 지금 이 순간이 아무리 어두워도 미래는 틀림없이 밝게 빛날 거라는 믿음을 가질 수 있기 때문이다. 이런 태도는 믿는 대로 이루어지는 예언이 되기도 한다. 낙관주의자들의 끈기가 빛을 발하면 희망이란 결실을 거둬들일 수 있다. 하지만 그렇게 되지 않더라도 낙관주의자로 사는 것에는 나름의 보상이 따른다. 밝혀진 바에 따르면 낙관주의자들이 그렇지 않은 사람들과 비교할 때 대체로 심혈관이 더 튼튼하고 질병에 대한 면역력이 더 높으며 나이에 따른 기억력 감퇴 또한 덜하다고 한다.[9]

그런데 운이 좋지 않아 유년기 경험이나 나쁜 상황 때문에 비관주의적 관점을 선택해 버린 사람들은 어떨까? 이런 사람들은 영원히 불행하고 고통스러운 삶을 살아야 하는, 돌이킬 수 없는 저주를 받은 걸까? 최근의 심리학 연구가 이 의문에 대해 분명히 답한 바에 따르면 그렇지 않다. 비관주의자도 바뀔 수 있다. 아무리 타고난 비관주의자라도 삶에서 낙관주의적 관점을 키우는 법을 배울 수 있다.

스스로에게 낙관적으로 말하는 법을 가르치는 일은 인지요법의 주요한 축이자, 공포증이나 우울증, 불안 같은 정신 문제에서도 중대한 역할을 하는 접근법이다. 앨버트 엘리스Albert Ellis나 에런 벡Aaron Beck 같은 인지적 접근법의 대표적 선도자들은 고통을 야기하는 정신적 문제의 뿌리가 우리가 부정적인 일을 상상할 때 발동하는 비이성적 믿음에 있다고 믿는다. '만나는 모든 사람마다 호감을 얻어야 해' 같이 거의 불가능한 생각이나 '시도하는 일마다 전부 성공해야 해'처럼 좌절하기 쉬운 생각이 이런 믿음의 예에 속한다. 흥미롭게도 이런 믿음은 드러내놓고 밝히거나 심지어 완전히 의식할 필요도 없다. 대개는 '불가능한 꿈'을 좇다가 실패하면서 부정적인 결과를 통해 드러나기 때문이다. 마음속에 비현실적인 꿈을 품었다가 얼마 못 가서 '슬픈 얼굴의 기사'가 되었던 미겔 데 세르반테스Miguel de Cervantes의 17세기 소설 속 주인공 돈키호테처럼 비이성적 믿음을 품은 사람들은 결국엔 절망적인 실패를 마주하고 만다. 이론가들에 따르면 바로 이것이 '우울증의 본질'이다.

인지 요법의 목적은 비이성적 믿음을 뿌리 뽑는 데 있다. 그러기 위한 방법으로는 **논박**disputation을 활용한다. 즉, 비이성적 믿음이 터무니없다는 증거를 들이대면 된다. 예를 들어, 연인이 되고 싶었던 사람에게 거절당한 후 모든 사람에게 사랑받지 못하는 스스로를 탓하는 경우라면, 역시 거절당한 경험이 있는 유명 인사들의 사례에 주목해 보면 된다. 아니면 상대의 거절이 나의 단점 때문이기보다는 거절한 사람의 정신 상태나 기분 때문이었을 가능성에 주목할 수도 있다. 충분한 연구 증거에서 시사하듯, 비이성적 믿음을 뿌리 뽑고 논박의 습관을 생활화하면 우울증에 빠져 괴로워하는 경향을 줄일 수 있다.[10]

논박이 효과가 있는 이유는 비관주의자가 낙관주의자의 인지 기술을 배워 불확실한 상황에 긍정적으로 다가가는 능력을 향상시키기 때문이다. 마틴 셀리그먼은 이런 과정이 얼마나 효과적인지 보여주는 적절한 예를 여럿 제시한다. 먼저, 어떤 사람이 흥미는 느끼지만 시험만 치면 늘 낮은 성적을 받는 강의를 듣고 있다고 치자. 이럴 때 비관적 프레임에서는 자신을 멍청하다고 치부하거나 같은 강의를 듣는 다른 학생들이 자신보다 뛰어날 거라는 생각이 고개를 들 수도 있다. 그러면 아무래도 희망이 없는 것 같은 생각에 강의를 일찍 포기할 수도 있다. 이런 비관적 프레임에 논박하려면 단 한 번의 실패를 지나치게 부풀려선 안 된다거나, 다른 학생들이 시험을 훨씬 잘 본 것은 아닐 수도 있다거나, 어떤 경우든 실수를 통해 배울 수 있다거나, 그 강의를 끝까지 들으면 흥미로운 일자리를 얻을 가능성이 높아질 거라는 식으로 반론할 수 있다.

특히 더 효과적인 논박은 처음의 비관론과 상반되는 반박 불가의 사실을 바탕으로 삼는 것이다. 가령 다른 학생들이 나보다 시험을 못 봤다는 자료가 있다면, 낙제점을 받은 것으로 자신의 실력이 드러났다는 생각을 반박하는 하나의 증거가 될 것이다. 이 시험 점수가 최종 성적에 큰 비중을 차지하지 않는다는 사실 역시 처음의 비관을 가라앉혀 줄 수 있다. 간단히 말해, 비관적 결론을 다른 사실에 비추어 차근차근 반박하다 보면 비관적 결론을 쫓아내는 동시에 그로 인한 실망감도 가라앉힐 수 있다.

처음에 드는 비관적인 생각을 뒤집어 생각하려면 물론 꾸준한 연습이 필요하다. 다시 말해 논박과 의문 제기의 과정을 몸에 밴 습관으로 만들기 위해 체계적인 연습을 해야 한다. 셀리그먼이 권하는 방법대로 일주

불확실한 걸 못 견디는 사람들

일 동안 자신에게 일어난 좋지 않은 일들 다섯 가지에 세심한 주의를 기울여 자신의 믿음과 그에 따른 결과를 살펴본 다음, 비관적 믿음들에 대해 적극적으로 논박해 보는 것도 좋다. 그런 다음엔 그에 따른 결과로 긍정적 에너지가 흘러들어오는 것에 주목해 보자. 좋지 않은 일들은 단순히 사소하고 일상적인 골칫거리를 과장해서 생각한 것에 불과할 수도 있다. 가령 "메일이 늦거나, 부재중 전화에 답신이 없거나, 당신의 자녀가 주유를 하다 앞 유리에 묻힌 얼룩을 닦아놓지 않은 경우에는 자기 논박 기술을 활용하면 된다. 부정적인 믿음이 목소리를 내면 그 목소리에 논박해라. 아주 묵사발을 만들어라."[11] 이것이 낙관주의자가 될 수 있는 방법이다.

하지만 삶의 모든 일이 그렇듯 낙관주의에도 나름의 제한이 있다. 낙관주의적 관점이 현실과 완전히 동떨어지면 오히려 역효과를 낳아 더 큰 고통을 불러온다. 모든 일에서 성공할 수 있다거나 모든 사람에게 사랑받을 수 있다고 믿는 사람들은 일종의 '낙관주의자'지만, 이런 낙관주의는 너무 비현실적이라 오히려 재앙을 자초한다. 세르반테스의 '슬픈 얼굴의 기사'가 생생히 보여주듯 결국엔 우울증과 무기력함을 일으킬 뿐이다. 좋지 않은 일이 생길 징조가 뚜렷한데도 그 징조마저 낙관적으로 판단해 무시한다면 이것은 분명 무분별한 일이다. 하지만 낙관적인 태도는 대체로 이롭다. 미지의 상황을 탐험해 숨겨진 가능성을 발견할 수도 있기 때문이다. 성경 속 삼손의 수수께끼처럼 '강한 자'가 숨겨놓았을지도 모를 '단 것'이 있을 수 있다(먹는 자에게서 먹을 것이 나오고, 강한 자에게서 단 것이 나오는 것이 무엇이냐는 수수께끼로, 답은 죽은 사자에게서 얻은 꿀이다-옮긴이).

아이를 낙관적으로 기르는 법

어린 시절은 아이가 상당한 사회적·학문적·윤리적 도전에 마주해야 하는 때인 만큼 대개 '정서적 격변의 시기'라고 볼 수 있다. 아직 정서적으로 충분히 성숙하지 못한 상태이므로 이 시기에는 자칫 비관주의와 우울증에 빠져들 위험이 있다. 경제적인 문제에 처한 부모의 불안과 초조함, 서로를 향한 가시 돋친 말투에서 분명히 드러나는 부모의 불화, 반 친구들에게 집단 괴롭힘이나 왕따를 당하는 학교생활 등 아이에게 스트레스를 일으킬 만한 상황은 생각보다 다양하다. 하지만 아이가 낙관적인 태도를 가진다면 이런 상황을 극복하는 데 큰 도움이 될 것이다.

셀리그먼은 아이가 비관적인 생각을 하지 않게 도울 수 있는 단계적 방법을 대략적으로 알려준다.[12] 아이를 도울 때는 일단 '기분 나쁜 감정과 분노는 삶에서 일어나는 일들의 원인에 대한 생각에 따라 생기는 것'이라고 설명해야 한다. 비관적 해명(좋지 않은 결과가 아이의 잘못이라는 식의 해명)은 단지 하나의 해명에 불과하다는 점과 한 번의 실패가 평생의 실패를 의미하지는 않는다는 점도 가르쳐야 한다. 그런 다음 어른이 몇 가지 사례를 제시하면 된다. 불행한 일을 겪은 어떤 아이가 그 일을 비관적으로 해명해서 좋지 않은 감정을 느끼는 예시를 들려준 후, 예시 속의 아이가 직면한 좌절을 낙관적인 해명으로 직접 바꿔보도록 유도하는 식이다.

이런 과정을 몇 번 거치고 나면 아이는 삶에서 마주치는 고난이나 불행에 대한 생각에 의문을 가지면서 마음속에서 일어나는 감정을 인정하고 낙관적인 틀을 짜는 연습을 하게 된다. 일단 감정이란 것이 자신의 사고방식에 따라 달라진다는 점을 이해하면 아이는 자연스럽게 논박의 과정을 펼치고, 그 결과로 같은 일을 더 희망적이고 낙관적으로 바라볼 수 있다. 셀리그먼이 자신의 연구에서 증명하듯, 이런 식의 가르침은 아이의 심리 상태를 더 긍정적으로 바꾸고, 헤아릴 수 없을 만큼 값진 대처 기술을 전수한다.

실패에도 불구하고 계속할 용기

낙관주의가 꼭 필요하긴 하지만 상황이 늘 예상대로만 흘러가는 것은 아니다. 시련과 좌절은 우리 삶에 늘 다가오기 마련이므로 실패에도 불구하고 버텨내는 능력, 다시 말해 윈스턴 처칠이 말한 '계속할 용기'가 꼭 필요하다. 셀리그먼의 제자, 앤젤라 더크워스Angela Duckworth는 이런 능력을 '끈기grit'라고 명명하며 그와 관련한 결정적인 연구를 수행했다.

그런데 끈기란 것은 정확히 무엇일까? 더크워스의 이론에서는 끈기가 열정과 뚝심, 두 가지 요소로 이루어져 있다고 본다. 열정은 다른 많은 것은 제쳐 둔 채 한 가지에 꾸준히 집중하는 것이다. 더크워스는 세계 최고의 갑부로 꼽히는 미국의 억만장자 워런 버핏Warren Buffett이 자신의 성실한 전용기 조종사에게 남긴 조언을 들려준다. 더 성공적인 커리어를 쌓길 원하는 조종사에게 버핏은 이렇게 말했다.

"먼저 목표 25개를 쭉 적어보게. 그런 다음 최우선적 목표 5개에 동그라미를 치게. 딱 5개네. 이번엔 동그라미를 치지 않은 목표 20개를 열심히 쳐다보게. 그것들은 무슨 일이 있어도 피해야 할 일들이네. 자네의 정신을 산만하게 하는 것들이니까. 시간과 에너지를 갉아먹고 더 중요한 목표에서 한눈을 팔게 하는 것들이야."[13]

사람들은 모두 자신의 열정을 따르며 설렘과 만족을 안겨주는 목표를 중심으로 살아갈까? 대다수는 그렇지 않다. 2014년 갤럽에서 실시한 여론조사에서 조사에 참여한 성인의 3분의 2 이상이 자신이 하는 일에 열의가 없다고 답했고, 상당수가 틈만 나면 딴청을 부린다고 고백했다. 우리 대다수는 자신의 열정을 따르는 것이 아니라, 별 흥미가 없고 설렘이 없어도 그저 실리적 경로를 따라 진로를 결정한다. 오늘날의 물질 중심주의 세계에서는 생계를 책임져 주지 않는 열정에 노력과 자원을 쏟으려면 가난과 불편을 각오할 용기가 필요하다. 하지만 열정을 따르면 자연스러운 애착을 느끼게 되고, 기꺼이 도전하게 되며, 도전에 실패해도 적어도 충족감 있는 삶을 살 수는 있다. 유명한 격언에도 있듯이 '좋아하는 일을 하면 평생 동안 단 하루도 일을 하지 않아도 된다.'

'뚝심'은 한 경로가 실패하더라도 포기하지 않고 같은 목표에 이를 다른 경로로 바꿔서 시도하는 것이다. 물론 조금이라도 실패의 기미가 엿보인다고 해서 한 경로에서 다른 경로로 섣불리 넘어가는 것은 좋지 않다. 가능성이 희박하다는 결론에 이르기 전까지는 어쨌든 혼신의 힘을 다해야만 한다. 성공이 쉽게 올 것이라는 생각은 금물이다. 참을성과 인내를 갖고 기꺼이 시간을 쏟으며 하루하루를 바쳐야 한다. 더크워스는 여러 댄서, 뮤지션, 전신 기사들의 실제 사례를 인용해 그들이 지금의 기술을 갈고 닦기까지 얼마나 오랜 시간과 노력이 필요했는지 설명한다. 댄서인 마

불확실한 걸 못 견디는 사람들

사 그레이엄Martha Graham은 "완성도를 갖춘 댄서가 되려면 10년 정도 걸린다."고 말했다. 능숙한 모스 부호 기사를 훈련시키는 데도 수만 시간이 필요하고, 실력 있는 뮤지션이 되는 데도 대략 비슷한 시간이 필요하다고 한다.[14]

열정과 뚝심은 서로가 서로를 양식으로 삼는다. 열정이 강할수록 더 끈질기게 추구해 나갈 가능성이 높아진다. 어느 정도는 그 반대의 경우도 마찬가지다. 뚝심이 강할수록 성공을 기대할 가능성이 높아지고, 그러면 열정의 불길을 부채질할 가능성도 높아진다. 어쨌든 열정과 뚝심이 있으면 끈기가 생긴다. 끈기가 있다면 불확실성에 쉽게 굴복하지 않고, 불확실성마저도 오히려 열정적으로 탐험할 수 있다.

끈기는 당연히 좋은 자질이지만 여기에는 또 다른 문제가 있다. 끈기는 타고나는 것일까, 아니면 배워서 습득할 수 있는 것일까? 습득 가능하다면 어떻게 해야 습득할 수 있을까? 더크워스는 열정과 끈기의 두 가지원천으로 흥미와 목적을 든다. 상상력을 잡아끌고 즐거움을 주는 분야에서 직업을 선택할 것을 권하며, 그것이 '행복과 성공을 반드시 보장하진 않더라도 그 가능성에는 확실한 도움을 준다.'[15]고 덧붙여 말한다.

그런데 무엇인가에 흥미를 키우려면 어떻게 해야 할까? 더크워스는 어떤 주제나 테마나 기술에 관해 관심을 갖고, 꾸준한 노출을 통해 흥미를 키우고, 그 주제에 대한 지식과 전문성을 높이라고 권한다. 모두 중요한 문제지만 애초에 어떤 주제가 흥미를 자극하는 이유, 즉 특정한 흥미가 우리의 기본적 욕구와 어떻게 결부되는지에 대해서는 설명하지 않는다. 내가 개인적 경험을 토대로 진행했던 연구에서 시사하는 바에 따르면, 어떤 주제에 대한 흥미나 열정이 커지는 순간은 자신이 중요한 사람이고 존중받을 가치가 있다고 느껴질 때다. 누군가의 인정과 사회적 가치에 대한 욕구 충족이 약속될 때, 열정에 불이 붙는다.

열정을 자극할 수 있는 원동력

3년간의 군 복무를 마친 후 나는 중대한 갈림길에 놓여 있었다. 삶의 새로운 단계를 바로 앞에 둔 상태에서 무엇을 해야 할지, 어떤 방향으로 가야 할지 막막했다. 대학 진학의 꿈에 부풀어 있었지만 무엇을 공부해야 할지 몰라서 답답했다. 그때 구조의 손길을 내밀어 준 사람은 우리 가족의 정신적 스승인 소피아 이모였다. 이모는 내가 가야 할 길은 뻔하다며 건축을 전공해야 한다는 의견을 내놓았다. 내가 그림을 잘 그리고 수학을 잘한다는 이유 때문이었다.

그때 나는 딱히 더 좋은 생각이 없었던 데다 창의적인 건축물에 큰 감탄을 느끼던 터라 건축학부에 지원했고 운이 좋게도 우수한 건축학부가 있는 캐나다 토론토대에 입학할 수 있었다. 나는 학문적으로는 우수했지만 건축학 강의 중에서도 디자인 수업에서 특히 애를 먹었다. 그래도 시험은 전부 통과했고 한 건축 회사의 여름 아르바이트 자리를 얻기도 했다. 하지만 건축이 나에게 정말 맞는 분야인지, 내가 뛰어난 건축가가 될 소질이 있는지 확신이 들진 않았다.

오랜 자기 탐구 끝에 나는 운명을 결정할 도약을 감행했다. 건축 공부를 그만두고 토론토대 심리학부에 다시 등록하기로 한 것이다. 이때는 다행히도 운이 따라주어, 이 결정 역시 순전히 잘못된 추론을 따랐던 것임을 미리 깨달을 수 있었다. 그리고 기대하지 않았던 뜻밖의 우연으로 내 평생의 열정을 쏟을 '인간 행동 연구의 길'로 들어서게 되었다. 내가 길을 잘못 추론했던 원인은 심리학부에서 프로이트주의 정신분석 방식으로 무엇인가 신비하고 흥미로운 것을 배우고, 사람들의 꿈을 해독해 치료하고, 신경증을 앓는 환자를 치료할 기술을 갖게 될 거라는 기대 때문이었다. 그런데 막상 공부를 시작하니 기대와는 달리, 신행동주의 학습 이론에 기반을 둔 엄격한 심리학부터 배워야 했다.

나는 환자들을 돕는 게 아니라 자료를 분석하고 실험용 쥐들에게 먹이 레버를 누르게 하는 훈련을 하고 있었다. 하지만 처음에 느낀 실망 이후, 과학적 심리학에 흥미를 느끼며 내가 그쪽 분야에 소질이 있다는 사실을 깨달았다. 이 마지막 깨달음이 결정타로 작용해 내가 감탄하는 분야에서 성공할 수 있겠다는 희망이 피어올랐다. 담당 교수님들에게 격려를 받으며 내 낙관주의는 더욱 힘을 얻었다. 그분들의 지지와 믿음이 없었다면 심리학에 대한 흥미와 열정은 열매도 맺지 못한 채 시들었을 것이다. 그 누구도 재능이 없는 것이 뻔한 분야에서 오래 열정을 이어갈 수는 없기 때문이다.

여기에서 요점은 어떤 분야에 관해 다른 분야보다 우선하는 흥미와 열정을 가지려면 그 분야가 자신에게 그리고 자신이 존경하는 이들에게 중요하게 여겨져야 할 뿐만 아니라, 그 분야에서 성공해 자신에게나 남들에게나 존중받을 만한 존재감 있는 사람으로 비칠 것을 기대하는 분야여야 한다. 더크워스가 글로 밝힌 것처럼, '초반 몇 년의 격려가 중요한 이유는 처음 시작한 사람들의 경우 여전히 전념해서 할지 그만둘지 늘 고민하고 있기 때문이다. 우리에겐 작은 승리들이 필요하다. 박수가 필요하다. 물론 약간의 비판과 교정을 위한 피드백도 감당할 수 있어야 한다. 연습도 필요하다. 하지만 초보자는 이런 것들을 너무 많이, 너무 일찍 접해서도 안 된다'.[16] 격려는 곧 성공을 향한 피드백이다. 말하자면 스포츠 분야든 학문적 연구나 예술 분야든, 격려는 어떤 활동에서 성과를 거두면 존재감과 존엄성을 얻을 수 있다는 메시지를 전한다.

존재감과 존중을 원하는 우리의 욕구는 초기 몇 년 동안 또는 흥미를 느끼는 대상을 선택하거나 열정을 키울 때만 발동되는 것이 아니다. '그만둘 때를 안다'는 말에는 흥미나 열정을 추구하는 일이 더 이상 성공으로 보답하지 않으면 그때는 과감하게 놓아줄 줄도 알아야 한다는 암시가 담겨 있다. 실제로 농구계 슈퍼스타 마이클 조던Michael Jordan 같은 운동선수들은 '더 이상 증명해 보일 것이 없어서 경기를 그만뒀'다는 말을 종종 한다. 이 말에는 과거에 그렇게 노력했던 것은 자신의 존재감을 확인하는 분야에서 실력과 기량을 증명하기 위해서였다는 의미가 담겨 있다.

우리 문화에서 존중받는 어떤 분야(예를 들어 스포츠, 비즈니스, 예술, 학문 등의 분야)에서 실력과 역량을 증명하는 일은 존재감을 얻는 한 방법이다. 하지만 이것이 유일한 방법인 것은 아니다. 존재감은 '사회적 가치의 실현'을 통해서도 얻을 수 있다. 개인적 성취는 수많은 사회적 가치의 하나일 뿐, 용기와 이타적 행위, 애국적 행위, 겸허한 행동 등 그 외에도 많은 가치가 있다. 이런 가치들을 실현시키기 위해 헌신하는 모습을 확실히 보여준다면, 특히 이 과정에서 자제심을 발휘하며 헌신을 증명한다면 이 가

불확실한 걸 못 견디는 사람들

치를 소중히 여기는 사회로부터 상당한 존중과 공경을 받을 것이다. 캘커타 빈민가의 가난한 이들을 보살피며 자신도 가난하게 살기로 선택한 테레사 수녀Mother Teresa는 인도적 활동으로 세계적 명성을 얻었고, 프란치스코 교황에 의해 성인으로 추대되었다. 군인들은 조국을 지키기 위해 위험한 상황 속으로 자진해 들어간 용기를 인정받아 영웅으로 대접받는다. 이 외에도 예를 들자면 수도 없이 많다.

더크워스는 **삶의 목적**purpose in life을 열정을 자극할 수 있는 원동력으로 설명한다. 또한 삶의 목적을 '타인의 행복에 기여하려는 의도'로 본다.[17] 끈기를 증명해 보이는 사람들은 자신의 목적의식을 드러내며, 대체로 이웃이나 아이들, 고객이나 학생들을 사랑하는 마음을 표현한다. 또한 그들은 명분이나 조국, 과학, 사회에 대한 헌신을 얘기한다. 이런 사람들은 모두 사회적 가치를 위해 일하며 타인이나 조국, 직업이나 사회를 사랑하는 인도주의와 이타심을 가지고 있다.

중요한 가치를 위한 행동은 스스로의 눈에도, 그 의견을 중시하는 공동체 구성원들의 눈에도 선하고 가치 있게 보인다는 의미다. 직업에서의 성취 같은 개인주의적 가치든, 이타적 행위 같은 집단주의적 가치든, 사회가 지지하는 가치를 위해 일하거나 그 가치의 표본이 되면, 개인적 존재감까지 더해져 자기 확신이 더 커진다.

사람에 따라 불확실성을 느끼는 상황에 두려움과 공포로 반응하기도 하고, 희망과 기대를 보이기도 한다. 이런 반응을 결정짓는 주된 정신적 특성은 낙관주의와 끈기다. 이것은 어느 정도 유전적인 영향을 받지만 스스로 키울 수도 있다. 심리학 연구에서는 낙관주의와 끈기 있는 행동의 바탕을 이루는 심리 작용을 의미 있게 파헤쳤다. 연구에 따르면 낙관주의는 과거의 실패와 성공에 대한 생각, 그리고 그 원인에 대한 믿음과 밀접히 연관되어 있다. 실패의 원인을 일시적 요인(불운이나 노력의 부족)으로 돌리면 실패가 필연적인 것은 아니니 다시 일어나진 않을 거라는 낙관주의로 연결된다.

낙관주의에서는 성공의 원인을 재능과 능력 같은 변치 않는 요인으로 돌리기도 한다. 여기에는 재능과 능력은 변하지 않으므로 성공적 결과도 마찬가지일 것이라는 암시가 내포되어 있다. 사람들은 낙관적으로 원인을 추정하는 방법을 배울 수 있고, 심리학자들은 효과적인 방법들을 고안해 냈다.

낙관주의는 불확실성에 긍정적으로 다가가기 위해 꼭 필요하지만, 시련과 좌절은 어쩔 수 없이 일어나기 마련이므로 목표에 대한 끈기와 헌신도 지켜나가야 한다.

헌신은 끈기라는 개념 속에 잘 압축되어 있다. 끈기를 이루는 두 요소는 열정과 뚝심이다. 보통은 자신이 잘할 수 있어 존재감과 사회적 가치를 얻을 수 있는 분야의 일이나 직업을 찾을 때 비로소 열정과 뚝심을 따를 수 있다. 존재감을 얻는 일을 찾는다는 것은 대체로 어려운 일이며 예상한 경로에서 벗어나게 될 가능성도 있다. 하지만 끈기가 있다면 불확실성을 제압하고 불확실성에 굴복하지 않을 수 있다. 또한 끈기를 키우면 꿈을 펼치는 데도 큰 도움이 된다.

당신의 경험에 비추어 보기

1. 스스로를 낙관주의자라고 보는가, 비관주의자라고 보는가? 이런 경향을 바꾸고 싶은가? 어떤 식으로 바꾸고 싶은가?

2. 어떤 활동과 일에 가장 흥미가 끌리는가? 그 활동이나 일에 기꺼이 시간을 바칠 수 있는가? 아니라면 그 이유는 무엇인가? 이런 마음이 바뀔 수도 있을까? 어떻게 바뀔 수 있을까?

3. 주변에 유독 '끈기 있거나' '끈기가 부족한' 친구가 있는가? 당신이 생각하기에 무엇이 그런 성향을 만든 것 같은가?

4. 낙관주의의 유리함과 불리함은 무엇일까? 비관주의의 유리함과 불리함은 또 무엇일까? '현실주의자'가 되는 것이 가장 좋은 방법이라고 생각하는가? 그럴 수 있을 것 같은가?

12

우리는
매일 성장한다

'실패에 대한 두려움'은 사람을 쇠약하게 만드는 공포 가운데 하나로, 수백만 명의 사람들이 이런 두려움 때문에 자신의 목표를 제대로 깨닫지 못하거나 꿈에 도전해 보지도 못한 채 살아간다. 이것은 전 세계 사람들에게 영향을 미치는 보편적 현상이다. 세계은행의 통계에 따르면 2020년을 기준으로 18~64세의 미국인 가운데 41.2퍼센트가 실패에 대한 두려움을 겪는 것으로 나타났다. 이 비율이 영국은 48.3퍼센트, 러시아는 46.5퍼센트, 인도는 56.8퍼센트, 독일은 31퍼센트였다.[1]

이 현상을 다루려는 시도에서 중요한 진전이 있었던 계기는 캐럴 드웩Carol Dweck의 '성장형 사고방식growth mindset' 개념 덕분이었다. 그녀는 '능력과 재능 부족 같은 실패의 내적 원인들은 필연적으로 고정되어 있다'는 생각에 의문을 제기했다. 그리고 이런 생각 대신 성장형 사고방식

불확실한 걸 못 견디는 사람들

이론을 내놓았다. '우리의 정신과 뇌에는 적응성이 있다'고 믿는 이 이론 대로라면 우리의 실패는 필연적인 일이 아니다. 우리는 어떤 경우든 달라질 수 있고, 배우고 학습해서 더 좋아질 수 있다. 한마디로 희망이 있다는 얘기다.

캐럴 드웩과의 질의응답 시간

캐럴 드웩은 스탠퍼드대 심리학 교수이며, 현재 가장 영향력 있는 심리학자이자 사회학자 중 한 사람이다. 나는 그녀에게 성장형 사고방식을 연구하게 된 계기와 연구에 따른 영향에 대해 물었다. 캐럴의 대답은 상세하고도 명확했다.

"제가 심리학계에 들어선 때는 이제 막 행동주의 시대가 쇠퇴하고 인지 심리학의 시대가 밝아오던 시기였어요. 그래서 인간의 문제를 본격적으로 다루겠다는 목적으로 동물 실험실을 떠나 '귀인 이론(자신이나 타인의 행동, 대화 등의 원인을 찾아내 특정한 것으로 귀속시키는 과정을 설명하는 이론-옮긴이)'의 세계로 들어섰어요. 버나드 와이너Bernard Weiner를 비롯한 몇몇 학자들이 대중화한 귀인 이론에 저는 정말 감탄했어요. 이제 더는 '모든 것은 이미 정해져 있다'는 식의 냉혹한 현실 속에 살지 않고, 보다 미묘하고 유연한 세계에서 살 수 있으니까요. 사람들이 이런저런 일에 관해 자신만의 해석을 내놓는 세계, 그저 기록만 하지 않고 새롭게 구성하고 해석하는 세계에서요.

어떤 두 사람이 같은 상황에서 같은 일을 경험해도, 그 일을 서로 다른 의미로 여길 수도 있다는 생각이 들었어요. 그러다 얼마 지나지 않아, 사람들이 저마다 다른 해석에 끌리는 결정적인 요소가 무엇인지 궁금했어요. 뒤이어 또 다른 의문들이 꼬리를 물었어요. 사람들에게는 자신의 경험을 남들과 다른 식으로 해석해 그에 따라 다른 행동 패턴이 일어나는 '은연중의 이론 또는 사고방식'이 있는 것은 아닐까? 이런 이론이나 사고방식을 식별할 수 있을까? 이런 사고방식을 서로 다른 행동들과 연결 지을 수 있을까? 이런 사고방식을 바꿔서 행동을 변화시킬 수도 있을까? 제가 지난 수십 년간 이어 온 연구에서 알려주는 바에 따르면 답은 '그렇다'예요.

우리의 연구에서는 사람들이 지능이나 성격 같은 인간 특성의 본질에 대해 다른 사고방식을 가지고 있는 것으로 나타났어요. 예를 들어, 지능 같은 특성이 고정불변이라고 생각하는 이들이 있는가 하면, 열심히 노력하고 좋은 전략을 짜서 지도받고 다른 사람들에게 도움을 받는 등의 방법으로 충분히 바꿀 수 있다고 믿는 이들도 있어요. 그러면 이 점이 불확실성이라는 주제와 어떤 관련이 있을까요?

인간의 특성을 고정형 사고방식으로 바라보는 사람들은 세상이 구체적이고 정적이라고 믿어서 늘 세상을 정확히 파악하려고 해요. 나의 진짜 지능은 어느 정도일까? 밥의 진짜 성격은 어떨까? 현실이 고정되어 있다고 믿기 때문에 고정된 현실을 제대로 파악하려고 노력하는 거죠. 그런데 연구(홍, 치우, 어들리, 레비, 스트로에스테르, 플랙스, 몰든, 맥코넬 등이 진행한 연구)를 실시해 본 결과, 개인이나 그룹을 평가할 때 고정형 사고방식에 가까운 사람들은 판단을 더 빠르게 내린 다음, 반대되는 증거 앞에서도 자신의 생각을 철석같이 고수했어요. 처음부터 불확실성에 빠지거나, 판단을 내린 후에 새로운 불확실성을 수용하는 것을 무척 꺼리는 것 같았어요.

자기 자신의 문제에서도 비슷한 심리 작용이 일어났는데, 여기에는 한 가지 차이가 있었어요. 사람들은 대체로 스스로에 대해서는 부정적인 판단이 아닌 긍정적인 판단을 기대해요. 그래서 고정형 사고방식에 가까운 사람들은 보통 잘해 낼 자신이 있어서 결과가 불확실한 상황을 피할 수 있는 과제를 선택해 불확실성을 줄이려고 해요. 반면 성장형 사고방식에 가까운 사람들은 선뜻 도전을 감수해요.

에를링거Ehrlinger 외 여러 명이 진행한 실험에서 증명하듯, 이런 사람들에겐 실수와 실패가 자신의 능력에 대한 책망이 아니라 새롭게 배울 기회가 될 수 있어요. 고정형 사고방식에 가까운 사람들은 계속 자신에게 쉬운 수준의 문제만 풀려고 해요. 불안하고 불확실한 느낌을 일으킬 만한 어려운 문제를 시도하기보다 자신의 능력에 만족감을 느끼기 위해서죠.

실패의 가능성이 높은 상황에서 성장형 사고방식에 가까운 사람들은 성공 가능성을 끌어올리기 위해 더 노력하고 전략을 강화하는 경향이 있어요. 그러니까 적절한 준비와 몰입을 통해 불확실성을 줄이는 거예요. 우리는 학생들의 사고방식을 변화시키는 개입 연구도 실시해서, 1년 후에 상급자 수준의 수학 강의에 등록할 수 있는 가능성이 높아지도록 학생들의 도전 의욕을 자극해 봤어요.

하지만 고정형 사고방식을 가진 학생들은 불확실성을 대하는 태도에 문제가 있었어요. 부정적 평가를 받지 않기 위해 지나치게 조심하느라 '자기불구화(실패의 구실을 만들기 위해 최대한의 노력을 다하지 않는 것-옮긴이)'나 노력 기피 같은 방어 전략을 선택할 수도 있거든요. 이런 방법으로 자신의 자아를 지킬 순 있겠지만 아이러니하게도 누스바움Nussbaum 외 여러 명의 실험에서 증명된 것처럼 실패 가능성을 더 높일 수도 있어요.

짧게 요약하자면, 성장형 사고방식에 가까운 사람들은 일상에서 불확실성을 추구하고, 불확실성에서 일종의 도전 정신이나 흥미를 느끼면서 직접적이고 주도적인(자발적이고 적극적인) 행동으로 불확실성을 줄여나가요. 하지만 고정형 사고방식에 가까운 사람들은 불확실성을 더 위협적으로 느끼는 편이에요. 쉬운 과제로 얻는 확실성을 추구하며 장기적으로는 도움이 되지 않을 만한 간접적이거나 방어적인 방법으로 불확실성에 대처하는 경향이 있어요.

사람들의 사고방식을 깊이 파고들면 끊임없이 마음을 조절하는 근본적인 원인을 찾을 수 있어요. 이런 연구를 벌이는 동안 저는 어두운 골목 같은 곳으로 떨어졌다가 밝은 빛이 비추는 대로를 찾는 듯한 순간을 거듭 경험했어요. 그렇게 연구를 진행하는 사이 불확실성이 마치 가까운 친구나 소중한 친구가 된 기분이었죠."

불확실한 걸 못 견디는 사람들

고정형 사고방식과 성장형 사고방식

드웩은 그녀의 책 『마인드셋Mindset』에서 심리학자 경력의 초반기로 거슬러 올라가 아이들이 실패에 대처하는 방법을 연구했던 일을 들려준다. 이때 연구를 위해 아이들에게 의도적으로 점점 더 어려워지도록 구성한 문제들을 풀게 했는데 놀라운 결과가 나타났다. 어려운 문제를 좋아하고 그런 문제를 풀어보는 것을 즐거워하는 아이들이 있었다. 드웩은 이때의 관찰 결과와 후속 연구를 바탕으로 '고정형 사고방식'과 '성장형 사고방식'이라는 '사고방식 이론'을 발전시켰다. 고정형 사고방식은 우리의 모든 능력과 재능은 변하지 않으므로 지능은 선천적으로 얻는 자질이라고 생각한다. 게으르거나 부지런한 자질, 도덕적이거나 부도덕한 자질, 신뢰성이 있거나 없는 자질 등도 마찬가지라고 여긴다. 우리의 자질이 고정적이라는 추정은 자질을 평가하고 판단할 수 있게는 해주지만, 절대 변화시키지는 못한다.

하지만 성장형 사고방식에서는 지능, 도덕성, 끈기, 의지력 같은 인간의 자질을 끊임없이 변하는 것으로 본다. 운동으로 단련시킬 수 있는 근육처럼 인간의 자질도 발전시킬 수 있다고 여긴다. 고정형 사고방식을 가진 사람은 모든 과제를 자신의 진짜 자질을 드러내는 테스트로 생각하는 반면, 성장형 사고방식을 가진 사람은 모든 과제를 배우며 더 발전할 기회로 본다. 고정형 사고방식을 가진 사람은 실패하면 깊이 좌절해 마음이 계속 심란해지는 생각에 빠져든다. 반면 성장형 사고방식을 가진 사람은 실패를 통해 배운다. 실패의 원인을 정확히 찾아 어떤 부분에 더 노력을 기울일지 생각한다. 실패에 좌절하지 않고 적극적인 배움의 과정으로 들어가 발전의 기회를 노린다.

불확실한 상황에 직면할 때 고정형 사고방식과 성장형 사고방식은 각각 어떤 결과를 불러올까? 고정형 사고방식의 사람은 자신이 기대에 못 미칠까 봐 위험을 감수하길 꺼리며, 아예 그 상황에서 벗어나기 위해 애쓸 것이다. 성장형 사고방식의 사람은 그와는 반대로, 실패를 두려워하지 않으며 상황이 선물하는 발전과 성공의 가능성을 탐색할 것이다.

적어도 우리 사회에서는 고정형 사고방식이 현실을 이해하는 기본 모드라고 볼 수 있다. 우리는 사람들에게 머리가 좋거나 나쁘다거나, 재능이 있거나 없다거나, 창의적이거나 창의적이지 않다거나, 운동신경이 좋거나 둔하다는 식의 꼬리표를 붙인다. 이런 꼬리표가 사람들을 대하는 태도와 사람들과 관계를 맺는 태도를 결정한다. 스포츠팀이나 기업, 학계에서 사람을 영입할 때는 보통 재능이나 지능 등을 비롯해 개인의 고정된 특성으로 간주하는 꼬리표에 주목한다. 성장과 발전의 가능성은 대체로 무시한다. 어떤 유형의 성취든 성취 이면의 노력과 눈물을 경시한다. 이런 꼬리표에 중점을 둘 경우 사람들은 어떻게 해서든 재능 있고 총명해 보이려고 애를 쓰게 된다. 자신이 어떻게 보일지 걱정하고 실패할 위험을 피하려 한다. 혹시라도 단점이 드러날까 봐 방어적인 태도를 취하고, 실수를 받아들이거나 실수를 통해 배움을 얻기를 꺼린다. 이런 식이면 결국엔 모든 일에 조심스러운 접근법을 갖게 되며, 불확실성을 피하려다 잠재력을 놓치고 만다.

드웩의 『마인드셋』에서는 고정형 사고방식의 해로운 면을 보여주는

불확실한 걸 못 견디는 사람들

여러 사례를 소개한다. 그중 하나가 엔론Enron Corporation의 사례다.° 엔론
은 「포춘」지로부터 6년 연속(1996~2001)으로 '미국의 가장 혁신적인 기
업'으로 선정되며 찬사를 받던 기업이었다. 하지만 엔론의 몰락은 매우
극적이었다. 2000년 8월 기준으로 90.75달러가 넘었던 엔론의 주가는
2001년 12월에는 겨우 0.26달러로 폭락했다. 드웩의 설명에 따르면, 엔
론은 재능을 숭배하는 기업 문화를 만들어 직원들에게 유능해 보이고 싶
어 하는 동기를 유발했고, 그에 따라 임원들이 위험하고 윤리적으로 문제
가 있는 결정을 내리게 된 것이었다. 엔론이 종말을 맞게 된 근본 원인은
임원진이 실수를 인정하지 않은 채 개선책을 찾는 대신, 잘못을 덮기에
급급한 결정을 내린 탓이었다.

고정형 사고방식이 만연한 세상

'개인주의'라는 말로 정의할 수 있는 미국 문화는 모든 사람이 뛰어난
'승자'가 되려고 기를 쓰고, '패자'로 보이는 것을 두려워하는 '슈퍼스타
시스템'을 낳았다. 아서 밀러Arthur Miller의 『세일즈맨의 죽음Death of a
Salesman』에 나오는 불쌍한 주인공 윌리 로만은 자신이 낙오자로 느껴지
자 자살하고 만다. 미국의 CEO들은 문화의 슈퍼히어로로 찬사를 받으며
천문학적인 수준에 이르는 연봉을 받고 있다. 2017년 미국의 350대 기

° 엔론은 텍사스주 휴스턴에 본사를 두었던 에너지 기업으로, 역사상 최대의 회계
부정을 저질렀다.

업 CEO의 평균 연봉은 1,425만 달러에 이르러 다른 선진국 CEO의 연봉과 비교해 두 배 수준에 육박했다. 승자나 천재, 슈퍼스타가 된다는 것은 우리가 꿈꾸는 자리이자 혹시라도 잃을까 봐 두려움에 떠는 지위이다.

현대 사회에서는 명성과 유명세가 최고의 가치에 속한다. 명성과 유명세를 얻는 것이 수많은 이들의 궁극적 목표다. 이런 사람들의 머릿속에서 유명세는 자신이 보통 사람과는 격이 다를 만큼 뛰어나고 우월한 존재라는 증거다. 1961년, 작가 다니엘 부어스틴Daniel Boorstin은 유명인을 '유명한 것으로 유명한 사람'으로 정의했다. 영국의 기자 맬컴 머거리지Malcolm Muggeridge도 이와 비슷한 말을 했다. "지금은 유명인이 유명한 것으로 유명하다. 길거리나 공공장소에서 사람들은 유명인에게 다가가 거의 예외 없이 이렇게 말한다. '당신을 TV에서 봤어요!'"[2]

2009년에는 「워싱턴 포스트」의 기자 에이미 아르겟싱어Amy Argetsinger가 커리어상의 성취로 명성fame을 얻은 것이 아닌 유명인을 'famesque'('-esque'는 '~와 같은', '~와 비슷한'을 뜻하는 접미사임-옮긴이)라고 칭한 적도 있다.

고정형 사고방식은 사람들의 사회·정치적 세계관에 엄청난 영향을 미친다. 계층화된 관점을 부추겨 사람은 타고난 팔자에 따라서든 선천적인 재능에 따라서든 저마다 다른 사회적 지위를 부여받는다고 여기게 만들고, 결국 심한 불평등을 야기한다. 칼 포퍼는 『열린사회와 그 적들Open Society and Its Enemies』(1945)에서 계급에 따라 분리되는 사회를 옹호한 점에서 플라톤을 비난했다. 포퍼에 따르면, 플라톤의 철학에서는 '계급전쟁이 일어나지 않게 할 방법은 계급을 폐지하는 것이 아니라 지배 계급에

불확실한 걸 못 견디는 사람들

게 도전 불가의 우월함을 부여하는 것이다. 노동자와 상인들은 지배 계급에게 필요한 물질을 생산하는 인간 가축에 불과하다'라고 말한다. 이런 닫힌 사회에서는 '진정한 행복은 오로지 정의에 의해서만, 즉 자신의 자리를 지킴으로써만 얻을 수 있다. 지배자는 지배하는 것에서 행복을 찾아야 마땅하고, 전사는 전장에 나가 싸우는 것에서, 그리고 노예 역시도 노예가 되는 것에서 행복을 찾아야 한다'.[3]

'어떤 사람들이 남들보다 더 뛰어나거나 더 가치 있다'는 식의 고정형 사고방식은 인류의 역사에 걸쳐 보편적으로 이어졌다. 고정형 사고방식이 군주제에서 내세우는 논리와 귀족 계급이 누리는 특권을 떠받치고 있고, 남아시아 국가들의 계급제와 인종적 우월성과 열등성을 들먹이는 우생학 이론, 현대 서양 사회의 '계층 개념'을 낳았다. 그에 반해 성장형 사고방식은 민주주의와 사회 정의의 정신을 구현한다. 고대 그리스 이후로 계속 평등을 지지해 온 여러 사회 운동과 미국 독립선언서에 명시한 '남녀를 불문하고 모든 인간이 평등하게 태어났다.'는 신념을 받치는 토대이다. 노력과 근면함으로 누구나 성공을 거둘 수 있다는 '아메리칸 드림'의 핵심에 있는 생각이기도 하다.

우리 문화는 알고 나면 새삼 놀랄 정도로 고정형 사고방식이 만연해 있다. 예를 들어, 멘사만 해도 1946년에 '지식인 귀족 계급'을 만들기 위한 취지로 설립한 것이었다. 이런 취지에 맞춰 회원 자격 기준을 IQ 130점 이상으로 정했다. 여기에서 흥미로운 대목은 전 세계적으로 65,000명에 가까운 멘사Mensa 회원들이 꼭 대단한 성취를 자랑하거나 사회에 기여를 한 것은 아니라는 점이다. 브루클린에서 멘사의 미국 첫 번째 회의를 소집한 피터 스터전Peter Sturgeon은 "우리는 천재가 아니다."라고 말하기도 했다.⁴ 사실 성장형 사고방식 이론이 시사하는 바에 비추어 보면 우월한 지능만 있다고 전부가 아니며, 지능에 의지한다고 성공이 보장되는 것도 아니다. 오히려 노력, 끈기, 실패에서 배울 줄 아는 능력이 성공의 핵심요소이고, 이 세 가지 모두 성장형 사고방식이 있어야 가능한 자질이다.

고정형 사고방식은 스포츠계에도 널리 퍼져 있다. '타고난 재능'이 스포츠 영웅을 만든다는 통념이 만연해 있다. 훌륭한 선수들의 비결은 오히려 훈련이나 끈기, 지독한 노력에 있다는 증거가 넘치는데도 말이다. 훈련, 끈기, 노력 세 가지는 성장형 사고방식이 불어넣어 주는 자질들이다. 그런 식으로 사고해야 절망적인 현실에 굴복하지 않고 더 좋아질 가능성을 환호하며 맞을 수 있기 때문이다. 드웩의 『마인드셋』을 보면 재능은 있지만 실력을 꾸준히 유지하지 못하는 선수들과 열심히 노력해서 큰 성공을 거두는 선수들의 사례가 연달아 나온다. 코치와 스포츠 해설자 같은 외부인들은 선수의 재능이나 타고난 운동 능력 등을 칭송하지만, 정작 선수들 대부분은 힘든 싸움과 끈기, 희생을 얘기한다. 끈기가 부족한 선수는 대개 실패하고, 재능 덕분에 정상에 오르더라도 그 자리를 오래 지키지 못한다. 권투 선수 마이크 타이슨Mike Tyson과 테니스 선수 마르티나 힝기스Martina Hingis와 존 매켄로John McEnroe가 그 좋은 예다. 이 선수들은 모두 적수가 없을 만큼 특별한 재능을 가졌다고 자신했지만, 한 번이라도 경기에 지면 좌절감을 견디지 못하고 쉽게 무너져 내렸다.

진정한 스포츠 거물 중에는 종종 타고난 재능은 부족해도 그보다 중요한 요건 두 가지를 갖춘 경우가 있다. 그 두 가지는 '강인함'과 현재의

불확실한 걸 못 견디는 사람들

핸디캡을 훈련과 끈기로 극복해야 할 일시적 걸림돌로 여기는 '믿음'이다. 마이클 조던 같은 시대를 초월한 영웅들이 이런 경우에 해당한다. 조던은 고등학교 시절 팀 선발에서 탈락하고, 자신이 뛰고 싶어 했던 대학(노스캐롤라이나 주립대)에도 가지 못했다. 커리어 초반에는 그다지 뛰어난 타자가 아니었던 베이브 루스Babe Ruth도 마찬가지였다.

말콤 글래드웰Malcolm Gladwell은 「더 뉴요커The New Yorker」에 기고한 글에서 사람들이 대체로 타고난 재능을 끈질긴 노력보다 중요하게 여긴다고 말하며 그 이유를 설명했다.[5] 우리 모두가 잘 알다시피 '아주 열심히 노력한다'는 표현에는 경멸적인 느낌이 함께 담겨 있고, '천재'라는 말에는 부러움과 감탄이 내재되어 있다. 그 이유는 크게 두 가지로 볼 수 있다. 첫 번째는 사람들이 비범함, 특별함, 특출함에 자극받기 때문이다. 천재들의 얘기가 안간힘을 쓰는 평범한 사람들의 얘기보다 더 흥미롭고 주목을 끈다. 사람들은 바람직한 일이든 바람직하지 않은 일이든 비범한 사건들을 특별한 관점에서 해석하고 싶어 한다.

두 번째 이유는 이런 식의 고정형 사고방식이 질서와 예측 가능성을 보장하기 때문이다. 플라톤의 이상 세계에서처럼 사람들은 자신의 본질에 부합하게 행동해야 한다는 압박감을 느낀다. 확실성을 갈망하는 상황에서 종결이 일어나면 이것은 기분 좋고 안심이 되는 일이다. 반면 성장형 사고방식은 불확실성과 끊임없는 변화를 초래한다. 만약 사람들이 얼마든지 변할 수 있다면 앞으로 나는 어떻게 될지 알 길이 없다. 종결 욕구가 높은 사람에게는 이것이야말로 가장 큰 불안감을 일으키는 요인이다.

사랑에 빠질 때와 이별할 때

드웩의 사고방식 이론에 적용해 볼 만한 흥미로운 분야는 '연인 관계 romantic relationship'이다. 대중문화에서는 '사랑에 빠지는 것'이 곧 완벽한 사람, 다시 말해 잘못된 행동을 할 리가 없는 사람을 찾는 것으로 통할 때가 많다. 우리는 이런 사람들을 소울메이트나 천생연분으로 여긴다. 상대에 대한 지나친 미화는 거의 예외 없이 '비현실적'이다. 사랑하고 사랑받고 싶은 우리의 최우선적인 동기에 따라 현실을 심하게 왜곡하기 마련이다.

리머런스limerence(누군가에게 사랑받고 호응을 얻고 싶어 하는 심리적 상태-옮긴이)의 가장 큰 문제는 지나치게 이상화한 대상이 처음 생각했던 것처럼 신과 같은 존재가 아님을 조만간 깨닫게 된다는 데 있다. 그 대상은 알고 보면 나름의 짜증스러울 만한 기질이 있는 보통 사람일 뿐이다. 고정형 사고방식을 가진 사람은 자신이 고른 상대가 완벽함의 귀감이 아니라는 사실을 깨달으면 크게 실망하고 만다. 심지어 상대와 헤어진 후에는 또 다른 실현 불가능의 이상형을 찾을 수도 있다. 하지만 성장형 사고방식을 가진 사람은 파트너의 특성을 전적으로 신뢰하지 않는다. 그보다는 위험을 무릅쓰고 그 관계의 잠재성을 탐색해 보고 서로를 알아가는 여정에 나설 것이다.

성장형 사고방식은 '거절의 상황'에서 특히 진가를 발휘한다. 거절은 로맨스와 거의 필연적인 짝을 이룰 만큼 흔한 일이다. 고정형 사고방식을 가진 사람은 거절당하면 '가슴 찢어지는 아픔'을 느낄 가능성이 높다. 1774년에 나온 괴테Goethe의 소설 속 주인공, 젊은 베르테르처럼 거절을

불확실한 걸 못 견디는 사람들

'영원히 사랑받을 수 없다'는 의미로 받아들여 절망에 이를 수도 있다. 하지만 베르테르와는 달리, 모든 사람이 좌절감의 원인을 자신에게로만 돌리는 것은 아니다. 오히려 자신에게 그런 굴욕을 안긴 사람에게 공격적인 태도를 보이는 경우가 더 많다.

연구에 근거한 추산치로 보면 이혼 사례의 15~30퍼센트는 상당한 갈등을 겪은 경우다. 갈등이 매우 험악하게 번져 종종 수년간 이어질 정도로 심각한 문제가 되어, 당사자들끼리 신체적으로까지는 아니더라도 언어적으로 서로에게 위해를 가하기도 한다. 하지만 성장형 사고방식을 가진 사람은 이별을 대하는 태도가 사뭇 다르다. 이런 사람들에게는 이별이 이해하고 용서하며 앞으로 나아가는 문제다. 더러 깊은 상처를 받은 사람들도 있었지만 그들은 대부분 결별 과정을 통해 무엇인가를 배우고 싶어 했다.[6] 그리고 힘든 상황을 딛고 일어서며 자신을 더 깊이 이해한 느낌을 얻고 싶어 했다.

자기불구화 현상이 나타나는 이유

고정형 사고방식과 '천재는 타고난다'는 믿음에서 특히 골치 아픈 문제는 '자기불구화self-handicapping 현상'이다. 다시 말해, '명성을 얻을 자격'을 지키기 위해 자기 파괴적 행위에 끌리는 것이다. 일단 똑똑하거나, 머리가 좋거나, 창의적이거나, 운동신경이 좋다고 외부에 알려진 후에는 그런 꼬리표를 잃을 만한 위험을 감수하고 싶지 않은 마음에 고정형 관점을 갖게 될 가능성이 크다. 자신의 능력을 검증받는 상황(예를 들어, 대입 시험이나 승급 시험)에서는 실패가 거의 확실한 외부 조건을 내세울 수도 있다. 이런 조건을 만들어 놓으면 실패를 해명하는 난처한 상황을 모면할 수 있고, 이전의 지위도 그대로 지킬 수 있기 때문이다. 한 예로, 어릴 때 남달리 뛰어난 지능을 보였던 사람은 사소한 경쟁이나 대회처럼 자신의 지능을 검증받는 상황을 피하고 싶어 한다. 극단적인 경우에는 평판을 잃지 않기 위해 마약이나 술을 이용해 실패에 대한 그럴듯한 해명 수단을 만들기도 한다.

에드워드 존스Edward Jones와 스티브 버글라스Steve Berglas는 자기불구화 현상과 관련해서 획기적인 연구를 시작했고, 실험 참가자들에게 문제 해결 과제를 수행하도록 했다.[7] 참가자의 절반은 쉬운 문제를 받았고 나머지 절반은 어려운 문제를 받았다. 참가자들에게는 그들의 실제 성적과 무관하게 문제를 잘 풀었다고 얘기했다. 그런 다음 추가 과제를 풀기 전에 '수행능력 향상을 돕는 약'과 '수행능력 저하를 일으키는 약' 중 하나를 골라 먹도록 했다. 그러자 어려운 문제를 받고도 문제를 잘 푼 것이 운 때문이므로, 똑같은 결과가 되풀이될 가능성이 낮다고 느낀 참가자들은 다음 과제를 못 푸는 바람에 자존감이 손상될 것 같은 상황에서 스스로를 지키기 위해 '수행능력 저하를 일으키는 약'을 고르는 경향을 보였다.

자기불구화 현상에 대한 추가 실험에서는 몇 가지 흥미로운 점도 발견할 수 있었다. 첫 번째는 사람에 따라 자기불구화를 활용하는 정도에 차이가 있다는 점이다. 상습적으로 자기불구화를 시도하는 사람들이 있는가 하면 이런 기제를 아예 활용하지 않는 사람들도 있었다. 자기불구화 활용 정도를 신뢰할 만한 수준으로 측정하는 '자기불구화 척도SHS, self-

불확실한 걸 못 견디는 사람들

handicapping scale'가 있는데 SHS가 높은 사람은 자존감이 걸린 중요한 과제에서 오히려 노력과 실행을 덜 한다. 일시적인 컨디션 악화나 피로 같은 핑계거리를 대고, 너무 늦어서 준비를 못한다거나 시간을 질질 끄는 등의 방법으로 과제 수행 전에 외부적 장애 요인을 만들기도 한다. 그래서 자신의 실패가 낮은 능력을 드러내는 것처럼 비치지 않게 한다.

두 번째는 자기불구화 행위가 주로 무의식적으로 일어난다는 점이다. 가령 어떤 사람이 중요한 과제나 스포츠 시합이 있기 전날 밤 술을 잔뜩 마시거나, 잠을 충분히 자지 않거나, 갑자기 다른 일을 하며 복습이나 훈련을 소홀히 하더라도, 이 모두가 시합이나 시험의 결과가 불확실해 보이는 상황에서 자존심을 지키기 위한 조치라는 사실을 명확히 의식하지 못한다. 이처럼 자신의 평판이 어떻게 될지 모르는 불확실한 경우에는 사람에 따라 실패에 대한 두려움에 떠밀려 자기불구화를 선택하고, 비록 실패하긴 하지만 스스로가 만든 핑계거리로 체면만은 확실히 지켜내기도 한다.

하지만 자기불구화에서 가장 흥미로운 대목은 따로 있다. 바로 자기불구화가 고정형 사고방식의 결과로 따라온다는 점이다. 성장형 사고방식을 가진 사람들은 현재의 상태나 체면에 크게 매달리지 않는다. 실력 향상이나 배움, 발전에 전념하기 때문이다. 그래서 미지의 상황을 두려워하지 않고 실패를 진전의 기회로 보기도 한다. 자기불구화는 이런 목적을 거스르는 것이기 때문에 성장형 사고방식을 가진 사람들은 자기불구화에 끌릴 가능성이 희박하다. 프레데릭 로드월트Frederick Rhodewalt의 연구에서 밝혀진 바에 따르면 자기불구화 경향이 높은 사람들은 대부분 지능이나 재능 같은 특성은 바꿀 수 없다고 믿는다.[8] 다시 말해, 고정형 사고방식을 갖고 있다는 얘기다. 그래서 불확실한 상황을 회피하고, 되도록 좋은 모습을 보여주고, 고정불변의 능력을 증명할 수 있는 상황만 선택한다. 반면 자기불구화 경향이 낮은 사람들은 성장형 사고방식을 가졌기에, 계속해서 능력을 키울 수 있다고 믿고 실패를 두려워하지 않는다.

낙관적 해명 스타일과 자기불구화

이쯤에서 셀리그먼이 제시한 '낙관적 해명 스타일(11장)'을 다시 한번 떠올려 보자. 낙관적 해명 스타일에서는 실패의 이유는 외부 요인으로, 성공의 이유는 재능이나 능력 같은 내부 요인으로 돌린다. 예를 들어, 테니스 대스타 존 매켄로는 자신의 패인을 형편없는 심판이나 날씨, 불편한 기분, 산만한 환경 탓으로 둘러대기로 유명했다. 모든 핑계거리가 그의 능력이나 재능과는 별개인 외부 요인이라, 자신의 능력이나 재능을 논외의 대상으로 보호한 셈이다.

연구를 통해 나타나듯이 이처럼 실패의 원인을 외부에 두는 것은 이후의 성과에 긍정적인 영향을 줄 수도 있다. 마틴 셀리그먼이 공동 논문 저자들과 함께 진행한 연구에서는 수영 선수들에게 첫 번째 성적에 대해 부정적 피드백(저조한 기록)을 주며 선수들이 실패에 대해 밝힌 해명 내용을 기록해 놓았다. 그 결과 자신의 저조한 성적에 대한 요인을 낮은 능력이나 재능 부족으로 돌린 선수들은 다음 성적이 더 나빠진 반면, 외부의 핑계거리를 댄 선수들은 이전 성적만큼의 기록을 냈다. 이런 결과가 증명하다시피 '낙관적 해명 스타일'은 개인의 자존감을 지키는 데는 확실히 긍정적인 영향을 미친다.

하지만 낙관적 해명 스타일과 자기불구화는 심리학적으로 큰 차이가 있다. 해명 스타일은 **사후**, 그러니까 성공하거나 성공하지 못한 결과가 나온 이후에 일어난다. 반면 자기불구화는 수행 **전에** 실패 가능성을 예상하고 스스로를 보호하기 위해 발동된다. 게다가 자기불구화에서는 실패의 핑곗거리가 되어줄 조건(예를 들어, 수행 전에 술을 먹거나, 훈련을 게을리하거나, 복습을 빼먹는 것 등)을 만들어내는 것이 일반적이다. 안타까운 얘기지만 이런 행동은 발전에 방해가 될 가능성이 높기 때문에 자기불구화는 오히려 역효과를 낸다. 말하자면 '제 발등을 찍는 격'이거나 스스로가 발전 가능성을 막는 셈이다. 드웩의 관점에서 보면 낙관적 해명 스타일과 자기불구화 모두 고정된 소질(재능이나 능력)이 타격받지 않도록 하는 것에 급급한 사고방식이다. 하지만 성장형 사고방식에서는 실패를 위협으로 느끼지 않고, 오히려 실수를 통해 배우며 실수를 발전의 과정에서 겪는 일시적 현상으로 여긴다.

성장형 사고방식을 키우는 법

드웩의 메시지는 고정형 사고방식을 가진 사람들에게 한 줄기 희망을 선물한다. 이런 사람들은 자신의 본질이 현재의 실패나 거절로 결정된다고 느낀다. 하지만 그들이 '성공한 느낌'을 경험한다면 어떨까? 평판이 손상될 위험에 면역이 생긴다면, 자신을 불구화시키는 것보다 오히려 불확실성에 직면하기를 더 선호하게 될 수도 있다. 윈스턴 처칠이 절묘하게 표현한 말처럼 '성공했다고 그것으로 끝은 아니다. 실패했다고 세상이 끝나는 것도 아니다. 중요한 것은 계속할 용기다'. 드웩이 자신의 글과 강의, 워크숍에서 늘 강조하는 자세가 바로 '계속할 용기'다. 한마디로 말해, 꾸준한 배움과 지속적인 발전이 곧 성공에 이르는 길이라는 것이다.

드웩에 따르면 인간의 뇌는 근육과 같아서 훈련을 통해 강화할 수 있다. 열등하든 우월하든, 성공이든 실패이든 간에 현재의 결과는 변화의 잠재성이나 향상의 잠재성까지 감안한다면 그리 중요한 문제가 아니다. 우리에게 희망을 주는 이런 생각은 여러 상황에 적용 가능하다. 대학에 불합격하거나, 시합에서 잘 뛸 수 있을지 걱정하거나, 승진에서 누락되거나, 이혼하는 등의 상황이다. 다시 말해 고정형 사고방식과 성장형 사고방식의 차이는 삶의 여러 영역에 적용해 볼 수 있다. 드웩도 성장형 사고방식을 포용하는 일이 쉽지 않을 수도 있다는 점을 인정한다. 성장형 사고방식을 포용하려면 고정된 안정감을 포기해야 한다. 사람에 따라 막막하고 무섭게 느껴질 수도 있는 극도의 불확실성에 직면해야 한다.°

성장형 사고방식은 가능성에 대한 믿음이다. 자신의 삶이 바꿀 수 없는 숙명으로 봉인된 것이 아니라, 변할 수 있게 열려 있다는 생각에 뿌리

° 드웩은 자전적인 글에서 다음과 같이 말했다. "고정형 사고방식을 버리고 성장형 사고방식을 취하던 그때 내가 얼마나 불안감을 느끼는지 또렷이 의식할 수 있었다. 고정형 사고방식을 가졌을 때 나는 매일같이 내 성공을 추적했다. 좋았던 날을 마무리할 때는 그 결과를 살펴보며 나 자신에게 만족감을 느낄 수 있었다. 하지만 성장형 사고방식을 채택하며 그런 추적을 그만두었을 때도 여전히 예전의 버릇을 버리지 못하고 가끔씩 밤에 머릿속으로 따져보았다. 때로는 결과가 0으로 나오곤 했다. 그렇게라도 내 승리의 점수를 합산하지 않으면 불안해졌다."

를 둔다. 지금 당장은 상황이 아무리 비참해도, 삶이라는 신비한 게임에는 대개 어떤 비밀이 숨겨져 있다. 다만, 이 비밀은 우리가 직접 찾아 활용할 수 있어야만 우리를 구하고, 성공의 길로 들어서게 해 줄 것이다. 하지만 우리에겐 먼저 확고한 믿음이 필요하다. 일단 자신이 비밀을 발견할 수 있다고 믿어야 한다. 낙관주의의 관점으로 결국엔 잘될 거라고, 아직은 부족하더라도 이것이 끝이 아니라고 믿어야 한다. 끝까지 해내려는 인내와 끈기도 필요하다.

전통적인 평가 방식의 횡포

이제 우리는 마틴 셀리그먼, 캐럴 드웩, 앤절라 더크워스 같은 과학자들 덕분에 불확실성을 자신 있게 직면할 수 있다. 우리와 마찬가지로 과학자들도 한때는 우리 문화에 만연한 일반적인 성공의 개념을 받아들였다. 이런 개념에 따르면 적어도 교육의 영역에서는 학교 성적에 따라 명문대 입학, 우등 졸업 등이 결정된다. 이와 같은 학업적 성공의 표식은 교육 기관이 실시하는 여러 평가를 통해 얻을 수 있는데, 사실 이런 평가는 사람들에게 꼬리표를 붙여 고정적 범주에 묶어두는 점 때문에 늘 신랄한 비난의 대상이 되었다.

선도적인 심리학 이론가 케네스 거겐Kenneth Gergen과 저명한 교육학자 세르토 길Scherto Gill도 최근 '현재의 평가 철학에는 상당한 문제가 있다'는 생각을 분명히 밝히며, 어떤 사람은 똑똑하거나 재능 있는 것으로 공표하고, 어떤 사람은 멍청하거나 평범한 것으로 고정하는 식으로 사람들을 분류하는 문제를 비난했다. 거겐과 길은 이런 고정적 분류에 대해 독설을 쏟아낸 적 있는 드웩과 상당히 비슷한 입장을 고수하며 일침을 놓았지만, 분류의 벽을 어떻게 넘을지 가르쳐주기보다는 시스템의 문제라는 관점에서 다룬다. 그들은 '점수로 등급을 매기는 관행과 부담감이 높은 시험을 수단으로 삼는 평가 전통의 횡포'를 비난한다.[9] 두 저자의 주장처럼 이런 평가 방식은 미래의 성공을 확실히 예측하지 못할 뿐 아니라 수백만 명의 학생들에게 스트레스와 고통을 안기며 교육 과정을 일종의 악몽처럼 여기게 만들기도 한다.

문제는 시험이 '우리의 능력을 향상시킬 가능성을 찾는 수단'이라기보다 '교육의 목적 자체'가 되었다는 점이다. 현재의 교육 시스템은 학생을 지적 호기심이 넘치고 윤리적·사회적 역량을 갖춘 유능한 인간으로 키우는 데 기여하는 것이 아니라, 단지 '시험을 잘 보게 가르치는 것'으로 그 의미가 축소되어 있다. 이때 사람들이 품는 주된 의문은 자신이 성인이 되어 받는 연봉이나 지위에 비춰 볼 때, 그동안의 투자가 그럴 만한 가치가 있었는가이다. 거겐과 길의 말처럼 '교육 과정이 창의적 잠재력, 호기심, 도덕 감수성, 미적 안목, 정의감, 타인에 대한 포용력, 동료와의 협동 능력을 향상하는지는 중요하게 여기지 않는다.'[10]

지금의 평가 방식이 미래의 성공을 예측하는 측면에서 유효성이 낮다는 점 역시 지적을 받아왔다. 지금의 평가에서 측정하는 것은 인지 능력이나 정보 습득 수준 정도가 거의 전부라고 할 수 있다. 학생의 잠재성이나 창의성과 관련해서는 유익한 정보를 알려주지 않는다. 그 이유는 명백하다. 우선, 시험 성적은 가정 환경의 영향을 받는다. 지적 자극으로 가득한 가정 환경에서 자라 독서와 토론이 일상적으로 이루어지고, 부모가 학습을 격려하고 필요하면 개인지도까지 붙여주는 가정에서 자란 아이들은 가정 환경에서 유익한 면들을 기대할 수 없는 아이들에 비해 시험에서도 매우 유리하다. 학업적 성취를 강조하는 가정에서 자란 학생들은 학업적 성취를 존재감과 사회적 가치의 근원으로 중요하게 생각한다. 따라서 학업적 가치에 관심을 갖지 않는 가정의 학생들보다 학교 공부를 열심히 하려는 욕구가 높을 것이다.

시험 성적은 학생의 정신적·신체적 상태에 따라 영향을 받기도 한다. 이 부분 역시 가정 환경에 크게 좌우된다. 영양가 있는 건강한 음식을 먹고 편안한 환경에서 휴식을 취해 정신적으로 건강한 아이는 혹시라도 가정에서 갈등이나 폭력이나 학대를 당한 탓에 피곤하고 배고프고 신경이 곤두선 상태에서 시험을 보는 아이에 비해 매우 유리하다.

마지막으로, 교실의 학업 분위기는 다른 학생들에게 인기가 있고 오피니언 리더 역할을 하는 학생들이 선호하는 가치관을 따라간다. 이런 분위기는 학습에 임하는 자세를 결정한다. 교실에서의 인기가 주로 외모나 운동 실력, 허세 부리기로 결정되고, 공부에 집중하는 학생들을 '찌질한 범생이'나 '선생님들에게 잘 보이려는 아부꾼'으로 여기는 경우에는 학생들 다수가 학습에 집중하지 못할 가능성이 크다. 다시 말해, 학생들이 학교 시험을 볼 준비가 어느 정도 되어 있는지를 좌우하는 다양한 차이들을 감안하면 시험 결과와 등급이 학생들 고유의 적성과 잠재성을 반영한다는 전제는 거짓에 가깝다는 의미다.

지금의 평가 방식은 학생들의 잠재성에 대해 표준화 시험이 알려줄 것으로 기대하는 '확실성'을 얻기 위해 치르는 대가 중 하나일 뿐이다. 더 우려할 점은 이런 제도가 학생들에게 미치는 악영향이다. 연구를 통해서도 나타나듯, 아이들이 세상을 탐험하기 위해 그 어떤 지적 호기심이나 흥미를 품게 되든, 호기심은 학교를 졸업할 때쯤 거의 사라지고 만다. 토드 워디카Tod Wodicka는 그의 소설 『다 잘될 거야, 정말 다 잘될 거야, 다 다 잘될 거야All Shall Be Well; And All Shall Be Well; And All Manner of Things Shall Be Well』(2007)에서 이런 현실을 생생히 포착했다.

"이거 시험 문제에 나오는 거예요, 헤커 선생님?" 해당 과목에 대한 학생들의 흥미가 얼마나 한정적인지 절감할 수 있는 질문이었다. 학생들은 시험에 나올 만한 내용이면 필기해 두고, 시험에 나올 것 같지 않으면 필기도 하지 않았다. 나는 학생들의 깊이 없는 시선이 당황스러웠다. 나는 학생들을 바보로 생각하면 안 된다고 스스로를 타일렀다. 인간이 수천 년에 걸쳐 이룬 진보의 최종판인 아이들이 어떻게 바보일 수 있겠는가?

이런 평가 제도는 학생들의 정신 건강에도 심각한 타격을 가한다. 미국에서는 해마다 약 1,100명의 학생들이 자살한다.[11]「애틀랜틱」2015년 10월 9일 자에서 보도한 것처럼 미국의 14~17세 학생들의 우울증 발병률이 2009년과 2017년 사이에 60퍼센트나 증가했고, 12~13세 학생들의 발병률도 50퍼센트나 늘었다. 이 연령대의 사립학교 재학생들을 대상으로 진행한 설문조사에서는 약 절반의 학생들이 '항상 스트레스를 달고 산다'고 답했다.[12] 그 이유는 거의 예외 없이 학업 성적과 뗄 수 없게 엮

인 대학 입시 문제였다. 이런 스트레스를 견디다 못해 많은 학생이 심하면 자살에까지 이르고 만다.[13]

시험이 교실과 교실 밖 학생들의 관계에 미치는 의도치 않은 결과 역시 우려스럽긴 마찬가지다. 등급으로 학생들을 구별하며 일부 학생을 더 가치 있게 평가하는 것이 문제다. 학교에서 강조하는 학업 기준과 등급에 따라 학생들을 차별하고 가치를 서열화하고 있다. 꼭대기는 좋은 성적을 받는 '모범생'들이 차지하고, 맨 아래에는 학교라는 무대에서 자신을 멍청하고 가치 없는 사람처럼 느끼는 '문제 학생'이 놓인다. 결국 인생 초반부터 어떤 아이들에겐 '패자'라는 꼬리표가 붙고, 또 어떤 아이들에겐 '승자'의 꼬리표가 붙는다.

스스로를 패자로 규정하는 아이들은 교육을 완전히 오해할 소지가 있다. 학교를 그만두고 존재감을 얻을 다른 방법을 찾을 수도 있다. 그 방법이 교육 시스템과는 거리가 먼 분야일 수도 있다. 학교에서 이런 아이들에게 붙이는 꼬리표는 평생까지는 아니더라도, 수년간 아이들을 규정할 가능성이 있다. 등급 부여에 따른 가치의 서열화는 교실 내에서도 해로운 영향을 미친다. 예를 들어 '일진들'이 자신의 좌절감을 '범생이들'에게 푸는 등의 일들이 자주 벌어질 수 있다. 아이들은 결국 학교생활을 지긋지긋하게 여기면서 자신이 느낀 굴욕을 되갚을 순간을 꿈꿀 것이다.[14] 교사들은 서로 싸우는 무리들 사이에 끼어 종종 어쩔 수 없이 한쪽 편을 들 수도 있다. 이때 보통은 '문제아들'보다 '모범생들'을 감싸면서 상대 아이들의 마음에 상처를 입힌다. 현재의 교육 평가 방식이 만든 서열화는 어른이 되어서까지도 불평등을 부추긴다.[15] 그리고 그 결과로 수백만 명의 사람들이 버려지고 외면당한 것 같은 느낌에 빠지게 된다.[16] 이것이 포퓰리즘 부상의 원인이 되기도 한다.

관계적 접근법을 바탕으로 한 학습 과정

현재 교육 평가 문화의 심각한 문제를 생각하면 필연적으로 이 문제를 어떻게 해결할 수 있을지 의문이 뒤따른다. 평가를 그만두는 것은 고려할 만한 방법이 아니다. 어쨌든 사람들은 자신의 특별한 재능과 적성, 성향을 파악해 그에 따라 다양한 선택을 내려야 하기 때문이다. 거겐과 길은 평가를 단지 교육적 성취의 과정만이 아닌 인간적 성장의 촉진 과정으로 보는 '관계적 접근법'을 제안한다. 그러려면 학교에서는 학생들에게 경직된 믿음을 내려놓고 불확실성을 견디며 새로운 생각에 마음을 열 수 있는 능력을 가르쳐야 한다.

'관계적 평가'에서는 이미 이룬 성과를 채점하는 식의 누적적 평가를 중시하지 않는다. 그보다는 '학습의 지속적 진전'을 가장 중요하게 생각한다. 이런 과정은 교사와 학생이 함께 협력하면서 가능성을 찾는 방식으로 이루어진다. 학생의 잠재성에 대한 고정적 평가나 등급 부여는 되도록 피한다. 또한 시험과 평가에 수반되는 위협 요소를 없애고, 학습을 통해 성장과 지적 발달이 일어날 수 있게 한다. 거겐과 길의 아이디어에 따라, 학생과 교사 간 협력 학습을 시도하는 곳도 실제로 존재한다. 이 과정에서는 학생들이 학업에 지속적인 관심을 갖도록 북돋워야 하며, 학생들이 존중과 보살핌을 받는다고 느껴야 한다. 다른 학생과의 비교나 경쟁이 최소화되고 학생들이 스스로 정한 기준과 비교해 자신의 발전 여부를 평가해야 한다.

거겐과 길은 학생들의 '존재감 욕구'에 주의를 기울이며, 이 욕구를 다루는 일에서 교사와 다른 학생들까지 포함하는 사회 연결망의 역할이 중요하다는 점을 강조한다. 학생들은 자신이 교실에서 인정받고 존중받으며, 다른 사람들에게 긍정적인 영향을 주고 있다는 느낌을 통해 학습은 물론 삶의 동기를 얻는 경우가 많다. 이런 느낌을 확실히 경험하도록 보살피면 학습 과정에 지속적으로 호기심이 생기고, 다양한 방면으로 자신의 재능을 펼칠 수 있다. 이런 접근법은 학생들의 사회적, 지적 성장을 촉진시킨다는 점에서 학습 동기를 무력화하는 현재의 평가 관행보다 나을 것으로 예상한다. 누적 평가의 확실성과 명확성을 희생한다는 점 등 어떤 면에서는 다소 복잡하고 다면적이기도 하지만, 이것은 분명 교육 분야에서 훨씬 더 미래 지향적이고 발전적인 접근법이 될 것이다.

요약 정리

최근 심리학에서는 불변성과 변화의 문제를 다루며 확실성과 불확실성을 주제로 삼는다. 이런 연구에서는 실패하면 끝이라는 강박관념 때문에 더 강화되는 비관주의에 주목한다. 한편 셀리그먼의 접근법을 비롯한 몇몇 접근법에서는 낙관주의 실천을 제안하여 실패는 일시적 원인으로, 성공은 지속적 원인으로 생각하도록 권유한다.

드웩의 접근법을 비롯한 또 다른 접근법에서는 인간의 자질에는 기본적으로 '적응성'이 있다는 점과 '향상의 잠재성'이 존재한다는 점을 강조한다. 셀리그먼과 드웩 모두 사람들이 가진 자질과 함께, 변화에 대한 믿음을 바탕으로 조정안을 제시한다. 반면 더크워스의 접근법에서는 삶의 변화에 대처하고 끈기를 키우려는 동기의 중요성을 강조한다. 마지막으로, 거겐과 길은 확실성과 불확실성의 문제를 시스템의 차원으로 끌어올렸다. 두 사람은 학교에 만연한 접근법에 대해 사람들을 '승자'와 '패자'로 구분하는 파괴적 고착성을 낳는다며 비난한다. 이런 서열화가 진정한 학습의 기반을 약화시키고, 분노와 긴장을 일으켜 사회적 관계를 훼손시킨다는 점도 지적한다.

당신의 경험에 비추어 보기

1. 실패에 대한 당신의 전반적 태도는 어떤가? 실패가 두려운가? 얼마나 두려운가? 그럴 때는 대체로 어떻게 대처하는가?

2. 당신의 사고방식은 드웩이 말하는 고정형에 가까운가, 아니면 재능과 능력, 지능 같은 자질에 발전 가능성이 있다고 믿는가?

3. 중요한 시험이나 시합 전에 어떤 기분이 드는지 설명해 보자. 걱정되는가? 설레는가? 불참으로 실격 처리되기보다는, 어떤 성적을 받든 시험을 보는 편이 더 좋을 것 같은가?

4. 실패해서 창피할까 봐 '자기불구화'를 시도해 본 적이 있는가? 자기불구화를 실행하는 사람들이 치르게 되는 대가를 느껴본 적 있는가? 이런 대가를 치르지 않기 위해 취할 만한 대안적 태도에는 무엇이 있을까?

불확실한 걸 못 견디는 사람들

13

한 걸음 물러설 때
보이는 것들

　자신이 매사에 너무 걱정이 많다고 느낀 적 있는가? 일과 커리어가 삶의 전부는 아니라고 생각했던 적이 있는가? '극심한 무한경쟁'에서 벗어나고 싶은 마음은 간절하지만 그만둘 용기가 나지 않았던 경험은 어떤가? 종종 이런 생각을 한다면 당신만 그런 것은 아니란 점을 기억하자. 지구에서 살아가는 수백만 명 또한 당신처럼 인간의 분주한 삶 속에서 부족한 균형감을 찾아 동양 철학에 눈길을 돌리고 있다.

　불확실성에 대처하는 서양의 방식이 낙관주의나 성장형 사고방식으로 '공격'하는 식이라면, 동양의 방식은 불교의 수용과 초연함에서 영감을 얻는다. 삶의 불가피한 불확실성을 대하는 이 울림 있는 자세에 관해 얘기하려면, 석가모니의 삶은 물론, 인간의 고통에 대한 그의 통찰부터 알아봐야 한다.

석가모니의 삶은 '불확실성으로 무턱대고 뛰어든 여정'이나 마찬가지였다. 분명 이런 저돌성은 그의 강한 자아감에서 시작되었을 테고, 또 강한 자아감은 귀족 가문에서 유복하게 자란 경험에서 비롯되었을 것이다. 그는 기원전 567년경, 부유하고 명망 높은 가문에서 '싯다르타Siddhartha'라는 이름으로 태어났다. 호화로운 환경에서 최고의 스승들에게 가르침을 받고, 활쏘기, 검술, 씨름, 수영, 달리기 같은 '귀족' 스포츠를 배웠다. 고파Gopa와 결혼해 아들도 낳았다. 하지만 이 모든 것에도 불구하고, 다시 말해 일반적인 젊은 남자가 열망할 만한 것을 모두 가졌음에도 그는 마음이 불안하고 만족스럽지 못했다.

그러던 어느 날 그는 마차를 타고 집 밖으로 나갔다. 그리고 카필라바스투의 거리에서 인간의 고통을 처음으로 마주하며 큰 충격을 받았다. 그는 병든 남자와 죽어가는 노인, 화장장으로 옮겨지는 시신을 목격했다. 이것이 그날만의 일이 아니라는 마부의 말을 듣고, 모든 인간이 결국엔 병들고 늙고 죽는 운명에 놓여 있다는 사실에 마음이 뒤숭숭해졌다. 싯다르타에게는 이런 고통을 생각하는 것조차 생소했기 때문이다. 이전까지는 고통이 존재한다는 것을 한 번도 진지하게 생각해 본 적이 없었다.

그는 호기심과 불안이 뒤섞인 채로, 이전의 삶을 떠나 발견의 여정에 나서기로 마음먹었다. 고통을 정복할 방법을 찾아 볼 작정이었다. 잠든 아내와 아들에게 말 없는 이별 인사를 전한 후 머리를 삭발하고 수도복을 입었다. 이제 그의 앞길에는 탐험해야 할 미지의 세계와 불확실성, 그리고 도달해야 할 깨우침의 여정이 펼쳐져 있었다. 온갖 위험으로 가득한 복잡한 밀림 속에서 석가모니의 그 유명한 '깨달음을 찾는 여정'이 시작되

불확실한 걸 못 견디는 사람들

었다. 그 뒷얘기는 누구나 아는 대로다. 현재는 전 세계의 불교 신자가 대략 5억 3,500만 명에 이르러, 세계 인구의 8~10퍼센트를 차지하고 있다.

불확실성을 바라보는 불교의 관점

젊은 싯다르타의 자연스럽고도 대담한 '불확실성의 수용 과정'은 서양의 관점과는 본질적으로 다르다. 서양에서는 불확실성을 행동주의적 방식으로 대처하며, 적절한 훈련과 배움을 통해 불확실성을 바람직한 결과로 바꿀 수 있다고 생각한다. 반면 불교의 접근법에서는 불확실성의 **수용**을 설파한다. 불확실성은 좋은 결과와 나쁜 결과 모두를 가져오고, 고통은 인간에게 필연적인 부분이며 고통은 그저 고통일 뿐이라고 말한다. 고통을 없앨 수는 없지만 고통을 대하는 자세는 통제할 수 있다는 것이다.

불교에서는 기분 좋은 일이든 불쾌한 일이든 '어떤 일에 놀랄 가능성에 대비하라'고 충고한다. 세상은 무상無常함으로 가득하므로 어떤 일이든 일어날 수 있다. 그리고 어떤 일이든 결코 오래가지 않는다. "성공했다고 그것으로 끝이 아니며, 실패했다고 세상이 끝나는 것도 아니다."라는 윈스턴 처칠의 말이 떠오르는 충고다. 그리고 바로 이런 이유로 만물에 대해 애착을 갖는 일도, 성공할지 실패할지 아직 결과도 모르는 상황에서 갈망이나 두려움 같은 감정에 집착하는 일도 모두 불합리하고 비생산적인 일일 뿐이다. 애착과 집착에 대한 극단적 반응인 '욕망과 회피'는 불교에서 말하는 마음을 병들게 하는 두 가지 주된 독이다. 이 두 가지가 인간의 고통 대다수를 초래한다. 예를 들어, 완벽주의, 자존심, 낮은 자존감,

자기혐오, 질투심, 슬픔 등으로 고통받는 것은 모두 욕망 때문이다. 대중적인 불교 작가 K. 스리 담마난다K. Sri Dhammananda는 이 점을 다음과 같이 절묘하게 표현했다.

"현명한 사람이 되려면 쾌락의 갈망에 사로잡혀서는 안 된다. 하나의 욕망이 만족되면 새로운 욕망이 일어나, 만족감과 욕망이 파도처럼 서로 끝없이 꼬리를 문다. 이렇게 욕망의 발동과 만족 추구가 되풀이되는 것이 인간의 일상적 삶을 이루는 근간이기에 지속적인 좌절감이 일어나기 마련이다."[1]

또한 티베트의 불교 작가 은게이 밍규르Yongey Mingyur는 욕망의 만족을 좇는 것에 대해 이렇게 말했다.

일종의 중독으로, '황홀한 기분'을 계속 느끼려 끝없이 손을 뻗지만 아무리 해도 닿지 않는 대상을 좇는 것이나 다름없다. 이것은 뇌에서 분비되는 화합물이자, 쾌감을 일으키는 호르몬인 도파민의 생성과 연결되어 있다. 시간이 지나면서 우리의 뇌와 신체는 도파민의 생성을 활성화시키는 활동을 하고 싶은 자극을 느낀다. 말 그대로 기대에 중독되는 것이다.[2]

미시간대의 선도적인 신경 과학자 켄트 베리지Kent Berridge가 진행한 연구에서는 도파민 호르몬이 욕망을 느끼는 것과 연관 있는 것으로 나타났다. 도파민은 성관계를 갖거나 음식을 먹거나 코카인을 흡입할 때 뇌에서 분비된다. 이런 특성으로 볼 때, 도파민은 온갖 종류의 중독과 강하게 연결되어 있다. 우리는 도파민을 생성시키는 활동을 갈망한다. 만족감은 오래 지속되지 않아서, 끝없는 욕망을 좇는 데 바치는 시간이 많을수록 '부족함'에 중독된다. 불도에 따르면 갖가지 욕망의 노예가 되는 것이야말로 인간이 느끼는 모든 고통의 근원이다.

욕망의 탐닉이 불교의 원칙에 어긋난다면 기본적 욕구를 채우고 욕망을 가라앉히기 위해서는 어떻게 해야 할까? 불교에서는 중도의 개념으로 답한다. 말하자면 한편으로는 지나친 탐닉을 피하고, 또 한편으로는 금욕(자기희생을 통한 욕구의 부정)을 하라는 의미다. 이 개념은 나와 동료들이 극단성의 반대말로 쓰는 '온건함'이라는 표현과 비슷하다.[3] 극단성은 배고픔 같은 생물적 욕구이든 심리적 욕구(즉, 존엄과 존중에 대한 욕망)이든, 특정 필요성에 전적으로 집중하며 다른 욕구(예를 들어, 건강이나 안전 등)는 등한시한다. 반면 온건함은 모든 기본적 욕구를 균형 있고 원만하게 만족시킨다. 극단성은 감정의 기복을 유발해 넘칠 듯한 기쁨과 고통 사이에서 갈팡질팡하게 하지만, 온건함은 불교신자에게 이상적인 정서 상태인 '조용한 만족'을 가져다준다.

불교의 명상 수행은 갖가지 두려움과 욕망을 움켜쥐고 있는 '마음의 손아귀'에서 힘을 풀게 한다. 불교의 비유처럼 '등에 올라탄 원숭이(견디기 어려운 무거운 짐을 말함-옮긴이)'로부터 해방시켜 준다. 명상에서는 생각과 감정의 이유('시험을 망쳤어', '실직할 것 같아')에 집중하기보다 생각과 감정 자체에 주목하는 것(지금 자신이 불안하거나 두렵거나 황홀한지를 깨닫는 것)이 더 중요하다. 명상은 자신을 조용하고 차분하게 관찰하는 과정을 통해 격한 감정 상태에서 주의를 돌리게 한다. 그러고 나면 감정의 격렬함이 무뎌지면서 다른 문제로 나아갈 수 있다.

너무 많은 걱정으로부터 해방되는 것

불교에 따르면 만족감을 가져다줄 심오한 지혜를 얻기 위해서는 만물의 무상함을 깨닫는 것은 물론, '만족과 좌절 모두 조만간 사라져 다른 감정에 밀려나 버린 찰나의 상태'라는 사실을 인식해야 한다. 여기에서 핵심 개념은 '결과에 초연해지는 것'이다. 다시 말해, 목표 달성에 너무 많은 기대를 걸거나, 욕망의 충족에 너무 치중하거나, 욕망을 충족시키지 못할 가능성을 생각하느라 지나치게 걱정하지 말라는 의미다. 본질적으로 따지자면, 불교의 초연함은 '너무 많이 신경 쓰는 일에서 해방되는 것'이다.

이런 개념은 선불교의 특징을 설명하는 동시에, 불확실성의 초연한 수용에 대해 설명한다. 재미있는 이야기 하나를 소개하겠다. 한 소년이 14살 생일에 말을 선물받자 온 마을 사람들이 박수를 치며 "아주 좋은 선물이네. 선물을 정말 잘 골랐어!"라고 말한다. 하지만 이때 소년의 스승이 말한다. "두고 보면 알겠지요."

2년 후, 소년이 말에서 떨어져 다리가 부러지자 온 마을 사람들이 입을 모아 "아이고, 이를 어째. 저 애가 어떻게 되려나?"라고 말한다. 하지만 스승은 이번에도 "그거야 두고 보면 알겠지요."라고 말한다. 얼마 후 전쟁이 터지고 젊은 남자들이 모두 전쟁터로 떠나지만 소년은 부러진 다리 때문에 전쟁에 나가지 못한다. 그러자 마을 사람들 모두 한목소리로 "저 애는 참 운이 좋네."라고 말한다. 물론, 이번에도 스승은 같은 반응을 보인다.

'감정의 찰나성'을 꿰뚫어 보는 불교의 통찰은 최근 과학적 연구를 통해서도 뒷받침되었다. 사람들이 갈망하던 것을 얻으면서 느끼는 행복도 그것을 얻지 못해서 느끼는 비참함도, 불교의 예언 그대로 시간이 지나면 사라진다. 실제로 우리의 행복이나 불행은 짧은 순간에 그칠 뿐만 아니라, 그 누구도 미리 예측할 수 없다.

결혼이나 자녀의 탄생은 아주 행복한 일이자, 삶에서 가장 기쁜 순간으로 여기는 것이 일반적이지만, 이 일이 스트레스가 극심하고 불편한 일로 바뀔 수도 있다. 이를테면 가족들이 결혼식에서의 적절한 대접 문제를 놓고 계속해서 야단법석을 피울지도 모른다. 예비부부가 하객들에게 대접할 음식들을 꼼꼼히 챙기다 진이 빠질 수도 있다. 이 모든 일이 압박감을 부추겨 일반적으로 그리는 그림과는 완전히 다른 결혼식을 치르게 될 수도 있다.

이런 현상을 인상적으로 증명한 연구가 있다. 필립 브릭만Philip Brickman과 동료들은 22명의 복권 당첨자들을 복권 당첨자가 아닌 대조군 22명, 비극적 사고로 양측 하지마비나 사지마비가 된 사람들 29명과 비교했다.[4] 실험 진행자들은 세 그룹 전원에게 친구와 수다 떨기, TV 보기, 아침 먹기, 농담하며 웃기, 칭찬 주고받기 같은 일에서 느끼는 즐거움에 대해 질문했다. 그렇게 해서 얻은 답변을 분석하던 중 연구진은 놀라운 점을 발견했다. 사고 피해자들이 복권 당첨자들보다 이런 일상적인 순간에서 좀 더 큰 행복을 느끼고 있었다. 예상치 못한 뜻밖의 결과였다. 일반적인 생각으로는 사고 피해자들이 실의에 빠져 남들보다 불행한 삶을 살 것으로 예상했기 때문이다.

한층 더 놀라운 결과도 있었다. 복권 당첨자들이 양측 하지마비나 사지마비가 된 사람들보다 겨우 조금 더 행복해하는 것으로 나타나, 행복지수가 각각 5점 만점에 4점 대 5점 만점에 2.96점이었다. 대조군은 평균 5점 만점에 3.82점으로 나와 복권 당첨자들과 유의미한 격차를 보이지 않았다. 사고 피해자들이 행복지수에서 중간 점수 이상이었다는 점 역시 놀라웠다. 이런 결과에서 나타나듯, 장기적으로 보면 복권 당첨이 지속적인 행복을 가져다주지도, 비극적 사고가 사람을 계속 불행에 빠져 있게 하지도 않았다는 의미다. 불교 지도자들의 예측 그대로였다.

사회심리학자 티모시 윌슨Timothy Wilson과 버지니아대 교수 대니얼 길버트Daniel Gilbert는 선구적 연구를 통해 사람들이 특정 상황에서 느낄 감정을 예측하는 능력을 살펴봤다. 그 결과로 밝혀진 명확한 결론에 따르면, 전문적 용어로 '정서 예측affective forecasting'이라고 하는 능력이 아주 빈약한 수준에 불과했다. 불교 사상가들이 천 년 전에 직관으로 알아낸 그 사실, 즉 긍정적 감정이나 부정적 감정을 막론한 감정의 찰나성이 이런 예측 오류를 일으키는 주된 원인이다.

대니얼 길버트와 동료 연구진의 연구 결과에서도, 긍정적인 종신 재직권 결정을 얻은 조교수들이 부정적인 결정을 통보받은 사람들보다 순간적으로 훨씬 더 큰 행복을 느끼지만, 몇 년 후에 다시 조사해 보면 종신 재직권을 얻지 못한 사람들의 행복 지수도 재직권을 얻은 사람들과 별차이가 없는 것으로 나타났다.[5]

삶은 예측할 수 없고, 감정은 순간마다 달라진다

스포츠팬들은 자신이 응원하는 팀이 이기면 얼마나 행복할지에 대해서나 행복이 얼마나 오래 갈지에 대해 과대평가하는 경향이 있다.[6] 학생들은 다른 인종과 교류할 때 일어나는 부정적 감정 반응에 대해 과대평가한다.[7] 여자들은 면접에서 성추행에 가까운 질문을 받으면 분노를 느낄 거라고 예상하지만, 그들이 실제로 느끼는 감정은 오히려 두려움에 가깝다.[8]

다시 말해, 미래는 불확실하고 우리는 현재의 감정이나 그럴 거라고 예상하는 감정을 근거로 실제 느낄 감정을 일반화할 수 없다. 감정의 맥락이 우리가 상상하는 것과는 다를 수도 있기 때문에 자신이 느낄 반응의 강도는 물론이고, 심지어 감정의 유형까지도 잘못 짚을 가능성이 크다. 게다가 상황이 변화하는 속도가 우리가 흔히 예상하는 것보다 빠르다 보니 감정 반응의 지속 시간도 예측하지 못한다.

길버트와 윌슨의 공동 연구

길버트와 윌슨의 연구는 흥미로운 사실을 알려주지만 두 사람이 협력해 온 여정 역시 그에 못지않게 흥미진진하다. 최근 두 사람이 어떻게 협력하게 되었는지 질문했다가 새로운 사실을 알게 되었는데, 두 사람의 만남은 어디까지나 우연에 가까운 일이었고, 이제는 역사적 중요성을 띠게 된 그 만남의 결과 역시 전혀 예상하지 못한 것이었다.

길버트와 윌슨은 1991년 캘리포니아주 팔로알토에서 안식 휴가를 보내다가 서로를 만났다. 두 사람은 금세 친해져서 공동 프로젝트를 해보면 재미있을 것 같다는 생각까지 했다. 그 후로 몇 달간 '사람들이 원하지 않는 정보를 다루는 방법'을 주제로 의견을 나누었다. 윌슨은 '정신 오염mental contamination'°을 주제로 연구를 시도한 적이 있었고, 길버트는 '스피노자 신념 체계Spinozan belief systems'°°를 주제로 연구한 경험이 있던 터라 이 주제에서 두 사람의 관심사가 자연스럽게 교차했다. 길버트와 윌슨은 종이에 글을 써가며 이론 하나를 세웠고, 몇 년 후 이 이론을 발표했지만 대중의 관심을 끌지는 못했다.[9] 안식 휴가가 끝나면서 두 사람은 다시 공동 연구를 할 거라고는 상상도 하지 못한 채 각자의 길로 돌아갔다. 길버트는 집으로 돌아오고 몇 주가 지난 어느 날, 친구와 점심을 먹다가 최근 몇 년간 자신을 힘들게 했던 개인적인 문제를 털어놓았다. 길버트의 이야기를 들은

o 윌슨과 브레케Brekke에 따르면(1994), 정신 오염은 어떤 사람이 원치 않는 판단을 내리는 심리작용으로, 무의식적인 인지 편향 때문에 이로울 것도 없이 원치 않는 감정이나 행동을 보이는 것이다. 이를테면 광고를 보고 무의식적인 영향을 받아 물건을 사는 식이다.

oo 스피노자 신념 체계에 대한 대니얼 길버트의 연구(1991)에서는 정보의 수용이 자동적이고 정보를 이해하는 과정의 일환인 반면, 정보의 거부는 노력이 필요한 데다 해당 정보를 비판적으로 검토해야 하는 일인 것으로 나타났다.

친구가 '도대체 어떻게 견뎌내고 있는 거냐'고 묻자 길버트는 '지금은 많이 괜찮아졌다'고 대답했고, 그 말에 친구는 깜짝 놀랐다. 친구는 1년 전에도 그렇게 느끼게 될 거라고 예상할 수 있었느냐고 물었다. 그 순간, 길버트의 뇌리에는 어떤 생각이 번쩍 스쳐갔다. 사람들이 자신을 행복하게 해줄 만한 일을 예측할 수 있을까? 그럴 수 없다면 그 이유가 무엇일까? 왜 여태껏 이런 의문을 던지거나 답을 내놓은 사람이 없었을까?

점심을 먹은 후 그는 부랴부랴 사무실로 돌아가 윌슨에게 전화를 걸었고 자신의 생각을 전했다. 윌슨은 흥미를 보이며 몇 가지 좋은 아이디어를 냈다. 그 아이디어대로 예비 조사를 벌여 사람들이 미래에 일어날 일에 대한 감정 반응을 예측할 때 어떤 오류를 겪는지 확인해 보자고 제안했다. 몇 주 후, 윌슨은 길버트에게 전화를 걸어 조사 결과를 해석하기가 어렵다고 알렸다. 하지만 두 사람은 계속 토론을 이어간 끝에 또 다른 연구를 시도해 보기로 했다.

이번 연구는 성공적이었다. 그 후속 연구도 마찬가지였다. 비교적 짧은 시간 안에 충분한 자료를 얻은 두 사람은 '정서 예측'이라고 명명한 새로운 주제로 논문을 썼다.[10] 그때는 본인들도 예상하지 못한 일이지만, 이 논문은 이후로 수십 년 동안 2,000회에 가깝게 인용되며 법조계부터 의학계와 행동경제학계 등 다양한 분야에 걸쳐 정서 예측을 주제로 삼은 연구가 폭발적으로 늘어나는 계기가 되었다. 함께 연구했던 기간 동안 너무 즐거웠던 두 사람은 공동 연구를 이어가기로 했다. 그렇게 25년이 흐른 후, 공동 발표한 논문이 거의 60편에 이르렀고, 그중 6편은 「사이언스」에 실렸다.

두 사람의 협력은 사회 심리학의 역사상 최장기이자 가장 성공적인 협력으로 꼽힐 것이다. 그래서 사람들은 협력의 기준에 대한 질문을 자주 한다. 구체적으로 말해 협력할 때의 규칙과 역할, 상호 동의 과정을 궁금해한다. 하지만 두 사람은 그런 문제에 대해 논의한 적이 없었다. 평생 함께 연구하기로 결정을 내린 적도 없었다. 어느 날부터 협력을 시작했다가 어쩌다 보니 계속 협력하게 되었던 것이다. 길버트와 윌슨은 둘의 협력이 성공한 요인으로 다음의 몇 가지를 꼽는다.

첫 번째, 대다수 파트너와 마찬가지로 두 사람은 서로 다른 특성과 재능을 가지고 있었다. 하지만 대다수 파트너와는 다르게, 서로가 더 큰 역할을 해주는 부분들 덕분에 함께 해내는 연구가 각자가 혼자 해냈던 연구보다 더 좋은 성과를 낸다는 점을 인정하고 서로에게 깊이 감사한다.

두 번째, 과학자의 삶은 실패의 연속이 이어지다가 중간에 어쩌다 한 번씩 작은 승리를 맛보는 세계다. 끊임없는 좌절과 어쩌다 한 번 거둔 승리를 함께 나눌 파트너가 있다면 좌절은 더 견딜 만하고 상황은 더 즐거워진다. '두 번째 논평자(논문을 학술지에 제출하면 대략 3명의 논평자가 논문을 평가하는데, 연구자들 사이에서는 유독 '두 번째 논평자'가 논문에 대해 신랄한 평가를 많이 한다는 통념이 퍼져 있음-옮긴이)'를 자신만큼이나 치 떨리게 싫어하는 사람이 또 있다는 것도 기분 좋은 일이었다.

세 번째, 평생의 연구 동료로서 생각을 나누고 함께 글을 쓰다 보니 가장 친한 친구 사이가 되었을 정도로 유대감이 탄탄하다. 지금까지 서로 설전을 벌인 적이 없고 말다툼 한 번 하지 않고 지내면서, 모두 상대에게 더 배려받는다고 생각한다. 이런 안정적인 관계 덕분에 각자가 여러 위험(실패할 위험, 바보 같아지거나 틀릴 위험, 미친 짓을 시도해 다른 사람들의 지지 없이 일을 벌여 나가면서 사람들을 짜증 나게 할 위험)을 감수할 수 있다. 어떤 일이 생기면 언제나 서로가 서로를 지지해 줄 것임을 두 사람 모두 잘 알기 때문이다.

여기까지가 길버트와 윌슨의 이야기다. 그들 중 누가 논문의 초안을 썼다가 그중 절반에 줄을 그어 지우고는 지운 내용을 다시 넣었을지 맞춰보라고 하면, 누구라도 50 대 50보다 나은 추정은 못할 것이다. 그런데 길버트와 윌슨 본인들도 지금부터 1년 후에는 누가 그랬는지 기억하지 못할 것이다. 아니면 두 사람만의 비밀로 간직하거나.

길버트와 윌슨의 협력 이야기는 여러 면에서 불확실성이라는 주제와 딱 들어맞는다. 첫 번째로, 그들이 우연히 만난 부분부터가 그렇다. 우연한 만남은 앞으로 일어날 일과 그 일의 결과를 결정짓는 데 운이 얼마나 중요한 역할을 하는지 잘 보여준다. 두 번째, 이 이야기는 지식의 경계를 맴돌며 미지의 세계의 전형이라 할 만한 상황 속에서 극도의 불확실성에 직면했을 때 우정과 동료애 같은 사회적 지지가 얼마나 중요한지 증명한다. 3장에서 살펴봤듯이, 안정된 애착감은 자신을 보호할 수 있는 **안전한 피난처**와 탐험에 나설 수 있게 하는 **안정적인 기반**이 되어주며, 이런 애착감은 세상의 신비로움을 탐험해 그 비밀을 파헤치는 데도 꼭 필요한 요소다. 길버트와 윌슨은 서로의 헌신에 깊은 신뢰를 가지면서 안정된 애착감을 형성했다.

세 번째는 특히 중요한 대목으로, 두 사람이 이룬 발견의 내용이다. 지금껏 불교 신자들을 비롯한 여러 사람이 삶에 관해 정의할 때, 끊임없는 변화와 무상함을 강조해 왔다. 하지만 뛰어난 상상력을 발휘한 길버트와 윌슨의 실증적 연구를 통해 바로 이 점이 정확히 밝혀졌다. 삶은 예측할 수 없고, 우리가 느끼는 감정은 우연에 따라 결정된다. 따라서 우리가 미래를 예측할 수 있는 능력에는 한계가 있다.

현재 느끼는 감정은 미래에 어떤 감정을 느낄지, 또 지금의 감정이 얼마나 오래 갈지를 예측하는 지침으로 삼기에는 빈약하다. 이 점을 인식한다면 우리가 감정의 변덕스러움을 줄이고 걱정과 불안을 가라앉히는 데 도움이 될 수 있다. 어떤 감정이나 두려움이 오든, 그것도 결국 지나가게 되어 있다.

명상과 마음챙김으로 얻는 것들

불교의 관점에서는 불확실성이 이례적인 일이 아니라 일반적인 일이다. 이런 점에서 보면 불교의 자세는 초연함의 자세다. 성공에 너무 도취되지 않고 실패에 너무 속상해하지 않는다. 삶에 대해 적극적 행동주의를 취하며, 삶을 치열한 투쟁처럼 묘사하는 서양의 자세는 곧잘 불교의 수용하고 놓아주는 자세와 대조를 이룬다. 하지만 지난 수년 동안 서양의 저명한 사상가들도 불교를 연상시키는 통찰을 제시했다. 그 예로는 헤라클레이토스가 말한 끊임없는 변화의 개념과 처칠이 고찰한 성공과 실패의 일시성이 있다. 낭만주의 시인 존 키츠John Keats도 1817년에 형제들에게 보낸 편지에서 '소극적 수용력negative capability, 즉 불확실성, 불가사의함, 의구심의 상태에서 성마르게 조바심을 내며 이상을 좇느라' 창의적인 생각을 훼방 놓지 않는 능력을 얘기한 바 있다. 러디어드 키플링Rudyard Kipling의 유명한 시 「만약에If」에서도 성공이든 실패든 똑같이 태연하게 마주하는 자세를 칭송한다. 키플링은 불교의 정신과 비슷하게 인간의 성숙함을 욕망으로부터의 해방과 감정적 초연함으로 여긴다.

"성공과 실패를 만나더라도 그 둘을 똑같이 허상으로 다룰 수 있다면 너는 비로소 어른이 되는 것이다. 아들아!"

이 시는 우리 주변에서 일어나는 일들에 대한 '침착한 자세'를 강조하며, 이것을 삶에서 경험하는 오르막과 내리막에 적용해야 할 최상의 자세로 칭송한다.

불교에서 가르치는 불확실성의 수용에는 두 가지 이점이 있다. 그 첫 번째는 초연함을 통해 삶의 부침과 변화에 어느 정도 면역력이 생긴다는 것이다. 두 번째는 성공이나 실패에 대한 감정적 무관심이 내면의 자유와 마음의 평화를 가져올 수 있다는 점이다. 이런 해방감이 있다면, 피할 수 없는 변화에 마음을 열고 새롭게 떠오르는 상황에 대한 자신의 반응을 수용할 수 있다. 실제로 불교의 영향을 받은 여러 학파의 현대 심리요법을 통해 이런 이점이 확연히 드러나고 있다. '마음챙김 기반 스트레스 감소MBSR, Mindfulness-Based Stress Reduction', '마음챙김 기반 인지치료MBCT,

Mindfulness-Based Cognitive Therapy', '변증법적 행동치료DBT, Dialectical Behaviour Therapy', '수용-전념 치료ACT, Acceptance and Commitment Therapy' 등이 그 사례에 드는데, 이 모든 요법이 불교의 명상 수행과 마음챙김을 접목시켜 삶의 덧없음과 불확실성에 대처할 능력을 키우는 것이다.

게다가 연구 결과를 통해 드러나듯 명상은 뇌의 작동 방식에 영향을 미치기도 한다. 여러 연구 보고서에 따르면 마음챙김이 강한 감정을 일으키는 일들에 대한 반응을 제어하는 뇌 영역의 활성화를 감소시킨다. 명상이 긍정적이거나 부정적인 결과 모두에 대한 정서적 스트레스를 감소시킨다는 가설이 이런 연구 결과로 뒷받침된 셈이다.

몇몇 연구 결과에서는, 명상이 처음에는 인지 조절을 담당하는 피질 영역에서 반응성을 높이지만, 명상에 숙달하면 이 영역의 활성화가 감소하는 것으로 나타났다. 확실히 명상 초보자들은 감정을 자극하는 상황에 대한 습관적 반응을 극복하려 애쓰는 과정에서 뇌 영역이 더 활성화되는 반면, 명상 숙련자들은 정서적 반응을 억누르는 데 익숙해서 일부러 감정에 대한 인지 조절을 하지 않아도 된다. 최근에는 마음챙김 명상이 뇌 구조와 뇌 작용에 미치는 영향을 살펴보는 연구가 신경 과학계에서 매우 유망한 분야로 성장 중이다. 따라서 앞으로 이와 관련한 여러 연구 결과들이 우리의 뇌가 불확실성에 대처할 준비를 더 잘 갖출 수 있는 방법을 찾는 여정에 새로운 빛을 비춰줄 것으로 기대한다.

불확실성에서 얻을 수 있는 보상

불교의 관점은 토리 히긴스(10장 참조)가 **방어 초점**이라고 부를 만한 방식이다. 어쨌든 싯다르타가 시작한 탐색의 목적은 인간의 고통을 줄이는 것이었다. 지금까지 살펴봤듯이 이런 목적을 이루려면 좋은 꿈에 대해서나 악몽에 대해서나 똑같이 '감정적 집착'을 줄이면 된다. 욕망을 제한하고 두려움을 억제하면 조용한 만족감을 얻을 수 있다. 티셔츠와 머그잔에 찍힌 우스갯소리처럼 '희망을 포기하고 나니 차라리 후련하다'는 생각과 어느 정도는 일맥상통하는 셈이다.

불확실성을 다루는 또 다른 접근법에서는 '불확실성의 긍정적인 면'을 강조한다. 불확실성에 수반되는 미지의 세계가 흥미를 자극해 열정과 창의성을 발휘할 수 있게 해주는 측면이다. 심리상담사 에스텔 프랑켈Estelle Frankel은 유대교의 카발라, 선불교, 고대 신화를 비롯한 신비주의 전통에 주목해, 여러 세기에 걸쳐 불확실성이 선사하는 경이로움은 물론, 불확실성에 숨겨진 깨달음과 통찰의 잠재성을 칭송해 온 여러 시인과 철학자들을 소개하기도 했다.

확실성은 구속적이며 고정적이다. 우리를 일정한 범주나 고정관념 안에 집어넣어 자유를 제한하고, 우리의 잠재성을 억누른다. 니체Nietzche는 확실성과 관련해서, "확신이 거짓말보다 더 위험한 진리의 적이다."[11]라고 말했다. 그의 관점에서 보면, 거짓말은 적어도 진실이 아닌 것을 말하고 있다는 사실을 의식하지만 확신을 가진 사람은 자신이 틀렸을지도 모른다는 가능성을 의식하지 못한다. 이런 관점에 따르면 확신은 통찰을 얻는 능력을 제한하는 덫과 같다. 프로크루스테스의 침대(그리스 신화에서, 프로크루스테스라는 강도가 지나가는 행인을 자신의 여인숙으로 유인해 쇠 침대에 묶은 다음 침대보다 크면 머리나 다리를 자르고 모자라면 반대로 신체를 늘려 죽인 것에서 유래한 말로, '무리한 획일화'를 뜻함-옮긴이)처럼 마음을 고정관념에 맞춰 합리적인 사고를 방해한다. 작가 거트루드 스타인은 어느 기자에게 이렇게 말한 적이 있다.

"나는 확신은 금물이라고 봐요. 자칫 생각을 그르칠 위험이 있으니까요."12

여러 신비주의 학파의 생각에 따르면 진정한 믿음은 완전히 이해할 수 없는 영역에 있다. 다시 말하자면, 그들은 믿음이 불확실성에 덮여 가려져 있다고 여긴다. 이런 의미에서, 성찬식과 신의 구체화(예를 들어, 그림이나 조각상 형태의 구체화)는 독실함의 본질인 믿음을 놓친 채 우상숭배를 신앙심으로 혼동하는 것이다. 성경에 나오는 금송아지 이야기가 이 점을 잘 입증한다. 이 이야기에서 이스라엘인들은 그들로선 본질을 이해할 수도 없는 살아 있는 신을 마주한 후, 고대 이집트에서 익히 알려진 우상인 금송아지 상을 만든다. 프랑켈의 말처럼 '우리 인간은 이런 식의 퇴행에 쉽게 빠진다. 스트레스나 불확실성에 부딪치면 중독 물질로 손을 뻗는 중독자처럼 불안해하거나, 불확실한 순간이 오면 곧잘 이전의 패턴과 같은 행동에서 위안을 찾으려 한다'.13

신비주의자들의 인식에 따르면, 불확실성은 견디기 힘들고, 심지어 고통스러울 수도 있지만 고통을 계기로 생애 최고의 시기가 다가올 수도 있다. 어둠이 빛으로 바뀔 수 있고, 이전에는 상상하지 못했던 경지의 통

불확실한 걸 못 견디는 사람들

찰과 진실성에 이를 수 있다.

생각이 자유롭게 흐르는 순간

미지의 세계를 탐험하려는 욕구는 고전적인 정신분석학을 아우르는 심층 심리학(무의식의 심리학)에서 본질을 이루는 측면이다. 과거의 트라우마와 갈등에 대한 현재의 무의식적 기억들 속으로 깊이 파고드는 방식으로 탐험이 이루어진다. 통찰은 대개 직관에 의존하고, 직관을 발휘하려면 일관적이고, 분명하고, 이성적인 방식의 관점을 손에서 놓아야만 한다. 통제를 포기하고 마음이 자유롭게 헤매게 돼야 한다.

지그문트 프로이트는 자신의 제자나 후배 치료사들에게 환자가 먼저 고백하는 특정한 부분에만 집중하지 말고 고르게 주의를 기울이는 자세를 취할 것을 권고했다.[14] 주의를 끄는 내용에만 집중하지 말고 듣고 있는 모든 내용에 관해 차분하고 조용한 태도를 유지하라는 의미다.[15] 유대교의 카발라에 깊은 영향을 받은, 신비주의 정신 분석학자 윌프레드 비온Wilfred Bion 역시 제자들에게 이론과 기법에 의지하지 말 것을 당부했다.[16] 이런 관점에 따르면 이론과 기법 모두 통찰을 방해하는 '눈가리개'일 뿐이다.[17] 비온은 제자들에게 환자가 직면한 현실을 더 예리하게 의식하기 위해 이론과 기법 모두를 제쳐두라고 권했다.[18]

또한 그는 환자에 대한 불확실성과 혼란에 부딪쳤을 때, 이론에만 기대려 한다면 가장 중요한 것을 놓칠 수 있다며 다음과 같이 주의를 주기도 했다.

특히 캄캄한 상황일 때는 어둠을 뚫고 비치는 한 줄기 빛에 주의를 기울여라. 분석적 이론에서 벗어나라. 환자에 대해 알아낸 것들을 일단 버려라. 이 캄캄한 상황에서도 어둠을 뚫는 한 줄기 빛을 찾아 집중하라. 어둠이 깊을수록 희미하게 가물거리는 빛을 볼 가능성이 더 커진다.[19]

윌프레드 비온의 아내인 프란체스카 비온Francesca Bion이 밝힌 것처럼, 그는 '대답은 질문에게 불행이다La reponse est le malheur de la question'라고 믿었다. 그의 관심은 확실한 결론에 이르는 것보다 생각과 숙고 과정에 쏠려 있었다.[20] 선입관과 체계적 일관성이 진정한 통찰을 뿌옇게 가리고 창의성을 방해할 수 있다는 생각은 불교에서 영감을 받은 명상의 '마음 비우기'를 연상시킨다. 여러 예술가와 작가, 학자들의 영감의 원천에 대한 사색에서도 이런 생각이 나타난다. 19세기의 프랑스 수학가 앙리 프엥카레Henri Poincare는 '갑작스러운 깨달음'이 우연히 다가오는 순간에 대해 다음과 같이 말했다.

어느 날 저녁, 나는 평상시와 달리 블랙커피를 마시는 바람에 잠을 이루지 못했다. 머릿속에 여러 생각들이 우르르 일어나기 시작했다. 생각들이 서로 충돌하다가 짝지어 맞물리며, 말하자면 '안정적인 조합'을 이루는 듯한 느낌이었다. 이런 순간은 마치 무의식적인 활동에 빠진 채, 과잉 자극 상태이되 본성은 그대로인 의식이 어렴풋이 감지되는 듯한 기분이다. 2개의 기제, 즉 두 에고의 활동 방식의 차이를 희미하게 이해할 수 있었다.[21]

불확실한 걸 못 견디는 사람들

알베르트 아인슈타인도 비슷한 맥락의 말을 했다. "새로운 아이디어가 갑자기, 그리고 다소 직관적으로 떠오른다. 다시 말해 이것은 의식적이거나 논리적인 생각으로 얻은 아이디어가 아니다. 하지만 나중에 따져보면, 무의식적으로 그런 생각이 떠올랐던 이유들을 어김없이 발견할 수 있다."[22]

따라서 무언가에 지나치게 집중하거나 명확한 아이디어에 연연하지 말고 연상과 의견이 자유롭게 흐르도록 두면, 대체로 다른 때였다면 놓쳤을지도 모를 비상한 가능성을 떠올릴 수 있다. 이 점은 이탈리아의 치룸볼로Chirumbolo와 동료 연구진이 실시한 실증적 연구를 통해 실제로 뒷받침되었다. 이 연구에서 인지적 종결 욕구와 창의성 사이에는 유의미한 수준의 부정적 영향이 있는 것으로 밝혀졌다.[23] 2장에서 살펴봤듯 종결 욕구는 불확실성을 포용하지 못하게 부추기고, 이렇게 되면 과거의 뛰어난 사상가들이 직관했고 현대의 연구에서 증명하는 것처럼 유연성과 창의성이 억눌린다.

만성 통증과 불확실성

전 세계 수백만 명에게 영향을 미치는 불확실성 중 하나가 바로 만성 통증이다. 현대 사회에서는 수많은 사람이 삶의 어느 시점에서 만성 통증으로 고통을 겪는다. 그 수가 너무 많아서 원인 불명의 만성 통증이 공중 보건의 주요 위기 중 하나로 여겨질 정도다.[24] 대체로 통증은 신체 체계에 문제가 있으니 이것을 수습할 조치가 필요하다는 신호다. 하지만 문제의 본질이 무엇인지 불확실한 면이 있어서 이 불확실성이 의사의 믿을 만한 진단을 통해 제거되기 전까지 사람들은 문제의 원인에 대해 나름대로 이런저런 생각을 펼치기 쉽다. 확실한 진단이 내려지지 않은 만성 통증의 경우에는 원인이나 치료책을 찾을 수 없다 보니 불확실성과 의혹이 걷잡을 수 없이 휘몰아쳐 사람을 불안하게 만든다. 그 영향으로 통증을 과장하거나 정신적 고통까지 더해져 상황을 악화시킬 수 있다. 통증이 가라앉지 않을 때 사람들은 '혹시 암인가?', '너무 늦은 거면 어쩌지?', '내가 죽게 되는 건가?', '뭘 모르겠으니까 견딜 수가 없어'라는 식의 비극적인 생각을 떠올리게 된다. 여러 연구에서 증명하듯이 불확실성을 견디지 못하는 사람일수록 통증을 느끼는 강도가 높다. [25]

최근 몇 년 전부터 미국 정부에서는 만성 통증에서 비롯되는 문제들의 심각성을 인정하는 분위기다. 미국 의회에서 21세기 초반 10년을 '통증 조절과 연구의 10년Decade of Pain Control and Research'으로 지정한 바 있고, 재향군인관리국과 국방부의 보건 시설에서는 통증 치료 개선을 지원하는 다수의 법안이 법제화되었다. 그와 동시에 심리학에서는 불확실성에 따른 불안감으로 종종 만성 통증을 수반하기도 하는 문제를 다루기 위한 여러 접근법과 처치법을 개발했다. 기본적으로 이 접근법과 처치법은 통증을 느끼는 강도를 낮추기 위해 부정적인 생각을 반박하고, 통증 자극에서 주의를 돌리는 방법을 쓴다(혹은 이중 한 가지만 활용하기도 한다). 예를 들어, 마음챙김 명상, 이완훈련, 최면요법에서는 심호흡을 통해 현재에만 집중하기를 권하며 통증에 온 신경을 쓰지 않도록 유도한다. 공포 회피 요법에서는 통증을 가중시킬 수도 있는 특정 원인에 대해 걱정하는 사람들의 불안감을 낮춘다. 인지행동 요법의 경우, 만성 통증이 유발할

불확실한 걸 못 견디는 사람들

수 있는 비극적 생각을 반박하고 사실과 현실에 근거한 판단으로 부정적인 생각을 밀어낸다. 이런 치료에서는 많은 경우, 통증 자체는 불편함을 주지만 그 통증이 더 심각한 잠재적 문제에 따라 나타나는 증상은 아닌 것으로 밝혀지기도 한다.

삶의 과도기를 수용한다는 것

삶은 계속 변하기 마련이고, 변화란 곧 미답의 영역, 즉 불확실성으로 들어서는 것이다. 삶의 과도기는 인간이라면 누구나 겪는 필연적인 과정이다. 어느 정도는 성숙해지고 나이 들어가는 과정의 일부이기 때문이고, 또 어느 정도는 사고나 이혼, 사랑하는 사람의 죽음, 새로운 곳으로의 이동, 실직 등 불시에 덮치는 예기치 못한 일들이 발생하기 때문이다.

삶의 과도기에 따른 불확실성은 '자기 확신의 상실'을 초래하는 경우가 많다. 이전의 대처법들을 더 이상 적용하지 못하고 새로운 상황 속에서 능력 부족을 느껴 가치감과 존재감이 약해질 수 있다. 게다가 더러는 질병과 노화에 따른 돌이킬 수 없는 능력 상실을 수반해 문제가 더 심각해질 수도 있다. 나이가 들면 체력이나 정력, 에너지가 떨어지고 인지 능력(예를 들어, 기억력과 판단력)이 저하되며 외모도 변한다. 젊음을 숭배하는 서구 문화에서는 이런 상실이 심리적으로 심각한 고통이 될 수도 있다.

삶의 과도기에 적응하는 일은 종결 욕구가 높고 불확실성을 회피하는 사람들에게 특히 어려운 일이다. 이런 사람들은 변화를 거북해하는 경향을 보이므로, 과거에 매달려 이전의 방식을 놓지 않으려 한다. 노화의 경우를 예로 들자면, 이런 경향이 외모에 집착하는 동기로 작용해 화장과 수술, 다이어트, 운동으로 젊은 외모를 지키려 노력할 수도 있다. 이런 전략은 한동안은 효과를 보여 필연적 결과(노화)를 미룰 수는 있겠지만 변화는 결국 다가오기 마련이라 불확실성을 견디지 못해 '변화를 거부하는 이들'에게 미처 준비하지 못한 비참한 기분을 안길 수도 있다.

반면 종결 욕구가 낮은 사람들은 미리부터 변화에 적응해서 변화가 제시하는 선택지를 더 잘 탐색할 수 있다. 이런 사람들은 변화를 예상해 계획을 세울 수 있다. 은퇴가 다가온 경우, 다른 일에 흥미와 열정을 키워 성취하고 싶은 일들로 '버킷 리스트'를 만들기도 하고, 새로운 사회 연결망을 형성하기도 한다. 대개 자신과 비슷한 상황에 있으면서 서로의 노력에 지지와 성원을 보내고 더는 획득할 수 없는 가치를 기준으로 사람을 판단하지 않는 이들과 관계를 다진다.

나는 최근 삶의 과도기를 맞고도 서로에게 좋은 친구가 되어준 사람들을 만났다. 아내가 말기 암 진단을 받아 함께 보낼 시간이 6개월밖에 남아 있지 않은 부부였다. 청천벽력과도 같은 일로 부부의 삶은 송두리째 흔들렸다. 하지만 부부는 이 상황의 비극적인 면(오랜 세월 삶을 함께한 동반자와의 시간이 곧 끝난다는 슬픔, 죽음의 공포, 상실 등)에 연연하기보다, 이내 마음을 다잡아 두 사람이 함께 보낼 마지막 몇 달을 위해 할 수 있는 일들을 생각했다. 부부는 가장 좋아하는 것들에 남김없이 도전해 보기로 했다. 이 부부를 보며 삶의 과도기에 부딪치더라도 변화를 받아들이고, 변화가 제시하는 가능성을 탐험하기 위해 최선을 다하는 것이 얼마나 중요한지 새삼 느꼈다.

요약 정리

적극적 행동주의를 표방한 서양의 관점에서는 통제감과 권능감을 높여 불확실성을 탐험하고, 성공을 향한 용기를 불어넣는 것을 목표로 삼는다. 불교의 관점은 다르다. 불교에서는 만물의 무상함을 강조하며 세속적 결과(성공과 실패)에서 초연해지길 권한다. 서양의 자세가 '해피 엔딩'을 찾는다면, 불교의 자세는 끊임없는 변화와 무상함의 영속성을 강조한다. 서양의 사고방식에도 불교의 통찰이 조금씩 녹아들긴 해서, 선도적인 심리 치료사들과 과학자들이 선입견이 없어야 창의성과 탐험 정신이 꽃을 피운다는 주장을 표명하고 있다. 불확실성의 수용은 만성 통증처럼 순전히 신체적 현상으로 보이는 일에도 잘 들어맞는다. 통증에서 주의를 돌려 현재에 오롯이 집중하면 고통이 줄고 통증은 무뎌진다.

당신의 경험에 비추어 보기

1. 당신은 변화에 어떻게 반응하는가? 변화를 수용하는가? 아니면 변화에 저항하는가?

2. 당신은 운명론자인가? 당신 주변에 일어나는 일들에 대한 통제력을 갖는 것을 중요하게 여기는가?

3. 창의적인 편인가? 그렇다면 혹시 새로운 아이디어가 떠올랐던 순간이 어땠는지 기억하는가?

4. 신체적 고통에 어떻게 대응하는 편인가? 몸이 좋지 않은 느낌이 불안감을 일으키는가? 이런 불안감이 몸에 문제가 생긴 것일지도 모른다는 불확실성과 연결되어 있지는 않은가?

14

다름을 수용할 때
싹트는 희망

　일각의 해석에 따르면 성경 속의 '바벨탑 이야기(창세기 11:1~9)'는 지구에 거주하는 사람들 간의 언어적·문화적 차이에 대한 하나의 해명에 가깝다고 한다.[1] 이 이야기에서는 사람들이 하늘까지 닿는 탑을 쌓으려다가 신에게 그 오만함에 대한 벌을 받아 지구 곳곳으로 뿔뿔이 흩어지게 된다. 이런 벌을 내린 이유는 성경 속 하나님의 말씀처럼 '사람들이 쓰는 말이 같아서는 안 되겠구나. 이것은 그들이 하려는 일의 시작에 지나지 않을 테고, 앞으로 마음만 먹으면 못할 일이 없겠구나'였다.[2]

　문화의 다양성은 여러 면에서 인간에게 이로움을 선사했다. 예술, 요리, 패션, 건축, 의학을 비롯한 여러 영역에서 풍요로움을 불러왔다. 수천 년 전, 사바나에 살던 까마득한 과거의 선조들은 집단을 이루어 포식자들로부터 자신을 지켰다. 하지만 포식자 외에도 사람들에게 치명적 위험을 안기는 대상이 하나 더 있었다. 먹을거리, 물, 땅 등의 자원을 놓고 치열한 경쟁을 벌이던 '다른 집단의 사람들'이었다. 집단 간의 갈등은 오늘날까지도 이어져, '나와 다른 존재'에 대한 공포와 혐오의 진화에 한몫을 했다. 이런 본능적인 공포가 우리의 생존을 지속적으로 위협하면서 끊임없는 전쟁뿐만 아니라 일상 속의 편견과 차별, 잔혹 행위를 초래했다. 21세기에는 인간의 창의력과 과학 기술이 힘을 합친 결과로 전 세계 사람들이 서로 밀접한 접촉을 나누면서 우리 앞에 더 큰 도전 과제가 주어졌다. 이런 변화를 우리에게 유리하게 전환시켜 서로의 차이를 수용하는 한편, 그들과 우리를 가르지 않는 법을 배우는 것이다. 한마디로 말해, '공동의 언어'를 발전시켜 성경 문구처럼 '우리가 앞으로 하려고만 하면 못할 일이 없도록' 해야 한다.

이민자들에게 느끼는 위협

오늘날 우리는 문화, 배경, 민족, 종교 등이 다른 사람들과 마주칠 가능성이 역사상 그 어느 시기보다 높은 시대를 살고 있다. 이런 흐름의 주된 동력은 더 안전하거나 발전적인 미래를 찾아 밀려오는 이민 물결과 난민 행렬일 것이다. 유엔 인구국의 '2019년도 해외 이주 비중 보고서'에 따르면 전 세계 이민자의 수가 2억 7,200만 명에 달하며, 이 숫자는 전 세계 인구의 3.5퍼센트에 해당한다고 한다.

지구 온난화에 따라 이 수치가 점점 더 증가할 가능성도 높다. 지구 온난화로 지구 전역에 극심한 이상 기후 현상이 일어나고 있다는 증거가 넘친다.[3] 허리케인, 화재, 가뭄, 사이클론, 심한 강풍, 폭염의 발생 빈도가 늘면서 생물학적 다양성 감소, 인명 손실, 지속적인 건강 악화 등 환경 재앙과 같은 결과가 나타나고 있다.[4] 이런 현상 또한 세계의 이민자 수를 증가시키는 원인이다. 허리케인과 산불로 집을 잃은 사람들이 어쩔 수 없이 이주를 선택하는 경우가 많고, 생계 수단(예를 들어, 농업이나 목축업 등)을 잃은 사람들도 마찬가지다. 여러 자료로 증명한 바에 따르면, 기후 변화 때문에 이민자가 증가하고 있고 미래 전망도 심상치 않다.[5] 2050년까지 기후 변화로 고국을 떠나야 할 사람들의 수가 전 세계적으로 10억 명에 달할 것으로 예측된다.[6] 세계은행의 전망치로는, 중앙아메리카와 멕시코 지역에서만 400만 명에 가까운 사람들이 기후 이주자가 될지도 모른다.[7] 굳이 강조할 필요도 없겠지만, 점점 불어나는 이민자 수는 이민자를 수용하는 국가의 정치, 교육, 경제 시스템에 여러 도전 과제를 던진다.

이민 수용 국가의 국민들은 이민자에게 경제적 렌즈를 들이대며, 그들 때문에 경쟁이 더 심해질 거라는 생각으로 두려워한다. 이런 두려움은 실제로는 거의 근거가 없을 가능성이 크다. 에스포시토Esposito, 콜리뇽 Collignon, 스치키타노Scicchitano의 최근 분석 결과, 유럽으로 이민자가 대거 유입됨에 따라 조사 대상국의 실업률이 늘어나는 것이 아니라 오히려 줄고 있다고 한다.[8] 사실, 우리가 이민자들에게 느끼는 위협은 심리적인 것이 대부분이다. 이런 위협은 주로 '다름에 대한 거북함'에서 비롯된다. 낯설게 느껴지는 이민자들의 규범과 가치, 관습이 이민 수용 국가의 공동체 문화와 가치관에도 영향을 줄 것 같아 두려운 것이다. 자신들의 행동 방식이 검증이 된 특별하고 우월한 방식이라는 믿음에 도전장을 받는 듯

불확실한 걸 못 견디는 사람들

한 느낌을 일으키기도 한다.

다양성이 유발하는 불확실성

이민뿐만 아니라 기술의 발전 역시 다양성 접촉 경험을 견인하는 요소다. 기술 발전에 따라 항공 여행 인구가 급격히 늘어나고, 국경의 구분 없이 전 세계와 소통할 수 있다. 그 결과, 이전까지는 단일성이 두드러졌던 지역에도 다양성이 주입되고 있다. 이탈리아는 내가 1990년대에 여행을 갔을 때만 해도 상점, 시장, 식당, 사람들이 거의 이탈리아 그 자체에 가까웠다. 하지만 2010년쯤 다시 방문했을 때는 로마 중심지인 센트로 스토리코에서 몇 킬로미터만 가도 다양한 문화권을 상징하는 상점과 시장, 식당, 사람들을 볼 수 있었다. 특히 아시아 문화의 유입 비중이 높았다. 유럽의 다른 도시들도 비슷한 양상을 보였다. 과거에는 전통적인 특색을 유지하던 지역들이 이제는 눈에 띌 정도로 뚜렷한 다양성을 띤다.

항공 산업의 성장에 힘입어 수백만 명의 사람들이 지구 곳곳을 편하게 여행할 수 있게 되었다. 예를 들어, 2019년을 기준으로 세계 여행 인구는 15억 명에 육박했다. 이제는 관광 사업이 세계 GDP의 10.4퍼센트를 차지한다(또한 신흥 경제국은 GDP의 45퍼센트에 이른다). 한편 컴퓨터 기반 기술, 소프트웨어, 인터넷의 상상을 초월한 발전으로, 사이버 공간에서는 토머스 L. 프리드먼Thomas L. Friedman의 말대로 '세계화 3.0'이 일어났다. 프리드먼의 말처럼 '세계화 3.0은 우리 모두를 옆집 이웃으로 만들었고, 이제는 훨씬 다양한 집단을 만날 수 있다. 세계화 3.0으로 많은 사람들이 플러그 앤드 플레이(별도의 설치 과정 없이 컴퓨터에 꽂아 바로 사용하는 장치 및 소프트웨어-옮긴이)를 누리고 있으며, 앞으로는 모든 피부색이 어우러지는 인간 무지개가 형성될 것이다.'**9**

관광이나 이민, 기술을 통한 다양성의 경험은 이제 피할 수 없는 현실이 되었고 앞으로 몇 년 후에는 이런 경험이 기하급수적으로 늘어날 것이다. 하지만 다양성이 유발하는 불확실성은 많은 이들에게 스트레스를 유발하는 골치 아픈 문제가 될 수도 있다. 그런데 사실 잘 생각해 보면 단일 사회에서도 사람들은 제각각이다. 우리는 누구나 세상에 하나뿐인 존재이며 있는 그대로의 특별한 존재로서 인정받고 존중받고 사랑받기를 바란다. 그럼에도 불구하고 우리는 공통의 문화와 함께, 공통의 가치와 언어, 관습, 역사를 공유한다. 단일 사회에서는 개개인의 차이가 공통의 문화를 통해 균형을 잡아간다. 하지만 우리와 다른 외지인들의 유입에 대해서는 공유점과 차이점 사이에서 대부분 차이점 쪽으로 균형이 쏠리기 마련이다. 그러니 불확실성, 혼란, 불안감이 일어날 수밖에 없다.

우리가 다양성을 다뤄온 방식

다양성 때문에 발생한 문제들을 다루는 접근법 중 하나는 여러 집단의 사람들을 '공통의 틀' 안에 억지로 집어넣는 것이다. 미국과 이스라엘 같은 국가들이 이민자들에게 취한 '용광로식 접근법'이 바로 이런 특성을 가진다. 미국의 신규 이민자들은 한두 세대 안에 철저히 미국 문화 속으로 들어가야 한다. 영어 외의 다른 언어를 쓰면 안 되고, 조상이 살던 땅에 대한 애착을 버려야 한다. 이런 규범이 너무 강하다 보니 신규 이민자들도 으레 미국인들이 좋아하는 문화를 즐기고 열광할 뿐만 아니라, '아메리칸 드림'을 좇으려 한다.

최근 몇 년 사이 용광로식 접근법이 비난을 받는 이유는, 이 접근법이 겉으로는 동화를 강조하면서도 실제로는 다른 문화 가치를 업신여기고 다양성을 거부한다는 점 때문이다. 미국은 이런 비난에 대한 대응책으로 현재 널리 퍼져 있는 '다문화주의의 이상'을 내세웠다. 다문화주의에서는 '사람들의 문화적 뿌리가 중요하다'는 생각을 옹호한다. 하지만 이런 다문화주의의 추구는 이론상으로는 훌륭하지만, 몇 가지 의도치 않은 결과를 낳고 있다. 일각에서는 다문화주의의 '도덕적 상대주의(모든 문화는 동등한 도덕적 가치를 갖는다는 개념)'를 문제 삼는다. 비난의 이유를 더 쉽게 이해하기 위해 특정 관행들을 떠올려 보자. 확고한 다문화주의자조차 식당에서 개고기를 파는 일이나 길거리에서 닭싸움 판을 벌이는 일, 여성 할례, 나이 어린 소녀가 나이 많은 남자에게 시집가는 일에는 난색을 표할 것이다. 이론상으로는 다문화주의를 지지하는 사람들이라도 지지하는 문화의 관습 중 서구식 관점에서 윤리적, 미학적 정서를 크게 거스르는 관습에는 진저리를 칠 수밖에 없다.

다문화주의와 관련해서는 '다문화주의가 국민의 단결과 거북한 공존을 하고 있다'는 쟁점도 제기된다. 국민이 단결하는 이유에는 '동일한 가치와 규범에 대해 이미 합의가 되어 있다'는 가정이 들어 있다. 지금까지 이 쟁점을 놓고 상당한 논쟁과 열띤 토론이 일어났고, 캐나다의 사회학자 레지널드 비비Reginald Bibby도 자신의 책 『모자이크 광기Mosaic Madness』

에서 이 문제를 다루었다. 그는 "캐나다는 다양한 관점의 표현을 장려해 왔지만, 그와 동시에 다양한 관점의 장점을 평가해야 할 중요성은 강조하지 않았다. 우리는 그런 모자이크 조각들이 모여 어떻게든 건강하고 단결된 사회에 이를 것이라는 기대만 할 뿐, 왜 그런 결과를 기대해야 하는지에 대해서는 막연하게 생각할 뿐이다."라고 말했다.[10]

캐나다 빅토리아대에서 진행된 한 연구에서는 소수 민족들로 이뤄진 소집단이 늘어나면서 수많은 캐나다인이 오히려 소외감을 느끼는 현상을 살펴봤다. 캐나다에 이민 온 사람들이 캐나다의 주류 문화에 융합되기보다는 고립된 소집단 내에서 지내는 것을 더 마음 편하게 여긴다는 사실도 밝혀졌다. 1984년 역사가 제프리 블레이니Geoffrey Blainey는 캐나다와 미국처럼 이민자들을 기반으로 형성된 나라인 호주와 관련한 글에서, 호주를 '여러 부족이 어우러진 집단'으로 변화시키는 과정에서 다문화주의가 위협 요소로 작용해 분열을 일으키고 국민의 단결을 저해한다고 썼다. 여기에 덧붙여, 다문화주의가 '이중 충성'이라는 유령을 불러내서 '장기적으로 호주의 군사 안보를 위태롭게 할 소지도 있다'며, '다문화주의에 따라 형성된 소집단이 위기 상황에 처하면 호주가 아닌 고국에 도움을 요청할 수도 있기 때문이다'라고 밝혔다.[11]

네덜란드 법철학자 폴 클리테우르Paul Cliteur는 『인권 철학The Philosophy of Human Rights』(1999)에서 다문화주의를 격렬히 비난하며, 그 근거로 유아 살해, 고문, 노예 제도, 동성애 혐오 등 서양의 관점에서 혐오할 만한 관행과 편견을 암묵적으로 정당화하는 '문화적 상대주의'를 용납할 수 없기 때문이라고 주장했다. 클리테우르는 이런 주장을 입증하기 위해 다문

불확실한 걸 못 견디는 사람들

화주의를 아우슈비츠, 폴 포트(국민 대학살을 자행했던 캄보디아의 공산당 지도자-옮긴이), KKK단과 동일시하기도 했다. 한마디로, 다양성의 측면에서 무엇이든 허용할 수 있는 것은 아니라는 주장을 펼치며 도덕적 선택을 내려야 한다고 주장했다.

다문화주의는 영국에서도 강한 비난을 받았다. 영국의 저널리스트 레오 맥킨스트리Leo McKinstry는 다문화주의를 '극심한 불안을 일으키는 사회적 실험'이라고 일컬으며, '소수 민족 집단들이 고국의 관습과 관행, 언어에 연연하도록 부추길 경우, 국민의 통합을 방해하게 된다'고 지적했다. 『다양성 환상The Diversity Illusion』(2013)의 저자 에드 웨스트Ed West는 영국의 정치 체제가 다문화주의를 환영하고 장려한 이유는 단지 정치적 올바름 때문일 뿐이며, 영국 정부가 이 정책을 충분히 생각해 보지도 않았다고 주장했다. 또한 다문화주의를 도덕적으로 정당화하는 주장, 즉 같은 집단의 사람들에게 그들 나름의 문화적 정체성이 필요하다는 주장은 영국의 백인 다수 민족에게도 똑같이 적용해야 한다는 반박도 제기했다. 다문화주의와 사회적 정의에 대한 강력한 지지로 잘 알려진 영국의 전前 대주교 존 센타무John Sentamu는 2005년에 이렇게 말했다.

"내가 그동안 다문화주의의 의미를 잘못 알았던 것 같다. 타문화에는 자신들을 표현하게 허용하면서 다수 문화에서는 그 문화의 영광, 투쟁, 기쁨, 고통을 일절 말하지 못하게 하는 것인 줄 잘못 알고 있었다."

전 총리 토니 블레어Tony Blair도 영국의 '본질적 가치'를 주장하며 이 가치를 지지하는 것이 모든 영국인의 '의무'라고 밝힌 데 이어, '민주주의, 법규, 관용, 만인에 대한 평등, 국가에 대한 존중, 공통 유산의 가치를 믿는 것이 우리를 하나로 단결시키는 힘이자 우리의 공통된 신념'이라고 덧붙였다.

미국에서도 다문화주의에 대한 비슷한 비난이 이어졌다. 다문화주의가 국민의 단결과 사회 통합을 저해하는 한편, 민족 집단에 따른 분열[이른바 발칸화(한 나라나 지역이 서로 적대적이거나 비협조적인 여러 개의 작은 나라나 지역으로 쪼개지는 일-옮긴이)]을 조장한다는 점이 문제로 지적되고 있다. 특히 문명의 충돌을 다룬 이론으로 유명한 새뮤얼 헌팅턴Samuel Huntington은 다문화주의가 본질적으로 반서양적이라고 주장했다. '다문화주의가 미국이 서양 문명과 동일시되는 것을 맹비난하고, 미국의 공통 문화가 존재한다는 것을 부정하며 인종별·민족별·지역별 문화 정체성과 집단화를 조장하고 있다'는 내용이었다.[12]

하버드대 정치학자 로버트 D. 퍼트넘Robert D. Putnam은 다양성과 사회적 신뢰의 관계를 살펴보기 위해 대규모 추적 연구를 시작했다. 이 연구에서 미국 40개 지역사회에 거주하는 26,200명을 대상으로 설문조사를 시행한 결과, 다양성이 높은 지역일수록 사회 제도에 대한 의존도와 신뢰도가 떨어지는 것으로 나타났다. 퍼트넘의 말처럼 '사람들은 시장을 믿지 않고, 지역 신문을 믿지 않고, 다른 사람들을 믿지 않으며, 제도 역시 믿지 않는다'.[13]

사람들은 결정을 내리고 목표를 실행하기 위해 지식과 정보를 필요로 한다. 적어도 누군가는 신뢰해야 한다는 얘기다. 사회에 대한 신뢰가 대폭 떨어져 있을 때 사람들은 의지 대상의 폭을 좁혀 가족, 친구, 카리스마 있는 리더에게 의지한다. 다문화주의를 비난하는 사람들이 주장하는 대로라면, 이렇게 될 경우 여러 폴트라인fault line(지진을 유발하는 단층선을 의미하는 단어로, 보이지 않는 균열을 뜻함-옮긴이)에 따라 사회가 조각조각 분열될 우려가 있다.

다양성에 대한 막연한 불안감

다양성이 유발하는 불확실성 역시 막연한 불안감을 일으킬 수도 있다. 2장에서도 살펴봤듯이 불확실성은 사람들의 인지 종결 욕구를 높여 반反다양성 정서와 외국인 혐오 정치를 부채질한다. 이런 현상은 근래에 새롭게 떠오른 문제가 아니다. 그렇지 않아도 위기감과 취약함을 느끼던 사람들이 불확실성에 따른 위협을 느낄 때 발동될 수 있기 때문이다. 정치가들은 사람들이 '다름'에 대해 느끼는 불안을 악용해 권력과 영향력을 얻기 위한 수단으로 활용하기도 한다. 1789년, 프랑스 귀족이자 프랑스 대혁명 시기의 진보주의 정치인 스타니슬라스 마리 아델라이드Stanislas Marie Adélaïde 클레르몽 토네르 백작은 유대인에 관련해서 다음과 같은 주장을 펼쳤다.

유대인은 민족으로서는 모든 권리를 거부당하되 개인으로서의 모든 권리는 인정받아야 마땅하다. 그들의 재판관을 인정할 것이 아니라, 우리의 법관을 인정해야 한다. 유대인 단체의 법규를 지키기 위한 법적 보호는 거부당해야 한다. 자체적인 국가도, 정치 단체도, 치안 조직도 구성해서는 안 된다. 그들은 민족으로서가 아니라 개인으로서 국민이 되어야 한다.

이렇게 하고 싶지 않으면 우리가 어쩔 수 없이 그들을 추방할 수 있어야 한다. 국가 내에 다른 국가가 존재하는 것은 용납할 수 없는 일이다.[14]

이로부터 거의 250년 후인 2020년 10월 2일, 프랑스의 대통령 에마뉘엘 마크롱Emmanuel Macron은 프랑스에서 공식적으로 종교와 정치를 분리시킨 1905년의 법을 강화하기 위해 정부가 12월에 법안을 제출할 계획이라고 발표하며 다음과 같이 말했다.

우리는 이슬람 분리주의자 문제를 다뤄야 한다. 그들은 현재 공화국의 가치에서 거듭 이탈하는 식으로 체계화된 정치종교적 계획을 의식적으로 실현하는 실정이다. 이런 계획이 주로 반사회적 형태로 자행되어 학교에서 아이들을 납치하고, 별도의 지역사회를 만들고, 스포츠 활동과 문화 활동을 공화국의 법에 부합하지 않는 원칙을 가르치는 구실로 활용하는 등의 문제들이 발생하고 있다. 이것은 명백한 세뇌 활동이며, 이를 통해 우리의 원칙인 평등과 인간 존엄을 부정하는 것이다.[15]

이민 물결과 2015년의 '난민 위기'°에 대한 반응으로, 유럽 전역에서 극우 반이민 정당들의 인기가 높이 치솟았다. 2017년 서유럽 국가들에서는 평균 11퍼센트의 유권자들이 반이민 정당을 지지했다. 일부 추산에 따르면 2035년까지 반이민 정당을 지지하는 유권자의 비율이 적어도

○   주로 시리아에서 온 130만 명의 난민이 전쟁의 참화를 피해 유럽으로 밀려들었다.

15퍼센트 이상 증가할 가능성이 높다.[16] 독일에서는 반이민주의 성향의 독일대안당이 2017년 연방의회 선거에서 하원 의석 94석을 얻으며 독일 제1야당으로 올라섰다. 제2차 세계대전 종식 이후 처음으로 신나치주의 강령의 정당이 독일 의회에서 의석을 차지한 것이다.

극우 정당들은 이민자들을 부정적인 고정관념으로 판단한다. 무슬림 이민자들은 강간범이나 테러리스트나 여성혐오주의자의 이미지로 묘사하고, 유대인은 세계 지배를 꿈꾸는 '권력에 굶주린 세계주의자'로 본다. 이민자들을 유럽 국가의 민족적 순수성을 오염시키는 존재나, 자국 국민들을 사악한 엘리트들이 주도하는 음모에 복종시키려는 존재인 것처럼 (혹은 둘 다에 해당하는 존재인 것처럼) 그리기도 한다. 이런 식의 이미지 조장이 사람들에게 불확실성을 유발할 수 있다는 사실은 실증적 연구로도 뒷받침되었다. 2010년에 발표한 오레헥Orehek, 피시먼Fishman 외 여러 연구진의 연구에서는 네덜란드인들이 자신들의 집단에 속한 외지인들에게 어떤 심리적 반응을 보이는지 조사했다.[17] 조사 결과는 인상적이다. 조사 참가자가 사는 지역의 무슬림 거주자 비율이 높을수록 확실성과 인지 종결에 대한 욕구가 높았다. 또한 네덜란드인의 종결 욕구는 무슬림에 대한 부정적 인식 및 태도와 연관성이 있었다.

세계 인구의 증가, 여러 지역에서 일어나는 격렬한 충돌, 음식과 물 같은 주요 자원의 확보 가능성과 관련해서 기후 변화가 수백만 명에 달하는 사람들에게 미칠 악영향을 감안하면 이민 인구는 앞으로 더욱 늘어날 것이다. 다양성에 대한 혐오와 두려움을 피할 수 없다면 세상은 긴장과 갈등, 사회 양극화가 점점 심화되는 상황으로 나아갈 가능성이 다분하다.

하지만 꼭 이렇게 되어야만 할까? 우리가 나와 다른 사람들에 대한 두려움을 억누르고 그들을 수용하는 법을 배울 수는 없을까? 사회 심리학자들은 오래전부터 이런 가능성을 살펴보며 다양한 집단 간의 협력과 화합이 일어날 만한 상황을 만들기 위한 개입 실험을 시도했다.

공동의 적이 유대감을 키운다

1953년 여름, 사회심리학자 무자퍼Muzafer, 캐롤린Carolyn, 셰리프Sherif가 갈등과 갈등 해소를 주제로 획기적인 실험을 진행했다.[18] 세 사람은 22명의 소년들을 오클라호마 남동부의 로버스 케이브 주립공원에서 열리는 여름 캠프에 초대했다. 소년들은 처음에는 넓은 합숙소에서 다 같이 지내다가 며칠 후에는 두 그룹으로 나눠 서로 멀리 떨어진 오두막집에서 지내게 되었다. 다른 그룹 아이들을 만나거나 소식을 듣지 못하는 상태로 지내게 하려는 의도였다. 연구진은 오두막집과는 별도로 다양한 활동(수영과 보트 타기 등)을 위한 공간도 마련해 두었고 소년들의 행동을 체계적으로 관찰하기 위해 캠프 관리자 역할을 맡기도 했다. 연구진이 '마찰 단계'를 조성하기 위해 두 그룹이 서로 경쟁을 벌이게 하자, 그룹 간에 적개심과 긴장감이 일어났다. 그 강도도 굉장해서 93퍼센트의 소년들이 같은 그룹 내의 멤버들에게 강한 친밀감을 느꼈다. 최종적인 '통합 단계'에서는 두 그룹이 협력이 필요한 공동 과제에 함께 참여하게 되었는데, 이 단계에서 중요한 사실을 발견할 수 있었다. 공동 과제에 참여하는 경험이 두 그룹 간의 긴장감을 눈에 띌 만큼 뚜렷이 감소시킨 것이다. 여기에서 얻을 수 있는 교훈은, 공통의 목표에 집중하면 차이가 무색해지고 우호적인 기분이 든다는 점이다. 이것은 공통의 적을 상대하면 집단의 단결력이 강해지고 일원들의 일체감이 커진다는 지혜와도 일맥상통한다.

이런 통찰을 뒷받침하는 연구는 또 있다. 모건Morgan, 위스네스키Wisneski, 스키트카Skitka의 공동 연구에서는 9.11 테러 이후 미국 국민의 일체감과 애국심이 더 강해진 것으로 나타났다.[19] 그 외의 여러 연구에서도 공통의 적이 집단 내 일원들의 유대감을 강화시킨다는 점과 사람들이 함께 싫어하는 대상을 상대할 때 유대감이 특히 강해지는 경향이 있다는 점이 밝혀졌다.[20] 1906년 사회학자 윌리엄 섬너William Sumner는 이렇게 말했다.

"동지애와 우리 집단의 평화적 관계, 적대감과 다른 집단을 향한 투쟁 관계는 서로 상관관계가 있다. 외부 집단과의 전쟁에 따른 긴급 상황은 내부의 평화를 조성한다."[21]

위협 상황에서의 분열

하지만 코로나 팬데믹 기간 동안의 경험은 이런 믿음에 물음표를 던진다. 코로나 바이러스가 공통의 적이고 인종이나 성별, 사회 계층, 민족성을 막론한 모든 사람을 공격하고 있다는 사실을 알면서도 미국에서는 '블랙 라이브스 매터' 운동 지지자들과 프라우드 보이스나 오스 키퍼스 같은 극우 폭력 조직 멤버들 사이에서 사회적 긴장감이 크게 치솟았다. 공통의 위협이 미국인들을 이전보다 더 분열시키며 양극화에 이르게 한 것처럼 보인다.

그렇다면 어떤 경우에 공통의 목표나 적이 사람들을 단결시키고, 어떤 경우에 사람들을 갈라놓는 걸까? 이 문제를 주제로 광범위한 연구를 벌인 결과에 따르면 공통 과제가 집단 내 일원들의 단결심을 높여준다는 것을 알 수 있다. 하지만 조직적인 집단이 존재하지 않을 때, 위협이 공통적인지 아닌지, 위협이 실제로 존재하는지에 대해 사람들의 의견이 일치하지 않을 때(2020년 팬데믹 기간 동안 미국의 경우가 딱 이랬다), 사회는 단결하기보다 폴트라인이나 분열, 사회 내의 하위집단 형성 등에 따라 갈라질 수 있다.

접촉 가설과 본질적 유사성

다양성에 대한 혐오와 이런 혐오가 일으킬 수 있는 편견과 차별을 줄이는 문제와 관련해서, 사회심리학에서는 한 가지 흥미로운 아이디어를 제시한다. 바로 **접촉 가설**contact hypothesis이다. 이 가설에 따르면 우리가 다른 사람들에게 적개심을 갖는 이유는 어디까지나 그 사람들이 낯설기 때문이다. 여기에 대한 논리적 대응법은 간단하다. 낯선 느낌이 긴장감을 낳는다면 이것을 줄이면 긴장감도 줄어들지 않겠는가.

1954년 저명한 심리학자 고든 올포트Gordon Allport의 『편견The Nature of Prejudice』이 출간되었다. 당시에 이 책의 파급력이 상당했던 점을 감안하면 여기에 제시된 내용의 접촉 가설이 사람들에게 가장 널리 알려져 있지 않을까 싶다. 이 책의 내용을 그대로 옮기자면, 적절한 상황에서 다른 민족이나 인종, 문화 집단의 사람들과 접촉하는 것은 편견을 줄이는 데 특히 유용한 개입법이 될 수 있다. 올포트에 따르면 '적절한 접촉'은 경쟁 집단 간에 흔히 일어나는 고정관념과 편견, 차별을 줄여 집단 간의 관계가 더 좋아지게 한다. 사람들은 이런 접촉을 통해 서로의 공통적 특성인 '근본적 인간성'에 주목하고, 그렇게 되면 서로에 대한 두려움이 줄고 협력과 화합이 증진된다.

사회심리학자들은 수년에 걸쳐 접촉 가설과 관련한 광범위한 연구를 진행했는데, 페티그루Pettigrew와 트롭Tropp이 515건의 연구를 취합해 내놓은 영향력 있는 메타분석(특정 연구 주제에 대해 도출한 여러 결과를 하나로 통합하여 요약할 목적으로 개별 연구의 결과를 통계적으로 재분석하는 방법-옮긴이)에 바로 이런 연구 결과가 잘 요약되어 있다.[22] 페티그루와 트롭이 내린 결론에 따르면 접촉이 편견을 감소시키는 이유는 사람들에게 인간으로서의 본질적 유사성을 확실히 인지시키기 때문이다.

차이를 수용할 줄 아는 능력

하지만 본질적 유사성 속에 숨은 차이에는 어떻게 대처해야 할까? 다문화주의를 비판하는 사람들이 지적하는 것처럼, 이 부분은 중대하고 심각한 문제가 될 가능성이 크다. 가치관과 관습, 관행의 차이가 그런 문제에 해당될 수 있다. 경우에 따라 한 사회에서는 지극히 신성한 관습이 다른 사회 일원들의 신념에는 어긋날 수도 있다. 사람들이 이런 차이를 수용하는 법을 배울 순 없을까? 바람 같아선, 부디 사람들이 미국 다수의 사회 과학자들이 'CEDAR Communities Engaging with Difference and Religion(차이와 종교에 관심을 갖는 지역사회들)'라는 이름으로 시도하고 있는 흥미로운 운동의 근간이 되어줄 수 있다면 좋겠다.[23]

CEDAR 프로그램에서는 현재 많은 국가가 딜레마에 빠져 있다는 사실을 인식한다. 상당수의 시민들은 다양한 윤리 가치와 차이를 받아들이지만 그것이 자국의 안정을 저해할까 두려워한다. 다양성이 분열을 일으킬 가능성을 경고하는 이들도 있다. 어떻게 하면 사람들이 서로의 차이에도 불구하고, 더 나아가 서로의 차이를 충분히 고려하면서 함께 잘 살아갈 수 있을까? CEDAR에서는 차이의 존재를 인정한다. 또한 그런 차이가 사람들에게 심리적으로 아주 중요한 문제라고 여긴다. 사람들은 자신들의 원칙, 관습, 가치를 중요하게 생각하므로 용광로식 관점을 선뜻 인정하지 않으려 한다.

CEDAR의 창설자인 셀리그먼, 와서폴Wasserfall, 몽고메리Montgomery는 용광로식 접근법이 그랬듯 '자유 민주주의에서도 대체로 차이의 중요성을 부정해 왔다'고 주장한다.[24] 오늘날의 자유주의 사회는 18세기 클레르몽 토네르 백작처럼, 서로 다른 일원들이 가진 공통점에 집중하는 공적 영역과 일원들끼리 차이를 보이는 사적 영역을 구별한다. 이 사적 영역은 다른 사람들에게는 접근 금지 구역으로 여겨진다. '누구도 상관할 일이 아니니 신경을 끄고 그냥 내버려둬야 할 영역'으로 보는 것이다. 셀리그먼과 공동 창설자들은 이런 관점을 관용으로 여기기보다 지역사회 간의 중요한 차이를 부정하는 것으로 본다. 독자성은 정말 중요하고 자신이 어떤 사람인지 결정하는 요소지만, 바로 이 독자성이 지역사회 안에 소원함

불확실한 걸 못 견디는 사람들

을 유발하기도 한다. 이런 소원함은 고립된 소집단의 발생을 부추겨 사회적 단결을 위협할 수 있다.

그에 반해 CEDAR의 접근법에서는 '다양한 집단에게 서로의 문화적 차이를 숙지시키는 방식'을 추천한다. 구체적으로 말하자면, 공통의 경험을 만들어 그 경험에 대해 깊이 생각해 보게 하는 식으로 차이를 숙지시키고, 차이의 문제를 회피하기보다 수용할 줄 아는 능력을 키우는 것을 목표로 한다. 따라서 CEDAR의 접근법은 본질적으로 다문화주의와는 다르다. 다문화주의는 사회의 분열을 부추겨 소집단이 만들어질 위험이 있는 반면, CEDAR는 차이와 '더불어 살아가는' 것에도 공통의 경험이 내재되어 있다는 점을 강조한다.

CEDAR에서는 여러 분야의 학자들이 지역사회 지도자, 사회운동가 등과 소통하며 인류학과 사회과학의 통찰을 교실 밖 세상으로 가지고 나가려는 시도를 벌이고 있다. 실제 세상의 축소판 같은 작은 세계를 만들어, 사람들이 서로 뒤섞여 같은 지역사회에 살면서도 다른 지역사회의 일원이라는 의미를 탐색해[25] 보도록 한다. CEDAR는 10년이 넘도록 운영되면서 지금까지 50개가 넘는 국가 출신의 사람들을 끌어모아, 다른 문화 배경을 가진 사람들끼리 2주간의 모임을 가져보는 자리를 마련해 왔다.

CEDAR의 통상적인 워크숍은 참가자들을 공통의 경험으로 끌어들이는 방식으로 진행된다. 참가자들의 만남은 안전한 공간에서 이루어지고, 일일 강의, 소그룹별 소통 촉진 활동, 합동 현장 방문 등으로 구성된 프로그램을 따른다. 이런 활동 속에서 참가자들은 경험을 공유하며 서로의 생활방식 차이를 탐색할 수 있다(이와 더불어 서로의 차이를 이해하고 인정하게 된다). 저자들이 밝힌 것처럼 '참가자들은 개인적으로는 그동안 당연시했던 사고방식이 크게 바뀐 모습을 보였고, 집단적으로는 할 수 있는 일을 새롭게 의식했으며, 이것을 입증하듯 교류를 나누는 새로운 방식이 생겨났다.'[26]

지금까지 CEDAR 운동은 예산의 한계로 한정된 규모에서 제한된 노력만 쏟아왔지만 세계 각국의 정부와 NGO(비정부 기구)가 그동안의 참가자들이 입증하는 성과에 영향을 받아 이 프로그램의 범위를 넓히고, 더 다양한 참가자들을 아우르도록 나서야 한다. 21세기가 서로의 차이를 무시할 수 없는 시대라면, 차이를 부정하거나 경시하지 말고 수용하는 법을 배우는 것이 불확실성을 받아들이고 포용하는 현명한 방법이 될 것이다.

요약
정리

국가 간의 상호연결성이 높아진 오늘날의 세계에서 우리는 다양성에서 야기될 만한 문제들을 이해하고 이것을 지혜롭게 다뤄야 할 도전 과제를 안고 있다. 이때 목표는 서로의 차이가 사람들의 삶에 미칠 악영향을 최소화하고, 다름의 잠재성을 탐험하는 방향이어야 한다. 다양성은 예측 불가의 측면에서 불확실성을 유발하고, 다양성에 대한 반응은 불확실성에 대한 반응과 유사하다. 이를테면 다양성에서 도피하려는 반응으로 공통의 목적을 강조하거나, 이민자들에 대한 용광로식 접근법처럼 차이를 철저히 억압하는 경우가 있다. 한편 다문화주의 전략은 차이를 수용하다 못해 오히려 분열을 초래하기도 하고, 국민의 단

합에 약영향을 미칠 수도 있다.

마지막으로, 접촉 가설과 CEDAR 프로그램은 나와 다른 사람들에 대해 품은 상상 속 위협이 최소화되는 안전한 환경에서 서로의 차이점에 대해 건설적인 탐색을 벌이는 방식을 강조한다. 이런 접근법은 사람들에게 차이를 수용하는 방법을 알려줄 뿐만 아니라 차이에서 이로움도 얻도록 안내할 수 있다.

**당신의
경험에
비추어
보기**

1. 당신은 다른 문화 사람들과 얼마나 자주 접촉하는가? 이때 서로의 공통점에 집중하는 편인가, 차이점에 집중하는 편인가? 당신의 문화와 다른 면들을 이해하려 애쓴 적이 있는가?

2. 다름에 대한 본능적 두려움이 극복 가능하다고 생각하는가? 이번 장에서 배운 점들을 기준으로 삼는다면, 앞으로 어떻게 하고 싶은가?

3. 불확실성이 다양성에 대한 사람들의 두려움과 연관 있는 것 같은가? 종결 욕구도 마찬가지일까? 연관이 있다면 어떻게 연관되어 있을까?

4. 이런저런 불확실성이 다른 문화 사람들에 대한 두려움을 높일 것 같은가? 다양성에 대한 두려움을 없애려면 어떤 접근법이 도움이 될까? 왜 그렇게 생각하는가?

우리는 불확실성과
어떤 관계를 맺어야 하는가

나는 온 마음이 희망과 두려움으로 갈라진 채 '맞다'와 '아니다'
사이를 갈팡질팡하며 불확실함에서 벗어나지 못하고 있다.[1]
_ 단테, 『신곡: 지옥편』, 「제8곡」 중에서

내가 이 책을 쓰기 시작한 때는 코로나 팬데믹의 초반기였고, 책의 상
당 부분이 팬데믹의 그늘이 드리워져 있던 시기에 마무리되었다. 이렇게
마무리하는 글을 시작한 지금은 이 끔찍한 전염병이 서서히 누그러지고
있다. 어느 정도는, 오랜 기간 지속된 피로감 때문에 이제는 차츰 예전의
정상적인 생활로 되돌아가는 느낌이다. 내가 사는 동네에는 길거리에 돌
아다니는 사람들이 많아졌고, 그들 중 대다수는 마스크도 쓰지 않는다.
식당은 단체 손님이나 커플 손님들로 북적이고, 학교도 문을 열었으며,
극장과 미술관도 새로운 영화와 전시를 계획 중이다.

하지만 전문가들의 말로는 코로나19 바이러스를 완전히 무찔렀다고
선언하기엔 너무 이르다고 한다. 이 바이러스와 관련해서는 여러 가지 중
요한 불확실성이 여전히 남아 있다. 부스터 백신이 얼마나 효과가 있고,

불확실한 걸 못 견디는 사람들

그 효과가 얼마나 지속될 것인가? 치료법의 효력과 신뢰성은 어느 정도나 될 것인가? 치명적인 변이가 또다시 등장하진 않을까? 우리는 이 바이러스에 대해 이제 조금 알아낸 것일 뿐이며, 여전히 모르는 것이 많다. 그리고 내가 이 글을 쓰는 현재, 또 하나의 위태로운 상황이 발생했다. 바로 우크라이나에 터진 전쟁이다. 1945년 이후 한 번도 전쟁이 없었던 유럽 땅에서 터진 전쟁으로 대다수가 혼란스러워하고, 전 세계적으로 불안감이 조성되고 있다. 이 일은 '삶은 변하기 마련'이며 '미래는 우리가 예측할 수 있는 것이 아니다'라는 보편적 진리를 우리에게 확실히 각인시켰다.

그렇다면 우리는 삶이 계속해서 던지는 불확실성과 어떤 관계를 가져야 할까? 우리를 둘러싼 필연적 예측 불가능성을 어떻게 다뤄야 할까? 지금까지 살펴본 이야기들이 전하는 교훈은 무엇일까?

불확실성에 반응하는 경향과 대처법

어쩌면 가장 근본적인 것일지도 모를 첫 번째 교훈은, 불확실성과 관련한 자기 인식에 관한 것이다. 자신이 미지의 상황에 어떻게 반응하고, 종결 욕구가 얼마나 강하고, 예측 불가능한 상황에서 어떻게 느끼는지 성향을 잘 파악하면 피하고 싶은 결과를 일으킬 수 있는 태도를 조정하고 보완할 수 있다. 알고 보니 내가 종결과 예측 가능성에 너무 치중하는 편이라면 그런 경향을 조금 누그러뜨려 볼 수도 있다. 반면 위험을 감수하며 짜릿한 자극을 추구하는 성향이 강한 편이라면 새로움과 불확실성에 끌리는 마음을 다소 진정시켜 볼 수도 있다.

불확실성이 꼭 좋기만 하거나 나쁘기만 한 것은 아니라는 사실을 깨닫는 것도 도움이 된다. 불확실성은 그저 불확실성일 뿐이며, 불확실성에 대한 당신의 반응은 스스로 만드는 것이다. 빈 화면이나 로르샤흐 잉크반점처럼 불확실성은 당신이 투영하는 대로 그 형태를 만들어, 두려움이 될 수도, 희망이나 포부가 될 수도 있다. 뿐만 아니라 이 책에서 소개한 심리학적 통찰을 활용해 자신의 반응을 수정하는 동시에, 자신감을 끌어올리고 불확실성을 마주할 수 있게 해줄 낙관주의나 성장형 사고방식, 끈기를 키우는 법도 배워볼 수 있다.

불확실성을 헤쳐나가는 순간

중요한 교훈을 하나 더 덧붙이자면, '닫힌 마음'과 '열린 마음' 모두 나름의 단점이 있으며, 대체로 중도를 지키는 것이 가장 유익하다는 사실을 알아야 한다. 인지적 종결 욕구는 불리한 면들을 갖고 있음에도, '전적으로 나쁘기만 한 것'은 아니다. 높은 종결 욕구가 명확성과 결단성을 촉진한다면 낮은 종결 욕구는 지나친 분석으로 인해 끊임없는 혼동과 모호함, 우유부단함을 유발할 가능성이 크다. 높은 종결 욕구는 어떤 아이디어에 대해서든 혹은 집단이나 관계에 대해서든 흔들림 없는 헌신을 북돋우고, 조국이나 가족에 대한 충성심을 불러일으켜 대다수 사람이 중요하게 여기는 것들을 진척시키고 보호하도록 유도한다. 어쨌든 헌신은 인간의 모든 노력에서 기본적인 요소다. 헌신 없이 이룰 수 있는 일은 거의 없다.

열린 마음 역시 대체로 높이 평가되긴 하지만 '전적으로 좋기만 한 것'은 아니다. 새로움과 불확실성을 지나치게 좇다간 지속적이거나 가치 있는 무엇인가를 발전시킬 잠재력이 줄어들 수 있다. 다시 말해, 불확실성과의 관계를 헤쳐나갈 때는 대개 중도를 지키는 것이 답이다.

건강한 온건함과 초연함

불확실성의 과도한 회피나 과도한 추구는 결과에만 너무 치중해서 벌어지는 일들이다. 즉, 실패에 대한 두려움과 성공에 대한 만족할 줄 모르는 갈망을 갖게 되면서 생겨나는 결과다. 불교의 접근법에서는 실패를 피해 관습과 전통을 이용해 자신을 보호하거나, 완전히 미답의 영역에서 성공을 추구하기보다는 삶에서 일어나는 일들에 의연해질 것을 권한다. 삶이 던지는 피할 수 없는 오르막과 내리막에 초연한 감정을 가지면 마음의 평화를 얻는 데 도움이 된다. 이 접근법에서는 '그 무엇도 우리가 그토록 신경을 쓸 만큼 중요하지는 않다'고 조언한다.

리처드 칼슨Richard Carlson의 말처럼 '모두 사소한 일'일 뿐이며, 천 년 전에 쓰인 전도서의 유명한 구절처럼 '헛되고 헛되며 모든 것이 헛된 것'이다. 지나친 욕망을 억누르고, 성공과 실패에 덜 신경 쓰고, 자신을 객관적으로 바라보며, 지금 추구하는 일에서 어느 정도의 초연함을 발휘한다면 '건강한 온건함'을 촉진시켜 불확실성에 대한 극단적 반응을 피할 수 있다. 그러면 미지의 상황에 대한 과도한 두려움에도, 끊임없는 호기심과 지나친 모험 추구에도 브레이크를 걸 수 있다.

사랑이 선사하는 안전한 피난처

심리학자들이 연구 결과로 증명했듯이, 불확실성에 대한 가장 바람직한 지향성을 형성하는 데는 애정 관계가 결정적으로 중요한 역할을 한다. 사랑과 신뢰의 안정된 기반을 갖고 있으면 실패에 대한 두려움에 마비되지 않고 자신 있게 미지의 영역을 탐험할 수 있다. 이와 동시에 우리에게 안전한 피난처가 필요한 이유도 연구를 통해 인정받고 있다. 심리적 안정감을 제공하는 안전한 피난처는 너무 멀리까지 날아가다가 불확실성과 혼동의 바다에서 길을 잃지 않게 우리를 지켜준다. 적어도 불확실성과의 관계에 관해서는 '당신에게 필요한 건 사랑뿐'이라는 비틀스의 노래 가사가 정곡을 찌르는 말이다. 인간관계에서 시간과 노력을 투자해서 기반을 닦으면, 그 기반이 혼란과 변화의 시기에도 자기 확신을 느끼는 데 매우 중요한 역할을 한다는 사실을 알게 될 것이다.

나와 다른 사람들을 인정한다는 것

마지막 교훈은 문화와 생각, 행동, 믿음, 가치 등에서 당신과 다른 사람들이 유발하는 불확실성을 받아들이는 것이다. 사람들 간의 차이를 비판 없이 받아들이고, 그들의 생각에 꼭 동의하지는 않더라도 그들의 관점을 이해하려고 노력하고, 서로의 차이가 아무리 크더라도 그들 나름의 권리를 인정하는 일은 오늘날의 세상에서 매우 중요한 자세다. 우리는 갈수록 상호연결성이 높아지는 세계에서 살고 있기 때문이다. 따라서 다양성의

불확실한 걸 못 견디는 사람들

이해는 우리에게 주어진 피할 수 없는 도전 과제일 것이다. 이 도전 과제를 열린 마음으로 받아들인다면, 불확실성을 적이 아닌 친구로 삼기 위한 큰 발걸음을 내딛을 수 있을 것이다.

들어가는 글

1. R.N. Carleton (2016). 'Fear of the unknown: one fear to rule them all?' *Journal of Anxiety Disorders*, 41, 5~21, p. 5.
2. https://www.goodreads.com/quotes/246514-we-fear-thatwhich-we-cannot-see
3. https://www.laphamsquarterly.org/fear/weird-tales
4. https://www.unognewsroom.org/story/en/275/who-pressconference-covid-19-and-mental-health-care

| 1장 | 나의 종결 욕구 평가하기

1. A. W. Kruglanski (1990). 'Motivations for judging and knowing: implications for causal attribution', in E. T. Higgins and R. M. Sorrentino (eds.), *Handbook of Motivation and Cognition: Foundations of Social Behavior*, Vol. 2. New York: The Guilford Press, pp. 333~68, p. 337.
2. D. M. Webster and A. W. Kruglanski (1994). 'Individual differences in need for cognitive closure'. *Journal of Personality and Social Psychology*, 67(6), 1049.

| 2장 | 우리에게 종결 욕구가 필요한 이유

1. R. L. Dickinson and L. Beam (1931). *A Thousand Marriages*. Baltimore: Williams and Wilkins.
2. C. M. Steele and R. A. Josephs (1990). 'Alcohol myopia: its prized and dangerous effects'. *American Psychologist*, 45(8), 921~33.
3. D. M. Webster (1993). 'Motivated augmentation and reduction of the overattribution bias'. *Journal of Personality and Social Psychology*, 65(2), 261~71.
4. https://www.nber.org/papers/w25785
5. W. James (1890). *The Consciousness of Self*.
6. D. Campbell. (1988). 'The author responds: Popper and selection theory', *Social Epistemology*, (2)4, 371~7.

7. 빅터 프랭클 (2006). 『빅터 프랭클의 죽음의 수용소에서 : 죽음조차 희망으로 승화시킨 인간 존엄성의 승리』, Boston: Beacon Press, pp. 65-6.

| 3장 | 종결 욕구 성향을 결정하는 요인들

1. B. K. Cheon et al. (2015). 'Genetic contributions to need for closure, implicit racial bias, and social ideologies: the role of 5-HTTLPR and COMT Val158Met'. 미공개 자료. Nanyang Technological University.
2. B. K. Cheon et al. (2014). 'Gene × environment interaction on intergroup bias: the role of 5-HTTLPR and perceived out-group threat'. *Social Cognitive and Affective Neuroscience*, 9(9).
3. A. Roets et al. (2015). 'The motivated gatekeeper of our minds: new directions in need for closure theory and research', J. M. Olson and M. P. Zanna(eds.), *Advances in Experimental Social Psychology*, Vol. 52. Academic Press, pp. 221-83.
4. V. Viola et al (2014). 'Routes of motivation: stable psychological dispositions are associated with dynamic changes in cortico-cortical functional connectivity'. *PLOS One*, 9(6), e98010.
5. Bob Woodward, Sunday, 23 June 1996, p. A1, 20.
6. J. Hayden (2001). *Covering Clinton*. New York: Praeger, p. 47.
7. D. Frum (2000). *The Right Man*. New York: Random House, p. 20.
8. 위와 같은 책, p. 92.
9. B. York. 'Bush loyalty test'. *National Review*, 30 Dec. 2008. 다음 주소에서 검색. https://www.nationalreview.com/2008/12/ bush-loyalty-test-byron-york/
10. J. Klein (2003). *The Natural: The Misunderstood Presidency of Bill Clinton*. New York: Broadway Books.
11. Associated Press. 'Clinton: Obama is "naive" on foreign policy'. *NBC News*, 24 July 2007. 다음 주소에서 검색. https://www. nbcnews.com/id/wbna19933710
12. M. D. Salter (1940). 'An evaluation of adjustment based upon the concept of security'. University of Toronto Press. University of Toronto Studies Child Development Series No. 18, p. 45.
13. J. Bowlby (1951). 'Maternal care and mental health'. *Bulletin of the World Health Organization*, 3(3), 357-533, p. 361.
14. https://www.hrw.org/news/2018/06/05/us-bashes-uncritiquing-trump-family-separation-policy?gclid=Cj0KCQjwmuiTBhDoARIsAPiv6L-J_XJnF2fZPhQCX YqY-iExY_Toncp_-tlZ8hp6NUiWdgQDc2pD1fca AjXmEALw_wcB
15. T. Armus (2020). 'The parents of 545 children separated at the border still haven't been found'. https://www.texastribune.org/2020/10/21/donald-trump-immigration-parentschildren-separated/
16. B. Mejia (2020). 'Physicians group releases report on psychological effects of family separation'. 2021년 3월 14일 기준, 다음 주소에서 검색. https://www.latimes.com/california/story/2020-02-25/family-separation-trauma
17. M. Liu (2017). 'War and children'. *American Journal of Psychiatry Residents' Journal*, 12(7), 3-5.

doi: 10.1176/appi.ajp-rj.2017. 120702.

18. D. Drehle (2021). 'What 500,000 Covid-19 deaths means'. 2021년 3월 14일 기준, 다음 주소에서 검색. https://www.washingtonpost.com/opinions/what-500000-covid-19-deaths-means/2021/02/19/8492c9b0-72e1-11eb-b8a9-b9467510f0fe_story.html

19. https://www.historytoday.com/archive/feature/ mourning-prince-albert

20. P. A. Boelen and J. van den Bout (2010). 'Anxious and depressive avoidance and symptoms of prolonged grief, depression, and post-traumatic stress disorder'. *Psychologica Belgica*, 50(1–2), 49–67.

21. L. I. M. Lenferink et al. (2017). 'Prolonged grief, depression, and posttraumatic stress in disaster-bereaved individuals: latent class analysis'. *European Journal of Psychotraumatology*, 8(1), 1298311.

22. P. R. Shaver and C. M. Tancredy (2001). 'Emotion, attachment, and bereavement: a conceptual commentary', M. S. Stroebe et al.(eds.), *Handbook of Bereavement Research: Consequences, Coping, and Care*. American Psychological Association, pp. 63–88.

23. D. Fahmy (2020). 'Americans are far more religious than adults in other wealthy nations'. 다음 주소에서 검색. https://www.pewresearch.org/fact-tank/2018/07/31/americans-are-far-more-religious-than-adults-in-other-wealthy-nations/; D. Fahmy (2020). 'With religion-related rulings on the horizon, U.S. Christians see Supreme Court favorably'. https://www.pewresearch.org/fact-tank/2020/03/03/with-religion-relatedrulings-on-the-horizon-u-s-christians-see-supreme-court-favorably/

24. P. C. Hill and K. I. Pargament (2003). 'Advances in the conceptualization and measurement of religion and spirituality: implications for physical and mental health research'. *American Psychologist*, 58, 64–74.

25. D. W. Foy, K. D. Drescher and P. J. Watson(n.d.). 'Religious and spiritual factors in resilience'. *Resilience and Mental Health*, 90–102; S. Shuster(n.d.). 'The populists'. *TIME Magazine*. 다음 주소에서 검색. https://time.com/time-person-of-the-yearpopulism/

26. V. Saroglou (2002). 'Beyond dogmatism: the need for closure as related to religion'. *Mental Health, Religion and Culture*, 5(2), 183–94.

27. J. W. Grant (1998). *The Church in the Canadian Era*. Vancouver: Regent College Publishing, p. 160.

28. R. Padgett and D. O. Jorgenson (1982). 'Superstition and economic threat: Germany, 1918–1940'. *Personality and Social Psychology Bulletin*, 8(4), 736–41; S. M. Sales (1972). 'Economic threat as a determinant of conversion rates in authoritarian and nonauthoritarian churches'. *Journal of Personality and Social Psychology*, 23(3), 420. https://wartimecanada.ca/essay/ worshipping/religion-during-second-world-war

29. C. S. Wang, J. A. Whitson and T. Menon (2012). 'Culture, control, and illusory pattern perception'. *Social Psychological and Personality Science*, 3(5), 630–38.

30. K. H. Greenaway, W. R. Louis and M. J. Hornsey (2013). 'Loss of control increases belief in precognition and belief in precognition increases control'. *PLOS One*, 8(8), e71327.

| 4장 | 안정적 애착감이 지닌 힘

1. N. L. Collins et al. (2006). 'Working models of attachment and attribution processes in intimate relationships'. *Personality and Social Psychology Bulletin*, 32, 201-19.
2. N. L. Collins (1996). 'Working models of attachment: implications for explanation, emotion, and behavior'. *Journal of Personality and Social Psychology*, 71(4), 810-32; N. L. Collins and S. J. Read (1990). 'Adult attachment, working models, and relationship quality in dating couples'. *Journal of Personality and Social Psychology*, 58(4), 644-63.
3. M. Mikulincer (1997). 'Adult attachment style and information processing: individual differences in curiosity and cognitive closure'. *Journal of Personality and Social Psychology*, 72(5), 1217.
4. J. S. Mil l (1843). *A System of Logic*. London: John W. Parker, Vol. 2, p. 534.
5. B. C. Feeney and M. Van Vleet (2010). 'Growing through attachment: the interplay of attachment and exploration in adulthood'. *Journal of Social and Personal Relationships*, 27(2), 226-34.
6. M. Mikulincer and P. R. Shaver (2001). 'Attachment theory and intergroup bias: evidence that priming the secure base schema attenuates negative reactions to out-groups'. *Journal of Personality and Social Psychology*, 81(1), 97-115.
7. M. Mikulincer, P. R. Shaver and E. Rom (2011). 'The effects of implicit and explicit security priming on creative problem solving'. Cognition and Emotion, 25(3), 519-31.

| 5장 | 확실성의 문화와 불확실성의 문화

1. D. N. Levine (1985). *The Flight from Ambiguity*. Chicago: University of Chicago Press.
2. W. Empson (1947). *Seven Types of Ambiguity*, 2nd edn. London: Chatto and Windus, p. 68.
3. W. Strauss and N. Howe (1991). *Generations*. New York: William Morrow and Company; W. Strauss and N. Howe (2000). *Millennials Rising*. New York: Vintage Books; J. M. Twenge (2006). *Generation Me*. New York: Free Press.
4. C. T. Tadmor et al. (2012). 'Multicultural experiences reduce intergroup bias through epistemic unfreezing'. *Journal of Personality and Social Psychology*, 103(5), 750-72. https://doi.org/10.1037/a0029719
5. A. K.-Y. Leung and C.-Y. Chiu (2010). 'Multicultural experience, idea receptiveness, and creativity'. *Journal of Cross-Cultural Psychology*, 41(5-6), 723-41.

| 6장 | 상황이라는 변수

1. W. Mischel and Y. Shoda (1995). 'A cognitive-affective system theory of personality: reconceptualizing situations, dispositions, dynamics, and invariance in personality structure'. *Psychological Review*, 102(2), 246-68.
2. K. van den Bos (2001). 'Uncertainty management: the influence of uncertainty salience on reactions

to perceived procedural fairness'. *Journal of Personality and Social Psychology*, 80(6), 931.

3. K. van den Bos, J. van Ameijde and H. van Gorp (2006). 'On the psychology of religion: the role of personal uncertainty in religious worldview defense'. *Basic and Applied Social Psychology*, 28, 333–41.

4. G. Hofstede (2001). *Culture's Consequences*, 2nd edn. California: Sage Publications.

5. I. McGregor and D. C. Marigold (2003). 'Defensive zeal and the uncertain self: what makes you so sure?', *Journal of Personality and Social Psychology*, 85(5), 838–52.

6. G. L. Cohen et al. (2007). 'Bridging the partisan divide: self-affirmation reduces ideological closed-mindedness and inflexibility in negotiation'. *Journal of Personality and Social Psychology*, 93(3), 415.

7. D. A. Sherman, L. D. Nelson and C. M. Steele (2000). 'Do messages about health risks threaten the self? Increasing the acceptance of threatening health messages via self-affirmation'. *Personality and Social Psychology Bulletin*, 26(9), 1046–58.

8. J. Greenberg, T. Pyszczynski and S. Solomon (1986). 'The causes and consequences of a need for self-esteem: a terror management theory', R. F. Baumeister (ed.), *Public Self and Private Self*. Springer Series in Social Psychology. New York: Springer.

9. A. J. Lambert et al. (2014). 'Towards a greater understanding of the emotional dynamics of the mortality salience manipulation: revisiting the "affect-free" claim of terror management research'. *Journal of Personality and Social Psychology*, 106(5), 655–78.

10. A. Rosenblatt et al. (1989). 'Evidence for terror management theory: I. the effects of mortality salience on reactions to those who violate or uphold cultural value'. *Journal of Personality and Social Psychology*, 57(4), 681–90.

11. A. W. Kruglanski, M. Gelfand and R. Gunaratna (2012). 'Terrorism as means to an end: how political violence bestows significance', P. R. Shaver and M. Mikulincer (eds.), *Meaning, Mortality, and Choice: The Social Psychology of Existential Concerns*. American Psychological Association, pp. 203–12. https://doi. org/10.1037/13748-011

12. E. Orehek and A. W. Kruglanski (2018). 'Personal failure makes society seem fonder: an inquiry into the roots of social interdependence'. *PLOS One*, 13(8).

13. D. Cohen et al. (2017). 'Defining social class across time and between groups'. *Personality and Social Psychology Bulletin*, 43(11), 1530–45.

| 7장 | 흑백논리의 함정

1. 존 스튜어트 밀 (1859). 『자유론』. London: John W. Parker and Son, p. 34.

2. 이사야 벌린 (1969). 『이사야 벌린의 자유론』. London: Oxford University Press.

3. J. Haidt (2012). *The Righteous Mind: Why Good People are Divided by Politics and Religion*. London: Allen Lane.

4. C. G. Lord, L. Ross and M. R. Lepper (1979). 'Biased assimilation and attitude polarization: the effects of prior theories on subsequently considered evidence'. *Journal of Personality and Social*

Psychology, 37(11), 2098-109.

5. S. Kiss (2012). 'On TV Westerns of the 1950s and '60s'. *New York Public Library*. 다음 주소에서 검색. https://www.nypl.org/blog/2012/12/01/tv-westerns-1950s-and-60s

6. https://www.bbc.com/culture/article/20141106-why-arerussians-always-bad-guys; https://www.journals.uchicago.edu/doi/10.1086/711300

7. A. W. Kruglanski et al. (2020). 'Terrorism in time of the pandemic: exploiting mayhem'. *Global Security: Health, Science and Policy*, 5(1), 121-32.

8. M. Marchlewska, A. Cichocka and M. Kossowska (2017). 'Addicted to answers: need for cognitive closure and the endorsement of conspiracy beliefs'. *European Journal of Social Psychology*, 48(2), 109-117.

9. D. Groh (1987). 'The temptation of conspiracy theory, or: Why do bad things happen to good people?', C. F. Graumann and S. Moscovici (eds.), *Changing Conceptions of Conspiracy*. New York: Springer, pp. 1-37, p. 16.

10. 위와 같은 책, p. 19.

11. N. Smith (2017). 'Populist attacks on elites are a dead end'. Bloomberg. 다음 주소에서 검색. https://www.bloomberg.com/opinion/articles/2017-05-03/populist-attacks-on-elites-are-a-dead-end

12. S. Shuster (n.d.). 'The populists'. *TIME Magazine*. 다음 주소에서 검색. https://time.com/time-person-of-the-year-populism/; A. Argandoña (2017). 'Why populism is rising and how to combat it'. *Forbes*. 다음 주소에서 검색. https://www.forbes.com/sites/iese/2017/01/24/why-populism-is-rising-and-how-to-combat-it/?sh=27fe74831d44

13. S. Amaro (2017). 'CFOs worldwide are concerned populism is hurting the world's economy'. CNBC. 다음 주소에서 검색. https://www.cnbc.com/2017/03/15/cfos-worldwide-are-concerned-trumps-policies-will-lead-to-a-trade-war-with-china.html

14. R. F. Inglehart and P. Norris (2016). 'Trump, Brexit, and the rise of populism: economic have-nots and cultural backlash'. HKS Working Paper No. RWP16-026. 다음 주소에서 검색 가능. https://papers.ssrn.com/sol3/papers.cfm?abstract_id=2818659

15. 토마 피케티 (2014). 『21세기 자본』. Cambridge, MA: Harvard University Press.

| 8장 | 공감력이 결여된 사람들

1. I. Schwartz (2020). 'CNN's John King: Trump "shameless" for using coronavirus briefing to talk about war on drugs'. *Real Clear Politics*. 다음 주소에서 검색. https://www.realclearpolitics.com/video/2020/04/01/cnns_john_king_trump_shameless_for_using_coronavirus_briefing_to_talk_about_war_on_drugs.html; M. Gerson (2020). 'We've officially witnessed the total failure of empathy in presidential leadership'. *Washington Post*. 다음에서 검색. https://www.washingtonpost.com/opinions/america-needs-empathetic-leadership-now-more-than-ever/2020/04/02/1f6935f2-750c-11ea-87da-77a8136c1a6d_story.html

2. D. M. Webster-Nelson, C. F. Klein and J. E. Irvin (2003). 'Motivational antecedents of empathy:

inhibiting effects of fatigue'. *Basic and Applied Social Psychology*, 25, 37~50.

3. J. Bradley. 'As domestic abuse rises, UK failings leave victims in peril'. *New York Times*, 2 July 2020. 다음 주소에서 검색. https://www.nytimes.com/interactive/2020/07/02/world/europe/uk-coronavirus-domestic-abuse.html

4. C. Bettinger-Lopez and A. Bro (2020). 'A double pandemic: domestic violence in the age of COVID-19'. *Council on Foreign Relations*. 다음 주소에서 검색. https://www.cfr.org/in-brief/double-pandemic-domestic-violence-age-covid-19

5. E. Michael (2020). 'Alcohol consumption during COVID-19 pandemic: what PCPs need to know'. *Healio News*. 다음 주소에서 검색. https://www.healio.com/news/primary-care/20200416/alcohol-consumption-during-covid19-pandemic-what-pcps-need-to-know; T. Christensen (2020). 'COVID-19 pandemic brings new concerns about excessive drinking'. *American Heart Association*. 다음 주소에서 검색. https://www.heart.org/en/news/2020/07/01/covid-19-pandemic-brings-new-concerns-about-excessive-drinking

6. C. M. Steele and R. A. Josephs (1990). 'Alcohol myopia: its prized and dangerous effects'. *American Psychologist*, 45(8), 921~33.

7. D. M. Webster (1993). 'Motivated augmentation and reduction of the overattribution bias'. *Journal of Personality and Social Psychology*, 65(2), 261~71.

8. 칼 포퍼 (1945). 『열린사회와 그 적들』. Oxfordshire: Routledge, pp. 230-231.

9. L. Richter and A. W. Kruglanski (1997). 'The accuracy of social perception and cognition: situationally contingent and process-based'. *Swiss Journal of Psychology*, 56, 62~81.

10. C:\Users\embelanger\Library\Containers\com.apple.mail\Data\Library\MailDownloads\C7EF0457-23BD-4C7D-A89798FE3BA78545\Freedom; *Freedom House* (2019). 'Democracy in Retreat'. 다음 주소에서 검색. https://freedomhouse.org/report/freedom-world/2019/democracy-retreat; J. Reykowski (2021). 'Right-wing conservative radicalism as a pursuit of a cultural hegemony'. *Nauka*, 2.

11. 칼 포퍼 (1966). 『열린사회와 그 적들』, 개정판. New York: Routledge and Kegan Paul, Vol. 1.

12. S. E. Asch (1961). 'Effects of group pressure upon the modification and distortion of judgments', M. Henle (ed.), *Documents of Gestalt Psychology*. Berkeley and Los Angeles: University of California Press, pp. 222~36.

13. G. Stein (n.d.), 인용문. *Good Reads*. 다음 주소에서 검색. https://www.goodreads.com/author/quotes/9325.Gertrude_Stein?page=2

14. A. W. Kruglanski and D. M. Webster (1991). 'Group members' reactions to opinion deviates and conformists at varying degrees of proximity to decision deadline and of environmental noise'. *Journal of Personality and Social Psychology*, 61(2), 212~25.

15. J. T. Jost et al. (2003). 'Political conservatism as motivated social cognition'. *Psychological Bulletin*, 129(3), 339~75.

16. E. Orehek et al. (2010). 'Need for closure and the social response to terrorism'. *Basic and Applied Social Psychology*, 32(4), 279~90.

17. D. Ignatius. 'How did Covid-19 begin? Its initial origin story is shaky'. *Washington Post*, 2 April 2020. 다음 주소에서 검색. https://www.washingtonpost.com/opinions/global-opinions/how-did-

불확실한 걸 못 견디는 사람들

covid-19-begin-its-initial-origin-story-is-shaky/2020/04/02/1475d488-7521-11ea-87da-77a8136c1a6d_story.html

| 9장 | 왜 극단주의에 빠지는가

1. C. C. Tossell et al. (2022). 'Spiritual over physical formidability determines willingness to fight and sacrifice through loyalty in cross-cultural populations'. *Proceedings of the National Academy of Sciences,* 119(6), e2113076119.

2. A. W. Kruglanski and D. M. Webster (1991). 'Group members' reactions to opinion deviates and conformists at varying degrees of proximity to decision deadline and of environmental noise'. *Journal of Personality and Social Psychology*, 61(2), 212–25.

3. M. A. Hogg (2012). 'Self-uncertainty, social identity, and the solace of extremism', M. A. Hogg and D. L. Blaylock (eds.), *The Claremont Symposium on Applied Social Psychology: Extremism and the Psychology of Uncertainty*. Malden, MA: Wiley-Blackwell, pp. 19–35.

4. A. W. Kruglanski et al. (2021). 'On the psychology of extremism: how motivational imbalance breeds intemperance'. *Psychological Review,* 128(2), 264–89; A. W. Kruglanski, E. Szumowska and C. Kopetz (2021). 'The call of the wild: how extremism happens'. *Current Directions in Psychological Science*, 30(2), 181–5.

5. A. W. Kruglanski, D. Webber and D. Koehler (2019). *The Radical's Journey: How German Neo-Nazis Voyaged to the Edge and Back*. New York: Oxford University Press.

6. 위와 같은 책, p. 107.

7. 위와 같은 책, p. 135.

8. 위와 같은 책.

9. 위와 같은 책, p. 134.

10. 위와 같은 책, pp. 164, 165, 167.

11. 위와 같은 책, p. 174.

12. D. Chiu (2020). 'Jonestown: 13 things you should know about cult massacre'. *Rolling Stone*. 다음 주소에서 검색. https://www.rollingstone.com/culture/culture-features/jonestown-13-things-you-should-know-about-cult-massacre-121974/

13. A. Merari (2010). *Driven to Death: Psychological and Social Aspects of Suicide Terrorism*. New York: Oxford University Press.

14. R. M. Kanter (1968). 'Commitment and social organization: a study of commitment mechanisms in utopian communities'. *American Sociological Review*, 33(4), 499–517. https://www.jstor.org/stable/2092438, p. 507.

15. Kruglanski, Webber and Koehler (2019), pp. 168–9.

16. D. Webber et al. (2018). 'Deradicalizing detained terrorists'. *Political Psychology*, 39(3), 539–56.

17. S. Atran (2010). *Talking to the Enemy: Violent Extremism, Sacred Values, and What it Means to be Human*. London: Penguin; S. Atran (2016). 'The devoted actor: unconditional commitment and intractable conflict across cultures'. *Current Anthropology*, 57(S13), S192–S203; Á. Gómez et al.

(2017). 'The devoted actor's will to fight and the spiritual dimension of human conflict'. *Nature Human Behaviour*, Vol. 1, pp. 673~9. https://doi.org/10.1038/s41562-017-0193-3; W. B. Swann Jr et al. (2010). 'Identity fusion and self-sacrifice: arousal as a catalyst of pro-group fighting, dying, and helping behavior'. *Journal of Personality and Social Psychology*, 99(5), 824~41.

18. 찰스 다윈 (1871). 『인간의 유래와 성선택』. London: John Murray, pp. 163~5.

19. 위와 같은 책, p. 16.

20. S. Atran and J. Ginges (2012). 'Religious and sacred imperatives in human conflict'. *Science*, 336(6038), 855~7. doi: 10.1126/science.1216902, p. 857.

| 10장 | 한 줄기 희망을 보는 긍정의 시선

1. A. Jotischky (2004). *Crusading and the Crusader States*. London: Pearson Education, pp. 1913~36.

2. V. B. Johnston (1968). *Legions of Babel: The International Brigades in the Spanish Civil War*. University Park, PA: Pennsylvania State University Press.

3. M. Roig-Franzia. 'A British actor left Hollywood to fight ISIS. Now he's marooned in Belize. It's quite a story'. *Washington Post*, 15 Oct. 2019. 다음 주소에서 검색. https://www.washingtonpost.com/lifestyle/2019/10/15/british-actor-left-hollywood-fight-isis-now-hes-marooned-belize-its-quite-story/

4. E. T. Higgins (1998). 'Promotion and prevention: regulatory focus as a motivational principle', M. P. Zanna (ed.), *Advances in Experimental Social Psychology*, Vol. 30. Cambridge, MA: Academic Press, pp. 1~46.

5. 인발 아리엘리 (2019). 『후츠파 : 창조와 혁신은 어디서 만들어 지는가』. London: HarperCollins, p. 6.

6. 위와 같은 책, p. 7.

7. 해당 연구의 사례는 다음과 같다. A. S. Dreyer and M. B. Wells (1966). 'Parental values, parental control, and creativity in young children'. *Journal of Marriage and the Family*, 28(1), 83~8; D. M. Jankowska and J. Gralewski (2020). 'The familial context of children's creativity: parenting styles and the climate for creativity in parent-child relationship'. *Creativity Studies*, (15)1, 1~24; J. Gralewski and D. M. Jankowska (2020). 'Do parenting styles matter? Perceived dimensions of parenting styles, creative abilities and creative self-beliefs in adolescents'. *Thinking Skills and Creativity*, 38, article 100709; B. C. Miller and D. Gerard (1979). 'Family influences on the development of creativity in children: an integrative review'. *Family Coordinator*, 28(3), 295~312.

8. 아리엘리 (2019), pp. 24~5.

9. S. Berretta and G. Privette (1990). 'Influence of play on creative thinking'. *Perceptual and Motor Skills*, 71(2), 659~66.

10. C. J. Roney, E. T. Higgins and J. Shah (1995). 'Goals and framing: how outcome focus influences motivation and emotion'. *Personality and Social Psychology Bulletin*, 21(11), 1151~60.

11. 위와 같은 문헌.

12. N. Liberman et al. (1999). 'Promotion and prevention choices between stability and change'. *Journal of Personality and Social Psychology*, 77(6), 1135.

13. E. Szumowska et al. (2020). 미공개 자료. Jagiellonian University.

14. M. E. Seligman (1972). 'Learned helplessness'. *Annual Review of Medicine,* 23(1), 407–12.

15. 미하이 칙센트미하이 (1998). 『몰입의 즐거움』. London: Hachette.

16. D. G. Myers (2000). 'The funds, friends, and faith of happy people'. *American Psychologist,* 55(1), 56.

17. S. L. Gable. (2000). 'Appetitive and aversive social motivation'. 미공개 박사 학위 논문, University of Rochester, Rochester, NY.

18. 노먼 빈센트 필 (1980). 『노먼 빈센트 필의 긍정적 사고방식 : 어떻게 자신의 행복을 창조할 것인가』. New York: Random House, p. 12.

19. 위와 같은 책, p. 17.

20. R. Puff. 'Quieting the monkey mind with meditation'. *Psychology Today,* 19 Oct. 2011. 다음 주소에서 검색. https://www.psychologytoday.com/us/blog/meditation-modern-life/201110/quieting-the-monkey-mind-meditation

21. 애덤 스미스 (1759). 『도덕감정론』. London: Penguin.

22. S. B. Breathnach (1996). *The Simple Abundance Journal of Gratitude.* London: Little, Brown.

23. *New Shorter Oxford English Dictionary* (1993), Vol.1, p. 1135.

24. R. A. Emmons and M. E. McCullough (eds.) (2004). *The Psychology of Gratitude.* Oxford: Oxford University Press, p. 5.

25. P. A. Bertocci and R. M. Millard (1963). *Personality and the Good: Psychological and Ethical Perspectives.* New York: McKay, p. 389.

26. H. B. Clark, J. T. Northrop and C. T. Barkshire (1988). 'The effects of contingent thank-you notes on case managers' visiting residential clients'. *Education and Treatment of Children,* 11(1), 45–51.

27. R. L. Trivers (1971). 'The evolution of reciprocal altruism'. *Quarterly Review of Biology,* 46(1), 35–57.

28. F. B. de Waal (1997). 'The chimpanzee's service economy: food for grooming'. *Evolution and Human Behavior,* 18(6), 375–86; F. B. de Waal and M. L. Berger (2000). 'Payment for labour in monkeys'. *Nature,* 404(6778), 563.

29. R. A. Emmons and M. E. McCullough (2003). 'Counting blessings versus burdens: an experimental investigation of gratitude and subjective well-being in daily life'. *Journal of Personality and Social Psychology,* 84(2), 377–89.

30. R. McCraty et al. (1995). 'The effects of emotions on short-term power spectrum analysis of heart rate variability'. *American Journal of Cardiology,* 76(14), 1089–93.

31. R. McCraty (2003). 'The energetic heart: bioelectromagnetic interactions within and between people'. *Neuropsychotherapist,* 6(1), 22–43.

32. D. P. McAdams (2013). *The Redemptive Self: Stories Americans Live By,* revised and expanded edition. New York: Oxford University Press.

33. 다음과 같은 사례가 해당된다. M. A. Davis (2009). 'Understanding the relationship between mood and creativity: a meta-analysis'. *Organizational Behaviour and Human Decision Processes,* 108(1), 25–38.

34. B. L. Fredrickson and C. A. Branigan (2001). 'Positive emotions', in T. J. Mayne and G. A. Bonanno (eds.), *Emotion: Current Issues and Future Developments*. New York: Guilford Press, pp. 123–51.

35. P. Russo-Netzer and T. Ben-Shahar (2011). ' "Learning from success": a close look at a popular positive psychology course'. *Journal of Positive Psychology*, 6(6), 468–76.

36. D. Shimer. 'Yale's most popular class ever: happiness'. *The New York Times*, 26 Jan. 2018. 다음 주소에서 검색. https://www.nytimes.com/2018/01/26/nyregion/at-yale-class-on-happiness-draws-huge-crowd-laurie-santos.html?login=email&auth=login-email.

| 11장 | 낙관주의자로 사는 방법

1. C. S. Carver, M. F. Scheier and S. C. Segerstrom (2010). 'Optimism'. *Clinical Psychology Review*, 30(7), 879–89, p. 879.

2. 위와 같은 문헌, p. 886.

3. 마틴 셀리그먼 (2006). 『낙관성 학습』. New York: Vintage Books, p. 46.

4. J. W. Shenk (2005). 'Lincoln's great depression'. *Atlantic Monthly*, 296(3), 52.

5. 위와 같은 문헌.

6. 위와 같은 문헌.

7. J. Kluger (2014). 'FDR's polio: the steel in his soul'. *TIME*. 다음 주소에서 검색. https://time.com/3340831/polio-fdr-roosevelt-burns/.

8. J. Brown (2011). '50 famously successful people who failed at first'. *Addicted2Success*. 다음 주소에서 검색. https://addicted2success.com/motivation/50-famously-successful-people-who-failed-at-first/

9. E. F. Hittner et al. (2020). 'Positive affect is associated with less memory decline: evidence from a 9-year longitudinal study'. *Psychological Science*, 31(11), 1386–95.

10. S. G. Hofmann et al. (2012). 'The efficacy of cognitive behavioral therapy: a review of meta-analyses'. *Cognitive Therapy and Research*, 36(5), 427–40.

11. 셀리그먼 (2006), pp. 223, 225.

12. 위와 같은 책.

13. 앤절라 더크워스 (2016). 『그릿 : IQ, 재능, 환경을 뛰어넘는 열정적 끈기의 힘』. New York: Scribner, p. 66.

14. 위와 같은 책, p. 120.

15. 위와 같은 책, p. 99.

16. 위와 같은 책, pp. 107, 108.

17. 위와 같은 책, p. 143.

| 12장 | 우리는 매일 성장한다

1. https://tcdata360.worldbank.org/indicators/aps.fofail?country=BRA&indicator=3108&viz=line_chart&years=2001,2020

2. M. Muggeridge (1967). *Muggeridge through the Microphone: BBC Radio and Television*. London: British Broadcasting Corporation, p. 7.

3. 칼 포퍼 (1966). 『열린사회와 그 적들』, 개정판. New York: Routledge and Kegan Paul, Vol. 1, pp. 46-7, 169.

4. K. Bartlett (1985). 'Mensans go for the mix: the club is smart but its members are not all chic and fashionable'. *Los Angeles Times*. 다음 주소에서 검색. https://www.latimes.com/archives/laxpm-1985-09-15-mn-23351-story.html

5. M. Gladwell. 'The talent myth'. *The New Yorker*, 22 July 2002, pp. 28-33.

6. A. Booth and P. R. Amato (2001). 'Parental predivorce relations and offspring postdivorce well being'. *Journal of Marriage and Family*, 63(1), 197-212, p. 140.

7. S. Berglas and E. E. Jones (1978). 'Drug choice as a self-handicapping strategy in response to noncontingent success'. *Journal of Personality and Social Psychology*, 36(4), 405.

8. F. Rhodewalt (1994). 'Conceptions of ability, achievement goals, and individual differences in self-handicapping behavior: on the application of implicit theories'. *Journal of Personality*, 62(1), 67-85.

9. K. J. Gergen and S. R. Gill (2020). *Beyond the Tyranny of Testing: Relational Evaluation in Education*. New York: Oxford University Press, p. 2.

10. 위와 같은 책, p. 6.

11. https://www.activeminds.org/programs/send-silence-packing/about-the-exhibit/

12. N. R. Leonard et al. (2015). 'A multi-method exploratory study of stress, coping, and substance use among high school youth in private schools'. *Frontiers in Psychology*, 6, 1028.

13. D. Harley (2016). 'Student raises funds to prevent suicide'. *The Grizzly*, 40(12), 1-2.

14. 예를 들면, 다음과 같은 사례가 있다. K. Farr (2018). 'Adolescent rampage school shootings: responses to failing masculinity performances by already-troubled boys'. *Gender Issues*, 35(2), 73-97.

15. T. Piketty (2018). 'Brahmin left vs merchant right: rising inequality and the changing structure of political conflict'. WID.world Working Paper, 2018/7.

16. 앤 케이스, 앵거스 디턴 (2020). 『절망의 죽음과 자본주의의 미래』. Princeton: Princeton University Press.

| 13장 | 한 걸음 물러설 때 보이는 것들

1. K. Sri Dhammananda (2003). *Everything is Changeable*, p. 36.

2. Y. Mingyur (2010). *Joyful Wisdom*. London: Bantam, p. 53.

3. A. W. Kruglanski et al. (2021). 'On the psychology of extremism: how motivational imbalance breeds intemperance'. *Psychological Review*, 128(2), 264.

4. P. Brickman, D. Coates and R. Janoff-Bulman (1978). 'Lottery winners and accident victims: is happiness relative?', *Journal of Personality and Social Psychology*, 36(8), 917.

5. D. T. Gilbert et al. (1998). 'Immune neglect: a source of durability bias in affective forecasting'. *Journal of Personality and Social Psychology*, 75(3), 617.

6. T. D. Wilson et al. (2000). 'Focalism: a source of durability bias in affective forecasting'. *Journal of Personality and Social Psychology*, 78, 821~36.

7. R. K. Mallett, T. D. Wilson and D. T. Gilbert (2008). 'Expect the unexpected: failure to anticipate similarities leads to an intergroup forecasting error'. *Journal of Personality and Social Psychology*, 94(2), 265~77.

8. J. A. Woodzicka and M. LaFrance (2001). 'Real versus imagined gender harassment'. *Journal of Social Issues*, 57, 15~30.

9. T. D. Wilson, D. T. Gilbert and T. P. Wheatley (1998). 'Protecting our minds: the role of lay beliefs', V. Y. Yzerbyt, G. Lories and B. Dardenne (eds.), *Metacognition: Cognitive and Social Dimensions*. California: Sage Publications, pp. 171~201.

10. D. T. Gilbert et al. (1998). 'Immune neglect: a source of durability bias in affective forecasting'. *Journal of Personality and Social Psychology*, 75(3), 617.

11. 니체 (1996). 『인간, 너무나 인간적인 : 자유로운 영혼을 위한 책』. Cambridge: Cambridge University Press, p. 179.

12. J. R. Mellow (1974). *Charmed Circle: Gertrude Stein and Company*. London: Phaidon Press.

13. E. Frankel (2017). *The Wisdom of Not Knowing: Discovering a Life of Wonder by Embracing Uncertainty*. Colorado: Shambhala Publications, p. 82.

14. S. Freud (1950). *Collected Papers*. (5 vols.).

15. 위와 같은 문헌, 1912/1950, p. 324.

16. M. Eigen (2012). *Kabbalah and Psychoanalysis*. New York: Routledge.

17. J. S. Grotstein (2007). 'On: projective identification'. *International Journal of Psychoanalysis*, 88(5), 1289~90.

18. J. Aguayo (2014). 'Bion's "Notes on memory and desire" - its initial clinical reception in the United States: a note on archival material'. *International Journal of Psychoanalysis*, 95(5), 889~910.

19. W. R. Bion, J. Aguayo and B.D. Malin (2019). *Wilfred Bion: Los Angeles Seminars and Supervision*. London: Routledge.

20. 위와 같은 책.

21. M. Popova. 'Inclining the mind toward "sudden illumination": French polymath Henri Poincaré on how creativity works'. *Marginalian*. 다음 주소에서 검색. https://www.brainpickings.org/2013/08/15/henri-poincare-on-how-creativity-works/

22. 다음에서 인용. J. Stachel (2002). *Einstein from 'B' to 'Z'*. Boston: Birkhauser, p. 89.

23. A. Chirumbolo et al. (2004). 'Effects of need for closure on creativity in small group interactions'. *European Journal of Personality*, 18(4), 265~78.

24. R. D. Kerns, J. Sellinger and B. R. Goodin (2011). 'Psychological treatment of chronic pain'. *Annual Review of Clinical Psychology*, 7, 411~34.

25. 예를 들어, 다음과 같은 사례가 있다. D. Donthula et al. 'Does intolerance of uncertainty affect the

magnitude of limitations or pain intensity?', *Clinical Orthopaedics and Related Research,* 478(2), 381; S. F. Fischerauer et al. (2018). 'Pain anxiety differentially mediates the association of pain intensity with function depending on level of intolerance of uncertainty'. *Journal of Psychiatric Research*, 97, 30-37.

| 14장 | 다름을 수용할 때 싹트는 희망

1. T. Hiebert (2007). 'The Tower of Babel and the origin of the world's cultures', *Journal of Biblical Literature*, 126(1), 29-58.
2. 창세기 11:6.
3. National Academies of Sciences, Engineering and Medicine (2016). *Attribution of Extreme Weather Events in the Context of Climate Change.* Washington, DC: National Academies Press.
4. L. M. Bouwer (2019). 'Observed and projected impacts from extreme weather events: implications for loss and damage', R. Mehler el al. (eds.), *Loss and Damage from Climate Change.* Cham, Switzerland: Springer, pp. 63-82.
5. A. Lustgarten. 'The great climate migration has begun'. *New York Times Magazine*, 23 July 2020. 다음 주소에서 검색. https:// www.nytimes.com/interactive/2020/07/23/magazine/climatemigration.html
6. IOM (2017). 'Migration, climate change and the environment: a complex nexus'. Geneva: International Organization for Migration.
7. World Bank Group. 'Groundswell: preparing for internal climate migration policy note #3: internal climate migration in Latin America' 16 Mar. 2018. 다음 주소에서 검색. https://documents1.worldbank.org/curated/en/983921522304806221/pdf/124724-BRI-PUBLIC-NEWSERIES-Groundswell-note-PN3.pdf.
8. P. Esposito, S. Collignon and S. Scicchitano (2020). 'The effect of immigration on unemployment in Europe: does the core-periphery dualism matter?', *Economic Modelling*, 84, 249-58.
9. T. L. Friedman. 'It's a flat world, after all'. *The New York Times*, 3 Apr. 2005.
10. R. W. Bibby (1990). *Mosaic Madness.* Toronto: Stoddart, pp. 10, 14.
11. G. Blainey (1984). *All for Australia.* Methuen Haynes.
12. S. P. Huntington (1975). 'The United States', in M. Crozier, S. P. Huntington and J. Watanuki, *The Crisis of Democracy: Report on the Governability of Democracies to the Trilateral Commission.* New York: New York University Press, pp. 76-7.
13. 다음에서 인용. M. Valpy (2007). 'Seismic tremors: religion and the law', J. G. Stein et al., *Uneasy Partners: Multiculturalism and Rights in Canada.* Ontario: Wilfrid Laurier University Press, p. 123.
14. J. R. Berkovitz (1989). *The Shaping of Jewish Identity in Nineteenth-century France.* Detroit: Wayne State University Press, p. 71.
15. E. Macron. 'Fight against separatism - the Republic in action'. *France Diplomacy*, 2 Oct. 2020.
16. N. Breznau (2018). 'Anti-immigrant parties and Western European society: analyzing the role of immigration and forecasting voting'. Mannheim Centre for European Social Research.

17. E. Orehek et al. (2010). 'Need for closure and the social response to terrorism'. *Basic and Applied Social Psychology*, 32(4), 279-90.

18. M. and C. W. Sherif (1953). *Groups in Harmony and Tension: An Integration of Studies on Intergroup Relations*. New York: Harper.

19. G. S. Morgan, D. C. Wisneski and L. J. Skitka (2011). 'The expulsion from Disneyland: the social psychological impact of 9/11'. *American Psychologist*, 66(6), 447.

20. J. K. Bosson et al. (2006). 'Interpersonal chemistry through negativity: bonding by sharing negative attitudes about others'. *Personal Relationships*, 13(2), 135-50.

21. 윌리엄 그레이엄 섬너 (1906). 『습속 : 용례, 매너, 관습, 모레스, 그리고 도덕의 사회학적 중요성』. Boston: Gin and Company, p. 12.

22. T. F. Pettigrew and L. R. Tropp (2006). 'A meta-analytic test of intergroup contact theory'. *Journal of Personality and Social Psychology*, 90(5), 751.

23. A. B. Seligman, R. R. Wasserfall and D. W. Montgomery (2015). *Living with Difference: How to Build Community in a Divided World*. Oakland, CA: University of California Press.

24. 위와 같은 책.

25. 위와 같은 책, p. 10.

26. 위와 같은 책, p. 11.

마치는 글

1. 존 치아디의 영문 번역본 (2009). London: Signet.

불확실한 걸 못 견디는 사람들

- Adorno, T. W. et al. (1950). *The Authoritarian Personality.* New York:Harper and Row, Inc.
- Aguayo, J. (2014). 'Bion's "Notes on memory and desire" –its initial clinical reception in the United States: a note on archival material'. *International Journal of Psychoanalysis*, 95(5), 889–910.
- Allport, G. W. (1954). 'The nature of prejudice'. Cambridge, MA: Addison.
- Altemeyer, B. (1988). *Enemies of Freedom: Understanding Right-wing Authoritarianism.* San Francisco: Jossey-Bass.
- Amaro, S. (2017). 'CFOs worldwide are concerned populism is hurting the world's economy'. CNBC. Retrieved from https://www.cnbc.com/2017/03/15/cfos-worldwide-are-concerned-trumps-policies-will-lead-to-a-trade-war-with-china.html
- Argandona, A. (2017). 'Why populism is rising and how to combat it'. *Forbes*. Retrieved from https://www.forbes.com/sites/iese/2017/01/24/why-populism-is-rising-and-how-to-combat-it/?sh=27fe74831d44
- Arieli, I. (2019). *Chutzpah: Why Israel is a Hub of Innovation and Entrepreneurship.* New York: HarperCollins.
- Armus, T. (2020). 'The parents of 545 children separated at the border still haven't been found'. https://www.texastribune.org/2020/10/21/donald-trump-immigration-parents-children-separated/
- Asch, S. E. (1961). 'Effects of group pressure upon the modification and distortion of judgments', in M. Henle (ed.), *Documents of Gestalt Psychology*. Berkeley and Los Angeles: University of California Press, pp. 222–36.
- Associated Press. 'Clinton: Obama is "naive" on foreign policy'. NBC News, 24 July 2007. Retrieved from https://www.nbcnews.com/id/wbna19933710
- Atran, S. (2016). 'The devoted actor: unconditional commitment and intractable conflict across cultures'. *Current Anthropology*, 57(S13), S192–S203. https://www.journals.uchicago.edu/doi/full/10.1086/685495
- Atran, S. (2010). *Talking to the Enemy: Violent Extremism, Sacred Values, and What It Means to be Human.* London: Penguin.
- Atran, S., and Ginges, J. (2012). 'Religious and sacred imperatives in human conflict'. *Science*, 336(6038), 855–7. doi: 10.1126/science.1216902.
- Bartlett, K. (1985). 'Mensans go for the mix: the club is smart but its members are not all chic

and fashionable'. *Los Angeles Times*. Retrieved from https://www.latimes.com/archives/laxpm-1985-09-15-mn-23351-story.html

- BBC News (2006). ' "Conform to our society", says PM'. BBC News.
- Benmelech, E., and Klor, E. F. (2020). 'What explains the flow of foreign fighters to ISIS?', *Terrorism and Political Violence*, 32(7), 1458–81.
- Berglas, S., and Jones, E. E. (1978). 'Drug choice as a self- handicapping strategy in response to noncontingent success'. *Journal of Personality and Social Psychology*, 36(4), 405.
- Berkovitz, J. R. (1989). *The Shaping of Jewish Identity in Nineteenth-century France*. Detroit: Wayne State University Press.
- Berlin, I. (1969). *Four Essays on Liberty*. London: Oxford University Press.
- Berretta, S., and Privette, G. (1990). 'Influence of play on creative thinking'. *Perceptual and Motor Skills*, 71(2), 659–66.
- Bertocci, P. A., and Millard, R. M. (1963). *Personality and the Good: Psychological and Ethical Perspectives*. New York: McKay. Bettinger-Lopez, C., and Bro, A. (2020). 'A double pandemic: domestic violence in the age of COVID-19'. *Council on Foreign Relations*. Retrieved from https:// www.cfr.org/ in-brief/double-pandemic-domestic-violence-age-covid-19
- Bibby, R. W. (1990). *Mosaic Madness*. Toronto: Stoddart.
- Bion, W. R. (1967). 'Notes on memory and desire', in R. Langs (ed.), *Classics in Psychoanalytic Technique*. New York and London: Jason Aronson Inc., pp. 259–60.
- Blainey, G. (1984). *All for Australia*. North Ryde: Methuen Haynes.
- Boelen, P. A., and van den Bout, J. (2010). 'Anxious and depressive avoidance and symptoms of prolonged grief, depression, and post- traumatic stress disorder'. *Psychologica Belgica*, 50(1– 2), 49–67. https://doi.org/10.5334/ pb-50-1-2-49
- Boorstein, D. J. (1961). *The Image: A Guide to Pseudo-Events in North America*. New York: Vintage Books.
- Booth, A., and Amato, P. R. (2001). 'Parental predivorce relations and offspring postdivorce well being'. *Journal of Marriage and Family*, 63(1), 197–212.
- Bosson, J. K., et al. (2006). 'Interpersonal chemistry through negativity: bonding by sharing negative attitudes about others'. *Personal Relationships*, 13(2), 135–50.
- Bouwer, L. M. (2019). 'Observed and projected impacts from extreme weather events: implications for loss and damage', in R. Mechler et al. (eds.), *Loss and Damage from Climate Change*. Cham, Switzerland: Springer, pp. 63–82.
- Bowlby, J. (1951). 'Maternal care and mental health'. *Bulletin of the World Health Organization*, 3(3), 357–533.
- Bradley, J. 'As domestic abuse rises, UK failings leave victims in peril', *New York Times*, 2 July 2020. Retrieved from https://www.nytimes.com/interactive/2020/07/02/world/europe/uk-coronavirus-domestic-abuse.html
- Breathnach, S. B. (1996). *The Simple Abundance Journal of Gratitude*. London: Little, Brown.
- Breznau, N. (2018). 'Anti- immigrant parties and Western European society: analyzing the role of immigration and forecasting voting'. Mannheim Centre for European Social Research.

- Brickman, P., Coates, D., and Janoff-Bulman, R. (1978). 'Lottery winners and accident victims: is happiness relative?', *Journal of Personality and Social Psychology*, 36(8).
- Brown, J. (2011). '50 famously successful people who failed at first'. *Addicted2Success*. Retrieved from https://addicted2success.com/motivation/50-famously-successful-people-who-failed-at-first/.
- Brown, R. (1965). *Social Psychology*. New York: The Free Press. Campbell, D. (1988). 'The author responds: Popper and selection theory', *Social Epistemology*, (2)4, 371–7. doi: 10.1080/02691728808578506.
- Carleton, R. N. (2016). 'Fear of the unknown: one fear to rule them all?', *Journal of Anxiety Disorders*, 41, 5–21.
- Carlson, R. (2017). *Don't Sweat the Small Stuff–and It's All Small Stuff: Simple Ways to Keep the Little Things from Taking Over Your Life*. New York: Hachette.
- Carnegie, D. (1936). *How to Win Friends and Influence People*. New York: Simon & Schuster.
- Carver, C. S., Scheier, M. F., and Segerstrom, S. C. (2010). 'Optimism'. *Clinical Psychology Review*, 30(7), 879–89.
- Case, A., and Deaton, A. (2020). *Deaths of Despair and the Future of Capitalism*. Princeton: Princeton University Press. Chapman University (2017). 'America's Top Fears 2017'. Retrieved from https://blogs.chapman.edu/wilkinson/2017/10/11/americas-top-fears-2017/
- Cheon, B. K., et al. (2014). 'Gene × environment interaction on intergroup bias: the role of *5-HTTLPR* and perceived outgroup threat'. *Social Cognitive and Affective Neuroscience*, 9(9).
- Cheon, B. K., et al. (2015). 'Genetic contributions to need for closure, implicit racial bias, and social ideologies: the role of 5-HTTLPR and COMT Val158Met'. Unpublished data. Nanyang Technological University.
- Chirumbolo, A., et al. (2004). 'Effects of need for closure on creativity in small group interactions'. *European Journal of Personality*, 18(4), 265–78.
- Chiu, D. (2020). 'Jonestown: 13 things you should know about cult massacre'. *Rolling Stone*. Retrieved from https://www.rollingstone.com/culture/culture-features/jonestown-13-things-you-should-know-about-cult-massacre-121974/
- Christensen, T. (2020). 'COVID-19 pandemic brings new concerns about excessive drinking'. *American Heart Association*. Retrieved from https://www.heart.org/en/news/2020/07/01/covid-19-pandemic-brings-new-concerns-about-excessive-drinking
- Clark, H. B., Northrop, J. T., and Barkshire, C. T. (1988). 'The effects of contingent thank-you notes on case managers' visiting residential clients'. *Education and Treatment of Children*, 11(1), 45–51.
- Cliteur, P. B. (1999). *De Filosofie van Mensenrechten*.
- Cohen, D., et al. (2017). 'Defining social class across time and between groups'. *Personality and Social Psychology Bulletin*, 43(11), 1530–45.
- Cohen, G. L., et al. (2007). 'Bridging the partisan divide: self-affirmation reduces ideological closed-mindedness and inflexibility in negotiation'. *Journal of Personality and Social Psychology*, 93(3), 415.

- Cohen, G. L., Aronson, J., and Steele, C. M. (2000). 'When beliefs yield to evidence: reducing biased evaluation by affirming the self '. *Personality and Social Psychology Bulletin*, 26(9), 1151–64.
- Collins, N. L. (1996). 'Working models of attachment: implications for explanation, emotion, and behavior'. *Journal of Personality and Social Psychology*, 71(4), 810–32. https://doi.org/10.1037/0022-3514.71.4.810
- Collins, N. L., et al. (2006). 'Working models of attachment and attribution processes in intimate relationships'. *Personality and Social Psychology Bulletin*, 32, 201–19. doi: 10.1177/0146167205280907.
- Collins, N. L., and Read, S. J. (1990). 'Adult attachment, working models, and relationship quality in dating couples'. *Journal of Personality and Social Psychology*, 58(4), 644–63. https://doi.org/10.1037/0022-3514.58.4.644
- Csikszentmihalyi, M. (1998). *Finding Flow: The Psychology of Engagement with Everyday Life*. London: Hachette.
- Csikszentmihalyi, M., and Seligman, M. E. (2000). 'Positive psychology: an introduction'. *American Psychologist*, 55(1), 5–14.
- Darwin, C. (1871). *The Descent of Man, and Selection in Relation to Sex*. London: John Murray.
- Davis, M. A. (2009). 'Understanding the relationship between mood and creativity: a meta-analysis'. *Organizational Behaviour and Human Decision Processes*, 108(1), 25–38.
- De Tocqueville, A. (1835). *Democracy in America*. Columbia University Press.
- De Waal, F. B. (1997). 'The chimpanzee's service economy: food for grooming'. *Evolution and Human Behavior*, 18(6), 375–86.
- De Waal, F. B., and Berger, M. L. (2000). 'Payment for labour in monkeys'. *Nature*, 404(6778), 563.
- Dickinson, R. L., and Beam, L. (1931). *A Thousand Marriages*. Baltimore: Williams and Wilkins.
- Donthula, D., et al. 'Does intolerance of uncertainty affect the magnitude of limitations or pain intensity?', *Clinical Orthopaedics and Related Research*, 478(2), 381.
- Drehle, D. (2021). 'What 500,000 Covid-19 deaths means'. Retrieved 14 Mar. 2021 from https://www.washingtonpost.com/opinions/what-500000-covid-19-deaths-means/2021/02/19/8492c9b0-72e1-11eb-b8a9-b9467510f0fe_story.html
- Dreyer, A. S., and Wells, M. B. (1966). 'Parental values, parental control, and creativity in young children'. *Journal of Marriage and the Family*, 28(1), 83–8.
- Duckworth, A. (2016). *Grit: The Power of Passion and Perseverance*. New York: Scribner.
- Dweck, C. S. (2006). *Mindset: The New Psychology of Success*. New York: Random House Digital, Inc.
- Eigen, M. (2012). *Kabbalah and Psychoanalysis*. New York: Routledge.
- Emmons, R. A., and McCullough, M. E. (2003). 'Counting blessings versus burdens: an experimental investigation of gratitude and subjective well-being in daily life'. *Journal of Personality and Social Psychology*, 84(2), 377–89.
- Emmons, R. A., and McCullough, M. E. (eds.) (2004). *The Psychology of Gratitude*. New York: Oxford University Press.

- Empson, W. (1947). *Seven Types of Ambiguity*, 2nd edn. London: Chatto and Windus.

- Erikson, E. H. (1963). *Childhood and Society*. New York: W. W. Norton.

- Esposito, P., Collignon, S., and Scicchitano, S. (2020). 'The effect of immigration on unemployment in Europe: does the core-periphery dualism matter?', *Economic Modelling*, 84, 249–58.

- Fahmy, D. (2020). 'Americans are far more religious than adults in other wealthy nations'. Retrieved from https://www.pewresearch.org/fact-tank/2018/07/31/americans-are-far-more-religious-than-adults-in-other-wealthy-nations/

- Farr, K. (2018). 'Adolescent rampage school shootings: responses to failing masculinity performances by already-troubled boys'. *Gender Issues*, 35(2), 73–97.

- Feeney, B. C., and Van Vleet, M. (2010). 'Growing through attachment: the interplay of attachment and exploration in adulthood'. *Journal of Social and Personal Relationships*, 27(2), 226–34. https://doi.org/10.1177/0265407509360903

- Fischerauer, S. F., et al. (2018). 'Pain anxiety differentially mediates the association of pain intensity with function depending on level of intolerance of uncertainty'. *Journal of Psychiatric Research*, 97, 30–37.

- Foy, D. W., Drescher, K. D., and Watson, P. J. (n.d.). 'Religious and spiritual factors in resilience'. *Resilience and Mental Health*, 90–102. doi: 10.1017/cbo9780511994791.008.

- Frankel, E. (2017). *The Wisdom of Not Knowing: Discovering a Life of Wonder by Embracing Uncertainty*. Colorado: Shambhala Publications.

- Frankl, V. E. (2006). *Man's Search for Meaning: An Introduction to Logotherapy*. Boston: Beacon Press.

- Fredrickson, B. (2009). *Positivity*. New York: Harmony.

- Fredrickson, B. L., and Branigan, C. A. (2001). 'Positive emotions', in T. J. Mayne and G. A. Bonanno (eds.), *Emotion: Current Issues and Future Developments*. New York: Guilford Press, pp. 123–51.

- Freedom House (2019). 'Democracy in Retreat'. Retrieved from https://freedomhouse.org/report/freedom-world/2019/democracy-retreat

- Freud, S. (1950). *Collected Papers*. (5 vols.).

- Friedman, T. L. 'It's a flat world, after all'. *The New York Times*, 3 Apr. 2005.

- Frum, D. (2003). *The Right Man: The Surprise Presidency of George W. Bush*. New York: Random House.

- Gable, S. L. (2000). 'Appetitive and aversive social motivation'. Unpublished doctoral dissertation, University of Rochester, New York.

- Gergen, K. J., and Gill, S. R. (2020). *Beyond the Tyranny of Testing: Relational Evaluation in Education*. New York: Oxford University Press.

- German Propaganda Archive (1998). *Nazi Propaganda: Caricatures from Der Sturmer. Jewish Virtual Library*. Retrieved from https://www.jewishvirtuallibrary.org/caricatures-from-der-st-uuml-rmer-jewish-virtual-library.

- Gerson, M. (2020). 'We've officially witnessed the total failure of empathy in presidential leadership'. *Washington Post*. Retrieved from https://www.washingtonpost.com/opinions/america-needs-empathetic-leadership-now-more-than-ever/2020/04/02/1f6935f2-750c-11ea-87da-77a8136c1a6d_story.html

- Gilbert, D. T. (1991). 'How mental systems believe'. *American Psychologist*, 46(2), 107.
- Gilbert, D. T., et al. (1998). 'Immune neglect: a source of durability bias in affective forecasting'. *Journal of Personality and Social Psychology*, 75(3), 617.
- Gladwell, M. 'The talent myth'. *The New Yorker*, 22 July 2002, 28–33.
- Gledhill, R. ' "Multiculturalism has betrayed the English," Archbishop says'. *The Times*, 2 Nov. 2005.
- Goethe, J. W. von (1774/1988). *The Sorrows of Young Werther*, trans. Eric Lane. Sawtry: Dedalus.
- Gomez, A., et al. (2017). 'The devoted actor's will to fight and the spiritual dimension of human conflict'. *Nature Human Behaviour*, 1, 673–9. https://doi.org/10.1038/s41562-017-0193-3
- Gralewski, J., and Jankowska, D. M. (2020). 'Do parenting styles matter? Perceived dimensions of parenting styles, creative abilities and creative self-beliefs in adolescents'. *Thinking Skills and Creativity*, 38, article 100709.
- Grant, J. W. (1998). *The Church in the Canadian Era*. Vancouver: Regent College Publishing.
- Greenaway, K. H., Louis, W. R., and Hornsey, M. J. (2013). 'Loss of control increases belief in precognition and belief in precognition increases control'. *PLOS One*, 8(8), e71327.
- Greenberg J., Pyszczynski T., and Solomon S. (1986). 'The causes and consequences of a need for self-esteem: a terror management theory', in R. F. Baumeister (ed.), *Public Self and Private Self*. New York: Springer. https://doi.org/10.1007/978-1-4613-9564-5_10
- Groh, D. (1987). 'The temptation of conspiracy theory, or: Why do bad things happen to good people?', in C. F. Graumann and S. Moscovici (eds.), *Changing Conceptions of Conspiracy*. New York: Springer, pp. 1–37.
- Grotstein, J. S. (2007). 'On: projective identification'. *International Journal of Psychoanalysis*, 88(5), 1289–90.
- Haidt, J. (2012). *The Righteous Mind: Why Good People are Divided by Politics and Religion*. London: Allen Lane.
- Harari, Y. N. (2014). *Sapiens: A Brief History of Humankind*. London: Random House.
- Harley, D. (2016). 'Student raises funds to prevent suicide'. *The Grizzly*, 40(12), 1–2.
- Harlow, H. F. (1958). 'The nature of love'. *American Psychologist*, 13(12), 673.
- Hayden, J. (2001). *Covering Clinton*. New York: Praeger.
- Higgins, E. T. (1998). 'Promotion and prevention: regulatory focus as a motivational principle', in M. P. Zanna (ed.), *Advances in Experimental Social Psychology*, Vol. 30. Cambridge, MA: Academic Press, pp. 1–46.
- Hill, P. C., and Pargament, K. I. (2003). 'Advances in the conceptualization and measurement of religion and spirituality: implications for physical and mental health research'. *American Psychologist*, 58, 64–74. http://dx.doi.org/10.1037/0003-066X.58.1.64
- Hittner, E. F., et al. (2020). 'Positive affect is associated with less memory decline: evidence from a 9-year longitudinal study'. *Psychological Science*, 31(11), 1386–95.

- Hoffer, E. (1951). *The True Believer*. New York: Perennial.
- Hofmann, S. G., et al. (2012). 'The efficacy of cognitive behavioral therapy: a review of meta-analyses'. *Cognitive Therapy and Research*, 36(5), 427–40.
- Hofstede, G. (2001). *Culture's Consequences: Comparing Values, Behaviors, Institutions and Organizations across Nations*, 2nd edn. California: Sage Publications.
- Hogg, M. A. (2012). 'Self- uncertainty, social identity, and the solace of extremism', in M. A. Hogg and D. L. Blaylock (eds.), *The Claremont Symposium on Applied Social Psychology. Extremism and the Psychology of Uncertainty*. London: Wiley-Blackwell, pp. 19–35.
- Hong, Y., and Khei, M. (2014). 'Dynamic multiculturalism: the interplay of socio-cognitive, neural and genetic mechanisms', in V. Benet- Martinez and Y. Hong (eds.), *The Oxford Handbook of Multicultural Identity: Basic and Applied Psychological Perspectives*. New York: Oxford University Press. https://doi.org/10.1037/0022-3514.81.1.97
- Huntington, S. P. (1996). *The Clash of Civilizations and the Remaking of World Order*. New York: Simon & Schuster.
- Huntington, S. P. (1975). 'The United States', in M. Crozier, S. P. Huntington and J. Watanuki, *The Crisis of Democracy: Report on the Governability of Democracies to the Trilateral Commission*. New York: New York University Press.
- Ignatius, D. 'How did Covid-19 begin? Its initial origin story is shaky'. *Washington Post*, 2 Apr. 2020. Retrieved from https://www.washingtonpost.com/opinions/global-opinions/how-did-covid-19-begin-its-initial-origin-story-is-shaky/2020/04/02/1475d488-7521-11ea-87da-77a8136c1a6d_story.html
- Inglehart, R. F., and Norris, P. (2016). 'Trump, Brexit, and the rise of populism: economic have-nots and cultural backlash'. HKS Working Paper No. RWP16-026. Accessible at https://papers.ssrn.com/sol3/papers.cfm?abstract_id=2818659
- IOM (2017) 'Migration, climate change and the environment: a complex nexus'. Geneva: International Organization for Migration.
- Jaensch, E. (1938). *Der Gegentypus*. Leipzig: Ambrosius Barth.
- James, W. (1890). *The Consciousness of Self*.
- Jankowska, D. M., and Gralewski, J. (2020). 'The familial context of children's creativity: parenting styles and the climate for creativity in parent–child relationships'. *Creativity Studies*, 15(1), 1–24.
- Johnston, V. B. (1968). *Legions of Babel: The International Brigades in the Spanish Civil War*. University Park, PA: Pennsylvania State University Press.
- Jost, J. T., et al. (2003). 'Political conservatism as motivated social cognition'. *Psychological Bulletin*, 129(3), 339–75.
- Jotischky, A. (2004). *Crusading and the Crusader States*. London: Pearson Education.
- Kanter, R. M. (1968). 'Commitment and social organization: a study of commitment mechanisms in utopian communities'. *American Sociological Review*, 33(4), 499–517. https://www.jstor.org/stable/2092438
- Kerns, R. D., Sellinger, J., and Goodin, B. R. (2011). 'Psychological treatment of chronic pain'.

Annual Review of Clinical Psychology, 7, 411–34.

- Kiss, S. (2012). 'On TV Westerns of the 1950s and '60s'. *New York Public Library*. Retrieved from https://www.nypl.org/blog/2012/12/01/tv-westerns-1950s-and-60s.

- Kluger, J. (2014). 'FDR's polio: the steel in his soul'. *TIME*. Retrieved from https://time.com/3340831/polio-fdr-roosevelt-burns/

- Kruglanski, A. W. (1990). 'Motivations for judging and knowing: implications for causal attribution', in E. T. Higgins and R. M. Sorrentino (eds.), *Handbook of Motivation and Cognition: Foundations of Social Behavior*, Vol. 2. New York: The Guilford Press, pp. 333–68.

- Kruglanski, A. W. et al. (2021). 'On the psychology of extremism: how motivational imbalance breeds intemperance'. *Psychological Review*, 128(2), 264–89. https://doi.org/10.1037/rev0000260

- Kruglanski, A. W., et al. (2020). 'Terrorism in time of the pandemic: exploiting mayhem'. *Global Security: Health, Science and Policy*, 5(1), 121–32. https://doi.org/10.1080/23779497.2020.1832903

- Kruglanski, A. W., Belanger, J. J., and Gunaratna, R. (2019). *The Three Pillars of Radicalization: Needs, Narratives, and Networks*. New York: Oxford University Press.

- Kruglanski, A. W., Gelfand, M., and Gunaratna, R. (2012). 'Terrorism as means to an end: how political violence bestows significance', in P. R. Shaver and M. Mikulincer (eds.), *Meaning, Mortality, and Choice: The Social Psychology of Existential Concerns*. American Psychological Association, pp. 203–12. https://doi.org/10.1037/13748-011

- Kruglanski, A. W., Szumowska, E., and Kopetz, C. (2021). 'The call of the wild: how extremism happens'. *Current Directions in Psychological Science*, 30(2), 181–5.

- Kruglanski, A. W., Webber, D., and Koehler, D. (2019). *The Radical's Journey: How German Neo-Nazis Voyaged to the Edge and Back*. New York: Oxford University Press.

- Kruglanski, A. W., and Webster, D. M. (1991). 'Group members' reactions to opinion deviates and conformists at varying degrees of proximity to decision deadline and of environmental noise'. *Journal of Personality and Social Psychology*, 61(2), 212–25. https://doi.org/10.1037/0022-3514.61.2.212

- Lambert, A. J., et al. (2014). 'Towards a greater understanding of the emotional dynamics of the mortality salience manipulation: revisiting the "affect- free" claim of terror management research'. *Journal of Personality and Social Psychology*, 106(5), 655–78. https://doi.org/10.1037/a0036353

- Lenferink, L. I. M., et al. (2017). 'Prolonged grief, depression, and post-traumatic stress in disaster-bereaved individuals: latent class analysis'. *European Journal of Psychotraumatology*, 8(1), 1298311. doi: 10.1080/20008198.2017.1298311

- Leonard, N. R., et al. (2015). 'A multi-method exploratory study of stress, coping, and substance use among high school youth in private schools'. *Frontiers in Psychology*, 6, 1028.

- Leung, A. K.-Y., and Chiu, C.-Y. (2010). 'Multicultural experience, idea receptiveness, and creativity'. *Journal of Cross-Cultural Psychology*, 41(5– 6), 723–41.

- Levine, A., and Cureton, J. S. (1998). *When Hope and Fear Collide: A Portrait of Today's College Student*. San Francisco: Jossey-Bass Publishers.

- Levine, D. N. (1985). *The Flight from Ambiguity*. Chicago: University of Chicago Press.

불확실한 걸 못 견디는 사람들

- Liberman, N., et al. (1999). 'Promotion and prevention choices between stability and change'. *Journal of Personality and Social Psychology*, 77(6), 1135.
- List of George Floyd protests in the United States (n.d.). Retrieved from https://en.wikipedia.org/wiki/List_of_George_Floyd_protests_in_the_United_States
- Liu, M. (2017). 'War and children'. *American Journal of Psychiatry Residents' Journal*, 12(7), 3–5. doi: 10.1176/appi.ajp-rj.2017.120702.
- Lord, C. G., Ross, L., and Lepper, M. R. (1979). 'Biased assimilation and attitude polarization: the effects of prior theories on subsequently considered evidence'. *Journal of Personality and Social Psychology*, 37(11), 2098–2109. https://doi.org/10.1037/0022-3514.37.11.2098
- Lustgarten, A. 'The great climate migration has begun'. *The New York Times Magazine*, 23 July 2020. Retrieved from https://www.nytimes.com/interactive/2020/07/23/magazine/climatemigration.html
- Macron, E. 'Fight against separatism – the Republic in action'. *France Diplomacy*, 2 Oct. 2020. https://www.diplomatie.gouv.fr/en/coming-to-france/france-facts/secularismandreligious-freedom-in-france-63815/article/fight-against-separatism-the-republic-inaction-speech-by-emmanuel-macron
- Mallett, R. K., Wilson, T. D., and Gilbert, D. T. (2008). 'Expect the unexpected: failure to anticipate similarities leads to an intergroup forecasting error'. *Journal of Personality and Social Psychology*, 94(2), 265–77.
- Marchlewska, M., Cichocka, A., and Kossowska, M. (2017). 'Addicted to answers: need for cognitive closure and the endorsement of conspiracy beliefs'. *European Journal of Social Psychology*, 48(2), 109–117. https://doi.org/10.1002/ejsp.2308
- McAdams, D. P. (2013). *The Redemptive Self: Stories Americans Live By*, revised and expanded edition. New York: Oxford University Press.
- McCraty, R. (2003). 'The energetic heart: bioelectromagnetic interactions within and between people'. *Neuropsychotherapist*, 6(1), 22–43.
- McCraty, R., et al. (1995). 'The effects of emotions on short-term power spectrum analysis of heart rate variability'. *American Journal of Cardiology*, 76(14), 1089–93.
- McGregor, I., and Marigold, D. C. (2003). 'Defensive zeal and the uncertain self: what makes you so sure?', *Journal of Personality and Social Psychology*, 85(5), 838–52. https://doi.org/10.1037/0022-3514.85.5.838
- McKinstry, L. 'How the government has declared war on white English people'. *Express*, 9 Aug. 2007.
- Mejia, B. (2020). 'Physicians group releases report on psychological effects of family separation'. Retrieved 14 March 2021 from https://www.latimes.com/california/story/2020-02-25/family-separation-trauma
- Mellow, J. R. (1974). *Charmed Circle: Gertrude Stein and Company*. London: Phaidon Press.
- Mendelsohn, B. (2011). 'Foreign fighters – recent trends'. *Orbis*, 55(2), 189–202.
- Merari, A. (2010). *Driven to Death: Psychological and Social Aspects of Suicide Terrorism*. New York: Oxford University Press.

- Michael, E. (2020). 'Alcohol consumption during COVID-19 pandemic: what PCPs need to know'. *Healio News*. Retrieved from https://www.healio.com/news/primary-care/20200416/alcohol-consumption-during-covid19-pandemic-what-pcps-need-to-know
- Mikulincer, M. (1997). 'Adult attachment style and information processing: individual differences in curiosity and cognitive closure'. *Journal of Personality and Social Psychology*, 72(5), 1217.
- Mikulincer, M., and Shaver, P. R. (2001). 'Attachment theory and intergroup bias: evidence that priming the secure base schema attenuates negative reactions to out-groups'. *Journal of Personality and Social Psychology*, 81(1), 97–115.
- Mikulincer, M., Shaver, P. R., and Rom, E. (2011). 'The effects of implicit and explicit security priming on creative problem solving'. *Cognition and Emotion*, 25(3), 519–31. doi: 10.1080/02699931.2010.540110.
- Mill, J. S. (1859). *Essay on Liberty*. London: John W. Parker and Son.
- Mill, J. S. (1843). *A System of Logic*. London: John W. Parker and Son.
- Miller, B. C., and Gerard, D. (1979). 'Family influences on the development of creativity in children: an integrative review'. *Family Coordinator*, 28(3), 295– 312.
- Mingyur, Y. (2010). *Joyful Wisdom*. London: Bantam.
- Mischel, W., and Shoda. Y. (1995). 'A cognitive-affective system theory of personality: reconceptualizing situations, dispositions, dynamics, and invariance in personality structure'. *Psychological Review*, 102(2), 246–68. https://psycnet.apa.org/buy/1995-25136-001
- Moebus, J. (1982). 'Uber die Bestimmung des Wilden und die Entwicklung des Verwertungs standpunktes bei Kolumbus ', in K. H. Kohl (ed.), *Mythen der Neuen Welt: zur Entdeckungsgeschichte Lateinamerikas*. (Catalogue to the exhibition.) Berlin: Frolich and Kaufmann.
- Morgan, G. S., Wisneski, D. C., and Skitka, L. J. (2011). 'The expulsion from Disneyland: the social psychological impact of 9/11'. *American Psychologist*, 66(6), 447.
- Mudde, C. (2004). 'The populist zeitgeist'. *Government and Opposition*, 39(4), 541–63. https://doi.org/10.1111/j.1477-7053.2004.00135.x
- Muggeridge, M. (1967). *Muggeridge through the Microphone: BBC Radio and Television*. London: British Broadcasting Corporation.
- Myers, D. G. (2000). 'The funds, friends, and faith of happy people'. *American Psychologist*, 55(1), 56. National Academies of Sciences, Engineering and Medicine(2016). *Attribution of Extreme Weather Events in the Context of Climate Change*. Washington, DC: National Academies Press.
- Nietzsche, F. (1996). Human, *All Too Human: A Book for Free Spirits*, trans. R. J. Hollingdale. Cambridge: Cambridge University Press.
- Nisbett, R. E., and Wilson, T. D. (1977). 'Telling more than we can know: verbal reports on mental processes'. *Psychological Review*, 84(3), 231–59. https://doi.org/10.1037/0033-295X.84.3.231
- Orehek, E., et al. (2010). 'Need for closure and the social response to terrorism'. *Basic and Applied Social Psychology*, 32(4), 279–90.
- Orehek, E., and Kruglanski, A. W. (2018). 'Personal failure makes society seem fonder: an inquiry into the roots of social interdependence'. *PLOS One*, 13(8). https://doi.org/10.1371/journal.

불확실한 걸 못 견디는 사람들

pone.0201361

- Padgett, V. R., and Jorgenson, D. O. (1982). 'Superstition and economic threat: Germany, 1918–1940'. *Personality and Social Psychology Bulletin*, 8(4), 736–41.
- Pavlov, I. P. (1927). *Conditioned Reflexes: An Investigation of the Physiological Activity of the Cerebral Cortex*. London: Oxford University Press.
- Peale, N. V. (1980). *The Power of Positive Thinking*. New York: Random House.
- Pettigrew, T. F., and Tropp, L. R. (2006). 'A meta-analytic test of intergroup contact theory'. *Journal of Personality and Social Psychology*, 90(5), 751.
- Piketty, T. (2018). 'Brahmin left vs merchant right: rising inequality and the changing structure of political conflict'. WID. world Working Paper, 2018/7.
- Piketty, T. (2014). *Capital in the Twenty-first Century*. Cambridge, MA: Harvard University Press.
- Pilgrim, D. (2000). 'The Brute Caricature'. Jim Crow Museum. Retrieved from https://www.ferris.edu/jimcrow/brute/
- Popova, M. 'Inclining the mind toward "sudden illumination": French polymath Henri Poincare on how creativity works', *Marginalian*, 28 June 2018. Retrieved from https://www.brainpickings.org/2013/08/15/henri-poincare-on-how-creativity-works/
- Popper, K. R. (1971). 'Conjectural knowledge: my solution of the problem of induction'. *Revue internationale de philosophie*, 167–97.
- Popper, K. R. (1959). *The Logic of Scientific Discovery*. New York: Basic Books.
- Popper, K. R. (1966). *The Open Society and Its Enemies*, rev. edn. New York: Routledge and Kegan Paul. *Psychology Today*. (n.d.) *Confidence*. Retrieved from https://www.psychologytoday.com/us/basics/confidence
- Puff, R. 'Quieting the monkey mind with meditation'. *Psychology Today*, 19 Oct. 2011. Retrieved from https://www.psychologytoday.com/us/blog/meditation-modern-life/201110/quieting-the-monkey-mind-meditation.
- Putnam, R. D. (2007). 'E pluribus unum: diversity and community in the twenty-first century. The 2006 Johan Skytte Prize Lecture'. *Scandinavian Political Studies*, 30(2), 137–74.
- Reykowski, J. (2021). 'Right- wing conservative radicalism as a pursuit of a cultural hegemony'. *Nauka*, 2.
- Rhodewalt, F. (1994). 'Conceptions of ability, achievement goals, and individual differences in self-handicapping behavior: on the application of implicit theories'. *Journal of Personality*, 62(1), 67–85.
- Richter, L., and Kruglanski, A. W. (1997). 'The accuracy of social perception and cognition: situationally contingent and process-based'. *Swiss Journal of Psychology*, 56, 62–81.
- Robinson, L., Leibovitz, P., and Diehl, S. (2015). 'Rihanna in Cuba: the cover story'. *Vanity Fair*. Retrieved 5 March 2021 from https://www.vanityfair.com/hollywood/2015/10/rihanna-cover-cuba-annie-leibovitz
- Roets, A., et al. (2015). 'The motivated gatekeeper of our minds: new directions in need for closure theory and research', in J. M. Olson and M. P. Zanna (eds.), *Advances in Experimental Social Psychology*, Vol. 52. Academic Press, pp. 221–83.

- Roets, A., and Van Hiel, A. (2007). 'Separating ability from need: Clarifying the dimensional structure of the need for closure scale'. *Personality and Social Psychology Bulletin*, 33(2), 266–280.
- Roig-Franzia, M. 'A British actor left Hollywood to fight ISIS. Now he's marooned in Belize. It's quite a story'. *Washington Post*, 15 Oct. 2019. Retrieved from https://www.washingtonpost.com/lifestyle/2019/10/15/british-actor-left-hollywood-fight-isis-now-hes-marooned-belize-its-quite-story/
- Roney, C. J., Higgins, E. T., and Shah, J. (1995). 'Goals and framing: how outcome focus influences motivation and emotion'. *Personality and Social Psychology Bulletin*, 21(11), 1151–60.
- Rosenblatt, A., et al. (1989). 'Evidence for terror management theory: I. the effects of mortality salience on reactions to those who violate or uphold cultural value'. *Journal of Personality and Social Psychology*, 57(4), 681–90.
- Russo-Netzer, P., and Ben-Shahar, T. (2011). ' "Learning from success": a close look at a popular positive psychology course'. *Journal of Positive Psychology*, 6(6), 468–76.
- Sales, S. M. (1972). 'Economic threat as a determinant of conversion rates in authoritarian and nonauthoritarian churches'. *Journal of Personality and Social Psychology*, 23(3).
- Salter, M. D. (1940). 'An evaluation of adjustment based upon the concept of security'. University of Toronto Press. (University of Toronto Studies Child Development Series No. 18).
- Saphire-Bernstein, S., et al. (2011). 'Oxytocin receptor gene (OXTR) is related to psychological resources'. *Proceedings of the National Academy of Sciences*, 108(37), 15118–22.
- Saroglou, V. (2002). 'Beyond dogmatism: the need for closure as related to religion'. *Mental Health, Religion and Culture*, 5(2), 183–94.
- Schuster, M. A., et al. (2001). 'A national survey of stress reactions after the September 11, 2001, terrorist attacks'. *New England Journal of Medicine*, 345(20), 1507–1512.
- Schwartz, I. (2020). 'CNN's John King: Trump "shameless" for using coronavirus briefing to talk about war on drugs'. *Real Clear Politics*. Retrieved from https://www.realclearpolitics.com/video/2020/04/01/cnns_john_king_trump_shameless_for_using_coronavirus_briefing_to_talk_about_war_on_drugs.html
- Seligman, A. B., Wasserfall, R. R., and Montgomery, D. W. (2015). *Living with Difference: How to Build Community in a Divided World*. Oakland, CA: University of California Press.
- Seligman, M. E. (1972). 'Learned helplessness'. *Annual Review of Medicine*, 23(1), 407–12.
- Seligman, M. E. (2006). *Learned Optimism: How to Change Your Mind and Your Life*. New York: Vintage Books.
- Seligman, M. E., et al. (1990). 'Explanatory style as a mechanism of disappointing athletic performance'. *Psychological Science*, 1(2), 143–6.
- Shaver, P. R., and Tancredy, C. M. (2001). 'Emotion, attachment, and bereavement: a conceptual commentary', in M. S. Stroebe et al. (eds.), *Handbook of Bereavement Research: Consequences, Coping, and Care*. American Psychological Association, pp. 63–88. https://doi.org/10.1037/10436-003
- Shenk, J. W. (2005). 'Lincoln's great depression'. *Atlantic Monthly*, 296(3), 52.
- Sherif, M., and Sherif, C. W. (1953). *Groups in Harmony and Tension: An Integration of Studies on*

Intergroup Relations. New York: Harper.

- Sherman, D. A., Nelson, L. D., and Steele, C. M. (2000). 'Do messages about health risks threaten the self? Increasing the acceptance of threatening health messages via self-affirmation'. *Personality and Social Psychology Bulletin*, 26(9), 1046–58.

- Shimer, D. 'Yale's most popular class ever: happiness'. *The New York Times*, 26 Jan. 2018. Retrieved from https://www.nytimes.com/2018/01/26/nyregion/at-yale-class-on-happiness-draws-huge-crowd-laurie-santos.html?login=email&auth=login-email

- Shuster, S. (n.d.). 'The populists'. *TIME Magazine*. Retrieved from https://time.com/time-person-of-the-year-populism/

- Smith, A. (1759). *The Theory of Moral Sentiments*. London: Penguin.

- Smith, N. (2017). 'Populist attacks on elites are a dead end'. Bloomberg. Retrieved from https://www.bloomberg.com/opinion/articles/2017-05-03/populist-attacks-on-elites-are-a-dead-end

- Sorrentino, R. M., et al. (2012). 'Uncertainty regulation across cultures: an exploration of individual differences in Chinese and Canadian children in the classroom'. *Personality and Individual Differences*, 54(3), 378–82.

- Sri Dhammananda, K. (2003). *Everything is Changeable*.

- Stachel, J. (2002). *Einstein from 'B' to 'Z'*. Boston: Birkhauser.

- Steele, C. M., and Josephs, R. A. (1990). 'Alcohol myopia: its prized and dangerous effects'. *American Psychologist*, 45(8), 921–33. https://doi.org/10.1037/0003-066X.45.8.921

- Stein, G. (n.d.), quotation. *Good Reads*. Retrieved from https://www.goodreads.com/author/quotes/9325.Gertrude_Stein?page=2

- Stein, G., and Miller, E. (1926). *Composition as Explanation*. L. & V. Woolf at the Hogarth Press.

- Strauss, W., and Howe, N. (1991). *Generations*. New York: William Morrow and Company.

- Strauss, W., and Howe, N. (2000). *Millennials Rising*. New York: Vintage Books.

- Sumner, W. G. (1906). *Folkways: A Study of the Sociological Importance of Usages, Manners, Customs, Mores, and Morals*. Boston: Gin and Company.

- Swann, W. B., Jr, et al. (2010). 'Identity fusion and self-sacrifice: arousal as a catalyst of pro-group fighting, dying, and helping behavior'. *Journal of Personality and Social Psychology*, 99(5), 824–41. https://doi.org/10.1037/a0020014

- Szumowska, E., et al. (2020). Unpublished data. Jagiellonian University.

- Tadmor, C. T. et al. (2012). 'Multicultural experiences reduce intergroup bias through epistemic unfreezing'. *Journal of Personality and Social Psychology*, 103(5), 750–72. https://doi.org/10.1037/a0029719

- Thibaut, J. W., and Kelley, H. H. (1959). *The Social Psychology of Groups*. New York: John Wiley and Sons.

- Thomsen, C. W. (1987). ' "Man- eating" and the myths of the "New World": anthropological, pictorial and literary variants', in C. F. Graumann and S. Moscovici (eds.), *Changing Conceptions of Conspiracy*. New York: Springer, pp. 40–69.

- Tossell, C. C., et al. (2022). 'Spiritual over physical formidability determines willingness to fight and sacrifice through loyalty in cross-cultural populations'. *Proceedings of the National Academy of*

Sciences, 119(6), e2113076119.

- Trivers, R. L. (1971). 'The evolution of reciprocal altruism'. *Quarterly Review of Biology*, 46(1), 35–57.

- Trump administration family separation policy (n.d.), in Wikipedia. Retrieved 14 March 2021 from https://en.wikipedia.org/wiki/Trump_administration_family_separation_policy

- Twenge, J. M. (2006). *Generation Me*. New York: Free Press.

- Valpy, M. (2007). 'Seismic tremors: religion and the law', in J. G. Stein et al., *Uneasy Partners: Multiculturalism and Rights in Canada*. Ontario: Wilfrid Laurier University Press.

- van den Bos, K. (2009). 'Making sense of life: the existential self trying to deal with personal uncertainty'. *Psychological Inquiry*, 20(4), 197–217. https://doi.org/10.1080/10478400903333411

- van den Bos, K., et al. (2001). 'Uncertainty management after reorganizations: the ameliorative effect of outcome fairness on job uncertainty'. *Revue Internationale de Psychologie Sociale*, 19(1), 145–56.

- van den Bos, K., van Ameijde, J., and van Gorp, H. (2006). 'On the psychology of religion: the role of personal uncertainty in religious worldview defense'. *Basic and Applied Social Psychology*, 28, 333–41.

- Viola, V., et al. (2014). 'Routes of motivation: stable psychological dispositions are associated with dynamic changes in cortico-cortical functional connectivity'. *PLOS One*, 9(6), e98010.

- Wang, C. S., Whitson, J. A., and Menon, T. (2012). 'Culture, control, and illusory pattern perception'. *Social Psychological and Personality Science*, 3(5), 630–38.

- Webber, D., et al. (2018). 'Deradicalizing detained terrorists'. *Political Psychology*, 39(3), 539–56.

- Webster, D. M. (1993). 'Motivated augmentation and reduction of the overattribution bias'. *Journal of Personality and Social Psychology*, 65(2), 261–71. https://doi.org/10.1037/0022-3514.65.2.261

- Webster, D. M., and Kruglanski, A. W. (1994). 'Individual differences in need for cognitive closure'. *Journal of Personality and Social Psychology*, 67(6), 1049.

- Webster-Nelson, D. M., Klein, C. F., and Irvin, J. E. (2003). 'Motivational antecedents of empathy: inhibiting effects of fatigue'. *Basic and Applied Social Psychology*, 25, 37–50.

- West, E. (2013). *The Diversity Illusion: What We Got Wrong about Immigration and How to Set it Right*. London: Gibson Square.

- Wilson, T. D., et al. (2000). 'Focalism: a source of durability bias in affective forecasting'. *Journal of Personality and Social Psychology*, 78, 821–36.

- Wilson, T. D., and Brekke, N. (1994). 'Mental contamination and mental correction: unwanted influences on judgments and evaluations'. *Psychological Bulletin*, 116(1).

- Wilson, T. D., Gilbert, D. T., and Wheatley, T. P. (1998). 'Protecting our minds: the role of lay beliefs', in V. Y. Yzerbyt, G. Lories, and B. Dardenne (eds.), *Metacognition: Cognitive and Social Dimensions*. California: Sage Publications, pp. 171–201.

- Woodzicka, J. A., and LaFrance, M. (2001). 'Real versus imagined gender harassment'. *Journal of Social Issues*, 57, 15–30.

- World Bank Group. 'Groundswell: preparing for internal climate migration policy note #3:

불확실한 걸 못 견디는 사람들

internal climate migration in Latin America', 16 Mar. 2018. Retrieved from https://documents1.worldbank.org/curated/en/983921522304806221/pdf/124724-BRI-PUBLIC-NEWSERIES-Groundswell-note-PN3.pdf

- York, B. 'Bush loyalty test'. *National Review*, 30 Dec. 2008. Retrieved from https://www.nationalreview.com/2008/12/bush-loyalty-test-byron-york/

불확실한 걸 못 견디는 사람들

1판 1쇄 발행 2024년 8월 28일
1판 4쇄 발행 2024년 11월 13일

지은이 아리 크루글란스키
옮긴이 정미나

발행인 양원석 **편집장** 차선화 **책임편집** 이슬기
교정교열 한지윤 **디자인** 강소정, 김미선
영업마케팅 조아라, 박소정, 백승원

펴낸 곳 ㈜알에이치코리아
주소 서울시 금천구 가산디지털2로 53, 20층 (가산동, 한라시그마밸리)
편집문의 02-6443-8916 **도서문의** 02-6443-8800
홈페이지 http://rhk.co.kr
등록 2004년 1월 15일 제2-3726호

ISBN 978-89-255-7461-5 (03180)

※ 이 책은 ㈜알에이치코리아가 저작권자와의 계약에 따라 발행한 것이므로
   본사의 서면 허락 없이는 어떠한 형태나 수단으로도 이 책의 내용을 이용하지 못합니다.

※ 잘못된 책은 구입하신 서점에서 바꾸어 드립니다.

※ 책값은 뒤표지에 있습니다.